utb 6406

Eine Arbeitsgemeinschaft der Verlage

Brill | Schöningh – Fink · Paderborn
Brill | Vandenhoeck & Ruprecht · Göttingen – Böhlau Verlag ·
Wien · Köln
Verlag Barbara Budrich · Opladen · Toronto
facultas · Wien
Haupt Verlag · Bern
Verlag Julius Klinkhardt · Bad Heilbrunn
Mohr Siebeck · Tübingen
Narr Francke Attempto Verlag – expert verlag · Tübingen
Psychiatrie Verlag · Köln
Psychosozial-Verlag · Gießen
Ernst Reinhardt Verlag · München
transcript Verlag · Bielefeld
Verlag Eugen Ulmer · Stuttgart
UVK Verlag · München
Waxmann · Münster · New York
wbv Publikation · Bielefeld
Wochenschau Verlag · Frankfurt am Main

Jüngel-Lesebuch

Herausgegeben von
**Hans-Peter Großhans, Malte Dominik Krüger
und Micha Kuhn**

Mohr Siebeck

Hans-Peter Großhans, geboren 1958; Studium der Ev. Theologie in Tübingen und Oxford; Promotion und Habilitation in Tübingen; Professor für Systematische Theologie und Religionsphilosophie sowie Direktor des Instituts für Ökumenische Theologie an der Evangelisch-Theologischen Fakultät der Universität Münster.

Malte Dominik Krüger, geboren 1974; Studium der Ev. Theologie und Philosophie in Tübingen, Wien und Göttingen; 2007 Promotion; 2014 Habilitation; Professor für Systematische Theologie und Religionsphilosophie, sowie Direktor des Rudolf-Bultmann-Instituts für Hermeneutik an der Philipps-Universität Marburg.

Micha Kuhn, geboren 1989; Studium der Ev. Theologie in Tübingen, Vancouver und Münster; 2023 Promotion; Vikar der Ev. Kirche von Westfalen.

ISBN 978-3-8252-6406-2 (UTB Band 6406)

Online-Angebote oder elektronische Ausgaben sind erhältlich unter *www.utb-shop.de*.

Die Deutsche Nationalbibliothek verzeichnet diese Publikation in der Deutschen Nationalbibliographie; detaillierte bibliographische Daten sind im Internet über *http://dnb.dnb.de* abrufbar.

© 2025 Mohr Siebeck, Tübingen.

Das Werk einschließlich aller seiner Teile ist urheberrechtlich geschützt. Jede Verwertung außerhalb der engen Grenzen des Urheberrechtsgesetzes ist ohne Zustimmung des Verlags unzulässig und strafbar. Das gilt insbesondere für die Verbreitung, Vervielfältigung, Übersetzung und die Einspeicherung und Verarbeitung in elektronischen Systemen.

Das Buch wurde von epline in Bodelshausen aus der Minion gesetzt.

Gedruckt auf alterungsbeständigem Papier.

Mohr Siebeck GmbH & Co. KG, Wilhelmstraße 18, 72074 Tübingen, Deutschland
www.mohrsiebeck.com, info@mohrsiebeck.com

Printed in Germany.

Inhalt

1	**Einleitung der Herausgeber**	1
1.1	Biographisches	2
1.2	Theologische Existenz	4
1.3	Theologie	9
	1.3.1 Der Ansatz von Jüngels Theologie: Gottes Identifikation mit dem Gekreuzigten	9
	1.3.2 Die Grundrelation von Jüngels Theologie: Liebender Gott und glaubender Mensch	10
	1.3.3 Das Zentrum von Jüngels Theologie: Der dreieinige Gott in Jesus Christus	11
2.	**Hinführung**	13
2.1	Meine Theologie – kurz gefaßt	13
3.	**Theologie als Wissenschaft**	33
3.1	Theologie in der Spannung zwischen Wissenschaft und Bekenntnis	33
3.2	Das Wort als Ort der Denkbarkeit Gottes	52
4.	**Gottes Zur-Welt- und Zur-Sprache-Kommen**	79
4.1	Das Evangelium als analoge Rede von Gott	79
4.2	Die Welt als Möglichkeit und Wirklichkeit	107
5.	**Der dreieinige Gott als Liebe und Geheimnis**	139
5.1	Gott als Geheimnis	139
5.2	Vom Tod des lebendigen Gottes. Ein Plakat	150
5.3	Das Verhältnis von »ökonomischer« und »immanenter« Trinität. Erwägungen über eine biblische Begründung der Trinitätslehre	175
6.	**Der glaubende Mensch**	191
6.1	Die Gewissheit des Glaubens als Entsicherung	191
6.2	Der menschliche Mensch	215
6.3	Die Kirche als Sakrament?	241
7.	**Themenvorschläge für mündliche Prüfungen und Arbeiten**	271

1 Einleitung der Herausgeber

Eberhard Jüngel gehörte seit den 1960er Jahren zu den bekanntesten evangelischen Theologen und Theologinnen seiner Zeit. Es ist ihm gelungen, nicht nur in der theologischen Fachwelt, sondern auch in der kirchlichen und gesellschaftlichen Öffentlichkeit in Deutschland, Europa und darüber hinaus Beachtung und Gehör zu finden. Eberhard Jüngel repräsentierte dabei den intellektuellen Typus evangelischer Theologie und fand eine erstaunlich intensive und konstruktive Resonanz in der Öffentlichkeit der Gesellschaft, in den Wissenschaften, in Kultur und Politik. Für ihn selbst war freilich die Resonanz bei den Studierenden am wichtigsten, denn er verstand sich in allererster Linie als Hochschullehrer. Er versuchte den Studierenden zu vermitteln, welch reicher geistiger Gewinn entsteht, wenn mit wachem Verstand Texte – seien es biblische, theologische, philosophische oder literarische Texte – schlicht und einfach genau gelesen werden und ihnen nachgedacht wird. Dann erst tauchen nach seiner Überzeugung im Zwielicht des eigenen Geistes vor dem inneren Auge die besonderen Welten und Perspektiven der Texte auf, so dass solchermaßen studierende Leserinnen und Leser zu sehen bekommen, was die Texte sagen – gemäß der hermeneutischen Anweisung in Markus 4,24: »Seht, was ihr hört!«

Zu solchem Lesen sollen auch Jüngels eigene Texte dienen. Deshalb haben wir ein Jüngel Lesebuch zusammengestellt, das vor allem Studierende im Blick hat – wobei das Studieren bekanntlich keine Altersgrenzen kennt. Wir haben einige wesentliche Texte zusammengestellt, so dass sich dieses Lesebuch auch als Textgrundlage für ein Seminar über Eberhard Jüngels Theologie eignet. Zu den einzelnen Texten haben wir jeweils drei Fragen hinzugefügt, die für die seminaristische Bearbeitung und Diskussion der Texte hilfreich sein können. Zudem bieten wir allen Studierenden, die auf der Suche nach Hausarbeits-, Examensarbeits- und Prüfungsthemen sind, zum Ende des Lesebuches einige Anregungen und Vorschläge. Wir danken Jantje Hanna Bartels, Marcel Ide, Daniel Rossa, Robert Bielefeld und Jan Turck für Ihre Mitarbeit bei der Publikation dieses Lesebuchs.

1.1 Biographisches

Eberhard Klaus Jüngel wurde am 5. Dezember 1934 zusammen mit seiner Zwillingsschwester Hannelore in Magdeburg als Sohn des Elektromeisters Kurt Jüngel und seiner Ehefrau Margarete, geb. Rothemann, geboren. Der ältere Bruder Rainer und die jüngere Schwester Margarete vervollständigten die Familie. Eberhard Jüngels frühe Jugendzeit war vom Zweiten Weltkrieg und der darauffolgenden sowjetischen Besatzungszeit geprägt. In Magdeburg besuchte er – unterbrochen von einer Evakuierungszeit in den zwei letzten Kriegsjahren – die Grundschule und dann die Oberschule (das altsprachliche Domgymnasium, das 1949 in Humboldtschule umbenannt wurde). Wichtig wurde für den Heranwachsenden die evangelische Kirche St. Gertrauden im Magdeburger Stadtteil Bukau, die in der Nähe seines Elternhauses stand. In späteren Interviews hat Jüngel sein Elternhaus als zwar evangelisch, jedoch überwiegend säkular bezeichnet. In St. Gertrauden und in der Jungen Gemeinde der evangelischen Kirche machte er in der Nachkriegszeit und in den Anfängen der DDR sehr positive Erfahrungen mit dem befreienden Evangelium und dem so befreienden Gott. Er entdeckte die Kirche als den einzigen Ort in seinem Kontext, an dem man die Wahrheit sagen konnte, ohne gerügt zu werden, und an dem man auch Wahrheit zu hören bekam. Die Zugehörigkeit zur Jungen Gemeinde der evangelischen Kirche führte 1953 zu seiner Relegation vom Gymnasium (als »Feind der Republik«) kurz vor dem Abitur im Zusammenhang einer konzertierten Aktion der DDR gegen rund 300 Mitglieder der Jungen Gemeinde, die einen Höhepunkt des Angriffs von SED und FDJ auf die Junge Gemeinde bildete. Jüngel konnte dann ein kirchliches Notabitur in Naumburg machen. Mit dem »neuen Kurs« nach der Niederschlagung des Aufstandes vom 17. Juni 1953 durften die relegierten Schülerinnen und Schüler das staatliche Abitur nachmachen, was auch Eberhard Jüngel in Anspruch nahm.

Jüngel studierte anschließend evangelische Theologie an zwei kirchlichen Hochschulen – zuerst in Naumburg/Saale (von 1953 bis 1955) und dann in Berlin-Ost (von 1955 bis 1959). Im Rückblick hat er diese kirchlichen Hochschulen in der DDR als »intellektuelle Oasen in einer ideologischen Wüste« bezeichnet. Prägender Lehrer war für ihn der Neutestamentler und Bultmann- und Heidegger-Schüler Ernst Fuchs, unter dessen Fittichen er seine neutestamentliche Doktorarbeit verfasste. 1961 wurde er promoviert aufgrund der Dissertation: »Das Verhältnis der Paulinischen Rechtfertigungslehre zur Verkündigung Jesu. Eine Untersuchung zur Präzisierung der Frage nach dem Ursprung der Christologie«, die 1962 bei Mohr Siebeck in Tübingen unter dem geänderten Titel: »Paulus und Jesus. Eine Untersuchung zur Präzisierung der Fragen nach dem Ursprung der Christologie« erschien. Darin präsentierte er u. a. ein damals innovatives Verständnis der Gleichnisse Jesu. Ein ebenfalls prägender Studienaufenthalt führte ihn im Wintersemester 1957/58 – für das er illegal die DDR verließ – nach Zürich und Basel, zum Studium bei Gerhard Ebeling und Karl Barth. In Zürich hörte er auch bei Paul Hindemith. Von 1959 bis 1961 war Eberhard Jüngel Repetent und Assistent an der Kirchlichen Hochschule Ost-Berlin (Sprachenkonvikt). 1962 wurde er nach einem Vikariat in Magdeburg zum Pfarrer der evangelischen Kirche ordiniert. Nach dem Bau der Berliner Mauer wirkte Eberhard Jüngel zuerst von 1961 bis 1963 als Dozent für Neues Testament und dann von 1963 bis 1966 als Dozent für Systematische Theologie an dem durch die Mauer von der Kirchlichen Hochschule Berlin-Zehlendorf abgeschnittenen Sprachenkonvikt. 1962 hat Eberhard Jüngel sich im Fach Systematische Theologie in Berlin habilitiert (»Zum Ursprung der Analogie bei Parmenides und Heraklit«, 1964 publiziert bei de Gruyter). Von 1965 bis 1966 leitete er als Rektor das Sprachenkonvikt, dessen Selbständigkeit er gegen alle Attacken staatlicherseits verteidigte. In diese Zeit fällt auch die Publikation seines Buches »Gottes Sein ist im Werden. Verantwortliche Rede vom Sein Gottes bei Karl Barth. Eine Paraphrase« (1965 bei Mohr Siebeck in Tübingen). 1966 folgte Eberhard Jüngel einem Ruf an die Universität Zürich auf das Ordinariat für Systematische Theologie und Dogmengeschichte an der Theologischen Fakultät. 1969 wechselte er dann an die Universität Tübingen, wo er bis zu seiner Emeritierung 2003 als Ordinarius für Systematische Theologie und Religionsphilosophie sowie als Direktor des Instituts für Hermeneutik wirkte und in oft überfüllten Vorlesungen und Seminaren lehrte. Weitere Rufe von anderen Universitäten lehnte er ab, wie nach Münster, Bonn, Berlin und München. Von 1970 bis 1972 und von 1992 bis 1994 war er zudem Dekan der Evangelisch-Theologischen Fakultät der Universität Tübingen. In Tübingen wurde er schon bald von der Philosophischen Fakultät kooptiert und war ab 1987 bis 2005 ebenfalls im Nebenamt Ephorus des berühmten Evangelischen Stifts in Tübingen. Nach seiner Emeritierung ließ sich Eberhard Jüngel für die nebenamtliche Leitung der *Forschungsstätte der Evangelischen Studiengemeinschaft e. V. (FEST)* in Heidelberg gewinnen; ein Amt, das er von 2003 bis 2006 ausübte.

Die Heidelberger Akademie der Wissenschaften, die Norwegische Akademie der Wissenschaften Oslo (NVAiO) und die Academia Scientiarum et Artium Europaea Salzburg wählten ihn zum Mitglied; in der Akademie der Wissenschaften zu Göttingen war er korrespondierendes Mitglied; von 1999 bis 2000 war er Fellow am Wissenschaftskolleg zu Berlin. Ab 1992 war Eberhard Jüngel Mitglied des Ordens Pour le mérite für Wissenschaften und Künste und von 2009 bis 2013 dessen Kanzler. Ehrendoktorwürden erhielt er von der Universität Aberdeen (1985 zum D. D.), der Universität Greifswald (2001) und der Universität Basel (2002). Eine Reihe weiterer Ehrungen kamen hinzu.

Der Rat der Evangelischen Kirchen in Deutschland hat Eberhard Jüngel seit 1971 kontinuierlich in die Synode der EKD und dann auch in die Kammer für Theologie (deren Vorsitzender er viele Jahre war) und in die Kammer für öffentliche Verantwortung berufen. Ab 1981 war er für viele Jahre Vorsitzender des Theologischen Ausschusses der Evangelischen Kirche der Union.

Am 28. September 2021 ist Eberhard Jüngel im Alter von 86 Jahren in Tübingen verstorben. Er ist auf dem Stadtfriedhof in Tübingen begraben.

1.2 Theologische Existenz

Von den vielen Kennzeichen von Jüngels theologischer Existenz sollen hier ein paar wenige präsentiert werden, die von besonderer Bedeutung sind.

Die DDR und das Christsein in der DDR blieben für Jüngel bis zu deren Untergang 1989, den er freudig feierte, ein bewegendes Thema. Die DDR hat ihm, solange er in der DDR lebte, das Leben immer wieder schwer gemacht und dies auch nach seinem Wechsel in den »Westen« fortgesetzt und mit zeitweisen Einreiseverboten die Beziehungen zu seiner Familie und zu den Freunden in der DDR erschwert. Und sie hat ihn überwacht, zeitweise selbst in Tübingen durch einen Theologiestudenten, dessen Berichte er in seiner Stasi-Akte vorfand.

Nicht zuletzt deswegen hat das Thema »Freiheit« in der Theologie Jüngels eine zentrale Bedeutung. Es hat sicherlich mit Jüngels Existenz in dem paternalistisch-totalitären Sozialismus der DDR zu tun, dass bei ihm, wie bei kaum sonst jemandem in der neueren Theologie, Gottes erlösendes und vollendendes Wirken ganz auf die Freiheit des Menschen und der gesamten Schöpfung konzentriert ist. Dies zeigt sich in allen Teilen seiner Theologie. Strukturell kommt dies besonders schön in seiner Pneumatologie zum Ausdruck, die er in drei Thesenreihen veröffentlichte und die ganz unter dem Gesichtspunkt der Freiheit steht. Nach Jüngel hat die Lehre vom Heiligen Geist den Geist Gottes als Geist der Freiheit zur Sprache zu bringen. Jüngel teilt die Pneumatologie dann auf in die Lehre vom befreienden Gott (Soteriologie – mit ihren hamartiologischen Voraussetzungen und ihrer besonderen Form der Rechtfertigungslehre), die Lehre vom befreiten Menschen (Ekklesiologie) und die Lehre vom Reich der Freiheit (Eschatologie). Hier zeigt sich, dass inmitten der durch und durch intellektuellen Form seiner Theologie Jüngel ein konkreter und kontextueller Theologe war, der in seiner theologischen Existenz Glaube und Leben mit dem im Interpretieren von biblischen und anderen Texten sich vollziehenden theologischen Denken zu verbinden verstand.

Als die Berliner Mauer fiel und die DDR unterging, war dies für Jüngel ein Ereignis der Freiheit. Diese neue Freiheit machte er sich sogleich zunutze. So hat er ab 1990 mehrere Jahre jedes Semester an der Theologischen Fakultät der Universität Halle/Saale zusätzlich zu seinen Tübinger Lehrverpflichtungen als Gastprofessor gelehrt. In dieser Zeit unternahm er dann auch Vortrags- und Lehrreisen in fernere Länder, wovon die Reisen nach Israel, Südafrika und die USA besonders eindrücklich waren, nachdem er davor auch schon zu Vorträgen in vielen europäischen Ländern gewesen war. Diese Vortrags- und Lehrreisen waren Ausdruck dessen, dass seine Schriften in verschiedene Sprachen übersetzt und in vielen Ländern gelesen wurden. Es gab nicht wenige Übersetzerinnen und Übersetzer seiner Schriften, die über sein Deutsch gestöhnt haben. Er gebrauchte meisterhaft die deutsche Sprache, um komplexe und differenzierte Sachverhalte so darzustellen, dass sie einfach erschienen und ihr aktueller Lebensbezug sichtbar wurde, schöpfte dabei jedoch die Möglichkeiten der deutschen Sprache umfassend aus.

Es hing auch mit Jüngels Aufmerksamkeit für die Sprache zusammen, dass ihn einiges mit den Denkerinnen und Denkern verband, die im 20. Jahrhundert die klassische Metaphysik zu überwinden und ein nachmetaphysisches Denken zu erproben suchten. Insbesondere in seinem Hauptwerk »Gott als Geheimnis der Welt. Zur Begründung der Theologie des Gekreuzigten im Streit zwischen Theismus und Atheismus« (1977) hat er die Problematik eines im Kontext klassischer Metaphysik gedachten Gottesgedankens – sei er theistisch oder a-theistisch – aufgezeigt und ihn in einer vom gekreuzigten Christus her konzipierten Theologie neu begründet. So kann Jüngel zu Recht ein hermeneutischer Theologe genannt werden, auch wenn er selbst solche Zuordnungen zu theologischen Richtungen nicht mochte. Es ging ihm darum, die Texte der Bibel in ihrem Wahrheitsgehalt zu verstehen und diesen in seiner Zeit für die Gegenwart zu formulieren.

Ein wichtiges Thema war für Jüngel lebenslang die Kirche. Er hat sich rege in Gremien der evangelischen Kirche eingebracht und viele Vorträge in Kirchengemeinden oder auf kirchlichen Synoden und Versammlungen gehalten. Für die Leuenberger Kirchengemeinschaft hat er bei ihrer Versammlung in Budapest 1992 die Verantwortung des evangelischen Christentums für Europa formuliert (»Das Evangelium und die evangelischen Kirchen Europas, Christliche Verantwortung für Europa in evangelischer Sicht«). In demselben Jahr hat er den evangelischen Kirchen im Osten Deutschlands, die ihm besonders am Herzen lagen, vorgeschlagen, das Proprium der neuen gesellschaftlichen Realität nicht im Kapitalismus (im Gegensatz zum Sozialismus) zu sehen, sondern in der gesellschaftlichen Pluralität (»Kirche im Sozialismus – Kirche im Pluralismus. Theologische Rückblicke und Ausblicke«). Für die EKD hat er 1999 das von dieser selbst längst eingemottete Thema Mission wieder auf deren Agenda gesetzt mit seinem Hinweis, dass Mission der Herzschlag der Kirche sei (»Mission und Evangelisation«). Mit diesen und vielen weiteren Beiträgen hat Jüngel die evangelischen Kirchen in ihren Herausforderungen konstruktiv begleitet. Die Ökumene lag ihm dabei ebenfalls am Herzen. Schon in der DDR hatte er einen ökumenischen Arbeitskreis mitbegründet, wie dann auch in Tübingen eine ökumenische Arbeitsgemeinschaft der beiden theologischen Fakultäten. Mit seinen Freunden Jürgen Moltmann und Hans Küng – und bis 1979 auch mit Walter Kasper – hat er die ökumenische Gemeinschaft auf regelmäßig stattfindende Tafelrunden ausgedehnt. Besonders gerne beteiligte er sich an Katholikentagen. Aus evangelischer Perspektive hat er die Kirche in ihren verschiedenen konfessionellen Traditionen und Verwirklichungen immer als eine Einheit betrachtet und in diesem Sinne auch kontinuierlich Vorschläge gemacht für eine Verbesserung der ökumenischen Beziehungen und der Sichtbarmachung kirchlicher Einheit. Für Jüngel hatte die Reformation der Kirche in der Einheit ihrer Traditionen und Verwirklichungen noch kaum richtig begonnen. Deshalb hat er den theologischen Diskurs mit einer ganzen Reihe katholischer Theologinnen und Theologen und kirchlichen Würdenträgern gepflegt, um den reformatorischen Impuls und so den Geist der Freiheit in den Kirchen präsent zu halten.

Zu Jüngels Wirken in der Kirche gehörten auch seine vielen Predigten, die er gerne landauf-landab in vielen Gemeinden gehalten hat, vor allem jedoch im Gemeinde- und im Hochschulgottesdienst in der Stiftskirche in Tübingen und dann auch als Ephorus bei den Andachten im Evangelischen Stift. Eine ganze Reihe dieser immer noch sehr lesenswerten Predigten sind in insgesamt acht Predigtbänden veröffentlicht (im Radius Verlag, Stuttgart). Gelegentlich wird die Auffassung vertreten, dass in diesen Predigten die ganze Dogmatik Jüngels in homiletischer Form zu finden sei.

Zuletzt sei ein Blick auf Jüngels Lehrer und auf seine eigenen Werke (im Überblick) geworfen. In einem Vortrag zum 80. Geburtstag von Heinrich Vogel (»Das Geheimnis der Stellvertretung. Ein dogmatisches Gespräch mit Heinrich Vogel«, 1983) hat er diesen als seinen Lehrer bezeichnet, sich selbst jedoch nicht als dessen Schüler. Er folgte darin Heinrich Vogels Hinweis in dessen Hauptwerk »Gott in Christo«: »Schüler der Heiligen Schrift also sind wir!«. In diesem Sinn wollte Jüngel sich selbst als Schüler der Heiligen Schrift verstehen und auch in seinem eigenen Wirken als Hochschullehrer keine eigene Schule begründen, sondern Theologiestudierenden und überhaupt seinen Zeitgenossen helfen, zu Schülerinnen und Schülern der Heiligen Schrift zu werden und in die Freiheit des eigenen Interpretierens und Denkens geleitet zu werden.

Ein Lehrer war Heinrich Vogel für Jüngel dann aber doch, u. a. dadurch, dass er ihn mit Karl Barth in Beziehung brachte. In »Paulus und Jesus« (1962) dankte Jüngel im Vorwort seinen Lehrern, »den Herren Professoren *D. Gerhard Ebeling, D. Ernst Fuchs, Dr. phil. Gerhard Stammler* und *D. Heinrich Vogel.*« Insbesondere dankt er ihnen, dass jeder von ihnen ihn auf seine Weise gelehrt habe, »das Denken an der Sache zu messen«. Sodann dankt er diesen theologischen Lehrern für den Zugang in das Werk ihrer Lehrer, nämlich *Karl Barth, Rudolf Bultmann* und *Martin Heidegger.* Von besonderer Wichtigkeit war für ihn Ernst Fuchs, der ihn mit seinen Auslegungen des Neuen Testaments beeindruckte, ihn jedoch auch uneingeschränkt förderte und ihn z. B. in Verbindung mit Gerhard Ebeling und Rudolf Bultmann brachte. Der einzige Unbekannte in dieser Lehrer-Liste ist wahrscheinlich Gerhard Stammler, der als beschäftigungsloser habilitierter Philosoph 1949 Dozent für Philosophie am Katechetischen Oberseminar in Naumburg/Saale wurde. Jüngel studierte bei ihm vor allem Logik.

Martin Heidegger wird dann explizit als geistiger, methodischer Lehrer von Jüngel auch in der kurzen Schrift »Vom Ursprung der Analogie bei Parmenides und Heraklit« (1964) genannt. Jüngel will in dieser Studie an Heidegger anknüpfen, weil »dessen Denken sich in ursprünglicher Weise als Auslegung vollzieht«. Hier ist das Programm einer hermeneutischen Theologie und Philosophie bereits in nuce formuliert. Schon in seiner allerersten Publikation hatte sich Jüngel mit Heidegger befasst:

in seiner 1961 erschienenen umfänglichen Rezension von Heinrich Otts »Denken und Sein« (1959) – einer Auseinandersetzung mit Heidegger –, die in der ZThK unter dem Titel: »Der Schritt zurück. Eine Auseinandersetzung mit der Heidegger-Deutung Heinrich Otts« erschien. Darin lassen sich bereits die Einsichten und Überlegungen finden, die dann in »Paulus und Jesus« (1962) und »Gottes Sein ist im Werden« (1965) bis hin zu »Gott als Geheimnis der Welt« (1977) weiter ausgeführt werden. Jüngel wendete sich gegen Otts Versuch, das »Sein« bei Heidegger erneut metaphysisch festzulegen – worum es nach Jüngel Heidegger gerade nicht ging.

Mit Karl Barth, dem Lehrer seiner Lehrer, der dann irgendwie auch sein Lehrer wurde, befasste sich Jüngel dann in seiner 1965 monographisch erschienene Studie »Gottes Sein ist im Werden. Verantwortliche Rede vom Sein Gottes bei Karl Barth. Eine Paraphrase«. Diese Studie gilt gemeinhin als eine Synthese der Barthschen Theologie mit den Fragestellungen und Anfragen Rudolf Bultmanns und seiner Schule. In seinem »illegalen« Semester in Zürich und Basel war Karl Barth auch tatsächlich Jüngels Lehrer geworden, wie auch Jüngel bei Karl Barth einen starken Eindruck hinterließ. Als dieser wieder nach Berlin zurückreiste, schenkte Karl Barth ihm die bis dahin erschienene gesamte »Kirchliche Dogmatik«. Seine weiteren Studien zu Karl Barths Theologie hat Jüngel dann in dem Sammelband »Barth Studien« (1982, Zürich-Köln und Gütersloh) veröffentlicht.

Von den weiteren Hauptwerken sollen hier noch das mehrfach aufgelegte, in mehrere Sprachen übersetzte und rege rezipierte Taschenbuch »Tod« (1971), die schon erwähnte Untersuchung »Gott als Geheimnis der Welt« (1977) und das Buch »Das Evangelium von der Rechtfertigung des Gottlosen als Zentrum des christlichen Glaubens. Eine theologische Studie in ökumenischer Absicht« (1998) genannt werden. Über die gesamten Publikationen Jüngels informiert die Bibliographie, die Hans-Peter Großhans unter Mithilfe von Jean-Daniel Strub auf der Basis von Daten, die Jüngel unter Mithilfe einer ganzen Reihe von Personen gesammelt hatte, in der Festschrift zu seinem 70. Geburtstag (»Denkwürdiges Geheimnis. Beiträge zur Gotteslehre«, hg. von I. U. Dalferth, J. Fischer und H.-P. Großhans, Tübingen 2004, 603–647) veröffentlicht hat. Diese Bibliographie verzeichnet 581 Einträge, worin publizierte Übersetzungen von Schriften mitgezählt sind, jedoch nicht die verschiedenen Auflagen und Wiederabdrucke von Schriften. Diese Bibliographie reicht bis Mitte des Jahres 2004. Danach sind noch weitere Publikationen hinzugekommen. Zu seinem 75. Geburtstag hat Jüngel in einem Interview kundgetan, dass er nun nichts mehr schreiben werde, sondern vor allem Krimis im Fernsehen anschauen wolle. Er hat sich nicht ganz, jedoch leider weitestgehend daran gehalten. Im Blick auf die Bibliographie Jüngels kann beobachtet werden, dass nach den ersten monographischen Studien immer mehr der wissenschaftliche Aufsatz zur Hauptform seiner wissenschaftlichen Publikationen wurde. In diesen kurzen Texten, die in einer Reihe von Aufsatzbänden leicht zugänglich sind, kommt Jüngel in der Interpretation von Texten zur pointierten theologischen Konstruktion und Positionierung. Schön lässt sich daran beobachten, dass Jüngel nicht »lost in interpretations« war, sondern sich sein Denken im Sinne Heideggers als Auslegung vollzieht, durch die dann auch die jeweilige Sache theologisch erkannt wird.

1.3 Theologie

1.3.1 Der Ansatz von Jüngels Theologie: Gottes Identifikation mit dem Gekreuzigten

Was der evangelischen Theologie zugrunde liegt, soll sie von Anfang an benennen und thematisieren – davon ist Jüngel überzeugt. Hierbei ist dasjenige, was der evangelischen Theologie zugrunde liegt, der christliche Glaube selbst. Damit geht eine Absage an jede Form von natürlicher Theologie einher, die den christlichen Glauben vorab und allgemein zu plausibilisieren versucht. Evangelische Theologie, so Jüngel, ist *nach*denkende Theologie. Sie denkt dem Ereignis nach, bei dem Gott in Jesus Christus definitiv zur Welt gekommen ist. Darunter versteht Jüngel: Im Osterereignis hat sich Gott endgültig mit dem Menschen Jesus identifiziert, so dass der Gott, den der christliche Glaube bekennt, ohne die Auferstehung Jesu Christi nicht offenbar wäre. Offenbarung ist die sich im Osterglauben erweisende Identifikation Gottes *mit* und Offenbarung *in* Jesus Christus. Hier hat Gott sich offenbart, indem er sich präzise unter seinem Gegenteil verbirgt: Gott wird Mensch – und wird gerade darin offenbar.

Der gekreuzigte und auferstandene Jesus Christus ist das Wort Gottes in Person. Dieses Wort gibt einen Gott zu erkennen, der von sich aus die Welt anredet. Diese Anrede Gottes lässt sich nicht auf ein Wort- bzw. Sprachverständnis einengen, wonach sprachliche Zeichen das Mittel zum Zweck von etwas sind, das von diesem Sprachvollzug getrennt werden könnte. Vielmehr ist diese Anrede Gottes in dem Wort Jesu Christi ein dynamisches und wirkmächtiges Ereignis. Bei ihm ist Gott selbst im

Wort, wie es die Bibel bezeugt. Dieses Ereignis des Wortes Gottes, das der gekreuzigte und auferstandene Jesus Christus ist, unterbricht die Welt in ihrem bisherigen Zusammenhang, um ihr dadurch die Wahrheit Gottes zu offenbaren. Hinter diesem unterbrechenden Ereignis der Wahrheit steht also nicht die Einsicht, dass Gott die Welt ablehnt, sondern dass er leidenschaftlich an ihr interessiert ist. Gott liebt die Welt – und in Jesus Christus wird das unwiderruflich deutlich. In ihm bringt Gott aus Liebe die Welt zurecht, die sich von ihm abgewendet hat.

1.3.2 Die Grundrelation von Jüngels Theologie: Liebender Gott und glaubender Mensch

Der Gott, den der christliche Gott bekennt, ist für Jüngel ein Gott, der sich jenseits von Theismus und Atheismus befindet. Dieser Gott ist als aussagbares Geheimnis zu verstehen, der weltlich nicht notwendig ist. In diesem Zusammenhang lehnt Jüngel auch theoretische Gottesbeweise und praktische Moralerwägungen ab, um Gott aus christlicher Sicht zu plausibilisieren. Weder ist der Gott des christlichen Glaubens, wie eine theistische Metaphysik meint, ein höchstes, unveränderliches und leidensfreies Wesen, das im Denken sichergestellt wird; noch ist dieser Gott, wie eine atheistische Moral meint, bloß eine Chiffre für zwischenmenschliche Liebe, die im Handeln erreicht wird. Vielmehr ist der Gott des christlichen Glaubens die grundlose und überschwängliche Liebe selbst, die sich in Jesus Christus auf den Tod einlässt, um ihn für den Menschen zu überwinden. Dieser Gott leidet; in dem Tod Jesu geht er selbst in den Tod ein. So ist dieser Gott auch veränderlich und thront nicht unberührt in himmlischen Höhen über uns, sondern ist in menschlichen Nöten mitten unter uns. Offenbar und zugänglich wird der Gott des christlichen Glaubens in der Verkündigung seines Wortes, das Jesus Christus ist. Dieses Wort findet sich in der biblischen Sprache der Liebe. Ihre Verkündigung spricht der Welt ein Mehr an Sein zu, das sie ohne den in der Bibel bezeugten Gott Jesu Christi nicht hätte. So spielt Gott durch sein Wort der alten Welt neue Möglichkeiten zu, die dem Menschen eine eschatologische Neuorientierung ermöglichen. Der Mensch sieht dann die alte Welt mit neuen Augen und entdeckt entsprechend Gott und die Welt – und nicht zuletzt sich selbst in seiner menschlichen Existenz – neu. Auf diese Weise wird im Glauben die bisherige Erfahrung des Menschen neu erfahren. Danach muss der Mensch weder Gott und Welt in seinem Denken und Tun sicherstellen, sondern er darf sich im Glauben Gottes Handeln an ihm gefallen lassen. Der Mensch muss sich nicht selbst in seiner Existenz begründen. So kommt der Mensch aus dem sich in der Neuzeit und Moderne ungut zuspitzenden Modus des Habens im christlichen Glauben zu einem neuen Sein. Dieses neue Sein im Glauben befreit den Menschen davon, selbst Gott werden zu müssen. So kann er wahrhaft menschlicher Mensch sein; und es beinhaltet als vertrauendes Sich-Verlassen auf Gott eine Gelassenheit und Kreativität, die sich in freier Selbstbestimmung äußert. Sie ist wiederum von der Glaubenserfahrung bestimmt: Wer im Glauben erfahren hat, dass Gott in Jesus Christus für einen alles getan hast, vermag dann für den Nächsten nicht genug zu tun. So bleibt der Glaube nie nur bei sich, sondern setzt Handlungsimpulse frei. Sie sind auch inhaltlicher Art, wenn die paulinische Rechtfertigungslehre nach Jüngel aufgrund des Glaubens dazu anleitet, zwischen Person und Werk zu unterscheiden. Dann geht es nämlich dem Glaubenden darum, den anderen Menschen nicht auf das zu reduzieren, was er tut, sondern ihm als Person zu begegnen, die sich Gott verdankt.

1.3.3 Das Zentrum von Jüngels Theologie: Der dreieinige Gott in Jesus Christus

Im Zentrum von Jüngels Theologie steht die Christologie, die untrennbar mit seiner Trinitätslehre verknüpft ist. Sachlich geht es hierbei sowohl um die Lebendigkeit als auch um die Menschlichkeit Gottes. Indem sich Gott durch die Identifikation mit dem toten Jesus in der Auferweckung definitiv selbst festlegt, gibt Gott zu erkennen, dass er nicht ohne den Menschen leben will. Insofern mag es zwar eine Gottlosigkeit des Menschen geben, aber es gibt keine Menschenlosigkeit Gottes, wie Jüngel mit Karl Barth betont. Und indem Gott sich in der Auferweckung Jesu selbst gegenübertritt und hierbei zugleich auf sich bezogen bleibt, erweist sich Gott für Jüngel als die Gemeinschaft von Vater, Sohn und Geist. Diese Gemeinschaft vereint in sich das Leben und den Tod so, dass dies zugunsten des Lebens geschieht und sich als Liebe vollzieht. Der Tod wird so zu einem Teil bzw. Phänomen Gottes selbst – mit der Pointe, dass der Mensch nicht zum Gott werden muss, weil Gott zum Menschen wird, der dessen Tod auf sich genommen hat.

Der Dreh- und Angelpunkt für diese Einsichten ist Jüngels Christologie. Hier billigt Jüngel – anders als Karl Barth und Rudolf Bultmann – der Frage nach dem historischen Jesus ein gewisses Recht zu. So ist für Jüngel die Frage nach dem historischen Jesus exegetisch berechtigt und dogmatisch relevant. Demnach muss der Christusglaube nicht durch den historischen Jesus begründet werden, aber mit ihm verbunden sein.

Diese Verbindung ist für Jüngel der Osterglaube, der zur Frage nach dem irdischen Jesus führt. Denn ohne ihn ist und bleibt seine Auferweckung unverständlich und wie diese Auferweckung als historisch analogielose Realität auch die Bedeutung des Todes Jesu erschließt: Gott identifiziert sich mit dem Leben genau dieses toten Menschen Jesus. Dessen irdisches Leben war für Jüngel von der Verkündigung der Gottesherrschaft geprägt. So verkündigte Jesus die Gottesherrschaft in den neuen Möglichkeiten zuspielenden (Sprach-)Gleichnissen als in die Gegenwart einbrechende Unterbrechung der bisherigen Weltwirklichkeit, deren Umkehrung Jesus als geboten ansah. Das irdische Leben Jesu war hierbei ein Kommentar zu seiner Verkündigung der Gottesherrschaft. Letztere war nach Jüngel mit der Person Jesu und ihrem gewaltsamen Tod am Kreuz so verbunden, dass nach Ostern dann Jesus Christus definitiv auf der Seite Gottes gesehen wurde: Aus Jesus als dem Gleichniserzähler Gottes wurde mit der Auferweckung das Gleichnis Gottes, durch den hindurch der Gott des christlichen Glaubens erkennbar ist.

2. Hinführung

2.1 Meine Theologie – kurz gefaßt

Dieser Text wurde zuerst im Jahr 1985 in dem von Johannes B. Bauer im Styria Verlag herausgegebenen Sammelband »Entwürfe der Theologie« publiziert und im Jahr 1990 in den Sammelband »Wertlose Wahrheit« aufgenommen. Der Text gehört in eine Reihe von Beiträgen Jüngels, in denen er aus seiner eigenen Perspektive seinen Denkweg, das Werden seiner Theologie und ihr Profil beschreibt und charakterisiert. Diese Beiträge zeichnen sich insgesamt dadurch aus, dass Jüngel seine Theologie in den Horizont existentieller Erfahrungen – allgemein menschlicher und seiner eigenen – und des größeren geschichtlichen Kontextes rückt. Dies wird in Jüngels kritischer Reflexion der Frage gleich zu Beginn deutlich, ob es sich bei »meiner Theologie« nur um die ihm eigene – sozusagen seine private Theologie – handele. Die gesellschaftlichen Versuche, das Gottesthema und den Glauben ins Private zu verweisen – wovon Jüngel aus seiner Zeit in der DDR genügend Anschauung hatte –, waren für ihn immer Versuche, damit auch die Theologie aus dem öffentlichen Raum und den öffentlichen Diskursen zu verbannen. Für Jüngel ist »meine Theologie« kein Rückzug in eine private individualisierte Sichtweise auf Gott und die Welt, sondern Ausdruck seiner persönlichen Verantwortung, von Gott sachgemäß und zeitgemäß zu reden und so das Gottesthema in den öffentlichen intellektuellen Diskursen und in der wissenschaftlichen Welt präsent zu halten. Mit einer durch und durch liberalen Haltung wird von Jüngel das menschliche Individuum gewürdigt, das die mit Gott verbundene Wahrheit, von der er oder sie ergriffen sind, denkend, redend und handelnd zu verantworten hat, d. h. öffentlich dafür eintreten soll. Insofern hat für Jüngel Theologie immer individuelle Züge einer Lebensgeschichte und sie ist ein Stück weit immer theologische Biographie. Theologie ist für Jüngel existentiell, radikal kontextuell und zugleich wahrheitsbezogen, weil sie auf Gott bezogen ist.

In dem vorliegenden Text wird der persönliche Charakter von Jüngels Theologie und seine persönliche Verantwortung stilistisch durch ein – gewissermaßen – zweifaches Ich zum Ausdruck gebracht, das den Eingangssätzen der einzelnen Abschnitte vorangestellt ist und sozusagen den Text gliedert: 1. Ich glaube, darum rede ich. 2. Ich glaube, darum höre ich. 3. Ich glaube, darum staune ich. 4. Ich glaube, darum denke ich. 5. Ich glaube, darum unterscheide ich. 6. Ich glaube, darum hoffe ich. 7. Ich glaube, darum handle ich. 8. Ich glaube, darum bin ich. 9. Ich glaube, darum leide ich. Hier zeigt sich die gelungene Verschränkung von Glaube und Existenz, die stets konkret sein muss. Diese Verschränkung hat bei Jüngel aber stets eine durch und durch intellektuelle Form gefunden, in der es darum geht, wie dem Glauben *und* der Vernunft entsprechend von Gott und der menschlichen Existenz angemessen und zeitgemäß zu *denken* ist.

Der biographische, existentielle und kontextuelle Charakter von Theologie wird nicht nur in dem vorliegenden, sondern auch in weiteren Texten Jüngels deutlich, angefangen von dem 1991 in »The Christian Century« in der Reihe »How My Mind Has Changed« erschienenen Text »Towards the Heart of the Matter« bis hin zu seiner 2003 in der Theologischen Literaturzeitung veröffentlichten Abschiedsvorlesung bei der Emeritierung aus dem Professorenamt »Besinnung auf 50 Jahre theologische Existenz«. Schön zum Ausdruck kommt die Verschränkung von Biographie, Kontext und Theologie auch in einer Reihe von Interviews, u. a. konserviert in Videoaufzeichnungen. Besonders eindrücklich und umfangreich ist das von Fulvio Ferrario mit Jüngel in Rom geführte Gespräch, das 2009 im TVZ von Jüngel publiziert und von Ferrario herausgegeben wurde unter dem Titel »Die Leidenschaft, Gott zu denken. Ein Gespräch über Denk- und Lebenserfahrungen«.

»Meine Theologie« – kurz gefaßt

I

Meine Theologie – hier stock' ich schon. Bevor ich der mir gestellten Aufgabe zu genügen versuche, »meine Theologie« so knapp wie möglich darzustellen, muß ich erst eine gewisse Verlegenheit überwinden, die mir das besitzanzeigende Fürwort *mein* neben dem Wort *Theologie* bereitet.

Theologie ist Rede von Gott. Deren Näherbestimmung durch ein Possessivpronomen erscheint vermessen, und zwar in doppelter Hinsicht. Wer ist schon das von Gott redende *menschliche Ich*, wenn es darum geht, *von Gott* zu reden? Gewiß nicht nichts. Aber kann es eigentlich sehr viel mehr sein als eine unerhörte Problematisierung der Theologie? Steht es mit *seiner Rede* von Gott der Rede *von Gott* nicht unentwegt im Wege? »Dieu parle bien de Dieu«[1]. In der Rede von »meiner Theologie« scheint sich eine maßlose Überschätzung des Theologen und – schlimmer noch! – eine völlig unangemessene Unterschätzung dessen, was Theologie ist, auszudrücken. Soll die Rede gleichwohl einen guten Sinn haben, so muß dieser allererst freigelegt und eigens herausgestellt werden.

Meine Theologie – als Privatsache oder Privatbesitz? Wohl kaum. Theologie hat immer Öffentlichkeitscharakter und kann deshalb schlechterdings nicht als »Hobby« betrieben werden. Die Rede von Gott geht alle an oder keinen. Sie geht uns unbedingt an oder gar nicht. Sie geht aufs Ganze oder ins Leere. Sie kann also Privatsache auf keinen Fall sein. Und Privatbesitz ebenfalls nicht. »Ist doch die Lehre nicht mein«[2]!

Theologie beansprucht, wahre Rede von Gott zu sein. Man kann Gott nicht ehren, ohne der Wahrheit die Ehre zu geben. Die Wahrheit im Blick auf Gott aber kann man nicht *besitzen*. Sie ist weder Pri-

---

[1] *B. Pascal*, Pensées et opuscules, hg. von L. Brunschvicg, 1946, 700 (Pensées Nr. 799) = Oeuvres complètes, hg. von J. Chevalier (Bibl. de la Pléiade 34), 1969, 1317 (Nr. 743).

[2] *M. Luther*, Eine treue Verwahrung zu allen Christen … 1522, WA 8, 685,6 = BoA II, 308,6 f.

vat- noch Kollektivbesitz. Man kann sie überhaupt nicht *haben*. Wenn man mit ihr zu tun bekommt, dann so, daß sie uns ergreift und wir sozusagen zu ihrem Reich gehören (Joh 16,13). Ich kann nicht Theologe sein, ohne von der Wahrheit, die es zu durchdenken und nachzubuchstabieren gilt, ergriffen zu sein. Habe ich eine Theologie, dann im Sinne eines uns verliehenen Talentes (Mt 25,15), aus dem ein jeder nun allerdings seinerseits das Beste zu machen hat. Vermutlich haben die Väter dasselbe gemeint, als sie die Theologie einen habitus ϑεόσδοτος nannten.

Meine Theologie – als Ausdruck der Originalität eines Christenmenschen? Auch das dürfte sich mit dem Wesen theologischer Wahrheit schlecht vertragen. Die Wahrheit der Rede von Gott ist zwar allemal ein Original: sie ist ursprünglich und eben deshalb alle Morgen frisch und neu. Weh dem, der sie trivialisiert! Doch wer der Ursprünglichkeit dieser Wahrheit denkend verpflichtet ist, dürfte andere Interessen haben als die, auch selber noch möglichst originell zu sein. Originell sein zu *wollen* ist ohnehin ein Selbstwiderspruch, der immer dann gedeiht, wenn charakterlose Subjektivität sich auf Kosten der Substanz zu profilieren sucht. Die Selbstprofilierungssucht neuzeitlicher Theologen – in jüngster Zeit ihr Schielen nach den Medien! – wächst denn auch in demselben Maße, in dem die theologische Substanz verlorengeht. Theologie, die nur oder vor allem deshalb von Interesse wäre, weil sie meine – oder meines Kollegen – Lehre wäre, bliebe empfindlich hinter dem für die Rede von Gott wesentlichen Anspruch auf Wahrheit zurück. Nicht weil sie zu unbescheiden ist, sondern weil sie nicht hoch genug greift, ist die Rede von »meiner Theologie« so problematisch.

Meine Theologie – als Ausdruck persönlicher Verantwortung für sachgemäße und zeitgemäße Rede von Gott gewinnt die Wendung einen guten Sinn. Und in diesem Sinn ist sie sogar unverzichtbar. Denn unter Theologie verstehen wir genauerhin diejenige menschliche Rede von Gott, in der Gott auf verantwortliche Weise gedacht und zur Sprache gebracht wird. Das kann zwar ganz gewiß nicht in splendid isolation geschehen. Im Zusammenhang des Christentums ist Theologie eine allen Glaubenden gemeinsam gestellte Aufgabe, die sich nur in Gestalt einer *gegenseitigen Förderung* des Verstehens der Glaubenswahrheit lösen läßt. Gegenseitige Förderung bedeutet aber immer auch *gegenseitige Kritik*. Theologische Arbeit ist der Zusammenschluß zu solcher Gegenseitigkeit im Dienste wachsenden Einverständnisses der Glaubenden mit der Wahrheit des Glaubens und so auch untereinander. Wo man Gott als *unseren* Vater anruft, kann sich die der Rede von Gott geltende menschliche Verantwortung nicht in individualistischer Borniertheit vollziehen. Theologie ist ein sozietäres Ereignis. Sie ist kirchliche Theologie. Aber gerade so ist sie nun doch zugleich Ausdruck meiner sehr persönlichen Beteiligung am Verstehenswillen und an der Verstehensfähigkeit aller Glaubenden.

Auch gemeinsam wahrgenommene Verantwortung hört nicht auf, die Verantwortung des Einzelnen zu sein. Das menschliche Ich wird bei seinen Versuchen, verantwortlich von Gott zu reden, nicht ausgelöscht: weder von dem in menschlichen Worten zur Sprache kommenden Gott noch von der eine gemeinsame Sprache findenden Gemeinschaft der Glaubenden. Die communio sanctorum trägt keine Uniform. Ihr Denken und Reden spiegelt vielmehr mit wachsendem Einverständnis den Reichtum ihres Gegenstandes. Als »Haushalter der bunten Gnade Gottes« (1 Petr 4,10) sind die Theologen jedenfalls erklärte Feinde eines pseudoorthodoxen »Grau in Grau«. Jeder Theologe ist persönlich von der Wahrheit ergriffen, die er denkend, redend und selbstverständlich auch handelnd zu verantworten hat. Theologie trägt insofern immer auch die individuellen Züge einer Lebensgeschichte. Sie ist ein Stück weit theologische Biographie. Wird gar, wie Joh 8,32 verheißen, die Wahrheit als Befreiung erfahren, so kann es gar nicht anders sein, als daß die unverwechselbar eigene Erfahrung das Ganze der theologischen Arbeit mitbestimmt. Dem Mut, sich seines eigenen Verstandes zu bedienen, entspricht in der Theologie die Freiheit, seine eigenen Erfahrungen befreiender Wahrheit mitauszusagen: nicht so sehr in Gestalt einer eigenen Aussage als vielmehr in der Art und Weise, wie nun eben gerade ich Theologie treibe. In diesem Sinne ist mit *Schleiermacher* zu behaupten, daß es »jeder evangelischen Dogmatik gebührt ..., Eigentümliches zu enthalten«[3].

So verstanden mag denn auch der Versuch, »meine Theologie« darzustellen, zumindest kein von vornherein verfehltes Unternehmen sein. Ich tue es im folgenden in der auf Vollständigkeit gar nicht erst reflektierenden Gestalt theologischer Confessiones, merke dazu aber vorsorglich an, daß der geneigte Leser sich irgendwelches Vergleichen besser gleich aus dem Kopf schlägt.

---

[3] *F. Schleiermacher*, Der christliche Glaube, nach den Grundsätzen der evangelischen Kirche im Zusammenhange dargestellt (1830), Bd. I, hg. von M. Redeker, 1960⁷, 142 (§ 25).

II

1. Ich glaube, darum rede ich. Nicht von mir und meinem Glauben – das jedenfalls nur, sofern es nun einmal dazugehört. Ich glaube, darum rede ich von dem Gott, an den ich glaube, und von seiner befreienden Wahrheit. Ich glaube, darum rede ich von dem Gott, der als Mensch zur Welt gekommen ist und sich in der Person Jesu Christi zu unserem Heil als Gott offenbart hat. Ich glaube, darum rede ich von Jesus Christus als der Wahrheit Gottes, die frei macht. Solche Rede von Gott, denkend verantwortet, ist Theologie. Sie ist – mit *Ernst Fuchs* formuliert – Sprachlehre des Glaubens.

Glaube lebt von der ursprünglichen Einheit von Wahrheit und Freiheit in Gott. Das unterscheidet ihn von jedem menschlichen Vermögen, vom Wissen und seiner Wahrheit ebenso wie vom Tun und seiner Freiheit. Deshalb ist der Glaube und die ihm geltende Theologie weder der Metaphysik oder ihren erkenntniskritischen Erben noch der Moral zuzuordnen. Im Glauben kommt der Mensch vielmehr zu einer von ihm selbst weder durch Wissen noch durch Handeln zu gewinnenden Ganzheit seines Seins, die allein der Begegnung mit der ganz machenden ursprünglichen Einheit von Wahrheit und Freiheit in Gott sich verdankt. Glaubend findet der Mensch Ganzheit, nicht nur für sich, sondern Ganzheit als »unmittelbare Gegenwart des ganzen ungeteilten Daseins«[4]. Die Bibel nennt diese Ganzheit shalom und unterscheidet sie dadurch vom totalitären Begriff eines Ganzen, das, wenn überhaupt, nur erzwungen werden kann und das deshalb sein Merkmal darin hat, daß de facto ein zwingender Teil für das zu erzwingende Ganze steht. Gegenüber diesem totalitären »pars pro toto« redet der Glaube von einer ganz machenden Ganzheit, die als ursprüngliche Einheit von Wahrheit und Freiheit *die Liebe* ist, als die sich Gott selbst bekannt gemacht hat.

Demgemäß gibt sich der Glaube mit keiner Wahrheit zufrieden, die nicht befreiend wirkt. Er weiß wohl, daß es »Wahrheiten« gibt, die der Freiheit im Wege stehen. Und er weiß auch, daß es »Freiheiten« gibt, die der Wahrheit Gewalt antun. Von den Wahrheiten des Wissens und den Freiheiten des Handelns ist der Glaube aber auch dann fundamental unterschieden, wenn die Wahrheit des Wissens und die Freiheit des Tuns Hand in Hand gehen oder zumindest einander su-

---

[4] *H. Steffens*, Von der falschen Theologie und dem wahren Glauben, zitiert nach *F. Schleiermacher*, Der christliche Glaube I, 17 (§ 3,2).

chen und suchend sich aufeinander zubewegen. Denn der Glaube sucht nicht. Er findet. Er lebt von gefundener Liebe, deren befreiende Wahrheit er dann freilich zu verstehen und immer noch besser zu verstehen sucht. So wie ein glücklicher Finder allererst durch den Fund, den er macht, zum glücklichen Finder wird, so wird der Glaube auch erst durch die Liebe, die Gott selber ist, zum Glauben. Der Liebe, die Gott selber ist, ist es wesentlich, sich entdecken zu lassen. Sie ist selber das primäre Subjekt ihrer Entdeckung, insofern ihre Funken als Funken des Geistes Gottes auf ein menschliches Subjekt überspringen und den Glauben als das Entdecken Gottes hervorrufen. Im Heiligen Geist kommt Gott so zum Menschen, daß der Mensch zum Glauben kommt. Gott findend findet der Glaube dann auch sich selbst. Gott entdeckend entdeckt der Mensch sich als Glaubenden. Glaubend macht der Mensch eine unvergleichliche Erfahrung, die die Reihe der weltlichen Erfahrungen elementar unterbricht und sich doch auf sie bezieht: eine Gotteserfahrung, die als solche eine Erfahrung mit der Erfahrung ist und auf keinen Fall verschwiegen werden will. Ich glaube, darum rede ich.

Der vom Apostel (2 Kor 4,13) zitierte alttestamentliche Satz (Ps 116,10) formuliert die bezwingende Erfahrung befreiender Wahrheit, aus der die christliche Theologie hervorgeht und der sie gilt. Theologie ist Rede von Gott, dem Herrn. Aber die Notwendigkeit, von diesem Herrn zu reden, ist im Unterschied zum gewaltsamen Zwang, der knechtet, die bezwingende Kraft befreiender Wahrheit. Gottes Herrschaft befreit. Denn sie ist die Herrschaft der von den Lebenslügen, in die der Mensch sich selbst und andere verstrickt, befreienden Wahrheit. Sie befreit von der Sünde, mit der der Mensch sich selber entmündigt und fesselt. Sie befreit zu einem Gott entsprechenden Leben in Gottes kommendem Reich, das als Reich der Freiheit sein Licht schon jetzt vorauswirft. Theologie kann deshalb gar nichts anderes sein als die denkend verantwortete Rede vom in seiner Wahrheit befreienden Gott: Theologie der Befreiung.

2. Ich glaube, darum höre ich. Der Glaube kommt aus dem Wort, in dem Gott zur Sprache kommt (Röm 10,17). Es ist ein dem Menschen und seiner Welt zugute kommendes Wort, in dem Gott sich aussagt und zusagt: Evangelium. Wer glaubt, kennt Gott als den, der sich im Evangelium aussagt und zusagt, so daß die Bedeutung des Wortes »Gott« entstellt und verfehlt wird, wenn sie nicht durch das Evangelium definiert wird. Auch als Wort des Gesetzes hat »Gott« nur dann eine berechtigte Bedeutung, wenn diese durch das Evangelium defi-

niert wird. Im Evangelium aber kommt Gott als der zur Sprache, der in der Person des Menschen Jesus zur Welt gekommen ist, um so, in der Einheit mit diesem nach kurzer, aber unvergeßlicher öffentlicher Wirksamkeit sein Leben am Galgen verlierenden jüdischen Menschen, seine wahre Gottheit zu definieren. Im Evangelium kommt Gott als der zur Sprache, der er von Ewigkeit zu Ewigkeit ist.

Wohlgemerkt: Gott kommt selbst zur Sprache. Er nimmt selber das Wort. Ja, zu seinem Sein gehört von Ewigkeit her ansprechende Sprache. Kein Mensch kann von sich aus reden. Gott ist der von sich aus Redende. Sein Wort ist ursprünglicher Ausdruck seines Seins und ursprüngliche Anrede und in der Einheit von beidem aus Nichts schaffendes Wort. Der Glaube hört dieses Wort. Er weiß sich selber durch es geschaffen. Er verdankt sich ihm. Er tritt vernehmend ins Dasein. Und er kommt immer wieder auf das ihn schaffende Wort zurück. Ich glaube, darum höre ich auf den von sich aus redenden Gott.

Der Glaube hört auf Gott selbst. Nicht auf menschliche Gottesgedanken, nicht auf die Vorstellungen, die sich selbstverständlich auch die Glaubenden von Gott machen, sondern allein auf Gott selbst. Denn der Glaube ist die kühne Gewißheit, Gott selber kennengelernt zu haben: den zur Welt gekommenen, den Mensch gewordenen, den zur Sprache kommenden Gott. Vom Feuer seines Heiligen Geistes – und sei es auch nur von einem Funken desselben – erfaßt, ist der Glaubende selber Feuer und Flamme für die vernommene Wahrheit.

Ein gefährliches Feuer! Der auf Sicherheit bedachten Welt mag es als eine Torheit erscheinen, sich von ihm entzünden zu lassen – so wie der auf ihre eigene Klugheit bedachten Vernunft das Wort von dem als Mensch zur Welt und in ihr zu Tode gekommenen Gott als Torheit erscheint (1 Kor 1,18). Der Glaube nimmt sich gleichwohl die Freiheit, auf es zu hören. Narrenfreiheit? Sei's drum! Narren sind mitunter die einzigen, die unbequeme Wahrheit zu sagen wagen. Das gilt auch für die »Narren um Christi willen« (1 Kor 4,10). Theologie wird deshalb in dem Maße, in dem sie Theologie des Wortes Gottes ist, sich immer wieder in eine Narrenrolle versetzt sehen: in die Rolle eines Kathedernarren im Hause der Wissenschaft. Doch wenn sie der Wahrheit dient, wird sich die Theologie dieser Rolle nicht zu schämen haben.

Der Glaube kann freilich auf Gott selbst nur hören, indem er auf menschliche Worte hört. Gott kommt menschlich zur Sprache. Er wählt sich menschliche Zeugen, in deren oft nur allzu menschlichen Worten sich Gottes Geist ausspricht. Der Glaube erkennt alle diejenigen menschlichen Worte, die die Geschichte des Zur-Welt-Kommens

Gottes ursprünglich bezeugen, als Ursprungsworte des Glaubens und sammelt sie als Texte Heiliger Schrift, um auf die Wahrheit zu hören, die sie zu sagen haben. Theologie ist Auslegung der Heiligen Schrift.

3. Ich glaube, darum staune ich. Und wie! Glaubend erfährt der Mensch Gott als sein und aller Dinge unerschöpfliches Geheimnis: als das schlechthin Überraschende, das sich gleichwohl von selbst versteht oder doch verstehen sollte; als ein schlechthin singuläres Ereignis, das doch von unüberbietbarer Allgemeinheit ist; als ewiges Sein und doch voller Werden; als das Allerkonkreteste, das als solches das concretissimum universale ist; als den Vater im Himmel, der sich im Menschenbruder auf Erden offenbart. Glaubend erfährt der Mensch den als Mensch zur Welt gekommenen, gekreuzigten und von den Toten auferstandenen Gott als das beziehungsreiche Wesen, das sich als Vater, Sohn und Geist voneinander unterscheidet und als Gemeinschaft gegenseitigen Andersseins aufeinander bezieht. Glaubend erfährt der Mensch das Geheimnis des dreieinigen Gottes, der die Beziehungslosigkeit des Todes an sich selber erträgt, um in der Einheit von Leben und Tod zugunsten des Lebens das beziehungsreiche Wesen der Liebe zu sein. Es ist das Geheimnis einer inmitten noch so großer trinitarischer Selbstbezogenheit immer noch größeren Selbstlosigkeit. Im Glauben an den dreieinigen Gott erschließt sich die Tiefe des Wortes vom Kreuz. Ich glaube, darum staune ich über das mysterium trinitatis als Summe des Evangeliums: Gott von Ewigkeit her und also an und für sich ist der *Gott für uns*.

Geheimnis ist Gott also nicht im Sinne eines unerkennbaren mysterium logicum oder arcanum naturae oder im Sinne eines zu verschweigenden secretum politicum, sondern als sich mitteilendes mysterium salutis. Geheimnis ist Gott nicht im Sinne eines sich dem Erkennen verschließenden und dem Verstehen entziehenden Dunkels, sondern als das sich nur von sich aus erschließende ewigreiche Sein des Vaters, Sohnes und Heiligen Geistes, als Fülle des Lichts. Die Türen des Geheimnisses tun sich nur von innen auf. Wenn sie sich aber auftun, dann gibt das Geheimnis sich zu erkennen, ohne dadurch aufzuhören, Geheimnis zu sein. Das Mysterium büßt seinen Charakter als Mysterium nicht ein, wenn es sich mitteilt. Ganz im Gegenteil: Je tiefer man es erkennt, desto geheimnisvoller wird es.

Gott ist dieses Geheimnis. Sein Sein ist nicht dunkel, sondern unerschöpfliches Licht: Lebenslicht, das den Tod überwindet. Ist Gott verborgen, dann ist er es im Lichte seines eigenen Seins (1 Tim 6,16). Offenbarung ist das Eingehen dieses Lichtes in die selbstverschuldete

Finsternis der Welt, also die Verwandlung der schlechthinnigen Verborgenheit Gottes in seine präzise Verborgenheit sub contrario, so daß das ewige Sein Gottes als Geschichte in Raum und Zeit identifizierbar wird: als Geschichte des die es verbergende Finsternis besiegenden und vertreibenden Lichtes. Vermögen wir auch nicht in dieses Licht zu blicken, so können wir doch die Helligkeit wahrnehmen, die es erzeugt und in der sich das göttliche Geheimnis kundtut (1 Tim 3,16). Offenbarung als schlechthinnige Unverborgenheit Gottes, die es uns erlaubt, ins Licht des göttlichen Seins nicht nur zu sehen, sondern zu gehen, ereignet sich erst, wenn Gott alles in allem sein wird, also alles in seinem Lichte erscheint und durch es gerichtet und verherrlicht sein wird.

Theologische Erkenntnis beginnt mit dem Staunen über das in der präzisen Verborgenheit eines menschlichen Lebens und Sterbens sich offenbarende Geheimnis Gottes. Ihr Ziel ist – im Unterschied zur Philosophie – nicht etwa das μηδὲν θαυμάζειν, sondern die verständige Artikulation des Staunens, das um so größer wird, je besser der Glaube das sich offenbarende göttliche Geheimnis versteht. Theologie kommt aus dem Staunen nicht heraus.

4. Ich glaube, darum denke ich. Der Glaube gibt zu denken. Man kann an Gott nicht glauben, ohne ihn zu denken. Der Glaube ist leidenschaftlich darauf bedacht, sich selbst und damit Gott zu verstehen. Glaube ist wesentlich fides quaerens intellectum.

Daß von Gott gleichwohl gedankenlos geredet wird, ja daß auch die Gottesgedanken der menschlichen Vernunft an Gott selbst, wenn sich die Vernunft nicht von dem zur Welt kommenden Gott mitnehmen und so auf den Denkweg bringen läßt, vorbeigehen, zeigt, wie sehr der Glaube vom Aberglauben bedroht und wie leicht Gott mit Abgott verwechselt wird. Schon deshalb kann der Glaube nicht von Gott reden, ohne ihm nachzudenken und so zu bedenken, wer oder was in Wahrheit *Gott* genannt zu werden verdient.

Glauben und Denken sind also einander keineswegs feind, sondern spannungsvoll aufeinander bezogen. Zur Gegnerschaft wird ihre spannungsvolle Beziehung erst dann, wenn die Vernunft so unvernünftig wird, dem Glauben die Gedanken vorzuschreiben, die er zu denken hat, oder gar ihm und damit Gott selbst jedwede Denkwürdigkeit abzusprechen. Denn dann wird die Vernunft zum Glaubensersatz. Dann fordert der Glaube das Denken zum Umdenken auf, um Gott aufs neue denken zu lernen. Dann gilt es, das Denken selber neu zu denken.

Auf problematischen Wegen sieht der Glaube das abendländische Denken, dem sich doch auch die christliche Theologie verdankt, sofern dieses die Vernunft auf ihre Verstandestätigkeit und seine Muster von Rationalität beschränkt, in denen die vernehmende Vernunft der Selbsttätigkeit und Selbstsicherung des erkennenden Subjektes zum Opfer fällt. Die Privilegierung des Wirklichen vor dem Möglichen und der Substanz vor der Relation in der Ontologie, des Bewußtseins gegenüber der Sinnlichkeit in der Erkenntnistheorie, des apophantischen Aussagesatzes und der propositionalen Wahrheit in der Semantik sind nur drei – jüngst von Jürgen Habermas ähnlich reklamierte[5] – Beispiele für eine sich um ihren eigenen Reichtum betrügende Vernunft, der der äußere Reichtum des allemal erfolgreicheren, weil sich als Technik triumphal verwirklichenden Verstandes wichtiger ist als die Auslotung des ganzen Vermögens der Vernunft. In der Eindimensionalität der modernen Lebenswelt – sei sie nun kapitalistischer oder sozialistischer Provenienz –, in der das objektivierend-instrumentelle Denken notwendig amoralisch sein muß und keine Moral der Welt der Objekte zu Hilfe kommen kann, weil die im Blick auf sie geforderte Verantwortung, im Horizont der überlieferten Moral gedacht, so weit nicht zu greifen vermag – denn sie müßte weit über die alte Nächsten-Ethik hinausgreifen –, manifestiert sich die Aporie, in die das abendländische Denken auf seinem die Ganzheit, den shalom des Lebens verfehlenden Denkweg geraten ist. Es ist friedloses Denken.

Wie aber sollte es, wenn es »die unmittelbare Gegenwart des ganzen ungeteilten Daseins« nicht zu denken vermag, Gott denken können? Es kann Gott nur so denken, daß es, wenn es seinen Gottesgedanken zu Ende denkt, auf den Gedanken vom Tode Gottes verfallen muß. Doch gerade diesen Gedanken kann es nicht zu Ende denken. Es kann Gott und den Tod so wenig zusammendenken wie Leben und Tod. Denn es kann den Gott nicht denken, der in der Einheit von Leben und Tod zugunsten des Lebens die Liebe ist. »Deus, qualem Paulus creavit, Dei negatio«[6].

---

[5] *J. Habermas*, Untiefen der Rationalitätskritik, in: Die Zeit vom 10.8.1984; jetzt in: *ders.*, Die Neue Unübersichtlichkeit, Kleine Politische Schriften V (edition suhrkamp NF 321), 1985, 132–137, 136.

[6] *F. Nietzsche*, Der Antichrist, Werke, KGA VI/3, hg. von G. Colli und M. Montinari, 1969, 223 (Nr. 47).

Der Glaube, der zu denken gibt, gewinnt den Gottesgedanken aus der Härte des Todes Jesu Christi. Er verlangt Gott deshalb als den zu denken, dessen schöpferische Allmacht und Freiheit etwas anderes ist, als es der Gedanke göttlicher Absolutheit souffliert, dessen Ewigkeit und Aktuosität etwas anderes ist, als es die Axiome von der Zeitlosigkeit und Apathie des Ewigen erheischen. Ist Gott Liebe, dann ist in Wahrheit die Liebe allmächtig, dann ist sie der harte Kern aller wahren Macht. Und die Macht hat dann ihr Wahrheitskriterium darin, daß sie mitzuleiden vermag, um so das Leid zu überwinden. Gottes Sein wird dann als eine sich dem Nichts aussetzende Existenz zu denken sein, deren Wesensreichtum sich als a se in nihilum eksistere vollzieht. Und Gottes Schöpfung wird dann als Akt ursprünglichen Anfangens zu denken sein, der einen Akt ursprünglicher Selbstbeschränkung (Zimzum nannte es die jüdische Mystik) impliziert. Der sein Geschöpf bejahende und ins Sein rufende Schöpfer begrenzt sich selbst durch das Sein seiner Geschöpfe. Der Gedanke seiner Allgegenwart wird dementsprechend neu zu denken sein als Begriff seines alle Kreatur erreichenden und sein lassenden Kommens. Im selben Sinne werden alle überlieferten göttlichen Attribute kritisch zu prüfen und gegebenenfalls neu zu denken sein. Gott wird dann nicht mehr als weltlich notwendig, Kontingenz wird nicht mehr als unwesentlich gedacht werden können. Gott ist mehr als notwendig – wie alle wahre Freiheit, die das Gegenteil von Beliebigkeit ist. Gott ist zu denken aus dem Ereignis seines Advents: als ein Sein, das im Kommen ist und schon an ihm selbst die ewige Geschichte des beziehungsreichen Zu-sich-selbst-Kommens Gottes als Vater, Sohn und Heiliger Geist ist. Theologie denkt dem Kommen Gottes nach. Sie ist die dem Glauben entspringende Nachfolge des Denkens.

Als dem Kommen Gottes nachdenkende Erkenntnis gewinnt die Theologie ihre Methode, indem sie die Bewegung des zur Welt kommenden Gottes denkend nachvollzieht. Sie wird Gott und Welt so streng wie möglich zu unterscheiden haben, indem sie Gott auf die Welt so eng wie möglich bezieht. Denn Gott unterscheidet sich von der Welt, indem er sich ihr mitteilt. Seine Attribute sind nicht incommunicabilia, sondern kommunikable Attribute. Nicht die metaphysische Differenz eines der Welt gegenüber immer nur immer noch größeren Gottes, nicht ein abstraktes »deus semper maior«, sondern die soteriologische Differenz eines der Welt unüberbietbar nahe kommenden Gottes – »Nichts ist so klein, Gott ist noch kleiner, Nichts ist so gros, Gott ist noch grösser«[7]! – führt zur konkreten Unterscheidung von Gott und Welt. Die Methode, die Gott entsprechende Rede von Gott ermöglicht, ist deshalb die Analogie des Advents.

Dem als trinitarische Gemeinschaft gegenseitigen Andersseins und inmitten noch so großer Selbstbezogenheit immer noch selbstloseren Gott, dem Gott, der Liebe ist, entspricht diejenige Analogie, die eine inmitten noch so großer Unähnlichkeit eine immer noch größere Ähnlichkeit zwischen Gott und Welt aussagt: Gott kommt der Welt näher, als diese sich selber nahe zu sein vermag. Und er kommt in der Kraft seines Geistes einem menschlichen Ich näher, als dieses sich selber nahe zu sein vermag.

Die das Denken Gottes und die Rede von ihm methodisch leitende Analogie des Advents ist primär am Anrede- und Erzählcharakter – und erst sekundär am Benennungscharakter – der Sprache orientiert, die dadurch ansprechend wirkt, daß sie sich als ein ebenso unentwegtes wie präzises μεταφέρειν von Bedeutung vollzieht. Der Begriff stellt fest, die Metapher aber versetzt das zu Sagende in eine ansprechende Bewegung. Die Wahrheit der Sprache des Glaubens ist, weil dessen Sprache ansprechende Sprache ist, metaphorische Wahrheit. Als solche ist sie freilich nicht weniger eigentlich als die univoke Sprache des Begriffs. Rede von Gott ist ansprechende Rede, oder sie redet nicht eigentlich von Gott. Gott denken heißt deshalb: die Rede von Gott so zu ordnen, daß sie uns unbedingt angeht, indem sie uns gleichermaßen auf Gott und auf uns selbst anspricht.

Gleichermaßen auf Gott und sich selbst angesprochen, gewinnt der Glaubende ein neues Verständnis seiner selbst und damit auch seiner Welt und dessen, was er – wenn überhaupt – bisher Gott genannt hat. Gott selber denken ist insofern ein das Gottesverhältnis, das Weltverhältnis und das Selbstverhältnis des Menschen revolutionierendes Ereignis, eine »Revolution der Denkungsart«[8], die freilich nicht nur mit Gedanken, sondern ebenso mit Worten und Werken verwirklicht zu werden verlangt. Wem der Glaube zu denken gibt, der weiß sich gebieterisch zum Handeln verpflichtet.

5. Ich glaube, darum unterscheide ich. Glauben ist ein Akt ursprünglichen Unterscheidens.

---

[7] *M. Luther*, Vom Abendmahl Christi. Bekenntnis. 1528, WA 26, 339,39f = BoA III, 404,33 f.

[8] *I. Kant*, Kritik der reinen Vernunft, B XI, Akademie-Textausgabe III, 1911, 9.

So wie Gott durch einen Akt ursprünglichen Unterscheidens anderes, geschöpfliches Sein geschaffen und innerhalb des geschaffenen Seins wohltuende Unterscheidungen zwischen Himmel und Erde, Tag und Nacht, Wasser und Land, Mann und Frau usw. geschaffen hat, so weiß sich der auf Gott vertrauende Glaube zu ursprünglichem Unterscheiden angehalten. Er unterscheidet zuerst und vor allem zwischen Gott und Welt, zwischen Schöpfer und Geschöpf, um so die rechte Beziehung einer unüberbietbaren Nähe zwischen beiden zur Geltung zu bringen.

Wer glaubt, hat Ursprung und Ziel seines Seins, er hat den tragenden Grund seiner Existenz in Gott und nur in Gott gefunden. Er weiß sich in seiner schöpferischen Liebe ewig geborgen, in ihr allein. Er weiß sich durch Gottes Gnade gerechtfertigt, durch sie allein. Er kennt Jesus Christus als den Weg und die Wahrheit und das Leben, ihn allein. Er hört, wenn es um die Wahrheit seines Gottesgedankens und um sein Heil geht, auf die Heilige Schrift und nur auf sie. Wer glaubt, kennt den Glauben und nur den Glauben als die schöpferische Passivität, in der das Nehmen-Können seliger ist als das Geben-Können. Wer aber *allein* sagt und *nur*, der ist schon dabei, in ursprünglicher Weise zu unterscheiden, was auf keinen Fall vermengt werden darf. Er kennt die Sünde als die Anmaßung, wie Gott sein zu wollen, und ihren verderblichen Zwang, wie Gott sein wollen zu müssen. Wer glaubt, der weiß, daß Gott Mensch geworden ist, um Gott und Mensch wohltätig und definitiv voneinander zu unterscheiden: »Wir sollen Menschen und nicht Gott sein. Das ist die summa«[9]. Wer glaubt, existiert im Unterschied. So wahrt er den Beziehungsreichtum des Lebens. Wer unterscheidet, hat mehr vom Leben.

Der Glaube unterscheidet allerdings auch im Blick auf Gott selbst, den er als den von sich aus Redenden kennt. Der Glaube unterscheidet zwischen dem Wort, mit dem Gott uns fordert, und dem Wort, in dem Gott sich uns gibt. Er unterscheidet zwischen Gesetz und Evangelium. Und er unterscheidet zwischen einem dem Evangelium entsprechenden rechten Gebrauch des Gesetzes und einem gesetzlichen Gebrauch des Gesetzes, der in Wahrheit ein abusus theologicus legis ist. Er unterscheidet zwischen der heilsamen Forderung des Gesetzes, die den von Gott befreiten Menschen für Gott in Anspruch nimmt, und der heillosen Überforderung durch das Gesetz, die den Menschen als Summe seiner eigenen Leistungen versteht. Wer glaubt, un-

---

[9] *M. Luther*, WA B 5, 415,45 = BoA VI, 310,25 f.

terscheidet zwischen Person und Werk und erkennt in der ohne des Gesetzes Werke, also vorgängig zu aller »Selbstverwirklichung« von Gott anerkannten Person den menschlichen Menschen. Wer glaubt, unterscheidet die Werte des Handelns von der Würde der Person. Wer hingegen auch die Person der – Aufwertungen und Abwertungen implizierenden – Kategorie des Wertes unterwirft und demgemäß die Menschlichkeit des Menschen durch Selbstaufwertung in Gestalt von Selbstverwirklichung gewinnen zu müssen meint, verwirkt in Wahrheit die Menschlichkeit des Menschen. Er verkennt den Unterschied zwischen Mensch und Gott. Der Glaube ist hingegen ein ständiges Unterscheiden, ist die beharrliche Kritik der Götzen produzierenden Verwechslung und Vermischung des Geschöpfes mit seinem Schöpfer und der daraus folgenden Verwechslung und Vermischung des innerhalb der Geschöpfwelt wohltätig Unterschiedenen. Das dem Glauben folgende Denken ist demgemäß von Haus aus unterscheidendes, es ist eminent kritisches Denken.

Kritisch ist es allerdings auch in dem heute kaum noch geläufigen Sinn, daß es das Bessere nicht als Feind des Guten, sondern als dessen Steigerung und also in ihm auch das Gesteigerte zur Geltung bringt. Statt um des Besseren willen das Gute schlecht zu machen, prüft das wirklich kritische Denken bisheriges Gut auch dann, wenn es in eine Krise gerät, daraufhin, ob seine Güte nicht weiterhin Bestand hat. Respektlose Kritik der Überlieferung ist ihm deshalb genauso fremd wie kritikloser Respekt.

Auch Gottes Offenbarung ist nur dann wirklich als Krisis aller natürlichen und geschichtlichen Selbstverständlichkeiten und insofern eben als »Revolution der Denkungsart« begriffen, wenn begriffen wird, daß aus der ihr korrespondierenden Erfahrung der Krise, in der sich nichts mehr von selbst versteht, die Unterscheidung erwächst zwischen dem, was nunmehr in der Tat obsolet geworden ist, und dem, was sich ὡς διὰ πυρός als selbstverständlich bewährt. Im Rahmen einer kritischen Hermeneutik des Selbstverständlichen kann der Satz des Thomas von Aquin seinen guten Sinn gewinnen: gratia non tollit, sed perficit naturam[10]. Gerade indem sie so streng wie möglich unterscheidet, kommt die Theologie von der Offenbarung Gottes auf die Phänomene der Welt, von der Gnade auf die Natur zurück. Ge-

---

[10] Vgl. *Thomas von Aquin*, S. th. I, q. 1 a. 8 ad 2; vgl. *O. H. Pesch*, Theologie der Rechtfertigung bei Martin Luther und Thomas von Aquin. Versuch eines systematisch-theologischen Dialogs (WSAMA.T 4), 1969, 409. 519 ff.

rade indem sie dem Vater im Himmel die Ehre gibt, bleibt sie der Erde treu. Gerade als Theologie der Offenbarung plädiert sie für eine sehr viel natürlichere Theologie, als es die sogenannte natürliche Theologie zu sein vermag. Theologisches Denken gilt der »Rettung der Phänomene«.

6. Ich glaube, darum hoffe ich. Glaube wird notwendig zur Hoffnung. Denn er weiß sich in einer Geschichte gegründet, die die Zukunft in sich hat. Wer glaubt, ist sich der letzten, über die Weltgeschichte im ganzen und über jede einzelne Lebensgeschichte in ihr entscheidenden Zukunft als einer in Jesu Christi Kreuz und Auferstehung schon entschiedenen Zukunft gewiß. Er hat Grund zu hoffen. Er hofft auf seine eigene Auferstehung von den Toten und ein ewiges Leben in der Gemeinschaft mit Gott.

Hoffnung ist für den Glauben also keine vage Hoffnung, an die man sich klammert, weil ohne sie das elende Leben kaum oder gar nicht mehr zu ertragen wäre. Hoffnung ist Hoffnung auf Gott und sein kommendes Reich und als solche in der Gewißheit des Glaubens gegründet. Es ist die schon geschehene, aber im Modus präziser Verborgenheit geschehene Offenbarung Gottes, die ihre eigene Überbietung durch den erneut, nun aber in Herrlichkeit zur Welt kommenden und sich ihr und allen Menschen unmittelbar offenbarenden Herrn verheißt und verbürgt. Deshalb hofft der Glaubende auf den Tag des Herrn, der, von keiner Nacht mehr begrenzt, alles zu Tage bringen wird, weil an ihm der Retter der Welt alles in *sein Licht* und damit ins rechte Licht rücken wird. Es wird gerade als richtende Erhellung des Gewesenen rettendes Licht sein. Ich glaube, darum hoffe ich, daß nicht die Weltgeschichte das Weltgericht sein wird, in dem allemal die Mörder über ihre Opfer triumphieren würden, sondern daß Jesus Christus kommen wird, zu richten die Lebenden und die Toten, um in diesem seinem Gericht sich erneut als der die Sünde beim Namen nennende und so den Sünder von ihr befreiende Retter zu offenbaren.

Hoffnung auf ihn ist aber zugleich Hoffnung auf das mit ihm kommende Reich, in dem der befreiende Gott und der befreite Mensch sich ungetrübt der Freiheit freuen. Wer glaubt, hofft auf das Reich, in dem Frieden und Gerechtigkeit sich küssen (Ps 85,11). Der christlichen Hoffnung ist also Gottes kommendes Reich keineswegs unanschaulich. Der Rückblick auf die in der Person Jesu Christi eröffnete Gemeinschaft der Glaubenden mit Gott und untereinander gibt Ausblicke frei, die den Gegenstand der Hoffnung anschaulich machen, ohne die Pointen solcher eschatologischen Anschauung zu Vorstellungen gerinnen zu lassen. Ästhetik hat in solcher Hoffnung ihren theologischen Ort. Ihre fast völlige Vernachlässigung in der gegenwärtigen Theologie verrät, daß es mit der derzeitigen Theologie der Hoffnung nicht zum besten bestellt ist.

7. Ich glaube, darum handle ich. Denn aus der Hoffnung auf Gottes kommendes Reich schöpft der Glaubende auch weltliche Hoffnung für die Zukunft, die wir selber zu machen haben. Hoffen ist das Motiv allen Handelns. Die Anschaulichkeit der Hoffnung auf Gottes kommendes Reich aber macht der Hoffnung ein bestimmtes Handeln zur Pflicht. Denn im Ausblick auf das kommende Reich der Freiheit, des Friedens, der Gerechtigkeit und der Liebe erkennt der Hoffende, was unter den Bedingungen der Welt zu tun und zu lassen ist. Er hofft, wenigstens entfernte – sehr entfernte – Gleichnisse des Reiches Gottes auf Erden als Ziele menschlichen Handelns der menschlichen Vernunft plausibel machen zu können, und ist entschlossen, an der Verwirklichung dieser Ziele so gut wie möglich mitzuwirken.

Dabei ist wiederum streng zu unterscheiden zwischen der Eindeutigkeit des himmlischen Politeuma, in dem die das Leben eindeutig machende Liebe herrscht, und der Ambivalenz alles irdischen und also auch des politischen Handelns. Auf Erden *herrscht* die Liebe noch nicht. Aber sie kann die herrschenden Mächte mäßigen und dadurch die Ambivalenzen und Zweideutigkeiten des Lebens in den Reichen dieser Welt erträglicher machen. Die Ambivalenz, deren sich der politisch Handelnde nicht zu schämen braucht, kann, wenn nicht aufgehoben, so doch durch Annäherung an die eindeutig machende Herrschaft der Liebe verringert werden. Sie kann zur auf Eindeutigkeit ausgerichteten Vieldeutigkeit werden.

Der Hoffende wird also, weil er zwischen Gottes und unserem Tun zu unterscheiden sich verpflichtet weiß, nichts Unmögliches fordern. Aber die Theologie der Hoffnung hat ein politisches Ethos, das dem Glaubenden gebietet, für das Mögliche sein Möglichstes zu tun. Weil ich als Glaubender Grund zur Hoffnung habe, deshalb handle ich.

8. Ich glaube, darum bin ich – nämlich eine neue Kreatur und als solche eine zur Darstellung des Seins Jesu Christi in der Gemeinschaft der Heiligen berufene, als Glied der Kirche Jesu Christi existierende Person. Wer glaubt, der weiß sich dazu berufen, den Grund seines Glaubens vor der Welt durch ein Gott entsprechendes Leben *darzustellen*, um der Welt den auch sie tragenden Grund zu bezeugen und ihr anzusagen, woher sie kommt und wohin sie geht. Der Grund des Glaubens ist der Grund allen Seins: der sich in Jesus Christus als Ge-

meinschaft gegenseitigen Andersseins offenbarende dreieinige Gott. Solches Sein läßt sich aber nur gemeinschaftlich darstellen.

Glaube ist deshalb ein eminent sozietäres Ereignis. Wer glaubt, existiert in der Gemeinschaft der Glaubenden, die als Gemeinschaft mit Christus an seinem Tisch ihren tiefsten Ausdruck findet. Dort findet die trinitarische Gemeinschaft gegenseitigen Andersseins ihre eindrücklichste irdische Entsprechung.

Kirche unterscheidet sich von anderen menschlichen Gemeinschaften dadurch, daß sie von der Vergebung der Sünden lebt und eben darin heilig ist, daß sie weiß, daß sie von der Vergebung der Sünden lebt. So stellt sie Gott als den dar, der Sünden vergibt, indem er an seiner Heiligkeit Anteil gibt. So stellt sie Gott als den dar, der von selbstverschuldeter Knechtschaft und Unmündigkeit befreit, indem er an seiner Freiheit Anteil gibt. So stellt sie Gott als den dar, der den sich selbst belügenden Menschen wahrmacht, indem er an seiner Wahrheit Anteil gibt. So stellt sie Gott als den dar, der die Liebe ist, die den sich selbst entstellenden Menschen liebenswert macht. So stellt sie Gott als den dar, der die Welt versöhnt, indem er an dem Frieden seines die tiefsten Gegensätze vereinenden Lebens als Vater, Sohn und Heiliger Geist Anteil gibt.

Theologie wacht über die Reinheit dieser gottesdienstlichen Darstellung in der liturgischen Feier und im Alltag der Welt. Theologie fragt deshalb nach dem Gott entsprechenden Menschen, der in der Gemeinschaft der una sancta catholica et apostolica ecclesia seine Verwirklichung findet. Theologie ist wesentlich kirchliche Theologie.

Kann sie es sein, ohne zugleich die schärfste Kritik einer Christenheit zu sein, die sich in miteinander streitende Glaubensgemeinschaften spaltet? Theologie hätte ihren Sinn verfehlt, wenn sie die Wahrheit des Glaubens nicht *ökumenisch* zur Geltung bringen würde. Daß dabei, wie einst ein Apostel dem anderen, ein Glaubender dem anderen, wenn dieser der Wahrheit des Evangeliums zuwiderhandelt, ins Angesicht widersteht (Gal 2,11ff), kann der Einheit der Kirche nur bekömmlich sein. Paulus hat Petrus nicht exkommuniziert. Daran sollte man sich heute mutig erinnern. Die Zeit für eine im Streit um die Wahrheit geeinte Kirche ist reif.

9. Ich glaube, darum leide ich. Wer glaubt, leidet mit den Leidenden, weil er sich mit ihnen freuen wollte und in ihrem Leid immer auch die ihnen vorenthaltene Freude vermißt. Wer glaubt, leidet an dem Mangel an Liebe und Hoffnung, der aus Unfreiheit, Ungerechtigkeit und Unfrieden hervorgeht. Er leidet als Glaubender aber, wenn er

in die vom Tod und den Schergen des Todes schmerzlich gezeichnete Welt blickt, zugleich und zutiefst an der in ihr erfahrenen Verborgenheit des göttlichen Wirkens.

Wie verträgt sich die elende Wirklichkeit des Lebens mit der herrlichen Wahrheit, daß Gott die Liebe ist? Wie kann Gott ein erfreuliches Wort sein, wenn seine Geschöpfe sein allmächtiges Wirken so erfahren, daß es sich in grauenhaften Welterfahrungen verbirgt? Der Glaube leidet an der Diskrepanz zwischen der Definitivität der Offenbarung Gottes im Evangelium und der schrecklichen Verborgenheit der göttlichen Weltregierung, zwischen dem offenbar gewordenen Sein Gottes und diesem seinem zutiefst verborgenen Tun, zwischen dem deus revelatus und seinem opus absconditum. Der Glaube erfährt sich gerade aufgrund des Reichtums seiner Gottesgewißheit als *angefochtener Glaube*. Und möchte verstummen. Ich glaube, darum schweige ich?

Wer glaubt, wird in der Tat oft nur noch schweigen können. Wenn sein Schweigen dennoch keine letzte Möglichkeit ist, wenn es für den Glauben kein endgültiges Verstummen gibt, dann deshalb, weil der Glaube Gott selbst als die Wahrheit kennengelernt hat. Ihm darf man deshalb auch die traurige, die schmerzende Wahrheit nicht schuldig bleiben. Das betroffene Schweigen wendet sich notwendig zur Gott die Wahrheit sagenden Klage, und sei es auch nur in Gestalt eines de profundis laut werdenden Schreis.

Theologie hat sich des Schreis nach Gott nicht zu schämen, der auch die gewisseste Rede von Gott muß begleiten können, wenn sie verantwortliche Rede von Gott sein soll. Theologie hat die Anfechtungen des Glaubens nicht nur beim Namen zu nennen, sondern so durchgehend mitzubedenken, daß sie als ganze eine Theologie der Anfechtung ist: tentatio facit theologum. Als Theologie der Anfechtung wahrt sie die Sensibilität des Glaubens, ohne sie zur larmoyanten Verliebtheit in den eigenen oder fremden Schmerz verkommen zu lassen. Denn als Theologie des Kreuzes lenkt sie den angefochtenen Glauben auf seinen Ursprung, auf den für uns leidenden Gott zurück, der, weil er durch sein Leiden der den Tod überwindenden Liebe zum Siege verholfen hat, der leidenden Menschheit einziger Trost ist. Er hat die Bosheit und Sünde für immer zum Scheitern verurteilt.

Nicht unsere Leidensgeschichte, sondern Christi Passionsgeschichte als Evangelium zur Sprache zu bringen ist denn auch die erste und letzte Aufgabe rechter Theologie, die in allem doch immer nur das eine geltend zu machen hat: daß der von seinen menschlichen Geschöpfen verneinte und gekreuzigte Gott zu uns und so auch zu sich selbst ein für allemal *Ja* gesagt hat (2 Kor 1,19f).

Auch »meine Theologie« kann und will nichts anderes sein als der denkende Versuch, dieses göttliche *Ja* nachzubuchstabieren. Quod Deus bene vertat!

Leitfragen

1. Wie verhalten sich nach Jüngel die persönliche Dimension und der allgemeine – wissenschaftliche und öffentliche – Anspruch von Theologie zueinander?
2. Wie ordnet Jüngel Glaube und Existenz einander zu? Welche Auswirkungen hat diese Zuordnung für die Theologie?
3. Welche Konsequenzen könnten aus Jüngels Charakterisierung der Theologie für die gegenwärtige Theologie folgen?

Literatur

- E. Jüngel, Die Leidenschaft, Gott zu denken. Ein Gespräch über Denk- und Lebenserfahrungen, hg. von Fulvio Ferrario, Zürich 2009.
- J. Weiss, Die hohe Kunst des Unterscheidens. Eberhard Jüngel. Interview, in: L. Bauerochse/K. Hofmeister (Hg.), Wie sie wurden, was sie sind. Zeitgenössische Theologinnen und Theologen im Portrait, Gütersloh 2001, 230–246.
- R. Nelson, Jüngel. A Guide for the Perplexed, London u. a. 2020, 99–104.

3. Theologie als Wissenschaft

3.1 Theologie in der Spannung zwischen Wissenschaft und Bekenntnis

Den vorliegenden Text hat Jüngel 1973 in einer selbständigen Publikation in der Schriftenreihe »Impulse« der Evangelischen Zentralstelle für Weltanschauungsfragen (damals: Stuttgart) veröffentlicht. 1980 ist er in den Sammelband »Entsprechungen« aufgenommen worden. Es handelt sich dabei um die Publikation eines einleitenden Votums zu einem Gespräch, das am 10. Mai 1972 mit dem Rat der EKD stattgefunden hat. Es ging dabei um die Frage, was denn wesentlich für den christlichen Glauben und insofern auch für die evangelischen Kirche sei. Diese Frage bewegte die Kirchen damals aufgrund der gesellschaftlichen Umbrüche und der Herausforderungen der Moderne sehr.

Die frühen 1970er Jahre waren gesellschaftlich von der Studierendenbewegung der 1968er geprägt. Kirchlich und theologisch war weiterhin die seit den 1950er Jahren geführte Auseinandersetzung mit Rudolf Bultmanns Theologie und die damit verbundene Entmythologisierungsdebatte präsent, die international durch John Robinsons Buch »Honest to God« intensiviert worden war. In den 1960er Jahren war eine neue Auseinandersetzung mit dem Atheismus und dem Empirismus dazu gekommen. Die evangelische Theologie sah sich mit dem generellen Vorwurf aus dem Raum der Kirchen konfrontiert, sie produziere in ihrem Bemühen modern zu sein und sich dem gesellschaftlichen und wissenschaftlichen Problembewusstsein der Zeit zu stellen vor allem schädliche Konflikte für die Gemeinden und die evangelischen Kirchen insgesamt.

In Jüngels Text zeigt sich seine besondere Aufmerksamkeit für die Aporien, die den Kirchen und der Theologie in der Identitätskrise des Christentums Anfang der 1970er Jahre gemeinsam sind. Diese Aufmerksamkeit für Aporien – des Denkens und des Lebens – findet sich öfters bei Jüngel und ist geradezu charakteristisch für seine theologische Arbeitsweise. Der vorliegende Text ist deshalb nicht nur ein Beitrag zur Bestimmung des Verhältnisses von Wissenschaft und Bekenntnis, sondern auch ein glänzendes Beispiel für eine theologische Aporetik. Jüngel behandelt vier Aporien, die sich der Theologie der Zeit stellten: eine wissenschaftstheoretische Aporie, eine hermeneutische Aporie, eine Verifikationsaporie und eine zeitkritische Aporie. Die Pointe dieses hier von Jüngel skizzierten Programms einer evangelischen Theologie im Dienste der Kirche und insofern des christlichen Bekenntnisses ist, dass eine Theologie, die sich dem Trend der Zeit folgend in den gesellschaftlichen Aktionismus begibt und den Kirchen rät, dies auch zu tun, der Kirche nicht wirklich hilft. Dies gilt nach Jüngels Auffassung natürlich auch dann, wenn Theologinnen und Theologen (wie auch die Kirchen) meinen, mit ihrem Aktionismus einer gesellschaftlichen Verantwortung gerecht werden zu müssen. Vielmehr hilft die Theologie der Kirche nach Jüngels Auffassung vor allem dann, wenn sie den langen Weg durch die Aporien geht und eine wissenschaftstheoretisch überzeugende Arbeit macht zugunsten eines im Namen Gottes zu verantwortenden – und insofern wahrheitsgemäßen – befreienden Wortes von Mensch zu Mensch.

Theologie in der Spannung
zwischen Wissenschaft und Bekenntnis*

A

Der Aufforderung, für das heutige Gespräch zwischen den Mitgliedern des Rates der EKD und verschiedenen Dozenten der Theologie über das vom Rat formulierte Thema »Theologie in der Spannung zwischen Wissenschaft und Bekenntnis« einige einleitende Überlegungen zu formulieren, kann sich ein Theologe nicht gut entziehen. Zwar gerät man als Dekan einer deutschen Fakultät durch die hochschulpolitische Tagesordnung fast täglich in einen status confessionis sehr besonderer Art, der es nahelegt, an Stelle der spezifisch theologischen *Spannung* von Wissenschaft und Bekenntnis zunächst einmal so etwas wie die Notwendigkeit eines Bekenntnisses *zur* Wissenschaft zu thematisieren. Doch wäre es ein *abstraktes* Bekenntnis des Theologen zu seiner Wissenschaft, wenn er sich nicht auch dem spannungsvollen Verhältnis zwischen dem, was man in seiner Wissenschaft im strengen Sinne »Bekenntnis« nennt, und der Wissenschaftlichkeit dieser Wissenschaft aussetzen wollte.

Theologen sind nun freilich nicht nur die vom Rat zum Gespräch eingeladenen Universitätslehrer, sondern auch die meisten kirchenleitenden Mitglieder des Rates selbst. Und insofern bedaure ich es ein wenig, daß hier heute zwei *Universitätslehrer* das Gespräch eröffnen und nicht wenigstens eines der beiden einleitenden Voten von der einladenden Seite kommt. Angesichts des in den letzten Wochen unter den kirchenleitenden Köpfen ja nicht gerade in camera caritatis geführten mutuum colloquium politico-theologicum fratrum wären einige grundlegende Ausführungen zu dem uns aufgegebenen Thema gerade aus dem Munde eines Bischofs oder Kirchenpräsidenten nicht

---

* Einleitendes Votum zu einem Gespräch, das am 10. Mai 1972 mit dem Rat der EKD stattgefunden hat. Zu vergleichen ist mein im Frühjahr 1970 in Launde Abbey, Leicestershire, auf einer Konferenz zwischen der Church of England und der EKD über »The Presentation of the Christian Faith today: Essentials and Nonessentials« vorgetragener Diskussionsbeitrag »Womit steht und fällt heute der christliche Glaube? Elementare Verantwortung gegenwärtigen Glaubens«, in: Spricht Gott in der Geschichte? Mit Beiträgen von *F. H. Tenbruck* [u. a.], Weltgespräche bei Herder, 1972, 154–177.

nur von ganz besonderem Reiz, sondern um der Sache willen wohl auch in besonderem Maße an der Zeit.

Indessen, die Rollenverteilung zwischen den professoralen Theologen von Beruf und den in das Amt der Kirchenleitung berufenen Theologen ist letztlich nur eine technische. Theologie ist selber eine Funktion der Kirchenleitung. Und Kirchenleitung ist ihrerseits ein – wenn auch nicht das einzige – Ziel jeder rechten Theologie. Insofern mag sich denn das Bedauern über das Fehlen eines bischöflichen Wortes zur theologischen Grundlage kirchlicher Worte zur Lage in die nüchterne Feststellung verwandeln, daß die Zeit vorüber ist, in der der Anschein entstehen konnte, als produziere eine sich dem Problembewußtsein ihrer Zeit stellende wissenschaftliche Theologie in erster Linie schädliche Konflikte, die dann in der Gemeinde unter Schmerzen auszutragen sind, während eine sich der sogenannten modernen Theologie verschließende Kirche sich von allen derartigen Konflikten rein hätte bewahren können. Es ist nun offen am Tage, wie sehr ein solcher Anschein trog.

Die letzten Jahre haben es mehr oder weniger allen Betroffenen deutlich gemacht, daß nicht nur die wissenschaftliche Theologie ihre Aporien hat, die die Kirche mit Recht beunruhigen, sondern daß in gleichem Masse eine Kirche, die sich den konkreten Ansprüchen ihrer Zeit nicht versagt, ihrerseits in Aporien gerät, die dann die Theologie herausfordern. Kirche und Theologie begegnen einander heute in einer veränderten Situation, nämlich in der Situation gemeinsamer Verlegenheit. Ich halte das für einen keineswegs nur bedauernswerten Sachverhalt. Die Gemeinsamkeit der Verlegenheit, wenn sie nur ehrlich eingestanden und bewußt durchgestanden wird, berechtigt dazu, die derzeitige Situation von Kirche und Theologie auch als die einer verheißungsvollen Verlegenheit zu beurteilen. Denn selten dürfte die Frage des Verhältnisses der Theologie zur Kirche so sehr zum Kriterium für das Selbstverständnis der Theologie als Wissenschaft geworden sein wie in gerade eben der Situation, in der umgekehrt wiederum die Kirche mit einer kaum zu überbietenden Dringlichkeit auf die Frage ihrer theologischen Definierbarkeit verwiesen ist. Vielleicht waren sich evangelische Kirche und evangelische Theologie seit ihren Anfängen noch niemals so nahe wie gerade eben jetzt, da sie in eine Identitätskrise geraten sind, in der sie für jedermann offenkundig auf Gedeih und Verderb aneinander gebunden sind.

Die gemeinsame Verlegenheit von Kirche und Theologie kann freilich nur dann als verheißungsvoll beurteilt werden, wenn die vor-

3.1 Theologie in der Spannung zw. Wissenschaft und Bekenntnis

handenen Aporien nicht kaschiert werden. Vielmehr dürfte gerade in der Wahrnehmung der unbestreitbar vorhandenen Aporien und ihrer Verarbeitung zu einer theologischen Aporetik die Chance liegen, aus jener Identitätskrise herauszufinden. Theologie und Kirche müssen es lernen, die Aporien wahrzunehmen und zu durchdenken, deren Dasein niemand ernsthaft bestreiten kann. Nur wenn die jeweiligen Auswegslosigkeiten erkannt werden, lassen sich neue Wege erarbeiten, auf denen Theologie und Kirche vorankommen können, ohne ihrer wesentlichen Bestimmung untreu zu werden. Ohne die Ausarbeitung einer theologischen Aporetik werden Kirche und Theologie entweder auf der Stelle treten und damit faktisch ihre Zukunft verwirken oder aber zu nervösen Ausbrüchen verführt. Man meint dann, sich so der Last traditioneller Probleme mit einem Schlage entledigen zu können. Aber in Wahrheit kann man bei solchen Manövern die Tradition doch nur verdrängen und muß dann unter ihrer unverarbeiteten Last früher oder später zusammenbrechen.

Ich möchte deshalb in das für unser Gespräch gestellte Thema so einführen, daß ich wenigstens einige der Grundaporien formuliere, ohne deren Ausarbeitung zu einer theologischen Aporetik die Identitätskrise der evangelischen Christenheit kaum überwunden werden kann. Ohne Aporetik keine Wissenschaft!

Es gehört mithin zur *Wissenschaftlichkeit* der Theologie, auf die Ausarbeitung einer theologischen Aporetik zu dringen und diese selber zu leisten. Dabei stößt die Theologie dann allerdings auch schon auf eine der Grundaporien, denen sie heute ausgesetzt ist: Was ist Wissenschaft? Und inwiefern ist Theologie selber als Wissenschaft möglich? Läßt sich das Bekenntnis zu Jesus Christus zum Gegenstand einer Wissenschaft machen? Und wenn ja, was bedeutet das für den allgemeinen Wissenschaftsbegriff?

Die Theologie wird sich also (1.) der *wissenschaftstheoretischen Grundaporie* stellen müssen, wenn sie sich an den Entscheidungen über ihre eigene Zeit verantwortlich soll beteiligen können. Es kann wohl auch nur im Interesse der Kirche sein, wenn sie in der Theologie einen wissenschaftlichen Anwalt hat, der der *wissenschaftstheoretischen Grundlagendiskussion* sich auszusetzen sich genötigt sieht und hoffentlich dazu auch in der Lage ist. Um dazu in der Lage zu sein, muß sich die Theologie allerdings über die hermeneutische Eigenart ihres eigenen Arbeitens Rechenschaft ablegen.

Sie muß sich deshalb (2.) der *hermeneutischen Grundaporie* stellen, daß einerseits die ureigenste Sache der Theologie nur in der Weise bekennenden Behauptens konkret ist, daß die Theologie aber andererseits das im Bekenntnis Behauptete nur in geschichtlicher Vermittlung zum Gegenstand haben kann. Die Theologie hat folglich die Aporie auszuarbeiten, daß sie nur durch die Vermittlung *historischer* Feststellungen die der historischen Feststellbarkeit grundsätzlich entzogene *Wahrheit theologischer Behauptungen* zur Geltung bringen kann.

Damit stellt sich dann aber sofort (3.) die Frage, wie sich die Bekenntnisse selbst zu der im Akt des Bekennens behaupteten Wahrheit verhalten. Unterliegen nicht auch Bekenntnisse dem Gang der Ereignisse? Und wird ihre Wahrheit dabei mit ihnen alt? Hegel notiert in seinem Jenaer Tagebuch: »In Schwaben sagt man von etwas längst Geschehenem: es ist schon so lange, daß es bald nicht mehr wahr ist. So ist Christus schon so lange für unsere Sünden gestorben, daß es bald nicht mehr wahr ist.«[1] Diese Tagebuchnotiz Hegels läßt sich auch als Frage nach dem Verhältnis von Heiligem Geist und Zeitgeist begreifen. So verstanden stellt sie sich als die *Verifikationsaporie* der Theologie.

Die Theologie kann ihre Sache, sie kann ihr Bekenntnis zu Jesus Christus nicht als gegenwärtig verifizieren, ohne sich der Kritik ihrer Zeit an der theologischen Überlieferung auszusetzen. Doch wirklich kritische Theologie wird zugleich umgekehrt die eigene Zeit der Kritik durch das uns nur geschichtlich überlieferte Bekenntnis zu Jesus Christus aussetzen. Die Theologie wird also (4.) im kritischen Dialog zwischen ihrer Überlieferung und ihrer Gegenwart die Wahrheit ihres Anspruches einsichtig zu machen haben. Diese Aufgabe markiert die *zeitkritische Aporie* der Theologie.

Im Folgenden sollen diese vier genannten Aporien etwas erläutert werden. Dabei wird dann hoffentlich deutlich werden, daß theologische Aporetik etwas anderes ist als theologische Skrupulosität. Sie ist zumindest der Versuch, daran zu erinnern, daß wir sowohl geistlich als auch intellektuell einigen Atem brauchen, wenn Theologie und Kirche nicht drohenden Kurzschlußhandlungen zum Opfer fallen sollen. Theologie und Kirche sind gegenwärtig im Begriff, dieser Gefahr zu erliegen. Die allgemeine Reizbarkeit ist ein unübersehbares Indiz. Sehe ich recht, dann drohen in Theologie und Kirche heute zwei Kurzschlußhandlungen, den christlichen Glauben zu Fall zu bringen.

Die *eine* Kurzschlußhandlung besteht darin, daß – schematisch geredet – die *Kirche* die Nerven verliert. Man könnte nämlich – und

---

[1] Aphorismen aus Hegels Wastebook, in: *G. W. F. Hegel*, Werke, hg. von E. Moldenhauer und K. M. Michel, Bd. 2, 1970, 540–567, 545.

man tut es bereits weithin – aus der Schwierigkeit gegenwärtiger Verantwortung des christlichen Glaubens die ganz und gar falsche Konsequenz ziehen, auf das *Verstehen* des Glaubens einfach zu verzichten. Man argumentiert dann im Namen des Glaubens gegen die kritische Vernunft und deren, wie man dann gerne sagt, zersetzenden Gebrauch in der Theologie.

Gegen diesen drohenden Kurzschluß des Verzichts auf intellektuelle Anstrengung ist lapidar festzustellen: was dem Glauben an theologischem *Verstehen* vorenthalten wird, wird zwangsläufig durch *Aberglauben* ersetzt.

Die *andere* Kurzschlußhandlung, die den christlichen Glauben heute zu Fall zu bringen droht, besteht darin, daß – wiederum schematisch geredet – die *Theologie* die Nerven verliert. Man könnte nämlich – und man tut es bereits weithin – aus der Schwierigkeit gegenwärtiger Verantwortung des christlichen Glaubens die ebenfalls ganz und gar falsche Konsequenz ziehen, daß das Denken den Glauben »umfunktionieren« müsse, um endlich zur *praktikablen Praxis* gelangen zu können. Das Verstehen wird ungeduldig. Und mit Ungeduld beginnt im Denken auch immer schon die Unsachlichkeit. Man argumentiert dann im Namen der kritischen Vernunft gegen die, wie man es gern nennt, Metaphysik des Glaubens und deren Unbrauchbarkeit in einer modernen Welt. Das Verstehen des Glaubens setzt unter dem Vorschein von Interpretation *andere,* scheinbar einfache Sachen an die Stelle des Glaubens. Die Theologie treibt Allotria. Und sie wird, gerade indem sie die Vernunft zitiert, gedankenlos. Denn wer im Verstehen des Glaubens auf anderes als wiederum auf Glauben aus ist, der hat das *Verstehen* des Glaubens vorzeitig dispensiert und damit paradoxerweise genau dasselbe getan, was der – schematisch geredet – kirchliche Kurzschluß zu tun forderte.

Gegen diesen drohenden Kurzschluß des Verzichts auf den Glauben ist lapidar festzustellen: was die Theologie an *Glauben* verfehlt, ersetzt sie zwangsläufig durch *Unverstand*. Um Aberglaube und Unverstand abzuwenden, bedarf die Theologie der Ausarbeitung ihrer Aporien, von denen die hier genannten nun erläutert werden sollen.

B

I. Die wissenschaftstheoretische Aporie

Zur Ausarbeitung der wissenschaftstheoretischen Aporie der Theologie wird man zwei Forderungen aufstellen müssen, ohne deren Befol-

3. Theologie als Wissenschaft

gung theologische Wissenschaft sich selbst sowohl als Theologie wie auch als Wissenschaft nur mißverstehen könnte.

Einerseits ist zu fordern, daß die Theologie am allgemeinen interdisziplinären wissenschaftstheoretischen Disput in uneingeschränkter Lernfähigkeit teilnimmt. Wenn die Theologie den Anspruch erheben und gar einlösen können soll, die dem verantwortlichen Reden von *Gott* geltende Wissenschaft zu sein, dann muß sie um des mit dem Wort »Gott« gegebenen universalen Anspruches willen auch unborniert diskutieren können. Sie muß jeweils ihr bisheriges Verständnis von Wissenschaft in Frage stellen können und also offen sein für die Fragen, die sich heute auf wissenschaftstheoretischem Felde stellen. Das ist nun allerdings ein weites Feld, auf dem die Theologie nur dann etwas zu *suchen* hat, wenn sie zuvor ihren Gegenstand *schon gefunden* hat. Man sollte sich also auf dieses Feld nicht in der Meinung begeben, als finge damit die wissenschaftliche Arbeit der Theologie überhaupt erst an. Bisweilen will es eher so scheinen, als höre die wissenschaftliche Arbeit der Theologie gerade damit auf, daß sie anfängt, wissenschaftstheoretisch zu räsonieren. Doch damit wäre sie für das interdisziplinäre Gespräch auch schon diskreditiert. Man wird sehr nüchtern in Rechnung zu stellen haben, daß wir nur durch die – zugestandenermaßen in ihrer Wissenschaftlichkeit problematisierte – theologische Arbeit zu einem neuen Wissenschaftsverständnis beitragen können. Auf diesem Feld gibt es nichts Neues, das nicht aus der Verarbeitung des Früheren erwachsen wäre. Und die Theologie sollte und muß sich nicht genieren, ihre eigene Arbeit als fruchtbaren Beitrag in das wissenschaftstheoretische Gespräch einzubringen, für das offen zu sein ja keineswegs nur bedeuten kann, sich von anderen Wissenschaften diktieren zu lassen, was überhaupt Wissenschaft genannt zu werden verdient.

Nicht zuletzt aus diesem Grunde ist nun *andererseits* zu fordern, daß die Theologie ihren eigenen Beitrag in die allgemeine wissenschaftstheoretische Fragestellung einbringt, indem sie sich ihrer *besonderen* Sache in äußerster Konzentration zuwendet. Die Weite des universalen Anspruches, den die Theologie um Gottes willen erheben muß, wird verspielt, wenn dabei das sehr Besondere vernachlässigt würde, das evangelische Theologie als Wissenschaft überhaupt erst konstituiert und das ich jetzt nur formelhaft umschreiben will. Das Besondere, das evangelische Theologie konstituiert, läßt sich mit der dogmatischen *Behauptung* angeben, daß Gott mit dem Menschen Jesus identisch wurde, damit alle Menschen zu ihrem Heil von Gott unterschieden werden und damit jeder Mensch sich durch seinen Glauben wiederum auf Gott beziehen läßt und in tätiger Liebe sich auf die Freude und die Not anderer Menschen bezieht. Das also ist der sehr besondere Sachverhalt, um dessentwillen es so etwas wie evangelische Theologie überhaupt gibt: daß Gott Mensch geworden ist, damit der Mensch menschlich sein und seine Welt immer menschlicher machen kann. Aufgabe der Theologie ist deshalb auf jeden Fall die rechte Unterscheidung zwischen Gott und Mensch, nämlich zwischen dem in Jesus menschlichen Gott und dem in der Bezogenheit auf diesen Gott wahr gemachten Menschen, der seine Menschlichkeit dann seinerseits betätigt, indem er seine nach Vergötterung tendierende Welt menschlicher zu machen versucht. Wollte die Theologie an dieser stets notwendigen Unterscheidung von Gott und Mensch als ihrer eigentlichen Aufgabe vorbei sich auf das Feld wissenschaftstheoretischer Diskussion begeben, dann hätte sie dort weder etwas zu sagen noch überhaupt etwas zu suchen. Sie könnte sich dann auf diesem weiten Feld nur verlieren. Eine materialiter nichtssagende Theologie ist im interdisziplinären wissenschaftlichen Gespräch ein irrelevanter, weil ganz einfach uninteressanter und langweiliger Gesprächsteilnehmer.

Man wird also für eine mögliche Lösung der Frage nach der Begründung der Theologie als Wissenschaft den Leitsatz aufstellen können: je theologischer die Theologie ist, um so ernsthafter ist ihr Anspruch auf Wissenschaftlichkeit. Denn je konzentrierter die Theologie Theologie treibt, desto mehr ist sie geeignet, das allgemeine Problembewußtsein um ihre besonderen Denkerfahrungen zu bereichern und dadurch ein fruchtbarer Gesprächspartner in der wissenschaftstheoretischen Grundlagendiskussion zu sein, zu bleiben oder zu werden.

II. Die hermeneutische Aporie

Was zuletzt als die besondere Sache angegeben wurde, die die evangelische Theologie konstituiert, war nicht zufällig in der Form einer Behauptung formuliert. Es wurde damit bereits angezeigt, daß die Sache der Theologie erst in der Sprache des Bekenntnisses die ihr angemessene Aussageweise findet. Der Theologie obliegt die Verantwortung dafür, daß ihre Sache die ihr angemessene Sprache finden kann. Deshalb gehört es zu den fundamentalen Aufgaben der Theologie als Wissenschaft, daß sie sich über die verschiedenen Sprachmodi verständigt, nach denen ein Sachverhalt verlangt bzw. die er als mit sich unvereinbar von sich ausschließt. »Theologie in der Spannung zwischen Wissenschaft und Bekenntnis« ist nicht zuletzt das Bemühen, auch sprachlich auseinanderzuhalten, was sachlich auseinandertritt. An der derzeit nicht gerade seltenen Konfusion auf Kanzel, Katheder und in den Kirchenkanzleien ist nicht zuletzt die unzulässige Vermischung verschiedener, voneinander wohl zu unterscheidender Sprachmodi schuld, die, in unverantwortlicher Beliebigkeit gebraucht, dazu führen müssen, daß die Sache der Theologie selber eher verstellt als erhellt wird. Es sei deshalb hier wenigstens auf eine fundamentale Unterscheidung hingewiesen, ohne deren strenge Beachtung die Theologie zwangsläufig zu einer Art religiösen Schummelei verkommen würde: nämlich auf die Unterscheidung zwischen theologischer Behauptung und historischer Feststellung. Es geht in dieser Unterscheidung um das Verhältnis von dogmatischer und historischer Wahrnehmung in der Theologie. Daß Gott Mensch geworden ist bzw. daß der Mensch Jesus wahrhaftiger Gott ist, das läßt sich genau so wenig feststellen wie dies, daß Jesus Christus für unsere Sünde gestorben und um unserer Rechtfertigung willen auferweckt worden ist von den Toten. Dergleichen läßt sich nur glaubend behaupten. Zwar sind alle diese Behauptungen mit einer Fülle von Feststellungen und erst recht mit ganz bestimmten Vorstellungen eine notwendige und feste Verbindung eingegangen. Aber gerade deshalb muß eben besonders streng unterschieden werden zwischen dem, was historisch festzustellen ist, und dem, was schlechterdings nicht feststellbar ist und gleichwohl behauptet und bekannt zu werden verlangt. Dabei ist freilich zugleich der falschen Meinung zu wehren, als seien Behauptungen grundsätzlich schlechter begründet und als hätten sie ein Weniger an Gewißheit an sich als historische Feststellungen. Das kann zwar, muß aber nicht so sein.

Theologie begreift das Bekenntnis vielmehr als eine Behauptung, in der der Behauptende seiner Sache so sehr gewiß ist, daß er durch sie sogar seiner selbst gewiß wird. Wer bekennt »Herr ist Jesus«, weil er glaubt, daß Gott diesen Menschen von den Toten auferweckt hat, der wird dabei seiner selbst als eines neuen Menschen gewiß, so daß er sein ganzes Leben in diese Behauptung zu investieren bereit ist; ja, im Grunde *ist* sein ganzes Leben dann bereits in dieser Behauptung integriert. Bekenntnisse sind also solche Akte menschlicher Existenz, in denen der Glaubende über sich selbst entscheiden läßt, und zwar von eben demjenigen Ereignis über sich selbst entscheiden läßt, zu dem sich der Glaubende bekennt.

3.1 Theologie in der Spannung zw. Wissenschaft und Bekenntnis 43

So ist uns zB. das Ereignis der Auferstehung Jesu von den Toten zwar in einem Sprachkomplex überliefert, in dem der sprachliche Modus des Bekennens mit einer Fülle von Feststellungen einerseits und Vorstellungen andererseits eine feste und durchaus notwendige Verbindung eingegangen ist, ohne die uns jenes Ereignis wohl kaum überliefert worden wäre. Es läßt sich durchaus feststellen, daß sehr bald nach dem Tode Jesu in verschiedenen Zeitabständen verschiedenen Menschen gewisse analoge Ereignisse widerfahren sind, in denen diese Menschen den gekreuzigten Jesus als in einer unserem irdischen Leben gegenüber neuartigen Weise lebend und sie zur Zeugenschaft legitimierend und verpflichtend zu erkennen meinten. Historisch feststellbar ist weiterhin, daß die Berichte über diese Erscheinungen mit der religionsgeschichtlich vertrauten apokalyptischen Vorstellung von der endzeitlichen Totenauferstehung sehr bald eine relativ feste Verbindung eingingen, daß dadurch aber wiederum die vertraute apokalyptische Vorstellungswelt gesprengt wurde, insofern nun von *einem* Menschen das als geschehen behauptet wurde, was allen anderen Menschen doch noch bevorstehen sollte. Gerade deshalb aber verlangt das mit der Vorstellung von der Totenauferstehung zur Sprache gebrachte und dem toten Jesus widerfahrene Heilsereignis danach, geglaubt und nur geglaubt zu werden. Historisch feststellbar ist hingegen wiederum, daß die Ursprünge der Überlieferung von der Auferstehung Jesu immer mit dem Sich-Ereignen von *Glauben* an Jesus zusammentreffen. Das Ereignis selbst, das als Auferstehung Jesu behauptet wird, läßt sich indessen nicht feststellen. Seine Besonderheit verlangt die Gewißheit des sich allein auf Gott verlassenden Glaubens. Und dieser Glaube spricht sich in der Sprache des Bekennens so aus, daß mit dem Bekenntnis zu Jesu Auferweckung durch Gott der Glaubende zugleich seiner selbst in neuer Weise gewiß wird. Und zwar wird er seiner selbst in neuer Weise dadurch gewiß, daß er im Glauben an Jesu Auferweckung den Kreuzestod Jesu als ein das Sein aller Menschen entscheidendes göttliches Ereignis verstehen lernt. Versteht sich der Glaubende aber als einer von allen Menschen, über die der Gekreuzigte schon entschieden hat, dann muß er mit seinem Bekenntnis alle anderen dazu provozieren wollen, in dasselbe Grund-Bekenntnis einzustimmen.

Dem Bekenntnis eignet insofern eine Tendenz zur Universalität, die nicht weniger ernst zu nehmen ist als die unbestreitbare Tatsache, daß der Bekenntnisakt Kirche und Welt voneinander unterscheidet. Denn eine Kirche, die ihr Bekenntnis nicht als eine an alle Welt – auch und gerade an die sie gegebenenfalls verfolgende Welt – ergehende Einladung versteht, hätte sich selbst total mißverstanden.

III. Die Verifikationsaporie

Bekenntnisse formulieren sich in der Sprache ihrer Zeit. Sie sind insofern immer auch dem Geist ihrer Zeit verpflichtet. Sie lassen sich jedoch nicht aus dem jeweiligen Zeitgeist deduzieren. Zu ihrer homologischen Grundsituation gehört vielmehr konstitutiv die Präsenz des Heiligen Geistes, ohne den niemand bekennen kann »Herr ist Jesus« (1 Kor 12,3). Die Theologie als Wissenschaft wiederum kann ihrerseits über die Gegenwart des Heiligen Geistes nicht verfügen. Gott sei Dank nicht! Theologie hat vielmehr ihre wissenschaftliche Arbeit so zu tun, daß sie den jeweiligen Zeitgeist kritisch und selbstkritisch reflektiert. Von der Theologie gilt auf jeden Fall auch, daß sie – um es mit Hegels berühmter Definition der Philosophie zu formulieren – »*ihre Zeit in Gedanken erfaßt*«[2]. Die eigene Zeit in Gedanken zu erfassen bedeutet aber allemal, die Vergangenheit der eigenen Zeit kritisch zu verarbeiten. Theologie als Wissenschaft ist insofern Verarbeitung von Vergangenheit. Wäre sie es nicht, würde sie ihre eigene Zeit schlechterdings nicht verstehen und deshalb auch der Zukunft gegenüber verschlossen bleiben. Es gibt keine unmittelbare Eroberung der Zukunft, wie jeder verantwortliche Politiker wohl weiß und jeder verantwortliche Theologe wissen sollte. Zukunft muß vielmehr geschichtlich erarbeitet werden. Und Erarbeitung von Zukunft geschieht wesentlich durch Verarbeitung von Vergangenheit. Das gilt auch für die Zukunft der Kirche.

Aus der sicherlich nicht bestreitbaren Unmittelbarkeit der göttlichen Geistesgegenwart zu jedem möglichen Augenblick darf also auf keinen Fall durch einen falschen Umkehrschluß die Unmittelbarkeit irgendeiner geschichtlichen Gegenwart zu dem in die Zukunft leitenden Heiligen Geist gefolgert werden. Theologie hat zwar alles zu tun, damit göttliche Geistesgegenwart, wenn sie sich ereignet, geschichtlich zur Wirkung kommen kann. Theologie kann aber die Gegenwart des Heiligen Geistes weder herbeiführen noch gar ersetzen. Sie hat vielmehr umgekehrt dafür zu sorgen, daß zu keiner Zeit an die Stelle göttlicher Geistesgegenwart irgendwelche Surrogate treten – mögen

---

[2] *G. W. F. Hegel*, Grundlinien der Philosophie des Rechts oder Naturrecht und Staatswissenschaft im Grundrisse, Sämtliche Werke, hg. von H. Glockner, Bd. 7, [4]1964, 35.

3.1 Theologie in der Spannung zw. Wissenschaft und Bekenntnis

sie auch noch so geistreich oder noch so orthodox sein. Im Kampf gegen dergleichen Surrogate gibt die Theologie Gott, was Gottes ist. Für den theologischen Kampf gegen das Surrogat ist allerdings die bloße Abwehrbewegung stets unzureichend. Theologie kann Surrogate nur abwehren, wenn sie positiv für die Wahrheit des zu verkündenden Wortes Sorge trägt, ohne das Gottes Geist – mit Luthers bekanntem Satz aus »De servo arbitrio« zu reden – zwar wirken könnte, aber nicht wirken will[3]. Für die Wahrheit dieses Wortes Sorge zu tragen ist nach wie vor das opus proprium der Theologie.

Eben dabei gerät sie nun aber unausweichlich in die Aporie, dem Wahrheitsbewußtsein der Neuzeit gerecht werden zu müssen. Um eine Aporie handelt es sich hier insofern, als dieses Wahrheitsbewußtsein die Freiheit und Absolutheit Gottes nur als eine unerträgliche Beschränkung des Menschen zu denken vermag. Das neuzeitliche Wahrheitsbewußtsein ist ja durchaus zutreffend als Freiheitsbewußtsein beschrieben worden. Der neuzeitliche Mensch versteht sich als durch das Bewußtsein des Rechtes auf Freiheit definiert. Mochte ihm auch die Freiheit selber fehlen, das Bewußtsein des Rechtes auf Freiheit hatte er sich nicht zuletzt durch die Selbstkritik seiner theoretischen und praktischen Vernunft mühsam erworben. Dieses zunächst nur geistig, aber dann wenigstens partiell auch politisch erkämpfte und als solches doch immer gefährdet bleibende Recht auf Freiheit, das zu verwirklichen die Menschheit immerhin nicht geringe Anstrengungen gemacht hat und hoffentlich zu machen nicht aufhören wird, droht nun aber durch den Gedanken eines dem Menschen absolut überlegenen Gottes fundamental in Frage gestellt zu werden. Der neuzeitliche Mensch ist allergisch gegen einen nur absolutistisch denkbaren Gott. Das unterscheidet ihn von seinen mittelalterlichen Vätern. War die Absolutheit Gottes früheren Zeiten gerade der Garant des Zusammenhaltens der Welt und der menschlichen Gemeinschaften, so erscheint sie dem neuzeitlichen Menschen als eine die menschliche Verantwortung für Welt und Gesellschaft lähmende Gewalt.

Die Unerträglichkeit dieses absolutistischen Gottesgedankens hat Immanuel Kant an dessen innerer Struktur selbst aufblitzen lassen, als er schrieb:»Man kann sich des Gedanken nicht erwehren, man kann ihn aber auch nicht ertragen: daß ein Wesen, welches wir uns auch als das höchste unter allen möglichen vorstellen, gleichsam zu sich selbst sage: Ich bin von Ewigkeit zu Ewigkeit, außer mir ist nichts, ohne das,

---
[3] WA 18, 695,30f. = BoA 3, 189,6f.

was bloß durch meinen Willen etwas ist; *aber woher bin ich denn?*«[4] Diese von Kant formulierte Aporie der Absolutheit Gottes hat ihre eigene geschichtliche Paradoxie, insofern das neuzeitliche Freiheitsbewußtsein, das die Absolutheit Gottes nicht mehr erträgt, seinerseits erst durch das reformatorische Insistieren auf der Absolutheit des Anspruches Gottes gegenüber allen irdischen Ansprüchen möglich geworden ist. Karl Marx hat im Anschluß an Hegel pointiert formuliert: »Deutschlands *revolutionäre* Vergangenheit ist ... die *Reformation.* Wie damals der *Mönch,* so ist es jetzt der *Philosoph,* in dessen Hirn die Revolution beginnt. *Luther* hat allerdings die Knechtschaft aus *Devotion* besiegt, weil er die Knechtschaft aus *Überzeugung* an ihre Stelle gesetzt hat. Er hat den Glauben an die Autorität gebrochen, weil er die Autorität des Glaubens restauriert hat.«[5] Es gibt in der Tat eine merkwürdige Kontinuität zwischen dem Wittenberg der Reformation und dem Paris der Revolution, zwischen der neu zur Geltung gebrachten Rechtfertigung des Gottlosen allein aus Glauben und der Proklamation der Menschenrechte, zwischen der Freiheit eines Christenmenschen und der Freiheit des Menschengeschlechtes, zwischen der Betonung der Gottheit Gottes und der Absetzung Gottes, die im November 1793 in Paris verfügt, allerdings am 8. Mai 1794 durch die Anerkennung eines höchsten Wesens wieder rückgängig gemacht wurde.

Man kann sich dieser Paradoxie nicht gut bewußt werden, ohne zugleich die Frage zu stellen, ob die reformatorische Rechtfertigungslehre nicht ganz andere Konsequenzen für das Gottesverständnis nahelegte als die Weitergabe des doch wohl eher zum nominalistischen Hintergrund der Theologie Luthers gehörenden Absolutheitsaxioms. Luthers Christologie in ihrer antischolastischen und antizwinglischen Wendung enthielt jedenfalls dafür Sprengstoff genug. Und die neutestamentlich bezeugte Identität Gottes mit dem Gekreuzigten läßt das Axiom von der Absolutheit Gottes in einem mehr als problematischen Licht erscheinen. Zu einer Verarbeitung der Vergangenheit wird deshalb auf jeden Fall auch die kritische Reflexion auf dogmatische Ansätze von einst gehören. Gerade wenn der Streit zwischen Luther und Erasmus über die Freiheit heute nicht so ausgehen soll, daß Luthers Lehre von der Unfreiheit des Willens für ein durch den scheinbaren

---

[4] *I. Kant*, Kritik der reinen Vernunft, A 613, Werke, hg. von W. Weischedel, Bd. 2, 1966, 543.

[5] *K. Marx*, Zur Kritik der Hegelschen Rechtsphilosophie. Einleitung, in: *K. Marx/F. Engels*, Werke, Bd. 1, 1972, 385f.

3.1 Theologie in der Spannung zw. Wissenschaft und Bekenntnis 47

geschichtlichen Sieg des Erasmus endgültig überholtes theologisches Relikt ausgegeben werden kann, bedürfen wir einer ständigen kritischen Revision der dogmatischen Entscheidungen vergangener Zeiten.

IV. Die zeitkritische Aporie

Kritik der überlieferten Entscheidungen, Vorstellungen und Gedanken ist freilich nur dann ein ernsthaftes und selbstkritisches theologisches Geschäft, wenn die Kritik sich nicht in bloßen Negationen erschöpft, sondern nach der Wahrheit im kritisierten Gedanken sucht. Kritik und Selbstkritik sind im theologischen Denken also durchaus konstruktive Funktionen. Sie potenzieren die Affirmation, indem sie deren Grenzen erarbeiten. Theologische Kritik ist insofern eine auf den Zeitgeist bezogene Erarbeitung der Grenzen theologischer Behauptungskraft zugunsten theologischer Behauptungskraft. Das kritische Geschäft kommt dabei der theologischen Behauptungskraft insofern *zugute*, als es der theologischen assertio diejenige Sensibilität und Gerichtetheit gewährt, die dann wiederum den Zeitgeist zu provozieren und zu seinem Besten zu kehren allererst ermöglicht. Die gegenwärtig dominierende antiassertorische Theologie hingegen verliert mit Assertion und Affirmation auch ihre *kritische Funktion*. Das erschreckend depravierte Problembewußtsein dieser alles Mögliche behauptenden, um theologische Assertionen hingegen sich drückenden Theologie ist ein Indiz dafür, daß sie unter dem – emphatisch gebrauchten – Titel der Kritik längst immun gegen wirkliche theologische Kritik und Selbstkritik geworden ist: eine bloße Geste des Zeitgeistes, die diesen selbst deshalb auch nicht mehr zu provozieren vermag, sondern ihn an sich selber verkümmern läßt.

Nicht daß man sich über das Denken der Zeit und seine Begriffe einfach hinwegsetzen könnte! Auch die in Anlehnung an Luther gern gebrauchte Rede von der notwendigen »Taufe der Begriffe« kann nicht ohne weiteres befriedigen, jedenfalls so lange nicht, wie diese »Taufe« sich nicht ihrerseits als ernsthafte begriffliche Arbeit vollzieht. Ernsthafte begriffliche Arbeit ist aber etwas anderes als die bequeme Unterwerfung unter das Diktat vertrauter Bedeutungen und herrschender Meinungen. Zur Kritik gehört, daß man sich dem aussetzt, was man kritisiert.

Man kann sicherlich vieles heute nicht mehr so sagen, denken und glauben, wie man es früher sagen, denken und glauben zu können meinte. Man kann aber über die damit gegebene – keineswegs einfach beklagenswerte, sondern vielmehr höchst interessante – Aporetik auf keinen Fall mit einem bloßen »man kann nicht mehr« hinweggehen. Man würde sich so aus der Verantwortung des christlichen Glaubens für die Gegenwart einfach hinwegschleichen, um dafür etwas anzubieten, das selber doch nur davon lebt, daß es zumindest einmal gab, was es jetzt nicht mehr geben soll. Sowenig zB. ein »Christentum außerhalb der Kirche« postuliert werden könnte, wenn es keine Kirche gäbe, sowenig gäbe es die Häresie eines sich christlich nennenden »Glaubens« an den Menschen Jesus, der, weil er wahrer Mensch ist, gerade nicht wahrer Gott sein können soll, wenn es keinen christlichen Glauben an den mit Jesus identischen Gott, keinen Glauben an den Mensch gewordenen Gott gäbe. Wie wir denn wohl auch keine christliche Überlieferung und erst recht keinen aus dem Widerspruch zu dieser Überlieferung erwachsenen, modernen Atheismus hätten, wenn es keinen Glauben an den von den Toten auferweckten Jesus Christus gegeben hätte. Kurz und gut: die den christlichen Glauben verneinenden und bestreitenden alten und neuen Unternehmungen hätten ihrerseits keine weltliche Zukunft, wenn nicht das von ihnen Verneinte und Bestrittene, in der Konfrontation mit dem Zeitgeist und geprägt durch ihn, sich behauptete. Alle diese Unternehmungen zehren von der Substanz dessen, was sie verneinen. Umgekehrt freilich bezeugen sie so zugleich den unerschöpflichen Reichtum dessen, was man getrost das Dogma nennen kann, insofern sich offensichtlich der Sachgehalt dieses Dogmas auch von denjenigen Unternehmungen, die selbst im Modus seiner Verneinung von seiner Substanz zehren, nicht aufzehren und verzehren läßt. Er bleibt.

Bleiben ist nun allerdings nicht die verbale Umschreibung für Unveränderlichkeit. Im Gegenteil! Was wirklich bleibt, bleibt wirklich nur, wenn es sich der Veränderung nicht verschließt. Bleiben heißt: gegenwärtig, anwesend sein und nicht aufhören, immer wieder gegenwärtig und anwesend zu werden. Was einmal gegenwärtig und anwesend war, bleibt also nur dann, wenn es sich der Geschichte und ihren Veränderungen nicht schlechthin verschließt. Was nicht stets neu gegenwärtig wird, vergeht und bleibt dann höchstens als ein Gewesenes und Vergangenes. Es hat seine die Gegenwart angehende und die Zukunft eröffnende Wahrheit verloren. Was wahr *bleibt*, erhält sich im Prozeß geschichtlicher Wandlungen nur, insofern es sich der Übersetzung in zukünftige Gegenwart anheimgibt. Nur in solcher Übersetzung erhält sich die *Wahrheit* des Bekenntnisses und die *Reinheit* der

Lehre. Es kann also keine Rede davon sein, daß eine ihrer Zeit sich aussetzende Theologie gegen Irrlehre und Häresie gleichgültig sein könnte. Vielmehr wird gerade Theologie, die den alten Bekenntnissen kritisch nachzudenken sich verpflichtet weiß, den alten und neuen Irrlehren mit aller Aufmerksamkeit begegnen.

Aufmerksamkeit ist allerdings etwas anderes als Aufgeregtheit. Die Aufgeregtheit, mit der – einst und heute – Häretiker verdammt zu werden pflegen, dürfte eher ein Indiz für die eigene Ungewißheit, dürfte eher ein Akt der eigenen Verwirrung als ein Ausdruck geistlicher Gewißheit sein. Der Eifer um Gott und sein Haus soll den Eifernden verzehren (Ps 69,10), nicht seine Widersacher. Und Tempelreinigungen (vgl. die Anführung von Ps 69,10 im Johannesevangelium Kap. 2,17) sollten von der den Häresien gebührenden Aufmerksamkeit sorgfältig unterschieden werden. Denn jede Irrlehre gehört, ob es ihr nun gefällt oder nicht, in dem Sinn sachlich zur »rechten Lehre«, daß sie bestimmte Schwierigkeiten dieser Lehre anzeigt, die diese Lehre selbst auf jeden Fall zu beachten hat. Solche Schwierigkeiten sind sowohl in der Sache selbst begründet, um die es rechter Lehre geht, als auch in der jeweiligen Zeit mit ihrem »allgemeinen Wahrheitsbewußtsein«. Häresien machen also auf etwas aufmerksam, dem mit aller Aufmerksamkeit zu begegnen recht verstandener Orthodoxie nur bekömmlich sein kann. Sie gehören so in ihrer Weise zur theologischen *Aporetik*, der sie sich selber allerdings gerade nicht aussetzen.

Ohne sich den genannten Aporien auszusetzen, wird aber auch das wahre Bekenntnis von einst zur Häresie von heute, weil es *gegenwärtiges* Bekennen unmöglich machen würde. Zum Bekennen gehört ein menschlicher Mund, der nur in der Sprache und im Problemhorizont seiner Zeit etwas zu sagen hat. Zum bekennenden Mund wiederum gehört ein glaubendes Herz. Ein glaubendes Herz ist nach biblischem Sprachgebrauch der Ausdruck eines entschiedenen Menschen. Entschieden ist dieser Mensch in der Kraft einer Entscheidung, die er zwar nicht selber *herbeiführen* kann, die er aber selbst zu *verantworten* hat. Eine Entscheidung, die über den ganzen Menschen entscheidet, kann aber nur so verantwortet werden, daß sie in der Verantwortung *bleibt*. Einmal entschieden hat gerade der *ganz* entschiedene Mensch die Entscheidung von einst stets *neu* zu verantworten. Ohne solche Verantwortung werden Entscheidungen von einst nur repetiert. Repetierte Entscheidungen entscheiden nichts mehr. Sie gleichen vielmehr dem Bekenntnis, das man einst auf dem Marktplatz zu Antiochia aus dem Munde eines Papageien hören konnte, der darauf abgerichtet war, das Trishagion mit theopaschitischen Zusätzen zu singen. Bloß repetierte Entscheidungen führen letztlich in die Unentschiedenheit eines Papageienbekenntnisses, das richtig oder falsch sein kann, aber niemals befreiend.

Der lange Weg der Theologie durch die Aporien hingegen hat keinen anderen Sinn, als der Kirche zu helfen, durch Auslegung der Heiligen Schrift wirklich befreiende Worte zu finden – wie denn Theologie selbst letztlich keine andere Funktion hat, als ihre Zeit mit der Bibel so ins Gespräch zu bringen, daß Menschen einander im Namen des Gottes, der die Last trägt, die »Sünde« zu nennen man sich nicht scheuen sollte, wirklich entlasten können. Um Gott selbst hat sich die Theologie nicht zu sorgen; diese Sorge hat sich die Theologie vielmehr verboten sein zu lassen. Aber das ist Theologie sehr präzise: wissenschaftliche Arbeit zugunsten eines im Namen Gottes zu verantwortenden befreienden Wortes von Mensch zu Mensch.

C
Und die befreiende Tat?

Am Ende dieses einleitenden Votums bin ich – außer auf so manchen anderen – auf den Vorwurf gefaßt, die eigentliche derzeitige Aufgabe von Theologie und Kirche, nämlich die Wahrnehmung ihrer gesellschaftspolitischen Verantwortung, offensichtlich überhaupt nicht bemerkt zu haben.

Lassen Sie mich vorsorglich dazu bemerken, daß nach meinem Urteil über *diese* Problematik bereits in den erläuterten Aporien mit entschieden wird. Deshalb ist auch nur, wer jenen Aporien standhält, der praktischen Aufgabe der Kirche theologisch gewachsen. Wer jedoch im Horizont des opus proprium der Theologie *nichts* zu sagen hat, der kann auch nicht im Namen von Theologie und Kirche zu den gesellschaftspolitischen Ereignissen des Tages Stellung nehmen. Er soll in Gottes Namen schweigen und dann in eigenem Namen tun, was er für richtig hält. Umgekehrt wird aber, *wenn* Kirche und Theologie inmitten der unbestreitbaren Aporien ihrer Sache wirklich gewiß sind, theologische Verantwortung nicht zuletzt daran zu erkennen sein, ob sie in entscheidenden Augenblicken den Mut aufbringt, unmißverständlich und vor allem unzweideutig auch politisch zu werden. Gewiß, ein theologischer Sprung über die Kirchenmauern ist das allemal. Doch wenn es eine Mauer gibt, über die die Kirche *mit ihrem* Gott sollte springen können, dann ist es die Kirchenmauer.

3.1 Theologie in der Spannung zw. Wissenschaft und Bekenntnis

Leitfragen

1. Wie beschreibt Jüngel das Verhältnis von wissenschaftlicher Theologie und Kirche?
2. Wie sollen die evangelische Theologie und die evangelischen Kirchen mit den sich in der Auseinandersetzung mit der modernen Welt stellenden Aporien umgehen?
3. Wie lässt sich Jüngels Sichtweise heute beurteilen? Muss sich die Theologie der Gegenwart noch denselben Aporien stellen und welche Einsichten Jüngels sind heute besonders beachtenswert?

Literatur

- RAINER DVORAK, Gott ist die Liebe. Eine Studie zur Grundlegung der Trinitätslehre bei Eberhard Jüngel, Würzburg 1999, 137–197.
- CH. KOCK, Natürliche Theologie. Ein evangelischer Streitbegriff, Neukirchen-Vluyn 2001, 171–209.
- PAUL J. DEHART, Eberhard Jüngel on the Structure of Theology, Theological Studies 57, 1996, 46–64.

3.2 Das Wort als Ort der Denkbarkeit Gottes

Bei dem Text handelt es sich um den gesamten elften Paragrafen von Jüngels Hauptwerk »Gott als Geheimnis der Welt«, das erstmalig im Jahr 1977 erschienen ist. Der Paragraf gehört zu dem dritten der fünf großen Abschnitte von Jüngels Hauptwerk. Jüngel beginnt dieses Werk mit einer langen Einleitung und widmet sich dann im zweiten Abschnitt ausführlich der Erörterung der »Rede vom Tode Gottes als Ausdruck der Aporie des neuzeitlichen Gottesgedankens«. Daran schließen im dritten Abschnitt Reflexionen »zur Denkbarkeit Gottes« an. Hier bearbeitet Jüngel die Aporie des neuzeitlichen Gottesgedankens. Dazu analysiert er die Ausweglosigkeit des neuzeitlichen Gottes-Denkens in seinem Ursprung. Hier entwickelt Jüngel die Einsicht, dass der metaphysische Gottesgedanke für das sich im cartesianischen »Ich denke« selbst begründende Denken tatsächlich undenkbar ist. Referenzautoren, die Jüngel interpretiert, sind neben René Descartes vor allem Johann G. Fichte, Ludwig Feuerbach und Friedrich Nietzsche. Jüngel schließt daraus, dass nicht nur der Gottesgedanke neu – also nicht mehr metaphysisch – gedacht werden müsse, sondern auch, dass das für ein Denken Gottes geeignete Denken neu konzipiert werden müsse. Dieser Aufgabe widmet er sich in § 11 von »Gott als Geheimnis der Welt«. Dabei vollzieht Jüngel eine Abkehr von der klassischen Metaphysik durch die Hinwendung zur Sprache, insbesondere auch zu deren performativen und pragmatischen Aspekten. Zum Ausdruck kommt diese Neuorientierung der Theologie bei Jüngel in der Rede vom »Wort« als Ort der Denkbarkeit der Theologie.

Solches Denken denkt nach Jüngel den Erfahrungen Gottes nach, wie sie in der Bibel bezeugt sind. Theologie denkt dem von sich aus redenden Gott, sie denkt dem Wort bzw. den Worten Gottes nach. Sie nimmt Gott als Subjekt ernst. Das Denken der Theologie ist Nach-Denken. Theologie denkt Gott nach, der dem menschlichen Denken immer voraus ist. Auch die Worte, mit denen Menschen Gott nachdenken, die sie in ihrer Erkenntnis Gottes als Begriffe verwenden und in denen sie ihre theologischen Urteile formulieren, folgen den Worten Gottes nach: dem Wort, mit dem Gott selbst Menschen angesprochen hat und weiterhin anspricht. Wir könnten hier von der Apriorität des Wortes in der Theologie sprechen. Für Jüngel heißt dann Gott zu denken, von Gott mitgenommen zu werden auf seinen Wegen. Nach Jüngel ist es dabei nicht die denkende Vernunft, die glaubt. Das Denken glaubt nichts, vielmehr denkt es nach. Allerdings kann die Vernunft und ihr Denken den Glauben als eine menschliche Existenz anerkennen, die sich auf den anredenden Gott einlässt. Im Glauben wird der Glaubende nun jedoch auf den gekreuzigten Jesus Christus bezogen. Insofern gibt sich nach Jüngel Gott in dem gekreuzigten Jesus Christus selbst zu denken.

Das Wort als Ort der Denkbarkeit Gottes

Augustin und die ihm folgende Überlieferung verwahrten sich gegen den Versuch, Gott *begreifen* (comprehendere) zu wollen. Denn Gott begreifen hieße Gott verfehlen. Seit Descartes erscheint die augustinische Sorge als relativ harmlos. Droht doch der Gott begreifende Gedanke nun nicht mehr Gott zu verfehlen, sondern Gott so zu treffen, daß das menschliche Denken in Gott *eindringt*. Der Gottesgedanke beschwört in seiner Rückbezogenheit auf das »Ich denke« die Gefahr seiner Zersetzung. Läßt sich in einer solchen paradoxen Situation Gott überhaupt noch denken?

1. Die paradoxe Situation der Selbstaufhebung des traditionellen Gottesgedankens birgt die Chance, daß an die Stelle des über das Sein Gottes entscheidenden Gedankens ein dem Sein Gottes entsprechendes Denken tritt, das zu einer Neukonstituierung des Gottesgedankens führen könnte. Dazu bedarf es allerdings einer Verwandlung der Beziehung des Denkens auf den zu denkenden Gott. Wenn Gott überhaupt gedacht werden können soll, dann muß vor allem die Tendenz des »Ich denke«, in das Sein Gottes einzudringen, und damit die durch diese Eindringlichkeit in der Neuzeit heraufbeschworene Zersetzung des solchermaßen gedachten Gottes schon als bloße Möglichkeit überwunden werden. Dergleichen setzt voraus, daß der vorausgesetzte metaphysische Gottesgedanke, der die in die Identität von Wesen und Existenz eindringende und diese Identität zersetzende Wirkung des neuzeitlichen Denkens geradezu provozierte, ex radice, aus der Wurzel heraus, verwunden worden ist[1]. Dazu bedarf es einer Neubestimmung des Verhältnisses von Gott und Denken.

---

[1] Daß *Überwindung* in Sachen Metaphysik, wenn man diese nicht sich selbst überlassen will, nur als *Verwindung* möglich ist, also nur durch einen »Schritt zurück«, der uns in das zu Überwindende zu gelangen und es so zu verwinden erlaubt, hat der Denker zu erkennen gegeben, der wie kein anderer in der Auseinandersetzung mit der Metaphysik denken zu lernen und zu lehren versucht hat – Martin Heidegger. Die Theologie wird freilich ihren eigenen Weg zu gehen haben, der mit dem Denkweg des Philosophen nicht einfach, vielmehr: einfach nicht identisch sein kann. Aber auch das kann man bei Heidegger lernen – wenn man es nicht bei der Arbeit an der eigenen Sache gelernt hat. Eines darf die Theologie jedoch ungeniert tun: einem Denker Achtung zollen, an dem die Phi-

3.2 Das Wort als Ort der Denkbarkeit Gottes

Wir stehen also vor zwei Aufgaben. Einerseits muß *Gott* als der gedacht werden, der er ist. Und das muß so geschehen, daß zwischen Wesen und Existenz Gottes überhaupt kein Unterschied mehr aufkommen kann, der es dem »Ich denke« ermöglichte, sich zwischen Gott und Gott zu setzen. Das bedeutet freilich, Gott neu denken zu lernen. Wer und was ist Gott? Andererseits muß das *Denken* so gedacht werden, daß es überhaupt nicht mehr darauf *bedacht* sein kann, zwischen Gottes Wesen und Gottes Existenz einzudringen. Gelingen kann das nur, wenn das Denken auch im Blick auf das Seiende überhaupt darauf verzichten lernt, sich zwischen Wesen und Existenz zu setzen. Statt dessen käme es darauf an, die Existenz als das Wesentliche wahrzunehmen und so im Denken den die ursprüngliche Einheit von Dasein und Sosein wahrenden Wahrnehmungsakt (wieder) freizulegen, der durch das sicherstellende cogitare immer mehr verstellt wird. Das bedeutet freilich, auch das Denken neu denken zu lernen. Was heißt denken?

Beide Aufgaben, Gott und das Denken neu denken zu lernen, lassen sich theologisch nicht voneinander trennen. Um so wichtiger ist es, von welcher der beiden Aufgaben her man die jeweils andere angeht. Mit dieser zunächst zu klärenden Frage steht nicht weniger als das Selbstverständnis der Theologie zur Verhandlung. Denn diese erste hier zu treffende Entscheidung entscheidet zugleich über den Unterschied von philosophischer und evangelischer Theologie. Darin weiß sich eine das Evangelium, und das heißt: eine den gekreuzigten Menschen Jesus als den wahren Gott verantwortende Theologie von so etwas wie philosophischer Theologie grundlegend unterschieden: daß sie eindeutig und unbeirrbar von ihrer sehr spezifischen Aufgabe her den Versuch unternimmt, aus der Begegnung mit Gott diesen

---

losophie der allerneuesten Neuzeit meint sich vorbeidrücken zu können. Philosophie? Wie auch immer: wenn die Philosophie sich im Vergessen üben zu müssen meint, dann wird sie sich wohl oder übel von der Theologie daran erinnern lassen müssen, daß das Denken Heideggers ein *Ereignis* der Philosophie ist, über das die Geschichte des Denkens nur durch Denken, nicht aber durch Gedankenlosigkeit hinweg kommt. Die Achtung, die auch die Theologie diesem Denker schuldig ist, wird sie ihm aber nur in ungeteilter Aufmerksamkeit auf ihre eigenste Sache zollen können, also indem sie *als Theologie* zu lernen bereit ist, was von einem Philosophen zu lernen ist. Zur Philosophie kann die Theologie dadurch nicht werden wollen. Sie würde dabei ohnehin nur zu einer »mixophilosophicotheologia« (zu diesem von A. Calov entlehnten Ausdruck vgl. *K. Barth*, Einführung in die evangelische Theologie, 1962, 7) degenerieren.

selbst und *damit* das Denken neu zu denken. An der Möglichkeit, den sich ereignenden *Gott* zu denken, muß sich für die christliche Theologie entscheiden, was *denken* heißt. Die Möglichkeit, Gott zu denken, ist für evangelische Theologie aber keine beliebige, sondern eine durch das Dasein der biblischen Texte bereits bestimmte und im Glauben an Gott schon beanspruchte Möglichkeit. Die Theologie hat Gott im konkreten Zusammenhang einer Geschichte zu denken, die über den Augenblick des »Ich denke« hinaus geschehene und verheißene Erfahrungen Gottes impliziert.

Evangelische Theologie unterscheidet sich also von philosophischer Theologie dadurch, daß sie *nicht voraussetzungslos* sein will, sondern in ihrem Ansatz als evangelische Theologie bereits bestimmte Entscheidungen impliziert. Ein Gespräch mit der philosophischen Theologie, das wohl nur als Streitgespräch denkbar ist, aber auch eine Auseinandersetzung mit dem Atheismus hat dementsprechend mit der Darlegung dieser hermeneutischen Entscheidungen evangelischer Theologie anzufangen. So allein verfährt sie wissenschaftlich sauber. So allein ist sie vor sich selber ehrlich.

Evangelische Theologie *expliziert* ihre Grundentscheidungen aber sofort als solche des Denkens, also nicht nur als solche des Glaubens. Es ist ein Unterschied, ob der Glaube glaubt oder ob das Denken dies auch versteht. Indem das Denken sich auf den Glauben einläßt, wird es aber auch verstehen, daß Gott ohne Glauben nicht gedacht werden kann. Eben davon geht evangelische Theologie aus.

Genauerhin sind es drei hermeneutische Grundentscheidungen, die im Ansatz einer evangelischen[2] Theologie impliziert sind. Es ist *erstens* bereits im Ansatz darüber entschieden, daß man nicht durch eine Neubestimmung des Denkens zu einem dann aus der Analytik des Denkens hervorgehenden Gottesgedanken zu gelangen vermag, sondern daß nur aus der Lösung der materialen Aufgabe, Gott als Gott zu denken, eine theologische »Erneuerung« des Denkens hervorgehen kann – womit selbstverständlich nicht ausgeschlossen sein soll, daß eine »Erneuerung« des Denkens auch auf anderen als theologischen Wegen zu erstreben und zu erreichen ist. Es ist *zweitens* bereits im Ansatz einer evangelischen Theologie darüber entschieden, daß die Aufgabe, Gott als Gott zu denken, von einer ganz

---

[2] Unter *evangelischer* Theologie ist dabei immer eine die Identität Gottes mit dem gekreuzigten Jesus als Evangelium zur Sprache bringende Rede von Gott verstanden. Sie ist als evangelische katholisch.

bestimmten Möglichkeit geleitet ist, die mit einer – anthropologisch formuliert – ganz besonderen Gotteserfahrung, mit einer allerdings allgemeine Geltung beanspruchenden besonderen Relation Gottes zum menschlichen Denken gegeben ist. Und es ist *drittens* bereits im Ansatz einer evangelischen Theologie darüber entschieden, daß diese das Denken bei der Aufgabe, Gott als Gott zu denken, leitende Möglichkeit von der Wirklichkeit der biblischen Texte gesteuert ist. Alle drei Entscheidungen kreisen um denselben Sachverhalt, der besagt, daß der Ort der Denkbarkeit Gottes ein dem Denken vorangehendes Wort ist. Wir versuchen, uns diesem fundamentalen Sachverhalt durch eine Reihe von Erläuterungen zu den genannten Grundentscheidungen, die im Ansatz evangelischer Theologie enthalten sind, zu nähern.

2. Christliche Theologie ist entstanden als Explikation und Selbstkritik des Glaubens an Jesus von Nazareth. An Jesus zu glauben bedeutet, ihn als denjenigen Menschen zu verstehen, durch den und in dem Gott definitiv zugänglich geworden ist. Unter Zugang zu Gott ist dabei soviel wie Einholung durch Gott verstanden. Als Einholung durch Gott ist deshalb auch dasjenige Geschehen zu verstehen, in dem es dazu kommt, daß Gott gedacht wird. Der Gottes*gedanke* folgt aus diesem Geschehen, ist also nicht dessen Voraussetzung. Die entgegengesetzte Auffassung ist zu bestreiten. Da sie immer wieder geltend gemacht wird, wenden wir uns zunächst der Aufgabe ihrer Widerlegung zu.

Tragendes Argument der zu bestreitenden Auffassung ist der Einwand, daß auch in der Entstehungssituation des christlichen Glaubens und der ihm geltenden Theologie der Gottesgedanke die allgemeine anthropologische Voraussetzung des christlichen Glaubens war, die heute zwar so nicht mehr gegeben sei, gerade deshalb aber zurückgewonnen werden müsse. Der Einwand enthält eine bedingt, aber auch nur bedingt richtige Feststellung, die in ihrer sehr bedingten Richtigkeit jedenfalls nicht zu dem Schluß autorisieren kann, man müsse folglich erst wieder die allgemeine anthropologische Voraussetzung für einen Gottesgedanken freilegen, um erst dann und daraufhin Gott auch als den durch den Menschen Jesus und in ihm zugänglich gewordenen Gott denken zu können. Wäre der Schluß richtig, dann müßte allerdings die behauptete Voraussetzung bestritten werden, daß in Jesus und durch ihn Gott definitiv zugänglich geworden sei. Da aber der Schluß selber darauf hinaus will, daß durch eine allgemeine anthropologische Freilegung des Gottesgedankens kein anderer als der in Jesus und durch ihn sich als Gott offenbarende Gott denkbar werden solle, wird unsere Voraussetzung in diesem Schluß wenigstens am Ende geteilt, wenn nun auch nicht *als* Voraussetzung. Ist jedoch umgekehrt diese unsere Voraussetzung richtig, dann kann die particula veri jenes Schlusses, der als solcher allerdings ein Fehlschluß wäre, nur dahin lauten, daß ein sich in *einem* Menschen und durch diesen *einen* Menschen *allen* Menschen definitiv erschließender Gott mit einem solchen Akt definitiver Selbsterschließung das Menschsein des Menschen ontologisch bestimmt, so daß von jenem offenbarenden Akt her am Menschen anthropologische Phänomene einsichtig werden müssen, die sich jenem göttlichen Akt verdanken, aber keineswegs nur in Relation zu jenem Akt ihre Wirklichkeit haben.

Zur Verdeutlichung sei auf den *ansprechenden* Grundzug der singulären Selbsterschließung Gottes verwiesen. Daß der Mensch *von Gott angesprochen* wird, macht ihn zu einem grundsätzlich *ansprechbaren Wesen*. Von Gott angesprochen, ist der Mensch keineswegs nur von und für Gott ansprechbar. Er ist frei, sich von allem und jedem ansprechen zu lassen. In dieser Freiheit der Ansprechbarkeit ist er Mensch. Aus ihr erklärt sich dann auch, daß der *Gehorsam*, mit dem der Mensch dem ihn ansprechenden Gott entspricht, indem er sich von ihm ansprechen und bestimmen läßt, eine *Verwirklichung von Freiheit* ist. Es gehört zur weltlichen Nichtnotwendigkeit Gottes, daß der Mensch gerade durch die Beziehung Gottes auf ihn als ein Wesen konstituiert wird, dem mit der allgemeinen Freiheit der Ansprechbarkeit dann auch die besondere Freiheit einer Gott antwortenden und ihm entsprechenden Existenz zugemutet ist. Der Gehorsam, den der Mensch Gott schuldet, würde zum Ungehorsam pervertiert, wenn er nicht aus Freiheit erwüchse. Weil er zur Freiheit bestimmt wird, wenn Gott ihn anspricht, kann er dem Anspruch, der in diesem Angesprochenwordensein durch Gott erhoben ist, auch nur in Freiheit entsprechen. Zu dieser dem Menschen zugemuteten Freiheit, die eine ontologische Bestimmung seines Menschseins impliziert, gehört aber notwendig die Offenheit der Ansprechbarkeit überhaupt. Zugespitzt gesagt: weil der Mensch das von Gott angesprochene Wesen ist, ist er auch für den Teufel ansprechbar. Diese Freiheit ist aber nicht als ein notwendiges Übel zu werten, das dem Menschen die Möglichkeit einräumt, statt auf den Anspruch Gottes zu hören, sich auch anderen Ansprüchen zu überantworten, die sich dem göttlichen Anspruch möglicherweise widersetzen. Sie ist vielmehr als der durch die Beziehung

3.2 Das Wort als Ort der Denkbarkeit Gottes   59

Gottes auf den Menschen ermöglichte Reichtum des Menschseins zu würdigen³.

Der aus allgemeinen anthropologischen Prämissen die Möglichkeit des Gottesgedankens, wenn nicht gar seine Notwendigkeit, folgernde Fehlschluß, dessen particula veri wir zunächst aufzunehmen versucht haben, hat nun aber doch eine sehr problematische Prämisse. Man wird nämlich nur sehr bedingt zugeben können, daß der christliche Glaube zur Zeit seiner Entstehung »den Gottesgedanken« als allgemeine anthropologische conditio humana voraussetzen konnte. Der Glaube an Jesus als den Sohn Gottes wurde jedenfalls von nicht wenigen der sich auf diese conditio humana berufenden Vertreter der Religionen und Philosophien alsbald als gotteslästerlich, als den Gottesgedanken in Frage stellend, ja als atheistisch beurteilt. Das war konsequent, insofern der Glaube umgekehrt den im Rahmen des Gottesgedankens als Götter fungierenden Mächten ihr Gottsein pointiert abgesprochen hatte. Daß Paulus (1 Kor 1,18 ff.) das Wort vom Kreuz als Torheit und Skandal für den »natürlichen Menschen« in beiderlei Gestalt (Juden und Griechen) bezeichnet hat, wird ebenfalls nur dann verständlich, wenn das Wort vom Kreuz einen radikalen Bruch mit dem scheinbar als allgemeingültig vorauszusetzenden Gottesgedanken impliziert. Christliche Theologie wird sich aber von der unbezweifelbar anderen Situation unserer Zeit selbst dann nicht zu einer auch nur vorübergehenden hermeneutischen Abstraktion von ihrer Ursprungssituation bewegen lassen können, wenn der Atheismusvorwurf gegen das entstehende Christentum und der sich gegen das Christentum durchsetzende Atheismus der Neuzeit nichts miteinander zu tun haben sollten. Denn eine Abstraktion von ihrer Ursprungs-

---

³ Erst in diesem Reichtum können wir – vor Gott! – überhaupt »Bettler« sein. Bettler ist der Mensch jedoch nicht in dem Sinne, daß er durch Analyse des Reichtums seines Seins seine immer noch größere Bedürftigkeit und seine dementsprechende unendliche Angewiesenheit auf ein Wesen, das dann als Gott zu gelten hätte, eruieren könnte. Das Geständnis »Wir sind Bettler: hoc est verum« (vgl. *M. Luthers* letzte, sich auf den unerschöpflichen Reichtum der Bibel beziehende Aufzeichnung vom 16. Februar 1546, WA 48, 241; dazu *H. A. Oberman*, »Wir sein pettler. Hoc est verum«, ZKG 78, 1967, 232 ff.) ist nicht eine Selbsterkenntnis, die zum Anfang der Gotteserkenntnis führt, sondern eine Selbsterkenntnis, die angesichts Gottes entsteht. Deshalb führt weder die Erkenntnis der Vermögen des Menschen noch die Erkenntnis seiner Bedürftigkeiten zu einem Gott als Gott denkenden Gottesgedanken, wohl aber führt die Erkenntnis Gottes zu einer *neuen* Begegnung des Menschen mit seinen eigenen Vermögen und dem in seinem Reichtum begründeten Mangel seines Wesens.

situation (das Gegenteil ist natürlich nicht die Suggerierung dieser Ursprungssituation; das wäre ebenfalls abstrakt) würde zwangsläufig zu einer Abstraktion von der Definitivität der Selbsterschließung Gottes im gekreuzigten Jesus führen, und das heißt zu einer *theologischen* Sistierung des Anspruches, den der johanneische Christus in der unzweideutigen Formulierung zur Geltung bringt: »niemand kommt zum Vater denn durch mich« (Joh 14,6). Dieser Satz hat jedoch auch im Blick auf die Gottes*erkenntnis* als Grundsatz evangelischer Theologie zu gelten.

3. Die einmalige Beziehung zwischen Gott und Jesus als die durch Denken zu erhellende Voraussetzung evangelischer Theologie behaupten heißt: den von dieser Beziehung redenden biblischen Texten eine besondere Bedeutung zuerkennen. Sie reden von Gott, weil sie, indem sie die Geschichte seiner Menschlichkeit zur Sprache bringen, an dieser Geschichte partizipieren, in ursprünglicher Sachlichkeit.

Zu dieser ursprünglichen Sachlichkeit gehört jedoch eine Einschränkung, die angebracht werden muß. Sie besagt, daß sich Gott auch in diesen Texten *nicht unmittelbar* als Gott erschließt. Die neutestamentlichen Texte sind bereits Folgen der Selbsterschließung Gottes. Und die alttestamentlichen Texte sind von diesen Folgen sozusagen eingeholte Wege zu ihnen hin. Die biblischen Texte sind zwar als fixierte Traditionsprozesse, die das Ereignis der Selbsterschließung Gottes in ursprünglicher Sachlichkeit zur Sprache bringen, eine unersetzbare Wirklichkeit. Sie wissen sich jedoch selber von diesem Ereignis, gerade indem sie von ihm reden, streng unterschieden. Sie sprechen nicht die Sprache Gottes, sondern unsere menschliche Sprache[4]. Aber sie sprechen, indem sie die Grenzen unserer Sprache nicht verlassen, davon, daß Gott selber gesprochen hat. Sie geben *Gott als einen Redenden* zu erkennen. Indem sie das tun, wehren sie allerdings dem Mißverständnis, als sei die Bibel selbst ein redender Gott. Scriptura sacra non est dei loquentis persona!

Wir haben deshalb die Wirklichkeit der biblischen Texte zwar als eine Möglichkeit bezeichnet, die die Theologie bei der Aufgabe, Gott

---

[4] Was man als »Sprache Gottes« bezeichnen könnte, das müßte auf jeden Fall ein Geschehen sein, welches die Differenz von Gott und Welt und, ohne diese Differenz aufzuheben, den Advent Gottes in der Welt involviert. Es müßte selber den gar nicht streng genug zu denkenden Unterschied zwischen Gott und Welt und Gottes Ankunft in dieser Welt zur Geltung bringen. Und eben das kann nur Gott selbst. Insofern gilt: Verbum dei *est* dei loquentis persona.

als Gott zu denken, leitet, haben sie aber eben doch nur als eine *Möglichkeit* bezeichnet. Die Wirklichkeit der Bibel *ermöglicht* es, Gott als Gott zu denken. Der Denkvorgang selber jedoch muß, von *dieser* Möglichkeit geleitet, sich zu je seiner Zeit selbst vollziehen. Er wird durch die Wirklichkeit der biblischen Texte nicht ersetzt, wie umgekehrt auch das Gelingen des Versuches, Gott als Gott zu denken, die biblischen Texte nicht ersetzen kann und auch gar nicht ersetzen wollen kann. Gehört doch zu ihrer Wirklichkeit die Funktion des Erzählens und Verkündigens, die kein Gottesbegriff als solcher je übernehmen kann, obwohl er sie gerade in sich mitbegreifen muß. Im Gottesgedanken wird diese Funktion aber nur dann mitbegriffen, wenn Gott als der Redende gedacht wird. Wird Gott nicht selber als der Redende gedacht, dann hat der Gottesgedanke im Blick auf Gott selbst auch nichts zu sagen. Gott denken heißt: Gott allein als denjenigen denken, der de deo etwas zu sagen hat. »Dieu parle bien de Dieu.«[5]

Evangelische Theologie geht folglich aufgrund der in ihrem Ansatz implizierten Entscheidungen von einer materialen Bestimmung Gottes aus, die für die Aufgabe, Gott als Gott zu denken, und für das Geschäft des Denkens selbst fundamentale Bedeutung hat. Wenn das Denken Gott zu denken unternimmt, dann ist es bereits von dem zu denkenden Gott in Anspruch genommen. Gerade darin ist es *Denken*, daß es sich Gott gegenüber nicht auf einen Nullpunkt reduzieren kann, um so dann – remoto deo – einen Gottesgedanken zu konstruieren. Zu so etwas wie einem Gottesgedanken kann es nur kommen, weil das Denken schon von Gott angesprochen ist. Bringt aber nicht erst das Denken Gott zum Reden, sondern ist es von ihm schon immer angesprochen, dann kann es sein Angesprochensein nur in einem Gottesgedanken explizieren, der Gott auch materialiter als den *von sich aus Redenden* denkt.

4. Der Gedanke eines von sich aus redenden Gottes schließt nun jedoch aus, daß das Gott denkende Denken sich zunächst unabhängig von dem zu denkenden Gott begründet. Gott denken kann nicht heißen, daß die menschliche Vernunft ihm gleichsam vorschreiben könnte, wie er sich ihr zu zeigen hat. Zwar ist die Vernunft auf ihre eigenen Entwürfe angewiesen, um überhaupt etwas einzusehen. Aber daß die Entwürfe der Vernunft selber durch das Vernehmen der Ver-

---

[5] *B. Pascal*, Pensées et opuscules, hg. von *L. Brunschvicg*, Paris 1946, 700 (Pensées Nr. 799).

3. Theologie als Wissenschaft

nunft hervorgerufen werden, ist durch Kants berühmte These, daß »die Vernunft nur das einsieht, was sie selbst nach ihrem Entwurfe hervorbringt«[6], noch keineswegs ausgeschlossen. Auch der Gottesgedanke muß als Gedanke von der menschlichen Vernunft gewissermaßen »konstruiert« werden. Aber die »Konstruktion« ist als solche gesteuert von dem, was die Vernunft *vernimmt*, wenn sie sich von dem von sich aus redenden Gott ansprechen läßt. Die Vernunft ist vernünftig, wenn sie begreift, daß sie *von sich aus* keinen Gott konstruieren kann. Die Vernunft ist vernünftig, wenn sie begreift, daß ein Gott überhaupt nur dann als Gott *gedacht* wird, wenn er als *sich offenbarender* Gott gedacht ist.

Offenbarung ist allerdings ein heute sogar in der evangelischen Theologie wenig geschätztes Wort. Das mag mit dem übermäßigen Gebrauch dieses Ausdrucks und wohl auch mit seinem kategorialen Mißbrauch in den letzten zwei Jahrhunderten zusammenhängen. Zu oft wurde die Schwäche des theologischen Argumentes und der eigenen Entscheidung durch Berufung auf Offenbarung kaschiert. Man sollte sich jedoch für eigene Entscheidungen, auch wenn sie als kirchliche vollzogen werden und als solche notwendig sind, nicht in dem Sinne auf Offenbarung berufen, daß diese als eine die eigenen Entscheidungen nicht nur legitimierende, sondern darüber hinaus auch noch infallibilisierende Autorität beschworen wird[7]. Offenbarung ist überhaupt keine infallibilisierende Autorität[8]. Sie ist es so wenig, wie sie eine gegen die Arbeit des Denkens immunisierende Instanz ist. Offenbarung heißt in dem hier zur Verhandlung stehenden Zusammenhang zunächst nur dies: Gott ist unbedingtes Subjekt seiner selbst und als solcher nur zugänglich, weil und insofern er sich selber zugänglich gemacht hat. Ohne den durch ihn selbst *eröffneten* Zugang zu ihm selbst wird auch kein Denken jemals zu ihm Zugang finden. Ohne Offenbarung wird das Denken allenfalls einen Gottesgedanken konstruieren, den es dann auch selber wieder zersetzen kann und zu seiner Zeit sogar zersetzen muß.

---

[6] *Kant*, Kritik der reinen Vernunft, Werke in sechs Bänden, hg. von *W. Weischedel*, 1966, Bd. 2, 23 (B XIII).

[7] Weder »Orthodoxie« noch »Orthopraxis« sind darin *recht*, daß sie die Offenbarung als eine diese Lehre und jene Handlung infallibilisierende Autorität in Anspruch nehmen können.

[8] Darin ist *Hans Küng* uneingeschränkt recht zu geben. Vgl. sein Buch: Unfehlbar? Eine Anfrage, 1970, und das von ihm herausgegebene Sammelwerk: Fehlbar? Eine Bilanz, 1973.

3.2 Das Wort als Ort der Denkbarkeit Gottes 63

5. Daß Gott sich dem Menschen zugänglich macht, setzt voraus, daß Gott den Menschen angeht. Dies wiederum impliziert, daß Gott selber Wege geht. Daß Gott uns angeht, unbedingt angeht, muß sich anthropologisch ausweisen lassen. Auch die anthropologische Verifikation dieses Sachverhaltes lebt jedoch von der Implikation, daß der uns unbedingt angehende Gott sich selber die Wege bahnt, die er gehen will. Auf seinen Wegen ist er Gott. Die Wege, die Gott geht, sind also vom Gehenden nicht so zu unterscheiden wie etwa ein Spazierweg vom Spaziergänger. Sie gleichen eher dem menschlichen Lebensweg, der mit dem lebenden Menschen in einem gewissen Sinne identisch ist. Lebenswege sind Wege des Lebenden zu sich selbst. Sie sind es auch dann, wenn er sich selbst dabei fremd werden sollte.

Gottes Wege sind ebenfalls Wege Gottes zu sich selbst. Sie unterscheiden sich zwar von unseren Lebenswegen dadurch, daß das »zu sich selbst« dem göttlichen Subjekt nicht entzogen ist – »Gottis gang ist seyn werck«[9] – wie dem Menschen, der sich selber suchen und zu sich selbst finden muß. Aber sie gleichen den menschlichen Lebenswegen darin, daß der Weg mit dem Subjekt in unzertrennbarer Weise eines ist. Auf dem menschlichen Lebensweg wird ein Mensch zu dem, was er ist. Auf dem göttlichen Lebensweg macht Gott sich zu dem, was er ist. Die Formel für diesen Sachverhalt lautet: Gottes Sein ist im Kommen. Sie wird später genauer zu explizieren sein. Für den hier zur Verhandlung stehenden Zusammenhang genügt es festzuhalten, daß Gott sich zugänglich macht, indem er Wege zu sich selbst geht.

Wege zu sich selbst geht Gott also auch dann, wenn sie zu anderem, wenn sie zu dem, was Gott nicht ist, führen. Gottes Wege zu sich selbst schließen so etwas wie Entfernung von sich selbst durchaus ein. *Zugänglich* wird Gott aber für das andere nur dann, wenn er es nicht von seinen Wegen ausschließt, sondern es auf seinen Wegen zu sich selbst mit sich nimmt. Das andere, das von Gott mit auf den Weg genommen wird, heißt in der Bibel seine *Schöpfung*, während das von seinen Wegen ausgeschlossene andere *das Chaos* heißt.

Eine sehr bestimmte, wenn auch nicht die einzige Weise des Mitgenommenwerdens ist das Denken. Gott denken heißt: von Gott mitgenommen werden. Theologisches Denken ist im eminenten Sinne ein Mitgenommenwerden. Es kommt seinerseits nur dadurch zu sich selbst, daß es sich von Gott mitnehmen läßt und dabei keine Strapazen scheut. Nur so wird es selbständig, nur so kritisch. Die Passivi-

---
[9] *M. Luther*, Deutsche Auslegung des 67. (68.) Psalmes (1521), WA 8, 25, 8.

tät des Mitgenommenwerdens setzt die Selbständigkeit einer eigenen Denkbewegung frei, die am treffendsten als Nachdenken zu bezeichnen ist. Denn im Erfassen des eigenen Mitgenommenwerdens liegt die Anerkennung eines Zuvor des Mitnehmenden gegenüber dem Mitgenommenen. Als Nachdenken ist dieses Denken frei, ist es eine dem Menschen eigene Denkbewegung. In dieser Denkbewegung kommt es dann zur »Konstruktion« eines Gottesgedankens, der Gott als Subjekt seiner selbst denkt.

Theologisches Denken kann also nicht zunächst einmal von Gott selbst absehen, um über den Weg einer Selbstbesinnung des Denkens, die sich losgelöst von dem in der Theologie eigentlich zu Denkenden vollzieht, zu so etwas wie einem Gottesgedanken zu gelangen, der dann eine Art Rahmenfunktion für die aufgrund von Offenbarung gewonnenen Bestimmungen Gottes hätte. Nicht zufällig kam es auf diesem Wege zu der sich als verhängnisvoll erweisenden Unterscheidung zwischen einer Lehre vom göttlichen *Wesen* einerseits und einer Lehre vom *dreieinigen* Gott andererseits. Theologisches Denken hat vielmehr davon auszugehen, daß Gott – sich selbst – zu denken gibt. Denken heißt in der Theologie dann soviel wie: Gott mit dem Vermögen menschlicher Vernunft zu entsprechen versuchen. Gott geht *seine* Wege. Das Denken wird Gott nicht treffen (attingere), wenn es andere Wege geht.

Die vorgebrachten Überlegungen provozieren Einwände, denen sie sich auszusetzen haben. Auf einige der wichtigsten soll deshalb eingegangen werden. Sie geben Gelegenheit, das Gesagte zu verschärfen.

6. Kann Gott überhaupt jemals getroffen werden? Ist Gott nicht als der, der seine Wege geht, dem Denken jeweils unendlich voraus (Jes 55,8 f.)? Wird das Denken in einer Offenbarungstheologie nicht in die Rolle eines ewigen Nachzüglers gedrängt, der ohnehin immer zu spät kommen muß? Müßte man nicht, um Gott denkend zu treffen, statt ihm nachzudenken, seinen Wegen vorauszudenken? Ist Denken nicht überhaupt die Zukunft erschließende Macht? Muß Denken statt archäologisch nicht vielmehr eschatologisch sein? Können wir denn auch nur *die Welt* denken, ohne *im Denken* bereits projizierend darüber zu entscheiden, daß wir und wie wir sie *zu verändern* und *zu machen* haben? Ist eine vom Denken erfaßte Welt nicht eine projizierte, eine durch und durch machbare Welt? Und wäre dann ein vom Denken erfaßter Gott nicht ein projizierter und also machbarer Gott?

Der Einwand verschärft sich in der weiteren Frage, ob der die Welt konstruierende und durch Herstellung ständig erweiternde Mensch

3.2 Das Wort als Ort der Denkbarkeit Gottes   65

nicht auf die projektierende Konstruktion von Göttern angewiesen ist. Ist es nicht, um die *Welt* denken zu können und dadurch machbar werden zu lassen, geradezu unerläßlich, die vorhandene Welt zu transzendieren und ein göttliches *Mehr als Welt* (im Sinne eines Schrittes über die Welt hinaus) zu konstruieren? Ist die Welt nicht auf ein solches *Mehr als Welt* angewiesen, um durch Denken und Machen zu einem *Mehr an Welt* zu gelangen? Ist die neuzeitliche Welt in ihrer Existenz nicht fundamental bedroht, wenn sie nicht ständig auf ein *Mehr an Welt* bedacht ist? Kann man aber ein *Mehr an Welt* gewinnen, ohne zuvor ein *Mehr als Welt* gedacht zu haben? Ist also die neuzeitliche Welt nicht sehr viel mehr und sehr viel dringender noch als die von Deuterojesaja (Jes 44,9 ff.) verspotteten Götterproduzenten um ihrer Existenz willen darauf angewiesen, Götter zu projizieren und zu konstruieren, die *mehr* sind als die jeweils existierende Welt? Und sind die so projizierten und konstruierten Götter im Unterschied zu jenen in der Eisenschmiede hergestellten Götzen nicht sehr wohl sehr viel »nütze«, mehr noch: notwendig? Muß die als machbar zu denkende Welt nicht sogar *immer wieder neue* Götter projizieren und konstruieren, einen nach dem anderen, um so dem jeweilig neuen Horizont einer sich ständig verändernden Welt mit der projizierenden Konstruktion eines neuen *Mehr als Welt* ständig vorauszulaufen, damit es dann abermals zu einem wirklich neuen *Mehr an Welt* kommen kann und so weiter? Müssen die nützlichen Götter gerade wegen ihrer Nützlichkeit nicht geradezu abgenutzt, verbraucht und (Jes 44,9) nichtig werden? Haben wir nicht und brauchen wir nicht einen unendlichen Verschleiß an Göttern? Muß eschatologisches Denken nicht in demselben Maße, in dem es ein projizierendes und konstruierendes Denken ist, ein verschleißendes Denken sein? Leben wir nicht vom eschatologischen Verschleiß? Ist die neuzeitliche Welt nicht ein eschatologischer Verschleiß ohne Ende? Und ist »Gott« nicht die Chiffre für diesen unendlichen Verschleiß?

Alle diese Fragen müßten wohl mit einem vorbehaltlosen *Ja* beantwortet werden, *wenn Gott sprachlos wäre*. Im Grunde ist die in den aufgeführten Fragen sich ausweisende Hypothese von Welt eine einzige Abstraktion von dem – für ein sich auf die Wege Gottes einlassendes Denken unerläßlichen – Gedanken Gottes als eines Redenden, eine Abstraktion jedenfalls von dem elementaren Tatbestand, daß es *christliche* Theologie nur gibt, weil es den Glauben an einen redenden Gott gibt. Christliche Theologie kann die Hypothese von Welt, die von Gott als einem Redenden abstrahiert, nicht verantworten. Sie kann es um Gottes willen nicht. Sie kann es aber auch um der Welt willen nicht. Denn insofern jene Hypothese von Welt vom Worte Gottes abstrahiert, ist sie zugleich das Konzept einer an sich selber sprachlosen Welt. Ist doch, was bei jenem ausschließlich projektierend-konstruierenden und deshalb verschleißenden Denken allenfalls als Sprache in Betracht kommt, wiederum ausschließlich konstruierendes und durch Konstruktion informierendes »Sprechen«. Ihm fehlt eine, wenn nicht sogar die wesentliche Dimension der Sprache, ihm fehlt das Sprachliche der Sprache, nämlich das *Ereignis des Ansprechens und Angesprochenwerdens*. Ohne das Ansprechende der Sprache verbleibt uns von der Sprache nur die Vielfalt möglicher Systeme von Zeichen. Das ist auch etwas. Und es ist als solches wahrhaftig nicht geringzuschätzen, sondern in seiner Notwendigkeit zu bejahen. Man kann das Beste damit machen, und man soll das Beste daraus machen, weil es durchaus etwas Gutes ist. Aber vom Sprachlichen der Sprache wird allemal abstrahiert, wenn Wörter zu bloßen Zeichen werden. Eine ausschließlich mit Zeichen und Systemen von Zeichen arbeitende Welt wäre auf jeden Fall eine Abstraktion von der Menschlichkeit des Menschen, der, ohne angesprochen zu werden und sich ansprechen zu lassen, eben kein menschlicher Mensch wäre. Eine Welt ohne Angesprochenheit und Ansprechbarkeit – das ist eine an sich selbst sprachlose Welt. In ihr käme der Mensch zwar vor, aber nicht *als Mensch*.

Mit der Einsicht in die wahre Sprachlichkeit des menschlichen Wesens als eines angesprochenen und ansprechbaren Sprachwesens ist nun freilich noch gar nichts darüber ausgemacht, inwiefern eine den Menschen und seine Welt als sprachlos konstruierende Hypothese zugleich eine Abstraktion von Gott als Redendem, eine Abstraktion vom Worte Gottes ist. Auch von der Sprachlichkeit des Menschenwesens führt kein Weg, der auf Evidenz Anspruch erheben können soll, zu Gott. Alle angeblichen Wege dieser Art implizieren Zumutungen, die als solche jeder Evidenz entbehren. Saubere Denker haben denn diese Zumutungen auch als solche gekennzeichnet und dem Mitdenkenden ausdrücklich zugemutet. Wo das nicht geschieht, sondern Evidenz vorgegeben wird, lassen sich nachweislich Fehlschlüsse aufzeigen, durch die die angebliche Evidenz zustande gekommen ist. Inwiefern können wir dann jedoch behaupten, daß die oben vorgeführte Hypothese von Welt eine einzige Abstraktion vom Worte Gottes sei, daß sie Gott sprachlos denke? Denn wenn schon kein Weg, der auf Evidenz Anspruch erheben können soll, von der Sprachlichkeit des Menschen zu Gott führt, um wieviel weniger zum Worte Gottes! Logisch ist der

3.2 Das Wort als Ort der Denkbarkeit Gottes 67

Begriff »Gott« ja inhaltsärmer als der Begriff »Wort Gottes«. Muß also nicht auch eine Theologie der Offenbarung dem Mitdenkenden eine Zumutung zumuten – eben die des Wortes Gottes?

7. Darauf ist uneingeschränkt mit *Ja* zu antworten. Die christliche Theologie arbeitet in der Tat mit einer Zumutung, und zwar mit einer zumutbaren Zumutung. Der Unterschied zu dem bestrittenen Konzept ist nur der, daß in der sich zu ihrer Zumutung bekennenden Theologie mit der Zumutung *begonnen* wird. Das ist nun aber auch logisch sehr viel zumutbarer. Denn der Begriff des Wortes Gottes impliziert als solcher die Zumutung, Gott als einen Redenden ernst zu nehmen. Mit dieser Zumutung hat die Theologie anzufangen, wenn sie von vornherein und ausschließlich Theologie sein und bleiben will. Theologie ist verantwortliche Rede von Gott. Sie wäre aber gar nicht Rede von Gott, wenn sie vom redenden Gott zunächst absehen wollte. Die Zumutung Gottes hat also mit der für das Gottesverständnis wesentlichen Bestimmung Gottes als Redenden einzusetzen und nicht mit der Zumutung der Existenz eines X, das man dann »Gott« nennt. Die Zumutung der *Existenz* eines Gottes läßt sich eben nicht unter Beiseitesetzung des *Wesens* Gottes vollziehen – gleichsam als Zumutung eines existierenden Unbekannten[10]. Rede von Gott, wenn sie überhaupt Rede vom seinerseits redenden Gott sein soll, hat als solche anzufangen. So auch die Theologie. Sie kann, wenn sie ohnehin von Gott reden will und also von Gott als einem seinerseits und von sich aus Redenden reden muß, sich nicht zunächst einmal incognito zu Worte melden, um dann an irgendeiner passenden oder unpassenden Stelle des Gesprächs mit anderen Wissenschaften sich als sie selbst zu erkennen zu geben, weil sie an gerade eben dieser Stelle des Gesprächs ihre Existenz für gerechtfertigt hält oder die Gesprächspartner über die Notwendigkeit der Theologie belehren zu können meint. »Solche Erkennungsscenen ... haben den nicht zu entschuldigenden Fehler an sich, daß sie zugleich beschämen, und der Machinist sich einen kleinen Ruhm erkünsteln wollte; so daß jene Beschämung und diese Eitelkeit die Wirkung aufheben, denn sie stoßen eine um diesen Preis erkaufte Belehrung vielmehr wieder hinweg.« Die Theologie sollte wahrhaftig nicht so naiv sein, zu meinen, sie könnte uner-

---

[10] Man kann ja auch einen (guten) Bekannten nicht wie einen Unbekannten behandeln, nur weil man andere, denen er (noch) unbekannt ist, mit ihm bekannt machen will. Einen Bekannten hat man als den vorzustellen, als den man ihn kennt. Und dazu gehört zunächst einmal, *daß* er ein Bekannter ist.

kannt, »wie der Minister in der Komödie, das ganze Spiel hindurch im Ueberrocke herumgehen und erst in der letzten Scene ihn aufknöpfen und den Stern der Weisheit herausblitzen lassen«[11]. Theologie hat also allemal mit dem – sie doch nur ehrenden! – Eingeständnis anzufangen, daß sie eben nichts anderes als Theologie ist, daß sie Gott als den von sich aus Redenden zur Sprache bringt. Die Rede vom seinerseits redenden Gott darf in der Theologie nicht überraschen – so überraschend für jeden Menschen Gott selber ist. Theologie ist vielmehr wesentlich Lehre vom Worte Gottes. Als solche ist sie dann auch Lehre von der Ansprechbarkeit des Menschen. Ist der Mensch aber das von Gott angesprochene, deshalb auf Gott ansprechbare und insofern ein ontologisch durch Sprachlichkeit konstituiertes Wesen, dann ist die Zumutung, sich auf das Wort Gottes einzulassen, eine dem Wesen des Menschen entsprechende Zumutung. Sie ist alles andere als unzumutbar. Der Mensch kann sich auf sie einlassen.

8. Das Verständnis des dargelegten Sachverhaltes läßt sich durch die Aufhellung einer weiteren Eigenart des Gott denkenden Aktes noch vertiefen. Es gehört nämlich zur Eigenart wenn nicht des Denkens überhaupt, so doch auf jeden Fall des Gott denkenden Aktes, daß das denkende »Subjekt« sich im Vollzug dieses Denkens seinerseits als ein von Gott erkanntes »Objekt« erfährt. Das Gott erkennende Ich findet sich im Akt des Denkens als ein seinerseits bereits von dem zu denkenden Gott erkanntes Ich vor. Diese Verschränkung von Aktivität und Passivität des Erkennens im Gottesgedanken läßt sich auch temporal darstellen, insofern die Passivität des Erkanntwordenseins im Denkakt die Erfahrung hervorruft, schon auf Gott bezogen zu sein. Das gilt auch für den aktiven Erkenntnisbezug selbst. Indem man Gott erkennt, weiß man, daß man ihn schon erkannt hat. In dieser – sit venia verbo – Erkenntnisreduplikation weist sich der Begegnungs- und Ereignischarakter des Gottesgedankens aus. Daß das Denken sich im Augenblick des Erkennens als ein Schon-Erkannt-Haben erfährt, ist Ausdruck einer praevenienten ontischen Bindung des Denkens an seinen Gegenstand, die aber erst im Denkakt und in diesem als eine am Denkakt sich vollziehende Relation erfahrbar wird. Der Vorgang ist vergleichbar der Struktur der Freude, die das sich freuende Ich so bestimmt, daß es sich zur Freude eben nicht entschließt, mit

---

[11] *G. W. F. Hegel*, Wer denkt abstrakt? Sämtliche Werke, hg. von *H. Glockner*, 1958, Bd. 20, 446.

der Freude nicht eigentlich anfangen kann, sondern sich, wenn es sich denn freut, als ein sich schon freuendes Ich antrifft[12]. Daß das Gott denkende Ich sich im Akt des Denkens als ein Ich erfährt, das mit der Gotteserkenntnis immer schon angefangen hat, ist ein anderer Ausdruck für die ontische Bindung des Gottesgedankens an den Glauben und durch den Glauben an den zu denkenden Gott. Das Denken erfährt sich, wenn es Gott zu denken beginnt, bereits als mitgenommen. Es ist mitgenommen, weil es, wenn es Gott denkt, dem Glauben folgt, der die ursprünglichste Weise des Mitgenommenwerdens durch Gott ist. Erst durch das Faktum, daß es Glauben gibt, wird das Denken im Blick auf Gott nachdenklich und nachdenkend. Es folgt dem Glauben, geht seiner Eigenart nach und läßt sich auf diese indirekte Weise seinerseits mitnehmen.

Die Vernunft kann Gott also nur denken, indem sie dem Glauben nachgeht. Sie selbst glaubt jedoch nicht. Sie denkt. Das Denken glaubt nichts. Es denkt nach. Es gehört allerdings zur Redlichkeit des Denkens, auch dies zu denken, daß mit dem Gottesgedanken bereits der Gedanke der Zusammengehörigkeit von Glauben und Gott gedacht ist. Das Denken kann Gott nicht denken, ohne Gott und Glaube zusammen zu denken. Es ist deshalb redlich, dem Glauben seine für den Gottesgedanken konstitutive Funktion zuzugestehen. Im Gottesgedanken drückt sich das dadurch aus, daß Gott als von sich aus Redender und so als das schlechthin ansprechende Sein gedacht wird.

9. Die Zumutung an das Denken, sich auf Gottes Wort einzulassen, um Gott als Gott denken zu lernen, ist demnach nicht unmittelbar. Sie impliziert die Voraussetzung, daß es so etwas wie Glaube gibt. Glaube ist dabei verstanden als die durch das Ereignis des redenden Gottes ermöglichte und ins Sein gerufene existentielle Relation des sich auf den anredenden Gott einlassenden Menschen. Damit ist einem Glaubensverständnis widersprochen, das den Glauben als eine mindere Weise des Erkennens dem Denken unterordnet. Glaube ist alles andere als eine mindere Weise des Erkennens[13]. Das Glauben kann

---

[12] Es macht die Tragikomik einer Gestalt wie der des scheinbar königlichen Denkers auf dem Thron der Büchnerschen Komödie aus, daß er – »die Kategorien sind in der schändlichsten Verwirrung«! – von sich sagen kann: »Und ich hatte beschlossen mich so zu freuen« (*Georg Büchner*, Leonce und Lena, 3. Akt, 3. Szene, Sämtliche Werke und Briefe, hg. von *Werner R. Lehmann*, Bd. 1, 1974², 130).

[13] Vgl. dazu meinen Aufsatz: »Theologische Wissenschaft und Glaube« im

deshalb auch nicht an die Stelle des Denkens treten[14]. Es ist vielmehr dasjenige Verhalten, in dem der Mensch gleichursprünglich sowohl Gott als auch sich selbst entspricht. Insofern ist Glaube nicht nur ein Bestimmtwerden durch Gottes Wort, sondern zugleich eine Selbstbestimmung des Menschen[15]. Diese Selbstbestimmung schließt jedoch Selbstbegründung aus. Glaubend lasse ich mich vielmehr von Gott zur Selbstbestimmung bestimmen. Ja, Glaube ist als ein ursprünglichstes Mitgenommensein von Gott das Widerfahrnis der Bestimmung des Menschen zur Selbstbestimmung und insofern dessen Befreiung vom Zwang zur Selbstbegründung. Glaube ist, anthropologisch geurteilt, das Entstehen von Freiheit.

Was überhaupt Freiheit genannt zu werden verdient, entscheidet sich an diesem Akt, in dem ein Ich sich auf ein anderes Ich so einläßt, daß es dieses andere Ich genau das sein läßt, was es ist[16], um gerade so sein eigenes Ich selbst zu bestimmen. Freiheit kommt also immer mehr als nur einem Seienden, mehr als nur einem menschlichen Ich zugute. Sie ereignet sich zwischen Ich und Du, aber auch zwischen Ich und Es. In diesem Sinn kommt die Freiheit des Glaubens keineswegs nur dem Glaubenden zugute. Sie kommt auch – man wird diese Aussage nicht scheuen dürfen – Gott zugute, zum Beispiel insofern der Mensch seinem Gott die Ehre gibt, indem er ihm *dankt* (2 Kor 4,15). Doch mit diesen Überlegungen greifen wir über den Problemzusammenhang dieses Paragraphen hinaus, in dem es zunächst nur darauf ankommt festzuhalten, daß Glauben auf jeden Fall für den Menschen diejenige Freiheit impliziert, in der er zu einer *Selbstbestimmung* frei wird, die nicht auf eine *Selbstbegründung* des menschlichen Ich rekurrieren muß. Im Glauben bestimmt sich das Ich vielmehr zu einem wohlbegründeten Verzicht auf Selbstbegründung. Denn Glaube ist unmittelbares Mitgenommenwerden des Ich durch Gott und deshalb über jede Selbstbegründung schon immer hinaus. Der Versuch, Gott

---

Blick auf die Armut Jesu, in: Unterwegs zur Sache. Theologische Bemerkungen, 1972, 11 ff. (vor allem 20 ff.).

[14] Vgl. *M. Heidegger*, Phänomenologie und Theologie, 1970, 13–33.

[15] Die Struktur der Selbstbestimmung in der Erfahrung des Glaubens hat *K. Barth* im ersten Band seiner Kirchlichen Dogmatik herausgearbeitet. Die entsprechenden Ausführungen (KD I/1, 206 ff.) sind bezeichnenderweise in der Barth-Diskussion fast völlig unberücksichtigt geblieben – zum nicht geringen Schaden dieser Diskussion.

[16] Zur Struktur der Freiheit als Sein-Lassen vgl. *M. Heidegger*, Vom Wesen der Wahrheit, 1954, 14.

3.2 Das Wort als Ort der Denkbarkeit Gottes 71

zu denken, hat diesen Bezug von Gott und Ich zu seinem Ausgangspunkt.

10. Wir können nun die oben gestellte Frage wieder aufnehmen, die sich unserer Bestimmung des Denkens als Mitgenommenwerden und Nachdenken in den Weg stellte: kann Gott von einem bloß nachdenkenden Denken jemals getroffen werden? Ist er als der, der seine Wege geht, dem Denken nicht unendlich voraus, so daß das Denken, wenn es ihn je einholen können sollte, ganz andere Wege einschlagen müßte? Verkümmert eine bloß nachdenkende Theologie nicht zu theologischer Archäologie?

Wenn Gott sich als selber redend zu erkennen gibt und als solcher zu denken ist, dann hängt die Beantwortung dieser Fragen vom Verständnis dessen ab, was *Wort* ist[17]. Wäre Wort nur ein informierendes Zeichen, das der Sprechende hinter sich zurücklassen kann, ohne selbst darauf bezogen zu bleiben, dann wäre Nachdenken in der Tat ein museales Unternehmen. Aber gerade dieses Verständnis von Wort scheitert am Wesen des Wortes Gottes. Denn wenn der Glaube die durch dieses Wort ermöglichte Einstellung des Menschen zu Gott ist, in der der Mensch sowohl sich selbst als eben auch, und zwar gleichursprünglich, Gott entspricht, dann hat eine solche Entsprechung den Charakter der *Begegnung* von Gott und Mensch. Gottes Wort ist dann nicht ein Relikt, dem gegenüber Gott weit entfernt und beziehungslos seine Wege ginge, sondern dieses Wort ist voll von Beziehung, ist in jeder Hinsicht beziehungsvolles Wort. In ihm bezieht sich Gott so auf uns, daß wir uns unsererseits als schon auf ihn bezogen entdecken müssen. Der Glaube vollzieht dann auf menschliche Weise dieses Schonbezogen-Sein des Menschen auf Gott.

Folgt nun das Denken der Bewegung des Glaubens – ohne deshalb selber zum Glauben zu werden[18] –, dann denkt es das *Wort* Gottes als

---

[17] Vgl. zum Folgenden G. Ebeling, Einführung in theologische Sprachlehre, 1971, 52 ff. und 201–258.

[18] Es ist sogar zu bestreiten, daß der Glaube die subjektive Bedingung der Möglichkeit, Gott zu denken, ist. Man kann sehr wohl der Bewegung des Glaubens nachgehen, ohne zu glauben – genau so, wie man Freude verstehen kann, obwohl man traurig ist. Vor einer *existentiellen* Engführung muß also gewarnt werden. Es ist zureichend, daß überhaupt geglaubt wird, um der Bewegung des Glaubens nachgehen und so Gott denken lernen zu können. Das ist auch für die später folgenden Ausführungen über die Gottesgewißheit als Bedingung der Denkbarkeit Gottes streng zu beachten. – Eine ganz andere Frage ist, ob es *bekömmlich* ist, so zu verfahren: also, ohne selber zu glauben, der Bewegung des

3. Theologie als Wissenschaft

ein *Ereignis*, das es verbietet, den, der es gesprochen hat, von diesem Wort zu trennen wie den Schuhmacher von dem Schuh, den er hergestellt hat. Demgegenüber ist die Funktion des Wortes, in dem Gott sich als der von sich aus Redende erweist, als die einer *ansprechenden Unterbrechung* zu verstehen, durch die der Ansprechende dem Angesprochenen in unvergleichlicher Weise nahe kommt. Das Wesen des ansprechenden Wortes ist *Annäherung durch Unterbrechung*[19].

Die in der Kraft eines ansprechenden Wortes geschehende Annäherung durch Unterbrechung schließt nun allerdings Entfernung nicht aus, sondern ein. Es ist also Gott nicht so in seinem Wort wie der Wein im Faß oder der Fuß im Schuh. Das Wort ist kein Gefäß Gottes. Er wäre ja dann von diesem »Gefäß« wiederum als dessen Inhalt grundsätzlich trennbar, aus ihm entfernbar. Demgegenüber wahrt das Wort die *Entzogenheit* Gottes, die ihrerseits durchaus nicht als Mangel für den Menschen gedacht werden muß[20]. Es ist auch für das Wort Gottes charakteristisch, was Wort und Sprache allgemein auszeichnet, daß nämlich »die Sprache den Redenden und den oder die Angeredeten nicht unmittelbar zusammenschließt, sie vielmehr immer in einem Sachverhalt zusammentreffen läßt«[21].

Glaubens nachgehen zu wollen. Ohne sich selber zu freuen, der Freude nachzudenken, das könnte die Traurigkeit ins Unerträgliche steigern.

[19] Was für die Funktion des Wortes Gottes gilt, darf analog auch für die Funktion des Wortes überhaupt als geltend vermutet werden. Daß die metaphysische Tradition den Menschen gern als ζῷον λόγον ἔχον definierte, läßt sich als ein Hinweis darauf deuten. Schon die älteste Metaphysik hat den Menschen als dasjenige Seiende verstanden, in dem der Seinszusammenhang so unterbrochen wird, daß es zu einer Annäherung des Seienden kommen kann. Als Annäherung (ἀγχιβασίη) scheint *Heraklit* den Rhythmus des vom Logos durchwalteten Seins gedacht zu haben (B 122, Die Fragmente der Vorsokratiker, griechisch und deutsch von *H. Diels*, hg. von *W. Kranz*, Bd. 1, 1966[12], 178). Und nach *Plotin* ist es die Eigenart des Seienden als solchen, gleichursprünglich anwesend und doch abgesondert zu existieren (Enn. VI/4, 3, 11 ff., Plotins Schriften, übersetzt von *R. Harder*, neu bearbeitet von *R. Beutler* und *W. Theiler*, Bd. 2a, PhB 212a, 1962, 8), also überall und doch nirgends (als Eigentum des besonderen Seienden) zu sein (Enn. VI/4, 3, 17 ff.), um sich so in Freiheit nach Vermögen zu nähern, wem es sich nähern will, ohne dadurch dessen Eigentum zu werden (Enn. VI/4, 3, 15 ff.).

[20] Die Unterscheidung von theologia viatorum und visio beatifica (theologia beatorum) darf hier jedenfalls nicht voreilig im Sinne der Wertunterschiedenheit ins Spiel gebracht werden.

[21] *Ebeling*, aaO. 207 f.

3.2 Das Wort als Ort der Denkbarkeit Gottes

Das Wort Gottes wahrt also ein Verhältnis, dem der Glaube entspricht: ein Verhältnis, in dem Gott uns nahe kommt, ohne in dieser Nähe seine Entzogenheit aufzuheben[22]. Anwesenheit und Abwesenheit Gottes sind im Worte Gottes nicht mehr alternativ zu denken. Vielmehr ist Gott im Wort *als Abwesender anwesend*.

Hat aber das Denken in diesem Sinn einem Abwesenden, der im Wort als Abwesender anwesend ist, nachzudenken, dann ist das Nachdenken unmöglich ein archäologisches Unternehmen, sondern ein im Anwesenden auch den Abwesenden, in der Gegenwart auch schon die Zukunft mitbedenkendes Geschehen. Ist Gott im Wort als Abwesender so anwesend, daß er sich durch das Wort selber nahebringt, dann ist es durchaus nicht unmöglich, Gott zu treffen. Denn es ist dann keineswegs unmöglich, sondern vielmehr das Nächstliegende, sich von Gott treffen zu lassen. Dieses Geschehen des Sich-von-Gott-treffen-Lassens ist aber nicht schon Denken, sondern Glaube. Das Denken wird mithin von Gott nur insofern betroffen, als es sich nicht zwischen Gott und den Glauben setzt. Dies kann es aber nur, indem es nicht selber glaubt. Hingegen hat es mit dem Glauben dies gemeinsam, daß es Gott als den von sich aus Redenden sein und gelten läßt. Das ist – jedenfalls auch – eine *logische* Notwendigkeit des Gottesgedankens, die deutlich macht, daß das Denken nur in der Weise des Denkens von Gott betroffen sein kann. Ein so von Gott betroffenes Denken bejaht das Wort als Ort der Denkbarkeit Gottes.

11. Denken wäre dann über die besondere theologische Fragestellung hinaus auch allgemein als eine Weise des Mitgenommenwerdens zu verstehen, in der das mitgenommene Ich wahrnehmend aus sich herausgeht, um dem Wahrgenommenen kritisch zu entsprechen. Das Ich will denkend mit dem Wahrgenommenen zusammen wahr werden. Dazu muß es dieses so als ein anderes (als Gegenstand) fixieren, daß das andere in der ihm eigenen Ordnung, Struktur und Bewegung verfolgbar und im Akt der Nachfolge als es selbst erkannt wird. Erkennen wäre dann weiterhin derjenige Akt des Denkens, in dem die dem anderen geltende Nachfolge zu dessen Vorstellung führt und das Ich mit der Vorstellung vom anderen zu sich zurückkommt, um die Vorstellung zu begreifen. Dabei bleibt das Ich auf seinen Weg, den es aus sich heraus gegangen ist, bezogen, insofern es diesen Weg zum

---

[22] Wie das Verhältnis von Nähe und Entzogenheit Gottes genauer und konkreter zu bestimmen ist, wird das Hauptproblem der Untersuchung über die Sagbarkeit Gottes sein (Teil D).

anderen hinaus *sprachlich* als einen Weg seiner selbst in sich hinein verarbeitet. Denken ist also, ontologisch geurteilt, ein Weg des Subjektes aus sich heraus und im selben Maße ein Weg des Subjektes in sich hinein. Im Denken intensiviert das Ich, indem es aus sich herausgeht, sein Inneres. In diesem Sinn ist Denken ein ψυχῆς ... λόγος ἑαυτὸν αὔξων²³.

Mit der zwiefachen Wendung des denkenden Ich aus sich heraus und in sich hinein ist das Denken eine reflexe Weise des Mitgenommenwerdens, in der das Ich nicht nur mitgenommen wird, sondern sich zu diesem Mitgenommenwerden zugleich auch kritisch verhält. Es *unterscheidet* (κρίνει) zwischen sich und dem zu Denkenden. Das Denken kann nur anfangen, wenn es mit *etwas* anfängt, das unabhängig von allem Denken schon da ist. Deshalb muß das Ich denkend aus sich heraus, muß es nachdenken. Das Denken muß aber zugleich seine Eigenständigkeit gegenüber diesem zu Denkenden erweisen, muß sich auf sich selbst zurückbeziehen und Begriffe bilden, mit denen es nicht nur seine Gegenstände, sondern zugleich sich selber begreift. Die Begriffsbildung des Denkens ist dessen – am Gegenstand zwar sich entzündender, aber doch nur aus der Kraft der Vernunft entspringender – schöpferischer Akt. Daß das Denken Begriffe bilden *kann*, ist allerdings durch ein ursprünglicheres Faktum ermöglicht, durch das Faktum ansprechender Sprache. In der Sprache ist das Ich schon immer außer sich und doch zugleich tief in sich gewendet. Es horcht hinaus und so zugleich in sich hinein, um im Zusammenspiel beider Bewegungen seine Vorstellungen und Begriffe zu gewinnen. Auch die logische Begriffsbildung ist ein durch Sprache ermöglichter Akt des Denkens, der dem Gegenstand jenen Widerstand entgegensetzt, ohne den Erkennen auf schlechte Anpassung des »Subjektes« an »Objekte« hinausliefe. Denken kann Seiendes nur denken, wenn es den Gegensatz von Denken und Sein nicht überspringt. Es muß ihn *vollziehen*. Nur im Vollzug des Gegensatzes von Denken und Sein wandelt sich dieser zur Entsprechung von Denken und Sein.

12. Im Versuch, *Gott* zu denken, wird das Denken mitgenommen, indem es den *Glauben* und sein Geglaubtes denkt. Glauben aber ist die unmittelbare Weise des Mitgenommenwerdens durch Gott. Der Glaube ist ein Aus-sich-Herausgehen des Ich ohne Ende. Er kennt kein Zurück. Denn der Glaube ist immer schon bei dem Geglaubten;

---

[23] *Heraklit*, B 115, aaO. 176.

3.2 Das Wort als Ort der Denkbarkeit Gottes

er muß nicht erst dahin kommen. Im Glauben ist deshalb die Differenz von Glaubensakt und Glaubensgegenstand schon immer überboten zugunsten des konkreten Unterschiedes zwischen Glaube und Geglaubtem, zwischen Glaube und Gott. Und der konkrete Unterschied besteht darin, daß der Glaube nichts für sich selbst sein will. Er kommt nicht auf sich selbst zurück, sondern bleibt bei dem Geglaubten. Das Denken hingegen kommt, indem es zu seiner Sache kommt, zugleich stets auf sich selber zurück: Es ist wesentlich Reflexion, ist eine reflexe Weise des Mitgenommenseins. Im Akt der Reflexion verhält sich das Ich zu der Tatsache, daß es mitgenommen ist, selbständig.

Nachdenken ist dann allerdings – so, wie Glaube ein ursprünglicher Akt der Selbstbestimmung ist – das genaue Gegenteil eines »Denkens«, das sich der Anstrengung *eigenen* Denkens enthoben weiß und nur noch »denkt«, was ihm andere vorgedacht haben. Denken ist nie Imitation. Dasjenige Nachdenken, das Gott nachzudenken sich verpflichtet weiß, ist immer das eigene Gehen eines Weges. Deshalb glaubt das Denken dem Gedachten nicht. Es muß als Denken immer wieder selbst anfangen und wünscht auch seine eigenen Gedanken nur durch eigenes Denken anderer beurteilt zu sehen. Nachdenken heißt also nicht einem Vorgedachten Glauben schenken. Nachgedacht wird nicht einem Vorgedachten und überhaupt keinem Gedachten. Nachgedacht wird vielmehr einem *Sein*, das als solches ein zu Denkendes, ja das eigentlich zu Denkende ist und bleibt: das Sein Gottes. Insofern dieses Sein Gottes auf allen Wegen zu sich selbst *im Kommen* ist, ist gerade das nachdenkende Denken ein sich auf den Weg in die Zukunft begebendes, ein im Denkakt Zukunft beanspruchendes Denken. Denken heißt: die Vernunft durch den Rückgang in eine von ihr nicht bewirkte Herkunft auf Zukunft hin in Bewegung setzen, so daß sie die Bewegung des Um-sich-selber-Kreisens verläßt. Auf Zukunft hin wird die Vernunft aber nur dann in Bewegung gesetzt, wenn ihr etwas vorausgegangen ist, dem es nachzudenken gilt.

Theologie ist als solches Nachdenken also in einem sehr strengen Sinn »theologia in via«, wie es bei den altprotestantischen Vätern heißt. Sie ist »theologia in via« aber nicht nur deshalb, weil die Menschen eben »noch« viatores sind, sondern weil Denken als solches unterwegs ist, wenn es nachdenkt. Es ist unerläßlich, daß ein Denken, das sich anschickt, Gott denken zu lernen, zwar keinen *anderen* Weg gehen kann als Gottes Weg, mithin den Weg der Offenbarung, diesen aber durchaus als eigenen Gang zu gehen hat: den Seinsweg als Denkweg. Denn auch das gehört zum wahren Wesen des Wortes: Nachfolge nur als einen von jedem Nachfolgenden selbst zu gehenden Gang möglich werden zu lassen. Ein wahres Wort lehrt und ermöglicht stets, den fremden Weg als unseren eigenen Gang zu gehen.

13. Auf diesem Gang wird jeder seine *eigenen Erfahrungen* machen. Geht es um Gott, so kann Erfahrung niemals ausgeschaltet sein. Sie kann dann aber auch nicht als programmiert gelten. Der Glaube weist zwar keine Erfahrung ab, die schon gemacht ist. Aber er ist nicht deshalb erfahrungsbezogen, weil er sich sozusagen erst vollsaugen müßte mit Erfahrung, sondern weil er als solcher schon immer voller Erfahrung ist. Gerade deshalb wird er sich für eigene und neue Erfahrung offenhalten, und zwar durchaus auch für eigene und neue Welterfahrung. Ist doch der Glaube nicht einfach eine fixierbare Erfahrung unter anderen, sondern die verwirklichte Bereitschaft, mit der Erfahrung selber neue Erfahrungen zu machen, so daß man ihn regelrecht als *eine Erfahrung mit der Erfahrung* zu definieren hat.

Diese Erfahrung mit der Erfahrung auf den Begriff zu bringen, ist Aufgabe der Bewegung des Denkens. Es wird dabei allerdings die Bewegungsrichtung des Glaubens an der des Wortes Gottes messen. Denn Erfahrungen haben die Neigung, sich absolut zu setzen. Dann bedrohen sie die Reinheit des Glaubens. Der Glaube ist gerade von mancher seiner besten Erfahrungen am ärgsten bedroht worden. Deshalb erwächst dem Glauben und seiner Erfahrungskraft im theologischen Denken eine unentbehrliche *kritische* Instanz. Während nämlich der Glaube immer nur auf das Wort Gottes antworten kann, also nur die *Bezogenheit* des Menschen auf Gott zu vollziehen vermag, muß das seinen Weg gehende Denken sich von diesem *existentiellen* Vollzug jener Bezogenheit insofern unterscheiden, als es auch das Woher dieser Bezogenheit, nämlich Gottes Sich-in-Beziehung-Setzen-zu-uns und also die Bewegung des Wortes Gottes selber zu begreifen hat. Weil das Denken den Anspruch des Existentiellen[24] bewußt sistiert, kann es ohne Anmaßung tun, was es tun muß, wenn es durch Vermittlung des Glaubens Gott in seinem Wort nachdenken soll. –

Was zum Problem der Denkbarkeit Gottes nun noch vorzutragen ist, kann – das dürfte nach dem bisher Ausgeführten hinreichend klar geworden sein – nicht schon selber das Ergebnis des Denkens sein, das Gott nachdenkt. Es ist allenfalls dessen Anfang, nämlich eine Skizze der Aporien und Aufgaben, die die Analyse der Krise des metaphy-

---

[24] Vgl. oben S. 71 f., Anm. 18.

3.2 Das Wort als Ort der Denkbarkeit Gottes

sischen Gottesgedankens in der Neuzeit hat erkennen lassen. Dabei ist dann allerdings – auch das dürfte nunmehr hinreichend klar geworden sein – das zuvor über das Wort Gottes als Ort der Denkbarkeit Gottes Gesagte so einzubringen, daß es für die Formulierung der Erfordernisse, vor die das Problem der Denkbarkeit Gottes die Theologie stellt, bestimmend wird.

Im Gegenzug zu der die Gottesgewißheit am Ende zersetzenden Sicherstellung Gottes durch das »Ich denke« werden wir dabei zuerst die Gewißheit des Glaubens als Entsicherung (§ 12) auslegen. Dem »Ich denke« ist das »Ich glaube« so entgegenzusetzen, daß gerade nicht das *Ich* über das entscheidet, was *Glauben* heißt. Daß die bloße Ersetzung eines das Denken begründenden Ich durch ein Glauben begründendes Ich nicht zur Denkbarkeit Gottes verhilft, dürfte aufgrund des in den vorangegangenen Paragraphen Erörterten nun von selbst einleuchten. Man wird deshalb gut daran tun, dem »Ich denke« gar nicht erst ein »Ich glaube« formelhaft entgegenzusetzen, obwohl es durchaus um die Gewißheit des Glaubens und insofern also auch um ein »Ich glaube« geht. Doch es dürfte in diesem Zusammenhang von nicht zu unterschätzender Bedeutung sein, wenn das Neue Testament ein »Ich glaube« eigentlich nur so kennt, daß es von einem »Wir glauben« muß begleitet werden können. Darin deutet sich schon an, daß das Ich jedenfalls als Ort einer Selbstbegründung des Glaubens nicht in Betracht kommen kann. Ebensowenig kann freilich ein »Wir glauben« so etwas wie eine Selbstbegründung des Glaubens leisten. Glauben schließt vielmehr Selbstbegründung als sein Gegenteil von sich aus. Deshalb und nur deshalb kann die Gewißheit des Glaubens (im Gegenzug zum »Ich denke« als Vollzug der Selbstbegründung des Denkens) das Wort als den Ort der Denkbarkeit Gottes so zur Geltung bringen, daß es wieder zumutbar wird, Gott zu denken.

Wie Gott zu denken ist, läßt sich von der Einsicht her, daß Gott im Wort als Abwesender anwesend ist, genauer bestimmen. Kommt Gott im Wort zur Welt, dann wird im Gegensatz zum metaphysischen Gottesgedanken und der ihm eigenen Aporie der Absolutheit Gottes die Notwendigkeit und die Möglichkeit zu erörtern sein, Gott in Einheit mit der Vergänglichkeit zu denken (§ 13). Die Einheit Gottes mit der Vergänglichkeit wird sich dabei als die tiefste Begründung der Denkbarkeit Gottes erweisen. Was Nietzsche als furchtbare Hintergedanklichkeit eines Symbols anzeigen zu müssen meinte, ist die wahre Begründung der einzigen Möglichkeit, Gott zu denken: Gott am Kreuz.

3. Theologie als Wissenschaft

Leitfragen

1. Was sind für Jüngel die Probleme des metaphysischen Denkens und wie entgeht ihnen das theologische Denken Gottes?
2. Wie denkt Jüngel das Verhältnis von Glauben und Vernunft?
3. Inwiefern ist es für Jüngel möglich, Gott ohne einen existentiellen Glaubensbezug bzw. ohne eigene Glaubenserfahrungen angemessen zu denken?

Literatur

- H.-P. Grosshans, Das Apriori in der evangelischen Theologie, in: H.-P. Grosshans/M. Moxter/Ph. Stoellger (Hg.), Das Letzte – der Erste. Gott denken. Festschrift für Ingolf U. Dalferth zum 70. Geburtstag, Tübingen 2018, 127–140.
- M. Schulz, Metaphysikkritik und Neuzeitdeutung, in: D. Evers/M. Krüger (Hg.), Die Theologie Eberhard Jüngels. Kontexte, Themen, Perspektiven, Tübingen 2020, 77–82.
- L.-Ch. Krannich, »Erfahrung mit der Erfahrung«. Gottes Wort als Ereignis neuer Wirklichkeit, in: D. Evers/M. Krüger (Hg.), Die Theologie Eberhard Jüngels. Kontexte, Themen, Perspektiven, Tübingen 2020, 107–120.

4. Gottes Zur-Welt- und Zur-Sprache-Kommen

4.1 Das Evangelium als analoge Rede von Gott

Der folgende Auszug ist der gänzlich abgedruckte 18. Paragraf aus »Gott als Geheimnis der Welt«. Dieser ist Teil des vierten Abschnitts, der sich mit der Sagbarkeit Gottes beschäftigt (Abschnitt D): Wie, so fragt Jüngel, kann die Theologie von Gott reden, wenn sie doch nur menschliche Sprache zu Verfügung hat? Wird Gott dann nicht notwendigerweise vermenschlicht und der Unterschied zwischen Gott und Welt eingeebnet? Nicht unbedingt, so lautet der Einwand einer wirkmächtigen Tradition, nämlich der Tradition der negativen oder apophatischen Theologie. Man kann auch sprachlich die Unmöglichkeit ausdrücken, von etwas angemessen reden zu können. Auch die Notwendigkeit des Schweigens lässt sich mit Sprachformen zum Ausdruck bringen.

Jüngel hat sich in den vorherigen Paragrafen 15–17 von »Gott als Geheimnis der Welt« mit dieser Tradition ausführlich auseinandergesetzt. Er ist allerdings von ihren Grundeinsichten nicht überzeugt. Die verschiedenen Beiträge von Platon, Dionysios Areopagita, Johannes Damascenus, Thomas von Aquin, Immanuel Kant und Erich Przywara werden insgesamt als eine einheitliche Kontrastfolie skizziert, vor deren Hintergrund Jüngel dann einen alternativen Ansatz präsentiert. Dafür widmet sich Jüngel der Thematik der Analogie bzw. Entsprechung. Weil die Theologie nun einmal nur menschliche Sprache verwenden kann, muss sie auf die Figur der Analogie zurückgreifen. Damit ist aber noch nicht geklärt, welches Verständnis von Analogie angemessen ist. Während Jüngel der negativen Theologie eine Nähe zur analogia entis attestiert und diese problematisiert, will er selbst ein anderes Verständnis von Analogie entwickeln. Paragraf 18 beginnt dementsprechend mit einer Problembestimmung der analogia entis. Daran schließt sich Jüngels alternatives Analogieverständnis als »Analogie des Advent« an. Abschließend erfolgt eine umfassende sprachhermeneutische Vertiefung seiner Analogie, in der er auf seine früheren Untersuchungen zu den Sprachformen des Gleichnisses und der Metapher zurückgreift und diese prägnant zusammenfasst: die Untersuchungen der jesuanischen Gleichnisse, die Gegenstand seiner Dissertation »Paulus und Jesus« waren und die Überlegun-

4. Gottes Zur-Welt- und Zur-Sprache-Kommen

gen zur Metapher, die in dem umfangreichen Aufsatz »Metaphorische Wahrheit« festgehalten wurden.

Jüngels Wertschätzung der Sprache ist der Grund, warum er in der Forschung oft der Hermeneutischen Theologie zugeordnet wird – auch wenn Jüngel sich selbst nirgends dieser theologischen Richtung explizit zugewiesen hat. Die Hermeneutische Theologie zielt in der Tradition Rudolf Bultmanns vor allem auf ein (Selbst-)Verstehen und bedient sich dabei der Philosophie des späten Martin Heideggers, der die Sprachlichkeit allen Verstehens in den Vordergrund rückte. Die Vertreter der älteren Hermeneutischen Theologie – neben Jüngel sind das Ernst Fuchs und Gerhard Ebeling – verstehen Gott dabei als einen Redenden, der sich selbst sprachlich mitteilt, und die Sprache als Ort, an dem Offenbarung geschieht. Doch Jüngel will gleichzeitig die Unterscheidung von Gott und menschlicher Sprache beibehalten: Menschliche Sprache muss von Gott erobert werden – andernfalls würde Gott in sprachliche Vollzüge aufgelöst. Hier zeigt sich noch der Einfluss von Karl Barth. Nicht zu Unrecht ist seinem Programm insgesamt ein »hermeneutischer Barthianismus« (Jan Rohls) unterstellt worden. Wie Jüngel diese Positionen miteinander verbindet und wie die metaphorisch und gleichnistheoretisch angereicherte Analogie des Advent eine Alternative zum Analogieverständnis der negativen Theologie darstellt, wird in dem folgenden Auszug deutlich.

Das Evangelium als analoge Rede von Gott

1. Wenn menschliche Rede von Gott diesem entsprechen soll, muß sie Gott analog sein. Die Theologie hat deshalb der Analogie konzentrierteste Aufmerksamkeit zuzuwenden. Die Meinung, man könne sich dem mit dem Stichwort Analogie gekennzeichneten Problem entziehen und gleichwohl eine Gott angemessene Rede von einer Freilegung der Bedingungen ihrer Möglichkeit her theologisch begründen, ist gedankenlos. Ohne Analogie käme es zu keiner verantwortlichen Rede von Gott. Jede Gott entsprechende sprachliche Verlautbarung bewegt sich immer schon im Horizont dessen, was durch Analogie ermöglicht wird. Und selbst ein Gott entsprechendes Schweigen könnte nur, wie wir sahen, durch eine Analogie ermöglicht werden, die im Verstummen zum Ziel kommt.

Indessen, die Unentbehrlichkeit der Analogie für jede gründliche Theologie und die Unausweichlichkeit der theologischen Beschäftigung mit ihr kann und darf doch nicht darüber hinwegtäuschen, daß dabei immer auch zur Entscheidung steht, was im Horizont der Theologie als Analogie in Frage kommt. Daß es verschiedene Modelle des Analogen gibt, haben wir uns in Erinnerung gerufen. Zur Entscheidung steht nun, was die Analogie zur Analogie *des Glaubens* (analogia fidei) macht. Und zur Entscheidung steht damit, welchen *theologischen* Gebrauch wir von der Analogie zu machen haben, damit von menschlichen Worten mit Fug und Recht behauptet werden kann: sie entsprechen Gott. Die Analogie ist nicht zufällig theologisch umstritten.

Allerdings ist der Streit um die Analogie von seiten der neueren evangelischen Theologie in der Regel mit erstaunlichem Unverstand und mit erschreckender Leichtfertigkeit geführt worden. Der Mangel an Problembewußtsein im Streit um die Analogie steht dem Fehlen jeglichen Bewußtseins für die Notwendigkeit der Analogie und des Streites um ihren rechten Gebrauch kaum nach. Das Verwirrende in jenem Streit besteht darin, daß von seiten evangelischer Theologen an der als genuin katholisch geltenden Lehre von der sogenannten analogia entis in der Regel genau das beanstandet wurde, wogegen diese Lehre sich doch selber richtete. Mit einer kaum zu erschütternden Unbeirrbarkeit hat man gegen den unter dem Namen analogia entis bekannten theologischen Analogie-Gedanken eingewendet, daß unter Voraussetzung dieses Gedankens Gott, Welt und Mensch, beziehungsweise Schöpfer, Schöpfung und Geschöpf zu einem Seinszusammenhang zusammengefügt würden, der es dann wiederum erlaube, Gott aus der Hinordnung der geschaffenen Welt zu ihm zu begreifen. Die sich als Gleichnis Gottes verstehende Kreatur verstehe zugleich umgekehrt Gott nach dem Bilde der Geschöpfe und verfalle damit genau jener Gottlosigkeit, die Paulus Röm 1,23 angegriffen habe. Die analogia entis als Griff nach Gott – das war das Schreckgespenst, das in der evangelischen Theologie umging und gegen das man dem Menschen im Namen Gottes ins Bewußtsein rufen zu müssen meinte: Du gleichst dem Geist, den du begreifst, nicht mir! In ihrer Unbeirrbarkeit wurde die protestantische Polemik bestärkt durch Karl Barths lapidare Feststellung, er »halte die *analogia entis* für *die* Erfindung des Antichrist und denke, daß man *ihretwegen nicht* katholisch werden kann«[1]. Die Bemerkung wurde viel zitiert, doch wenig verstanden. Ihrem Verständnis standen freilich Äußerungen von Barth selbst so sehr im Wege[2], daß auch in der Schule Barths die Wandlung seiner Auffassungen verborgen blieb, die gerade durch seine Entdeckung der Analogie des Glaubens als Bedingung der Möglichkeit rechter Rede von Gott bewirkt worden war. »Wir brauchen sie, wir brauchen sie auf der ganzen Linie« – erklärte er später einmal mündlich im Blick auf die Analogie. Dabei hielt er jedoch an seiner Ablehnung der sogenannten analogia entis fest. Allerdings war sein Einwand längst nicht mehr von der Sorge bestimmt, man wolle mit Hilfe der sogenannten analogia entis die mit dem Stichwort des ganz Anderen beschworene

---

[1] KD I/1, VIII. Im Unterschied zur opinio communis in der protestantischen Literatur hat neuerdings *E. Mechels* die Intention dessen zur Geltung gebracht, was analogia entis im Sinne *E. Przywaras* besagt (Analogie bei Erich Przywara und Karl Barth. Das Verhältnis von Offenbarungstheologie und Metaphysik, 1974). Dort finden sich auch Auseinandersetzungen mit der einschlägigen protestantischen Literatur – leider etwas reichlich schematisierend. Die dort auch gegen meine Arbeiten zum Problem zu lesenden Aufstellungen haben mich so wenig beeindruckt, daß ich sie hier gern vernachlässige.

[2] Zur Kritik an Barths Mißverständnis der analogia entis vgl. *H. U. v. Balthasar*, Karl Barth. Darstellung und Deutung seiner Theologie, 1962², 175 ff. und *B. Gertz*, Glaubenswelt als Analogie. Die theologische Analogie-Lehre Erich Przywaras und ihr Ort in der Auseinandersetzung um die analogia fidei, 1969, 251 ff. Gertz (259) faßt seine Kritik mit von Balthasars Urteil (269) zusammen: »Von dem Schreckgespenst der analogia entis, das Barth daraus machte, ist bei ihm (Przywara) schlechterdings nichts zu finden.«

4.1 Das Evangelium als analoge Rede von Gott

qualitativ unendliche Kluft zwischen Gott und Mensch prometheisch übersteigen, ja man müsse dies dann geradezu wollen. Das war die Sorge des »dialektischen« Barth, die sich jedoch während der Arbeit an der Kirchlichen Dogmatik verwandelte. Zwar blieb Barth auf den Unterschied zwischen Gott und Mensch bedacht wie nur selten ein Theologe seit Luther. Aber im Unterschied zur üblichen protestantischen Polemik befürchtete der »späte« Barth, die sogenannte analogia entis verfehle die Differenz von Gott und Mensch, indem sie Gottes *Nähe* übergehe[3]. Und damit ist in der Tat die wirkliche Aporie des zuvor in Erinnerung gerufenen Gebrauchs der Analogie in den Blick geraten.

Die theologische Aporie, in die die klassische Gestalt der Analogielehre führt, wurde in der Philosophie Kants als die eigentliche Leistung dieser Analogielehre sichtbar. Die von Kant für die Rede von Gott bemühte »Erkenntnis nach der Analogie« setzt die Analogie als ein Mittel zur näheren Bestimmung der sonst leer bleibenden Gottesidee an. Dabei gilt das zu erkennende X als ein Unbekanntes. Erst mit Hilfe der Gedankenbestimmung nach der Analogie wird es zur Sprache gebracht. Dies aber so, daß die solchermaßen zustandekommende Rede von Gott nur als uneigentliche gerechtfertigt ist. Der zunächst als unerreichbar geltende Gott, für den auch das Wort »Gott« nur als Umschreibung eines X in Frage kommt, wird mit Hilfe der Analogie nur gerade so weit zur Sprache gebracht, daß ein Verhältnis von ihm zur Welt aussagbar wird, ohne daß dieses Verhältnis als Aussage über Gottes Sein in Betracht kommt. *Daß Gott selbst sich in diesem Verhältnis verhält, und zwar zu sich selbst und so zugleich zur Welt, bleibt undenkbar.* Und deshalb bleibt die durch die »Erkenntnis nach der Analogie« ermöglichte Rede von Gott im Grunde eine sprachliche Zutat, die nur insoweit unentbehrlich ist, als sich die Objekte von Gedanken *bestimmen* lassen müssen. Was dabei formulierbar wird, ist die Erkenntnis der Unerkennbarkeit Gottes. Um Gottes Unerkennbarkeit zu erkennen, muß ja in der Tat etwas von Gott gesagt werden. Wäre auch dies nicht möglich, so ließe sich nicht einmal die Unerkennbarkeit Gottes erkennen. Es käme zu überhaupt keiner Erkenntnis. Die Analogie dient hier also dazu, den unerkennbaren Gott in seiner Unerkennbarkeit zur Sprache zu bringen. Und sie tut das, indem sie ihn als X zur Summe alles dessen, was der Fall ist, in ein Verhältnis setzt,

---

[3] Vgl. *E Jüngel*, Die Möglichkeit theologischer Anthropologie auf dem Grunde der Analogie, EvTh 22, 1962, 535 ff.

4. Gottes Zur-Welt- und Zur-Sprache-Kommen

das einem Verhältnis innerhalb der Summe alles dessen, was der Fall ist, gleicht: $x:a = b:c$. Gott bleibt unverfügbar, bleibt jedem Zugriff und ebenso einem ihn definierenden Begriff entzogen. Alle Rede von ihm hat letztlich keinen anderen Sinn, als sein Geheimnis zu wahren. Und das so verstandene Geheimnis läßt von sich selbst nicht mehr erkennen als dies, daß es ein Geheimnis ist.

Die in der Regel gegen diese Lehre von der Analogie erhobenen theologischen Einwände verfehlen die Pointe der sogenannten analogia entis durchaus. Denn dieser Gebrauch der Analogie gilt vor allem der Unverfügbarkeit Gottes, gilt ihr nur allzusehr. Als ihr Grundgesetz wurde von Erich Przywara im Anschluß an das vierte Laterankonzil mit unüberbietbarer Prägnanz der Rhythmus einer »je immer größeren Unähnlichkeit in noch so großer Ähnlichkeit« zwischen Gott und dem geschaffenen Seienden angegeben[4]. Und unter Berufung auf Augustin[5] wird demgemäß folgerichtig behauptet, daß gerade »in der Analogie als ›Analogie der immer größeren Unähnlichkeit‹ der Gott mächtig ist und Sich kundtut, der ›nicht Gott ist, wenn du Ihn begreifst‹«[6].

Die von Przywara als Struktur der Analogie behauptete »je immer größere Unähnlichkeit inmitten noch so großer Ähnlichkeit« ist der Sache nach auch bei Kant vorausgesetzt, insofern bei der »vollkommne[n] Ähnlichkeit zweener Verhältnisse zwischen ganz unähnlichen Dingen«[7] die (vollkommen ähnlichen) Relationen nichts für sich sind, so daß das Verhältnis als ens minimum zu begreifen ist, demgegenüber die (vollkommen unähnlichen) Dinge etwas für sich selbst sind und insofern einen eigenen und deshalb höheren Seinswert als das ens minimum haben. Entsprechend wird die angebbare vollkommene Ähnlichkeit der Relationen von einer immer noch größeren Unähnlichkeit der Relata übertroffen. Und während drei die-

---

[4] Denz. 806: »... quia inter creatorem et creaturam non potest similitudo notari, quin inter eos maior sit dissimilitudo notanda.«

[5] *Augustin*, Sermo 117, 3, 5, MPL 38, 663: »De Deo loquimur, quid mirum, si non comprehendis? Si enim comprehendis, non est Deus. Sit pia confessio ignorantiae magis quam temeraria professio scientiae. Attingere aliquantum mente Deum magna beatitudo est: comprehendere autem, omnino impossibile.«

[6] *E. Przywara*, Metaphysik, Religion, Analogie, in: Analogia entis, Schriften, Bd. 3, 1962, 334.

[7] *Kant*, Prolegomena zu einer jeden künftigen Metaphysik, die als Wissenschaft wird auftreten können, Werke in sechs Bänden, hg. von *W. Weischedel*, Bd. 3, 1966², 233 (A 176).

ser Relata als bekannt vorausgesetzt werden dürfen, wird das vierte nur gerade als unbekanntes bekannt. Die als Mittel der Erkenntnis angesetzte Analogie läßt jedes der vier Relata für sich selbst sein, so daß die Relationen ihnen völlig äußerlich bleiben. Auch das Abhängigkeitsverhältnis der analogia attributionis wird innerhalb der analogia proportionalitatis nicht so zum Zuge gebracht, daß gegenüber den sich zueinander verhaltenden Relata die Analogie selbst als ein Neues erscheinen und die Relata neu bestimmen könnte. Das den Relata äußerliche Relationengefüge bestimmt die Analogie, nicht aber bestimmt die Analogie als dieses Relationengefüge die Relata, so daß es durch die Analogie zu einem *neuen Sein* käme. Deshalb ist diese Analogie (in sprachlicher Hinsicht) ausschließlich eine analogia nominum: die Relata kommen sprachlich nur hinsichtlich ihrer Benennung in Betracht. Die dem Erkennen nachgeordnete Sprache ist wesentlich benennende, signa auf res beziehende Sprache, in der Bedeutung sich in Bezeichnung erschöpft. Sprachlich sind in dieser als Erkenntnismittel angesetzten Analogie nur die Relata, nicht aber die Relationen. Das, was in der proportionalen Zuordnung $x:a = b:c$ als *Entsprechung* waltet, ist selber als *unsprachlich* vorausgesetzt.

Die so genommene Analogie hat zweifellos den Vorzug, die gründlichste *Verhinderung* eines Gott, Mensch und Welt zusammenzwingenden geschlossenen Systems zu sein. Als »schwingende Mitte« zwischen Schöpfer und geschaffenem Seienden rottet sie jede deduktive oder induktive Ableitung des Einen aus dem Anderen von der Wurzel her aus. Aber auch die Vermittlung von Schöpfer und Geschöpf zu einem versöhnenden Dritten bleibt durch die sogenannte analogia entis und die ihr inhärierende analogia nominum ausgeschlossen[8]. Als »durchgehende Struktur eines rein frei Faktischen«[9] ist sie Gralshüterin des Mysteriums, auf jeden Fall aber so ziemlich das Gegenteil dessen, was protestantische Polemik aus ihr gemacht hat.

Oft genug wird mit der protestantischen Polemik gegen die sogenannte analogia entis jedoch auch der genuin evangelische Ansatz theologischen Denkens überhaupt verfehlt. Dies allerdings nicht deshalb, weil man gegen ein Analogieverständnis streitet, das man nicht verstanden hat, sondern weil man vielmehr nur zu sehr in dieselbe Richtung denkt wie der Gegner, den man vermeintlich bekämpft.

---
[8] *E. Przywara* hat darauf noch einmal in seinen »Stellungnahmen zur Zeit« nachdrücklich hingewiesen. Vgl. In und Gegen, 1955, 279 f.
[9] *E. Przywara*, ebd.

4. Gottes Zur-Welt- und Zur-Sprache-Kommen

Ginge es nur darum, Gott als den ganz Anderen zu respektieren – nichts wäre besser geeignet, dies denkend zu leisten, als die vielgeschmähte analogia entis. Aber eben darum kann es einer dem Evangelium entsprechenden Theologie letztlich nicht gehen. Der große Przywara hat denn auch – in einer gewissen Spannung zum Gefälle seiner Argumentation – darauf bestanden, daß die je neue Erfahrung noch so großer Ähnlichkeiten zwischen Gott und Geschöpf nicht ausbleiben darf. »Es gibt nur den je neuen Rhythmus, in dem die ›noch so große Ähnlichkeit‹ ... radikal aufgebrochen wird in das radikal Übersteigende einer ›je immer größeren Unähnlichkeit‹ des ›Gott, der über allem ist, was gedacht werden kann‹, – aber so, daß auch und grade diese ›je immer größere Unähnlichkeit‹ nicht in ein alogisch logisches Prinzip eines absolut ›ganz Andern‹ hinein umgreifbar ist, sondern den erfahrenden und denkenden Menschen jeweils neu aus ›schwindelnden Höhen‹ hinunter-weist in eine je neue Erfahrung ›noch so großer Ähnlichkeiten‹ im (auch religiös und theologisch) ›fruchtbaren Bathos der Erfahrung‹.«[10] Daß der Mensch hinuntergewiesen werde in eine je neue Erfahrung der Ähnlichkeit Gottes mit uns, ohne in solchem Hinuntergewiesenwerden um ein Höheres betrogen zu werden – das ist allerdings die Funktion einer κατὰ τὸ εὐαγγέλιον waltenden ἀναλογία. Was Przywara gleichsam hinzufügt, hätte Grund und Ansatz theologischer Analogielehre zu sein. Bei Przywara ist die »je neue Erfahrung ›noch so großer Ähnlichkeiten‹« bezeichnenderweise nur ein Moment im Rhythmus jener »schwingenden Mitte«, das sofort und wesenhaft durch die »je immer größere Distanz« durchkreuzt wird. Die so verstandene Analogie kommt als Schwebe zu keinem Schluß. Ihr Stigma ist die zu *keinem* Ende kommende augustinische »Unruhe zu Gott«, ihr Symbol die Ursprung und je neues Werden in sich bergende – *Nacht*[11].

In Absetzung davon gilt es, ein Analogieverständnis im Lichte des Evangeliums zu entwickeln, dessen Metapher – »All Morgen ist ganz frisch und neu ...«! – das aufgehende Licht des neuen Tages wäre: das Licht, in dem die Eule der Minerva der Taube des Heiligen Gei-

---

[10] AaO. 280.

[11] So mündet nach *Przywara* »das Geheimnis Gottes in Christo in das Eine Wort, das ausgesprochen oder nicht ausgesprochen durch die Offenbarung hindurchgeht: *Nacht*« (Evangelium. Christentum gemäß der Offenbarung, Bd. 1: Christentum gemäß Johannes, 1954, 286). Auf den Einfluß, den J. Görres (auch) auf Przywaras theologische Rezeption der Metapher »Nacht« gehabt hat, hat *B. Gertz* (aaO. 108) hingewiesen.

stes weicht. Es gilt, die Analogie als ein Geschehen zu begreifen, das das Eine (x) zum Anderen (a) – mit Hilfe der Beziehung eines weiteren Anderen (b) zu einem nochmals Anderen (c) – *kommen* läßt. Es geht um eine *Analogie des Advent*, die die Ankunft Gottes beim Menschen als ein definitives Geschehen zur Sprache bringt. Wenn aber die Analogie *Gott* als eines ihrer Glieder (x : a = b : c) enthält, dann erscheint aufgrund des Verhältnisses Gottes (x) zur Welt (a) das diesem Verhältnis entsprechende Weltverhältnis (b : c) in einem ganz und gar *neuen*, in einem dieses Weltverhältnis selbst *neu machenden*, in einem eschatologischen Licht. Das Weltverhältnis (b : c), das von sich aus schlechterdings keinen Hinweis auf Gott zu geben vermag, beginnt dann für Gott zu sprechen: nicht als durch Gott in ihre eigene Höchstform gebrachte, perfekt gemachte natura, sondern als eine im Dienst eines Selbstverständlicheren redende weltliche Selbstverständlichkeit und insofern als ein aufgrund jenes es beleuchtenden neuen Lichts von innen heraus neuer Fall. Der zur Welt kommende Gott (x → a) bedient sich des Selbstverständlichen dieser Welt so, daß er sich als der ihm gegenüber Selbstverständlichere erweist. Daß man für den Mehrwert eines im Acker gefundenen Schatzes alles hingibt, um eben diesen Mehrwert zu erwerben, ist selbstverständlich. Diese Selbstverständlichkeit erscheint aber in einem völlig neuen Licht, wenn sie als Gleichnis für die sich finden lassende Gottesherrschaft zur Sprache kommt. Denn dann rückt ja auch der Schatz im Acker in die Reihe dessen ein, demgegenüber der zu findende beziehungsweise gefundene Gott der Mehrwert ist. Das kann aber wiederum nur erfahren werden, wenn Gott die weltliche Selbstverständlichkeit (b:c) sozusagen erobert und sich in ihr und mit ihrer Hilfe als der Selbstverständlichere durchsetzt, wenn also von b:c so *erzählt* wird, daß es dem Verhältnis Gottes zur Welt (x → a) *entspricht* und Gott eben dadurch aufhört, unbekannt (x) zu sein. Im Ereignis der Analogie x → a = b : c hört Gott gerade auf, x zu sein. Er stellt sich vor, indem er ankommt. Und dieses sein Ankommen gehört selbst zu seinem Sein, das er ankommend offenbart[12]. Dies ist aber nur möglich, wenn diese Ankunft selber bereits

---

[12] Von der so – als Analogie des Advent – verstandenen analogia fidei gilt folglich nicht, was *M. Heidegger* (Schellings Abhandlung Über das Wesen der menschlichen Freiheit [1809], 1971, 233) im Blick auf die Analogie des Seienden bemerkt:»Das Seiende ›entspricht‹, leistet in dem, was und wie es ist, Folge, fügt sich unter die beherrschende Ursache als Verursachtes ... *Die Analogie gehört zur Metaphysik*, und zwar in dem doppelten Sinne:
1. daß das Seiende selbst dem höchsten Seienden ›entspricht‹,

als ein Zur-Sprache-Kommen sich vollzieht, so daß in einer solchen Analogie nicht nur die Relata, sondern gerade auch ihre Verhältnisse zueinander und deren Entsprechung an sich selbst sprachlich sind. Kurz: es gilt, das Evangelium als Ereignis der Entsprechung zu verstehen.

Der Maßstab dessen, was als Analogie oder Entsprechung in Frage kommt, wenn das Evangelium als Entsprechung verstanden werden soll, kann dann allerdings nur dasjenige Geschehen sein, von dem das Evangelium redet. Die formale Struktur der Analogie, die als hermeneutische Ermöglichung und als ontologische Freigabe Gott entsprechender Rede von Gott in Frage kommt, läßt sich nicht aus allgemeinen Prinzipien – wie etwa dem Widerspruchsprinzip – herleiten, sondern nur aufgrund einer Analyse schon geschehener Rede von Gott freilegen. Dabei ist der Anspruch solcher Rede, Gott zu entsprechen, im Sinne einer Hypothese vorauszusetzen. Die Verifikation des Anspruches selbst kann ohnehin nicht Aufgabe wissenschaftlicher Theologie sein. Wohl aber ist es Aufgabe der Theologie, die Bedingungen zu nennen, unter denen ein solcher Anspruch überhaupt nur sinnvoll sein kann. Diese Bedingungen sind jedoch dem Zusammenhang zu entnehmen, auf den sich jener Anspruch bezieht. Methodisch ist also aus der materialen Eigenart christlicher Rede von Gott das formale Strukturgesetz freizulegen, dem nach dem Anspruch dieser Rede alle Gott entsprechende Rede zu genügen hat[13].

---

2. daß auf Entsprechungen hin. Ähnlichkeiten, Allgemeinheiten gedacht und erklärt wird.

Wo dagegen vom Seyn selbst aus gedacht wird, hat die Analogie keinen Anhalt mehr.« Wo von Gott her gedacht wird, entsteht demgegenüber ein ganz neues Verständnis von Analogie, das den Begriff des »höchsten Seienden« liquidiert.

[13] Es ist einer Anmerkung wert, vorsorglich darauf aufmerksam zu machen, daß mit dieser Methode keineswegs allen Fragestellungen genügt werden kann, die sich im Zusammenhang des Anspruches menschlicher Rede, Gott zu entsprechen, einstellen. Was Schleiermacher etwa in den seiner Glaubenslehre vorangestellten Lehnsätzen zur Verhandlung gebracht hat, aber auch vieles von dem, was heute – wenn auch nicht selten etwas reichlich tumultuarisch – an »wissenschaftstheoretischen« Problemen im Blick auf das Wort »Gott« zur Verhandlung gebracht wird, gewinnt vielmehr, wenn man sich auf die oben angegebene Methode einzulassen bereit ist, eine unbestreitbare Relevanz. Im derzeitigen theologischen Methodenstreit kann es also nicht etwa darum gehen, ganze Problemhorizonte der Rede von Gott methodisch – gar aus Borniertheit – auszublenden. Wohl aber geht es um eine hermeneutische Entscheidung darü-

2. Das Evangelium als Entsprechung zu verstehen, bedeutet zunächst, nach dem Geschehen zu fragen, von dem im Evangelium die Rede ist. Als Kurzformel für das, was εὐαγγέλιον ist, kann die paulinische Wendung λόγος τοῦ σταυροῦ gelten[14]. An der Rede vom Kreuzestod Jesu Christi scheiden sich nach Paulus nicht nur die Geister, sondern die Geschicke derer, die sie hören: »Denen, die verlorengehen, ist das Wort vom Kreuz Torheit; uns, die wir gerettet werden, ist es Kraftakt Gottes« (1 Kor 1,18). Die den Kreuzestod Jesu Christi zur Sprache bringende Rede von Gott wird hier in ihrer Seinsweise als Rede in das Geschehen einbezogen, von dem sie redet. Der Ereignischarakter dieses Geschehens, seine δύναμις, teilt sich der Sprache mit, die davon redet. In der Mitteilung über den Sachverhalt wird über diesen nicht nur informiert. Der Sachverhalt teilt sich so mit, daß zwischen ihm und der Rede von ihm nur durch eine Abstraktion unterschieden werden kann. Was im »Wort vom Kreuz« zur Sprache kommt, ist folglich selber schon voller Sprachbezug.

Paulus bringt diesen theologisch und hermeneutisch gleichermaßen bedeutsamen Sachverhalt 2 Kor 1,18–21 so zum Ausdruck, daß er die menschliche Rede des Apostels in ihrem Bezug von Sprecher und Hörer (ὁ λόγος ἡμῶν ὁ πρὸς ὑμᾶς) und das, wovon die Rede ist, als einen einzigen Geschehenszusammenhang behauptet. Nicht zufällig wird dabei auch das, wovon die Rede ist, als ein sprachliches Geschehen bezeichnet. Paulus begründet seine Behauptung, daß die eigene apostolische Rede nicht »Ja und Nein« ist (V. 18f.), mit einem Rekurs auf das, wovon im apostolischen λόγος die Rede ist: der vom apostolischen Sprecher bei den korinthischen Hörern verkündigte Sohn Gottes Jesus Christus war nicht »Ja und Nein«, sondern ein eindeutiges »Ja« ist in ihm Ereignis geworden (V. 19). Ein »Ja« wird seinerseits gesprochen. Als Sprecher dieses »Ja« hat Gott zu gelten, so daß in der apostolischen Rede von Jesus Christus Gottes eigenes Wort – sein »Ja« – zur Sprache kommt und sich an die Hörer des Apostels

---
ber, von woher ein Problemhorizont sachgemäß eröffnet werden kann. Die in dieser Untersuchung befolgte Methode will ganz einfach derjenigen Zerstreutheit wehren, die die christliche Rede von Gott dadurch ernst zu nehmen versucht, daß sie das, wovon da die Rede ist, erst nachträglich ernst nimmt.

[14] Zur Parallelität von Evangelium (Röm 1,16f.) und Wort vom Kreuz (1 Kor 1,18) vgl. *H. Braun*, Exegetische Randglossen zum 1. Korintherbrief, in: Gesammelte Studien zum Neuen Testament und seiner Umwelt, 1962, 178–181; *E. Jüngel*, Paulus und Jesus. Eine Untersuchung zur Präzisierung der Frage nach dem Ursprung der Christologie, 1972[4], 30–32.

richtet. Der Unterschied zwischen dem apostolischen und dem göttlichen Wort besteht darin, daß der λόγος des Apostels nicht »Ja und Nein«, sondern eindeutig »Ja« *ist*, während Gottes Wort nicht als »Ja und Nein«, sondern eben eindeutig als »Ja« Ereignis *wurde* (V. 19). Die menschliche Rede zehrt in ihrem Gegenwartscharakter von der Definitivität des göttlichen Wortes. Für diese Definitivität steht der Name Jesu Christi als des Gekreuzigten gut. Denn in ihm sind alle Verheißungen Gottes »Ja«, so daß – wohl im Gebet – durch ihn die menschliche Rede zum »Amen« werden muß. Gerade in der menschlichen Bestätigung der Definitivität des göttlichen Wortes wird folglich Gott geehrt (V. 20).

Die Beobachtungen zu dem paulinischen Text 2 Kor 1,18–21 verwehren es, das göttliche »Ja«, von dem die Rede ist, als uneigentliche Ausdrucksweise zu nehmen. Allerdings wird in solcher Ausdrucksweise »übertragen« geredet. »Ja« ist ein menschliches Wort, das von Menschen zu Menschen gesprochen wird. Aber die Übertragung dieses Wortes auf ein Geschehen, in dem es von einem *göttlichen* Sprecher zu *menschlichen* Hörern gesprochen sein soll, läßt in diesem Fall zugleich die Ermöglichung und die Struktur solcher Übertragung erkennen. Der Apostel überträgt das Modell menschlicher Rede auf Gott, weil er die eigene apostolische Rede überhaupt nur als die Explikation eines in ihr zum Schluß kommenden göttlichen Urteils verstehen kann[15]. Der Übertragung des Modells menschlicher Rede auf Gott liegt die Gewißheit zugrunde, daß Gott sich gerade im Vollzug seiner Göttlichkeit zugleich als menschlich erwiesen hat. Ihn als einen Redenden zu denken, von ihm als einem Redenden zu reden, ist kein »dogmatischer Anthropomorphismus«, der Gott zu nahe träte, sondern eine Folge desjenigen *Ereignisses*, in dem Gott als Gott sprachlich zugänglich wird und das die Bibel *Offenbarung* nennt. In diesem Ereignis und als dieses vollzieht sich die Analogie des Glaubens, in der nicht etwa menschliche Worte Gott zu nahe treten, sondern Gott als Wort in menschlichen Worten Menschen nahe kommt.

3. Insofern in der evangelischen Rede Gott Menschen nahe kommt, vollzieht er die seiner Göttlichkeit eigene Menschlichkeit, um gerade

---

[15] Inwiefern der Schluß-Charakter des göttlichen Rechtfertigungsurteils einer sprachlogischen Eigenart überhaupt entspricht, wäre einer Untersuchung wert. Zum sprachlogischen Problem vgl. *Josef Simon*, Satz, Text und Diskurs in transzendentalphilosophischer und sprachlogischer Reflexion, in: Sprache und Begriff. Festschrift für Bruno Liebrucks, 1974, 212 ff.

4.1 Das Evangelium als analoge Rede von Gott

so den Unterschied zwischen der seiner Göttlichkeit eigenen Menschlichkeit und der Menschlichkeit des Menschen konkret werden zu lassen. Die Differenz von Gott und Mensch, die das Wesen des christlichen Glaubens konstituiert, ist demnach nicht die Differenz einer immer noch größeren Unähnlichkeit, sondern vielmehr umgekehrt die Differenz einer inmitten noch so großer Unähnlichkeit immer noch größeren Ähnlichkeit zwischen Gott und Mensch.

Diese hermeneutische These setzt allerdings immer schon das *Ereignis* voraus, in dem sich die so verstandene Analogie des Glaubens vollzog. Als den einmaligen, aber unüberbietbaren Fall sich inmitten noch so großer Unähnlichkeit ereignender immer noch größerer Ähnlichkeit zwischen Gott und Mensch bekennt der christliche Glaube die Menschwerdung Gottes, die Fleischwerdung des Wortes Gottes in Jesus Christus. An diesem Ereignis wird aber deutlich, daß die Differenz solcher immer noch größeren Ähnlichkeit nicht zur beziehungslosen Identität umschlägt. Daß die immer noch größere Ähnlichkeit zwischen Gott und Mensch vielmehr *Ereignis* bleibt und nur so wahr und wirklich ist, das ist das eigentliche Geheimnis Gottes, das in der diese Differenz ebenfalls wahrenden Identifizierung Gottes mit dem Menschen Jesus offenbar geworden ist. Mit diesem christologischen Identifikationsereignis ist eine Nähe von Gott und Mensch ausgesagt, die so etwas wie das »Resultat« einer jede Differenz aufhebenden Identität von Gott und Mensch von vornherein überbietet. Identität im Sinne der Aufhebung jeder Differenz kennt gerade keine Nähe. Sie wäre zwar das Ende einer zwischen den identisch gewordenen Größen ursprünglich waltenden Ferne. Aber sie wäre das Ende von Ferne ohne den Eintritt von Nähe. Identität als nähelose Beendigung von Ferne ist aber die Etablierung *absoluter* Entfernung. Zwei in diesem Sinne identisch gewordene Größen wären *absolut* voneinander entfernt. Demgegenüber ist als das Geheimnis des sich mit dem Menschen Jesus identifizierenden Gottes diejenige Steigerung von Ähnlichkeit und Nähe zwischen Gott und Mensch anzugeben, die *mehr als nur Identität* ist und gerade im Hinausgehen über das bloße Identischsein den *konkreten Unterschied* zwischen Gott und Mensch freigibt. In diesem und nur in diesem Sinn kann und muß das österliche Bekenntnis gewagt werden, daß Jesus Christus wahrer Gott und wahrer Mensch ist. Und im Sinne der inmitten noch so großer Unähnlichkeit immer noch größeren Ähnlichkeit zwischen Gott und Mensch kann und muß – von dem österlichen Kerygma her das Sein des Menschen Jesus verstehend – gesagt werden, daß der Mensch Jesus *das Gleichnis*

Gottes ist. Dieser christologische Satz hat als Grundsatz einer Hermeneutik der Sagbarkeit Gottes zu gelten. Er ist als solcher der Ansatz zu einer das Evangelium als Entsprechung zur Geltung bringenden Lehre von der Analogie.

4. Das Verständnis des Menschen Jesus als Gleichnis Gottes hat systematisch von der Einsicht auszugehen, die uns zu diesem christologischen Satz gelangen ließ. Diese Einsicht besagte, daß die Übertragung des Modells menschlicher Rede auf Gott in der Gewißheit eines in seiner Göttlichkeit menschlichen Gottes begründet ist. Gott ist als Redender denkbar, weil und insofern er an sich selber menschlich ist. Es verhält sich Gott zu seinem Wort nicht nur ähnlich wie der Mensch zu seinem Wort, sondern Gott verhält sich zu seinem Wort so, daß er sich dabei zugleich zum Menschen und in einer ganz bestimmten Weise zu dessen Verhältnis zu dessen eigenem Wort verhält. Die Analogie ist hier also auch in ihren Relationen sprachlich. Es geht nicht nur um eine Analogie der Benennungen aufgrund einer Analogie des Seienden. Das eigentlich Interessierende sind jetzt vielmehr die Relationen zwischen den zu benennenden beziehungsweise benannten Seienden. Sind diese Relationen an sich selber sprachlich, dann erscheinen die Benennungen als nur ein Moment eines Sprachzusammenhanges, der jedoch *primär verbal* bestimmt ist. Die Relationen *geschehen*, insofern in ihnen – und nicht nur in einer von beiden – Gott sich selber verhält. Die Relationen sind also nicht den Relata gegenüber äußerliche Verhältnisse, sondern *Vollzüge* eines sprachlichen Verhaltens, das die zueinander in Beziehung tretenden Relata in ein neues, ihr eigenes Sein zutiefst bestimmendes Verhältnis bringt. Die Analogie ist selber im eminenten Sinne ein *Sprachereignis*. Insofern sich in ihr dies ereignet, daß Gott sich zur Welt und zum Menschen in Beziehung setzt und so selber zur Sprache kommt, ist das Ereignis der Entsprechung menschlicher Rede zu Gott selbst allerdings kein der Sprache eigenes Vermögen, keine ihr eigene, sondern eine ihr eröffnete und zugemutete fremde Möglichkeit. Gott zu entsprechen ist der Sprache als solcher nicht möglich. Gott zu entsprechen ist eine der Sprache – freilich nicht zufällig eben der Sprache – von Gott zukommende Möglichkeit.

Es empfiehlt sich, diesen Sachverhalt an den Gleichnissen Jesu konkreter darzustellen. Eine Besinnung auf die Gleichnisse Jesu ist ohnehin unentbehrlich, wenn der christologische Satz, daß der Mensch Jesus das Gleichnis Gottes sei, nicht abstrakt bleiben soll. Denn die Entstehung des Bekenntnisses der entstehenden christlichen Gemein-

4.1 Das Evangelium als analoge Rede von Gott

den zum gekreuzigten Jesus als Gottes Sohn, das Paulus in dem zitierten Text 2 Kor 1,18 ff. als bekannt voraussetzt, ist ohne die Verkündigung des irdischen Jesus und ihre Folgen für die Person Jesu selbst überhaupt nicht denkbar. Der *Sohn* ist aber das *personale Gleichnis des Vaters*, er repräsentiert den Vater, so daß Bultmanns berühmte Frage, wie aus dem Verkündiger der Verkündigte wurde, auch so gestellt werden kann: wie kam es von den – für die Verkündigung Jesu repräsentativen – Gleichnissen Jesu zum Glauben an Jesus als das Gleichnis Gottes? Zur Beantwortung dieser Frage führt das Verständnis des Gleichnisses als Analogie. Wir kehren, um die Analogie-Struktur des Gleichnisses genauer zu erörtern, aus dem christologischen Zusammenhang noch einmal in die allgemeine hermeneutische Problematik zurück[16].

5. Das Gleichnis gilt als eine ausführliche Metapher beziehungsweise die Metapher als ein verkürztes Gleichnis. Der Unterschied besteht vor allem darin, daß das Gleichnis erzählt, während die Metapher die Erzählung in ein einziges Wort zusammenballt. Die Erzählstruktur ist aber auch der Metapher immanent, jedenfalls der als ἐπιφορὰ κατὰ τὸ ἀνάλογον verstandenen Metapher. Doch während die Metapher in der Weise einer *Benennung* Erzählung *impliziert* und insofern auf ein *bestimmtes Wort* aus ist, setzt das Gleichnis den Benennungsvorgang der Sprache schon immer voraus und ist vielmehr darauf aus, einen Vorgang, ein Geschehen durch sprachliche Bewegung eigens darzustellen[17].

Auf jeden Fall aber haben Metapher und Gleichnis dies gemeinsam, daß sie *anredende* Sprache sind. Was in der Weise der Metapher und des Gleichnisses *ausgesagt* wird, *spricht an*. Dies geschieht, weil

---

[16] Vgl. auch *G. Söhngen*, Analogie und Metapher. Kleine Philosophie und Theologie der Sprache, 1962.

[17] Dabei sind Metapher und Gleichnis alles andere als uneigentliche Redeweise. Die entgegengesetzte Vermutung, daß die Sprache ursprünglich durchgehend metaphorisch und gleichnishaft ist, dürfte treffender sein. Ja, es besteht Anlaß zu der Frage, was *Wahrheit* eigentlich anderes ist als die »Übertragung« des Seienden in die Sprache, die ihrerseits erst durch solche »Übertragung« konstituiert wird und deshalb den Vorgang des Übertragens als einen sprachlichen Grundvorgang in sich enthält und erhält. Die »Übertragungen« innerhalb der Sprache wären dann Erinnerungen an die »Übertragung« des Seienden in die Sprache, die dadurch allererst zu dem wird, was sie ist. Vgl. dazu meine Studie: Metaphorische Wahrheit. Erwägungen zur theologischen Relevanz der Metapher als Beitrag zur Hermeneutik einer narrativen Theologie, BhEvTh, 1974, 76 ff.

Metaphern und Gleichnisse vom gewöhnlichen Sprachgebrauch abweichen und eine sprachliche Erneuerung darstellen – wie die Sprache überhaupt wohl ihrerseits der gegenüber dem nichtsprachlichen Umgang mit dem Seienden schlechthin neue Gebrauch des Seienden ist, der dieses in einer qualitativ neuen Weise kommunikabel macht: *Sagen* zu können, was ein »Hammer« oder was »gerecht« ist, bedeutet eine neue Weise des Umgangs mit der Welt und miteinander. Insofern ist die Sprache der schlechthin neue Umgang mit dem Seienden, und in ihr sind Gleichnis und Metapher abermals eine Selbsterneuerung der Sprache. Das Neue aber spricht an.

Das gilt zunächst für den, der glückende Metaphern und gelingende Gleichnisse bildet. Das gilt aber auch und erst recht für die Beziehung entstehender und entstandener Metaphern und Gleichnisse zu den Hörern, die implizit beim sprachschöpferischen Akt des Bildens von Gleichnissen und Metaphern immer schon zur Stelle sind. Durch eine solchermaßen vom herrschenden Sprachgebrauch abweichende neue Redeweise wird die Aufmerksamkeit der Hörer geweckt und einigermaßen sicher auf das hin gelenkt, auf das es dem Redenden ankommt – vorausgesetzt, die Metapher beziehungsweise das Gleichnis gelingt. Aristoteles hat deshalb der metaphorischen Redeweise nachgerühmt, sie ermögliche ein leichtes Lernen[18]. Denn das Neue ist im Verhältnis zu dem schon Bekannten das bislang Abwesende, und zwar selbst dann, wenn es das unentdeckte Nächstliegende war. Die Menschen sind aber – sagt Aristoteles – Bewunderer des Abwesenden[19], so daß sie sich dem anscheinend weit Hergeholten leichter öffnen. Voraussetzung ist freilich, daß das Neue dem Gewohnten entgegenkommt, daß also die sprachliche Innovation sich mit dem bisher Gewohnten vereinen läßt. Dies ist dann der Fall, wenn zwischen dem Neuen und dem Üblichen eine Analogie waltet. Etwas *schlechthin Fremdes* spräche nicht an. Ansprechend ist vielmehr die das Unbekannte mit dem schon Bekannten, das Fremde mit dem Vertrauten, das Ferne mit dem Nahen, das Neue mit dem Alten vermittelnde Entsprechung. Ansprechend ist die Analogie. Sie bewirkt den Anredecharakter von Metapher und Gleichnis.

Das gilt nun aber nicht nur in der Beziehung auf die Hörer solcher Sprachvorgänge. Auch schon derjenige, der die Metapher prägt und das Gleichnis »erfindet«, muß von derselben Proportion angespro-

---

[18] Vgl. aaO. 94 f.
[19] Rhetorik Γ, 1404 b 10–12.

chen sein, die hernach die Hörer seiner Rede anspricht. Er unterscheidet sich von ihnen dadurch, daß er die ansprechende Entsprechung *allererst entdeckt* und daraufhin aussagt. Aber die metaphorische Entdeckung ist nicht nur für den, der sie allererst gemacht hat, eine Entdeckung. Die Aussage der entdeckten Entsprechung in der Weise einer Metapher oder eines Gleichnisses wahrt vielmehr den Entdeckungscharakter, so daß die Hörer gerade in den Entdeckungsvorgang einbezogen werden. Die Analogie ist als Sprachvorgang ein eminent gemeinschaftsbildendes Phänomen, insofern sie nicht nur die angeredeten Hörer untereinander, sondern auch den von der Analogie angesprochenen Sprecher mit seinen Hörern zu einer Gemeinschaft verbindet, in der der Entdeckungsvorgang des Formulierenden durch seine metaphorische Sprache grundsätzlich einholbar wird. Die Entdeckung teilt sich als Ereignis des Entdeckens mit. Metaphern und Gleichnisse sind als entdeckende Sprache sozial[20]. Als analoge Rede von Gott erzeugen sie – mit Hilfe der dafür »kommunikativ kompetenten Sprecher«[21] – Situationen, in denen das Wovon der Rede gemeinverständlich wird, weil die Angesprochenen ihrerseits zu Entdeckenden werden, denen sich gemeinsam dasselbe erschließt.

Diese Sozialität hat allerdings einen *besonderen*, einen in gewisser Weise *spielerischen* Charakter. Die Sozialität der Metaphern und Gleichnisse unterscheidet sich von anderen Weisen anredender Sprache – wie zum Beispiel dem Befehl – dadurch, daß die entdeckende Sprache der Metapher und des Gleichnisses in einer bestimmten Hinsicht ganz und gar nicht notwendig, aber gerade in ihrer Nichtnotwendigkeit zwingend ist. Es war nicht notwendig, Achill einen Löwen zu nennen. Es war auch nicht notwendig, Jesus Gottes Sohn zu nen-

---

[20] Insofern gleicht die entdeckende Rede der Metapher und des Gleichnisses der sozialen Funktion des wahren Weisen in der Antike, der ja seinerseits nicht zufällig gern in Gleichnissen spricht. Vgl. dazu die Hinweise auf Jesus Sirach (37,19–26) bei *M. Hengel*, Judentum und Hellenismus. Studien zu ihrer Begegnung unter besonderer Berücksichtigung Palästinas bis zur Mitte des 2. Jh.s v. Chr., 1973², 243: »Ben Sira hat so seine Weisheit in den Dienst seines Volkes gestellt.« Er war nicht nur für sich selbst weise. Das unterscheidet ihn von Kohelet.
[21] Vgl. *J. Habermas*, Vorbereitende Bemerkungen zu einer Theorie der kommunikativen Kompetenz, in: *J. Habermas – N. Luhmann*, Theorie der Gesellschaft oder Sozialtechnologie – Was leistet die Systemforschung? 1971, 102 f. Eine Hermeneutik analoger Rede von Gott hat dementsprechend zur Aufgabe »die Nachkonstruktion des Regelsystems, nach dem wir« nicht nur »Situationen möglicher Rede überhaupt«, sondern die spezifische Situation ansprechender Rede von Gott »hervorbringen oder generieren« (aaO. 102).

nen. Es war ebenfalls nicht notwendig, von der Gottesherrschaft zu erzählen, mit ihr verhalte es sich wie mit einem Schatz im Acker oder wie mit einer besonders kostbaren Perle oder wie mit einem ungerechten Haushalter. In solcher Rede wird vielmehr eine bestimmte Wirklichkeit durch *Möglichkeiten* so ausgesagt, daß gerade die Möglichkeit zwingend zur Entdeckung einer neuen Dimension der Wirklichkeit und zu einer Präzisierung der Rede vom Wirklichen führt. Metaphern und Gleichnisse bringen also mehr zur Sprache, als bisher wirklich war. Sie tun das, indem sie den Menschen als Angesprochenen in das Sein dessen, wovon die Rede ist, einbeziehen, beziehungsweise dasjenige, wovon die Rede ist, mit dem Sein des Menschen vermitteln. Aber sie tun das so, daß sie auf die Wirklichkeit eingehen und nicht etwa an dieser vorbei über sie hinaus. Die einzelnen Metaphern und Gleichnisse sind freilich niemals als diese bestimmten notwendig. Sie sind *freie* Sprachbildungen, sozusagen Repräsentanten sprachlicher Freiheit. Das unterscheidet sie von der Notwendigkeit des Begriffs. Eine andere Frage ist, ob Metaphern und Gleichnisse, nachdem sie einmal geglückt sind, wieder entbehrlich werden. Die Beantwortung dieser Frage kann wohl nur differenziert und unter Berücksichtigung des jeweiligen Sitzes im Leben einer solchen Sprachbildung erfolgen. Für unseren Zusammenhang ist die Erkenntnis ausreichend, daß die entdeckende Sprache der Metaphern und Gleichnisse ein sprachliches Ereignis von schöpferischer Freiheit impliziert. Der Sprecher, dem eine Metapher oder ein Gleichnis gelingt, war in Freiheit sprachschöpferisch, und die Hörer gelungener Metaphern und treffender Gleichnisse lassen sich auf dieselbe schöpferische Freiheit ein, wenn sie sich vom Gesagten ansprechen und »fesseln« lassen. Es ist gerade diese schöpferische Freiheit der Sprache, die zwingend ist. Die ursprüngliche sprachliche Einheit von Freiheit und Zwingendem ist aber nichts anderes als das Wesen der Analogie. Daß das Verhältnis von a zu b durch das von c zu d zur Sprache gebracht wird, ist alles andere als notwendig – es könnte vielleicht auch durch das Verhältnis von y zu z zur Sprache gebracht werden –, ist jedoch dann, wenn es geschieht, zwingend. Die Analogie ist das ansprechende Ereignis fesselnder Freiheit. Als solche ist sie gleichermaßen Bereicherung und Präzisierung der Sprache.

Es ist also ein hermeneutischer Irrtum von schwerwiegenden Folgen, wenn man Gleichnisse und Metaphern als eine Art Verschleierung versteht, die etwas »geheimnisvoller« machen soll, als es ohnehin ist. Man kann nicht einmal sagen, daß Gleichnisse und Metaphern

4.1 Das Evangelium als analoge Rede von Gott 97

indirekte Rede sind. Sie unterscheiden sich zwar von der »Normalität« direkter Rede, wie sie sich im feststellenden Aussagesatz manifestiert: Sokrates ist ein dialektischer Mensch. Aber sie unterscheiden sich von der »Normalität« direkter Rede nicht durch Indirektheit, sondern durch einen höheren Grad von Direktheit. Der die »Normalität« direkter Rede überbietende höhere Grad von Direktheit, der vor allem zum Wesen des Gleichnisses gehört, heißt: Konkretheit. Konkret ist diese Rede freilich nicht darin, daß sie die wahrnehmbaren Dinge sozusagen dinglicher, daß sie den grünen Baum grüner und baumhafter abbildet als die Alltagssprache. Es geht bei der Konkretheit des Gleichnisses überhaupt nicht primär um die Abbildungs- oder Benennungsfunktion der Sprache, obwohl diese Funktion selbstverständlich nicht ausgeschlossen wird. Der die »Normalität« direkter Rede überbietende höhere Grad von Direktheit, als der hier Konkretheit in Betracht kommt, ist vielmehr die Einkehr dessen, wovon die Rede ist, in die Rede selbst, die ihrerseits beim Hörer so ankommt, daß er in den Bezug von Wort und Sache einbezogen wird. Es kommt zu einem Ereignis, in dem sich das Wovon der Rede, die Rede von diesem und die Angesprochenen als in sich differenzierte Einheit darstellen. Im Gleichnis spitzt sich die Sprache so zu, daß das, *wovon* die Rede ist, *in* der Sprache selber *konkret wird* und eben dadurch die Angesprochenen in ihrer eigenen Existenz neu bestimmt[22]. *Im* Gleichnis ereignet sich etwas, und zwar so, daß sich dann auch *durch* das Gleichnis

---

[22] *Dan Otto Via* hat in seinem Buch »Die Gleichnisse Jesu« (1970, 93) zutreffend gesagt, daß »die Gleichnisse als ästhetische Objekte fähig« sind, »die Hauptaufmerksamkeit des *ganzen* Menschen nicht-verweisend (non-referentially) auf eine Konfiguration geschehender Existenz zu richten«. Das entspricht – obwohl Via meint, damit gewisse Korrekturen an meiner Hermeneutik des Gleichnisses, wie ich sie in »Paulus und Jesus« (aaO. 135 ff.) vorgetragen habe, geltend zu machen – ziemlich genau dem, was ich mit der These, im Gleichnis komme die Gottesherrschaft *als* Gleichnis zur Sprache, intendierte. Die von Via (aaO. 93) behauptete »nicht-verweisende Fesselung der Aufmerksamkeit« (also die linguistische Behauptung, »diese Fesselung der Aufmerksamkeit« sei »nonreferential«) ist genau das, was ich die *versammelnde* Kraft, und zwar die die Erzählungszüge beziehungsweise Anschauungszüge des Gleichnisses und so zugleich die menschliche Existenz sammelnde Kraft des Gleichnisses genannt hatte. Insofern weiß ich mich mit Via einig und kann seinen Einwand, ich hätte das Gleichnis als ein Ereignis verstanden, das »individuelle Ideen oder Züge der Erzählung zu einem Thema« (sic!) versammle (aaO. 92), nur als ein Mißverständnis bedauern. Ich hoffe, das – möglicherweise durch meine Formulierungen verschuldete – Mißverständnis nunmehr auszuräumen, wenn ich explicite be-

etwas ereignet. Schon die Metapher hat eine Tendenz zum Ereignis, weil schon die Metapher die Direktheit der feststellenden Rede im Sinne größerer Konkretheit überbietet. »Sokrates ist eine Bremse« sagt mehr als »Sokrates ist ein dialektischer Mensch« – unter der Voraussetzung, daß man die *Situation* des Benennungsvorganges versteht (Sokrates piesackt die Bürger von Athen, wie eine Bremse ein Pferd piesackt – $a:b = c:d$).

6. Die biblische Rede von Gott kennt das Gleichnis als eine von vielen möglichen Sprachformen, in denen der Glaube Gott zur Sprache bringt. Doch im Grunde partizipieren alle Sprachformen des Glaubens an der Struktur der Gleichnissprache. Insofern stehen die Gleichnisse für die Sprache des Glaubens überhaupt. Von den Gleichnissen als Repräsentanten der Sprache des Glaubens überhaupt sind wiederum die Gleichnisse Jesu von der Gottesherrschaft deshalb besonders aufschlußreich, weil sie zwar nicht der zureichende Grund, wohl aber die hermeneutische Vorbereitung für die kerygmatische Rede von Jesus als Sohn Gottes sind. Die Nähe der Gottesherrschaft, die Jesus verkündigt hat, findet im Gleichnis dasjenige hermeneutische Modell, das die noch größere Nähe sprachlich vorbereitet, die sich in dem Bekenntnis ausdrückt, das Wort Gottes sei Fleisch geworden und habe unter uns Wohnung genommen. Das österliche Kerygma macht faktisch von den Möglichkeiten Gebrauch, die die Gleichnisse Jesu initiiert hatten. Jesu Gleichnisrede von Gott hatte die Funktion einer Katachrese für das Ereignis des sich nahenden Gottes. Die Gleichnisse Jesu reden zwar noch nicht von Gott als von einem Menschen. Aber sie reden von Gott so, daß sie von der Welt des Menschen erzählen. Dies nun freilich nicht etwa, indem sie die Welt an die Stelle Gottes treten lassen, so daß dann als Pointe der Gleichnisse eine Allerweltsweisheit zu stehen käme. Gerade die Pointen der Gleichnisse Jesu geben vielmehr zu erkennen, daß es in ihnen um die Gottesherrschaft geht, und das heißt: um das verschränkte Gefüge von Gottes Verhältnis zu den Hörern Jesu und deren Verhältnis zu Gott. Die Pointen dieser Gleichnisse verhindern es gerade, daß Gott und die Welt in irgendeiner Hinsicht gleichgesetzt werden.

Eine Gleichsetzung von Gott und Welt würde die Welt ja faktisch sich selbst überlassen. Die Welt bliebe dann beim Alten, und Gott bliebe der alte: es ereignete sich nichts. Jesu Gleichnisse von der Gottes-

---

haupte, daß das, *wovon* im Gleichnis die Rede ist, *im* Gleichnis selber (also »nonreferential«) konkret wird.

herrschaft sind aber *Ereignisse*, deren Pointe beim Hörer selbst »zünden« soll. Am Ende ist das, wovon die Rede war, beim Hörer selber konkret. Dazu muß freilich schon *während* der Rede der Hörende in die Rede selber so einbezogen werden, daß er vom Wortgeschehen des Gleichnisses *mitgenommen* wird auf den Weg zur Pointe. Dies kann aber eine Gleichsetzung von Gott und Welt gar nicht leisten[23]. Sie läßt vielmehr den Hörer dort, wo er ist, und Gott und die Welt eben da, wo sie schon immer waren. Gleichsetzung bedeutet ja im Grunde, daß nur »sprachlich« bekanntgegeben wird, was schon immer so war. Wäre das Gleichnis eine Gleichsetzung, dann wäre es eine These, dann wäre sein »Inhalt« in der Tat ein von der »Form« des Gleichnisses abstrahierbares Thema. Das Gleichnis ist aber keine These und hat gar kein Thema. Es ist vielmehr ein Ereignis, das seinerseits etwas geschehen läßt. Am ehesten ist es in dieser Hinsicht dem Witz vergleichbar, der sich ereignen muß, wenn er gelingen soll, und der dann eben seinerseits den Menschen so trifft, daß etwas mit ihm geschieht: er lacht. Die Gleichnisse Jesu sagen deshalb auf keinen Fall: die Gottesherrschaft *ist* – zum Beispiel eine besonders kostbare Perle oder ein Schatz im Acker. Sie sagen vielmehr: mit der Gottesherrschaft *verhält es sich – wie mit* einem Schatz im Acker. Und nun wird eine *Geschichte* erzählt: von einem Menschen, der den Schatz entdeckt – und in seiner Freude geht er, verkauft alles, was er hat, und kauft diesen Acker (Mt 13,44f.). Und *während* diese Geschichte erzählt wird, wird der Hörende eingestellt auf die Pointe. Er wird gesammelt, indem das Gleichnis sich selber sozusagen sammelt. Und mit der Pointe *kommt* dann die Gottesherrschaft im Gleichnis selber beim Hörer *an*, wenn dieser sich auf das Gleichnis einläßt und sich durch dieses in dieses versammeln läßt.

Aus diesem Grund ist es hermeneutisch wichtig, zu begreifen, daß die Gleichnisse Jesu von ihrer Pointe her entworfen sind. Ich hatte deshalb gegen Adolf Jülicher und die rhetorische Tradition bestritten, daß die Pointe des Gleichnisses ein tertium comparationis zwischen Bildhälfte und Sachhälfte sei[24]. Sie ist vielmehr ein primum comparationis, das am Ende eines Gleichnisses *als Pointe* herausspringt. Wer

---

[23] *Karl Barth* hat deshalb das Gleichnis (die Analogie) gegen die Gleichung zur Geltung zu bringen versucht. Vgl. seinen reformierten Vorbehalt gegen die lutherische Abendmahlslehre: Ansatz und Absicht in Luthers Abendmahlslehre, in: Die Theologie und die Kirche, 1928, 26ff., bes. 74f.

[24] Vgl. Paulus und Jesus, aaO. 138.

hier nach einem tertium comparationis sucht, verdirbt *das Ereignis* des Gleichnisses. Er versteht das Gleichnis im Grunde als Vergleich von Feststehendem (a:b = c:d). Dabei ist vorausgesetzt, daß man die Sachhälfte schon kennt, aber eben als ein Verhältnis (c:d), das von dem erzählten Verhältnis (a:b) völlig verschieden *bleibt*, eben so verschieden wie Sache und Bild, wie res significata und res significans. Es ist aber ganz und gar nicht so. Wenn wir in dieser für die Gleichnisse Jesu völlig unangemessenen hermeneutischen Differenz von signum und res significata überhaupt zum Ausdruck bringen wollen, was hier geschieht, dann müßte man das *sakramentale* Verhältnis von signum und res significata bemühen, so daß das signum zu verstehen wäre als signum efficax. Das Zeichen würde *verbraucht* werden, indem es bezeichnet, so wie Wein und Brot im Abendmahl verzehrt werden, indem sie die Gegenwart Jesu Christi ansagen. Und im Verbrauchtwerden, im Vergehen des Zeichens ereignete sich dann die res significata. Aber die hermeneutische Unterscheidung von res significans (signum) und res significata, von Bildhälfte und Sachhälfte, ist zu belastet, um hier angemessen verwendet werden zu können. Sie kommt letztlich aus der Struktur der Analogie als der »je immer größeren *Unähnlichkeit* in noch so großer Ähnlichkeit« nicht heraus. Gerade auf die Überwindung dieses Analogieverständnisses kommt es aber an, wenn man Jesu Gleichnisse von der Gottesherrschaft verstehen will.

Diese Gleichnisse setzen zwar die Unähnlichkeit von Gottesherrschaft und Welt im Sinne einer fundamentalen Unterschiedenheit voraus, bringen diese Unterschiedenheit nun aber so zur Geltung, daß die noch so große Unähnlichkeit in einer noch *größeren Ähnlichkeit* zum Zuge kommt. Und das bedeutet: die Gottesherrschaft bringt sich in der – durchaus als Analogie zu verstehenden – Sprachform des Gleichnisses so zum Zuge, daß ihre Fremdheit, ihre abstrakte Verschiedenheit von der Welt, am Ende durch eine größere Vertrautheit im Sinne einer der Welt zugute kommenden *konkreten Unterschiedenheit* von der Welt überboten ist. Dies ist aber nur möglich, wenn die zueinander in Beziehung gesetzten Verhältnisse selber durch das Verhalten der Gottesherrschaft bestimmt sind. Man kann also streng genommen nicht einmal sagen: *es* verhält sich *mit* der Gottesherrschaft wie ..., sondern man muß sagen: die Gottesherrschaft selber verhält sich so, daß ihr das folgende Verhältnis entspricht. Anders formuliert: Die weltlich unbekannte und aus der Welt allein auch schlechterdings nicht erkennbare Gottesherrschaft (x) setzt sich von sich aus in ein Verhältnis zur Welt (a), das in der Welt dem entspricht, wie es sich mit

4.1 Das Evangelium als analoge Rede von Gott

der Geschichte vom Schatz im Acker verhält: x → a = b : c. Ich habe das früher so formuliert: Die Gottesherrschaft kommt im Gleichnis als Gleichnis zur Sprache (und so zum Hörer). Stärker noch als in »Paulus und Jesus« ist dabei zu betonen: sie *kommt* zur Sprache. Gewiß, die Gottesherrschaft *kommt* zur Sprache, indem sie von Menschen zur Sprache *gebracht* wird. Im Blick auf b:c gilt durchaus: secundum modum recipientis recipitur. Aber die Gottesherrschaft kann als sie selbst gar nicht zur Sprache *gebracht* werden, ohne zur Sprache zu *kommen*, ohne: x → a. Das »secundum modum recipientis recipitur« setzt ein »secundum dicentem deum« voraus. Gott *kommt* zur Sprache. Er *kommt* zu Worte. Und nur insofern kann er dann auch zur Sprache *gebracht* werden. Das Zur-Sprache-Bringen folgt also dem Verhältnis der Gottesherrschaft zur Welt und hat folglich sein Kriterium darin, daß die *noch so große Ferne* der eschatologischen Gottesherrschaft durch eine *immer noch größere Nähe* überboten wird. Deshalb redet das Gleichnis, obwohl es die Sprache der Welt spricht, zugleich in Wahrheit und eigentlich von Gott[25].

---

[25] Jesu Gleichnisse von der Gottesherrschaft leisten also hermeneutisch genau das, was Luther der Synekdoche zuschreibt. Doch während die synekdochische Redeweise *voraussetzt*, daß eine höchst intime Nähe zweier verschiedener Dinge besteht, um *daraufhin* das eine mit Hilfe des anderen zur Sprache bringen zu können, bringen die Gleichnisse von der Gottesherrschaft, bringt die analogische Kraft des Evangeliums diese besondere Nähe des prinzipiell Unterschiedenen allererst zustande. Die Analogie spricht Gott und Mensch sozusagen zusammen. Insofern ist sie die Struktur des Ereignisses, in dem Gott selbst sich dem Menschen so zuspricht, daß dieser von außen und innen dazu bestimmt wird, von Gott zu reden. Auch von innen! Die unerläßliche Betonung der Externität des von sich aus redenden Gottes darf nicht zur Leugnung des Sachverhaltes führen, daß der Mensch dabei in seinem Innersten angesprochen und auf diese Weise aus sich herausgesetzt wird. In jeder menschlichen Rede von Gott spricht der Mensch zugleich sich selbst aus – was allerdings keineswegs notwendig in Form direkter Mitteilungen über sich selbst geschehen muß; der Mensch sagt mehr über sich selbst schon allein dadurch aus, daß er von Gott reden muß und will und daß er dies gern tut. Im menschlichen Willen zur und in der menschlichen Freude an der Rede von Gott erweist sich der deus interior intimo meo als befreiende Macht derart, daß die innere Notwendigkeit, von Gott reden zu müssen, erfahren wird als die sich äußernde Freiheit, von Gott reden zu wollen. Und dies aufgrund der analogischen Kraft des Gleichnisses, in der der zur Sprache kommende Gott den Menschen dazu befähigt, von Gott reden zu können. *Johann Gerhard* hat insofern gut daran getan, trotz des auch von ihm übernommenen Theologumenons von der incomprehensibilitas Gottes darauf zu bestehen, daß die cognitio Dei ex verbo petita, weil sie ad salutem sufficiens ist, eine

4. Gottes Zur-Welt- und Zur-Sprache-Kommen

Die immer noch größere Nähe der noch so fernen Gottesherrschaft erweist sich in der jeweiligen Pointe des Gleichnisses. In der Pointe des Gleichnisses kommt die Gottesherrschaft dem Hörer in einer unüberbietbaren Weise nahe. Am Ende ist sie mir sogar näher, als ich mir selbst nahe bin – ähnlich wie bei einem gelungenen Witz, der zum Lachen zwingt, auch wenn man sich selbst derart der Nächste sein sollte, daß man auf keinen Fall lachen will. Wo die Pointe des Gleichnisses von der Gottesherrschaft ankommt, da ist der Hörer eben nicht sich selbst der Nächste. Gott kommt ihm näher: deus interior intimo meo[26].

7. Von den Gleichnissen Jesu her bietet sich nun auch die Möglichkeit an, die Alternative eines sogenannten dogmatischen (nämlich naiven) Anthropomorphismus und eines sogenannten symbolischen Anthropomorphismus zu überwinden. Das Gleichnis als Rede von Gott verhindert die *Naivität* des »dogmatischen« Anthropomorphismus, der die *Unterschiedenheit* von Gott und Mensch vernichtet, indem er von

---

cognitio perfecta genannt werden müsse (Loci theologici, hg. von *E. Preuß*, Bd. 1, Berlin 1863, 286, loc. II, cap. 5, nr. 90).

[26] Ich verweise auf den berühmten Satz *Augustins* (Conf. III, cap. 6,11, CSEL 33, 53): »tu autem eras interior intimo meo et superior summo meo.« Das augustinische esse als ein venire zu begreifen, ist allerdings für das Verständnis des Evangeliums als Analogie unerläßlich. Nicht im Sinne eines schon immer Anwesendseins des schöpferischen Grundes im Seienden, wie *P. Tillich* (Systematische Theologie II, 1958, 13: »Gott ... ist jedem Seienden näher als dieses sich selbst«) meint. Auch nicht im Sinne der Identität Gottes mit dem »Geheimnis des Selbstverständlichen, das mir näher ist als mein Ich«, wie *M. Buber* (Ich und Du, Werke, Bd. 1, Schriften zur Philosophie, 1962, 131) formuliert. Sondern im Sinne einer als Ankunft sich ereignenden Selbstmitteilung »ist« Gott mir näher, als ich mir selber nahe zu sein vermag. – In diesem Sinn hat doch wohl auch *J. Calvin* gegen *A. Osiander* (De unico mediatore Jesu Christo et iustificatione fidei. Confessio, Königsberg 1551) jene Einwohnung Christi in unseren Herzen, jene Vereinigung höchsten Grades, der gemäß Christus unser eigen wird und uns seiner Güter teilhaftig werden läßt, als *Ereignis* der Gemeinschaft mit Christus verstanden, die durch sein *Kommen* konstituiert wird. Daraufhin ist er dann nicht mehr nur außer uns, sondern vielmehr so in uns, daß wir außer uns sind. Vgl. Institutio christianae religionis (1559) III, cap. 11, 10, Opera selecta, hg. von *P. Barth* und *W. Niesel*, Bd. 4, 1959, 191: »Coniunctio igitur illa capitis et membrorum, habitatio Christi in cordibus nostris, mystica denique unio a nobis in summo gradu statuitur: ut Christus noster factus, donorum quibus praeditus est nos faciat consortes. Non ergo eum extra nos procul speculamur, ut nobis imputetur eius iustitia: sed quia ipsum induimus, et insiti sumus in eius corpus, unum denique nos secum efficere dignatus est: ideo iustitiae societatem nobis cum eo esse gloriamur.«

Gott *wie* von einem – in seine Höchstform gesteigerten – Menschen redet. Das Fatale dieser Naivität des »dogmatischen« Anthropomorphismus zeigt sich erst in seiner Konsequenz. Denn der wie ein – in seine Höchstform gesteigerter – Mensch gedachte Gott läßt sich vom Menschen gerade nicht konkret unterscheiden. Der »dogmatische« Anthropomorphismus fordert deshalb um der Gottheit Gottes willen notwendig jene Kritik heraus, die beanstandet, daß der Gott *wie* einen Menschen denkende Anthropomorphismus eben Gott nicht *als* Gott denkt. In diesem Sinne haben bereits Heraklit und Xenophanes die Vermenschlichung der Gottheit im Mythos kritisiert. Die Folge ist nun freilich die, daß im Gegenzug zu der unangemessenen Vermenschlichung Gottes im »dogmatischen« Anthropomorphismus eine erst recht unangemessene Entmenschlichung Gottes in einer nicht weniger »dogmatischen« Anthropomorphismuskritik gefordert wird. Damit droht Gott aber überhaupt nicht mehr vom Menschen unterschieden werden zu können. Er entschwindet in die Ferne des Unsagbaren und verliert eben dadurch erst recht seine *konkrete* Unterschiedenheit vom Menschen.

Das Fatale des naiven »dogmatischen« Anthropomorphismus besteht also letztlich darin, daß er theologischer Aufklärung nicht nur nicht standhält, sondern, selber erst einmal theologisch aufgeklärt, Gott am Ende als überhaupt nicht sagbar behauptet. Indem man Gott nicht mehr nach Analogie eines menschlichen Ich als ein göttliches Ich zu denken erlaubt, das als Du ansprechbar ist, wird er als eigenes Subjekt, eben als Gott, unsagbar. Die *statt dessen* heute gern angebotene Rede von der Mitmenschlichkeit (als angemessene Definition des mit dem Worte »Gott« Gemeinten!) ist in Wahrheit also gerade eine hermeneutische Entmenschlichung Gottes. Von dem so begriffenen Gott gilt: alles Menschliche ist ihm fremd[27]. Weil aber alles Menschliche ihm fremd ist, fällt er als ein dem Menschen begegnendes Ge-

---

[27] Es wäre einer ausführlichen Untersuchung wert, inwieweit die hauptsächlichen Strömungen der sogenannten Gott-ist-tot-Theologie die letzte Konsequenz des »dogmatischen« Anthropomorphismus darstellen. Es ließe sich wohl zeigen, daß es sich in der Tat um eine – unter der geistesgeschichtlichen Prämisse der Anthropomorphismuskritik sich einstellende – letzte Form des naiven Anthropomorphismus handelt. Auch indem man Gott als Mitmenschlichkeit versteht, hat man nur scheinbar die Anthropomorphismuskritik – wie sie im Illusionsverdacht Feuerbachs am pointiertesten verarbeitet wurde – radikalisiert, während man de facto eine Radikalisierung des naiven »dogmatischen« Anthropomorphismus vollbracht hat.

genüber aus. Der enthumanisierte Gott läßt sich vom Menschen nicht konkret unterscheiden. Das Übermaß an Ferne, in die Gott auf diese Weise hermeneutisch entrückt wird, läßt dem Menschen seinerseits dann das so verstandene Göttliche als Ideal erscheinen, das es zu erstreben gilt. Der Mensch entfernt sich von seiner Menschlichkeit, um seinerseits nunmehr als Wesen der Ferne die Stelle des fernen Gottes zu begehren.

Gegenüber dem »dogmatischen« Anthropomorphismus *und* seinen fatalen gegen ihn geltend gemachten Konsequenzen gilt vom *Gleichnis* als analoger Rede von Gott, daß es *die konkrete Unterschiedenheit* von Gott und Mensch (Welt) wahrt. Es wahrt diese Unterschiedenheit aber gerade, indem es Gott (die »Gottesherrschaft«) und den Menschen in ein und demselben Ereignis, eben im Gleichnis selber, versammelt.

Das Gleichnis – als konkreter sprachlicher Vollzug der zwischen Gott und Mensch waltenden Analogie – weicht folglich nicht in einen bloß »symbolischen« Anthropomorphismus aus, der in noch so großer Ähnlichkeit zwischen Gott und Mensch eine immer noch größere Unähnlichkeit zur Sprache bringt. Das Gleichnis als analoge Rede von Gott verhindert vielmehr ebenso wie den »dogmatischen« Anthropomorphismus den »symbolischen« Anthropomorphismus, der die Unterschiedenheit von Gott und Mensch als eine *totale Verschiedenheit* ausgibt. Redet der »dogmatische« Anthropomorphismus von Gott *wie* vom Menschen, so verbietet umgekehrt der nicht weniger fatale »symbolische« Anthropomorphismus, von Gott *als* einem Menschen zu reden. Er widerspricht damit dem, was der christliche Glaube als wahr behauptet: daß Gott als der Mensch Jesus unter Menschen war. Diese im Glauben bekannte einmalige Identität von Gott und Mensch schließt zwar in ihrer Einmaligkeit aus, daß man von Gott beliebig ebenso *wie* vom Menschen reden darf, wehrt sich aber zugleich gegen das Verbot, von Gott *als* einem – nämlich diesem bestimmten – Menschen zu reden. Christliche Theologie hat deshalb sowohl dem »dogmatischen« als auch dem »symbolischen« Anthropomorphismus gegenüber spröde zu sein. Denn christliche Rede von Gott steht und fällt eben damit, daß von Gott *als* einem Menschen geredet werden kann, ohne damit nun doch einem »dogmatischen« Anthropomorphismus zu verfallen. Der christliche Glaube denkt vielmehr gerade darin Gott und die Vergänglichkeit zusammen, daß er Gott als einen Menschen zur Sprache bringt und eben *dabei* »Gott« sagt, also nicht etwa *statt* von Gott nunmehr vom Menschen zu reden verlangt. Vielmehr gilt es, von Gott als einem Menschen so zu reden, daß *dieser Mensch*, dessen Name *Jesus* heißt, *als Gott* genannt, bekannt und angerufen werden kann. Gilt von den Gleichnissen Jesu, daß Gott in ihnen den menschlichen Hörern näher kommt, als sie sich selber nahe sind, so gilt von Jesus als dem Gleichnis Gottes, daß Gott in ihm *der Menschheit* näher gekommen ist, als diese sich selber nahe zu sein vermag. Eben dadurch bringt er aber die Menschheit in ein neues Verhältnis zu ihr selbst, dessen Gestalt die ökumenische Gemeinde Jesu Christi ist.

Kommt aber Gott der Menschheit und in ihr auch mir näher, als das menschliche Ich – als Individuum und Gattung! – sich selber nahe zu sein vermag, ist Gott also in diesem Sinn interior intimo meo, *dann* ist er superior summo meo nun nicht derart, daß meine Vergänglichkeit nicht auch ihn und seine Hoheit nicht auch mich beträfe. Was sich *hermeneutisch* im Blick auf die Rede von Gott als je immer größere Ähnlichkeit in noch so großer Unähnlichkeit erweist, muß sich deshalb auch *ontologisch* im Blick auf das Sein Gottes angeben und formulieren lassen. Wie ist dasjenige Sein zu nennen, das in noch so großer Unähnlichkeit auf je immer größere Ähnlichkeit, in noch so großer Ferne auf je immer größere Nähe, in noch so hoher Hoheit auf je immer größere Kondeszendenz, in noch so großer Unterschiedenheit auf je immer intensivere Beziehung bedacht ist? Oder um paulinisch zu fragen (wir haben es ja in alledem mit Gottes Verhältnis zum homo peccator zu tun): wie ist dasjenige Sein zu nennen, das der sich mehrenden Sünde mit noch mehr Gnade begegnet (Röm 5,20)?

Die Antwort braucht nicht gesucht zu werden. Sie ist sowohl anthropologisch als auch theologisch evident und heißt: *Liebe*. Die hermeneutische Grundstruktur evangelischer Rede von Gott, nämlich die Analogie als je immer größere Ähnlichkeit inmitten noch so großer Unähnlichkeit zwischen Gott und Mensch, ist der sprachlogische Ausdruck für das Sein Gottes, das sich als *die inmitten noch so großer Selbstbezogenheit immer noch größere Selbstlosigkeit* vollzieht und insofern *Liebe* ist. Liebe aber drängt zur Sprache. Zur Liebe gehört die Liebeserklärung und die Liebesbestätigung. Weil Gott nicht nur ein Liebender, sondern die Liebe selber ist, *muß* von ihm nicht nur, sondern *kann* von ihm auch geredet werden. Denn die Liebe ist der Sprache mächtig: caritas capax verbi.

Leitfragen

1. Wie wird in der Interpretation Jüngels die *analogia entis* im protestantischen Kontext normalerweise verstanden und was wäre dann ihre Problematik? Wie wird sie demgegenüber bei Jüngel verstanden und was ist nun ihre Problematik?
2. Wie skizziert Jüngel vor dem Hintergrund der *analogia entis* seine »Analogie des Advent«?
3. Jüngel konkretisiert seine Analogie durch allgemeine sprachhermeneutische Überlegungen zur Metapher und zum Gleichnis. Was macht diese Sprachformen aus und inwiefern sind sie geeignet, um das Kommen Gottes zum Ausdruck zu bringen?

Literatur

- M. Buntfuss, Tradition und Innovation. Die Funktion der Metapher in der theologischen Theoriesprache, Berlin/New York 1997, 139–170.
- Ph. Stoellger, Metapher und Lebenswelt. Hans Blumenbergs Metaphorologie als Lebenswelthermeneutik und ihr religionsphänomenologischer Horizont, Tübingen 2000, 434–478.
- F. Fuchs, Die Stellung in der neueren Metapherntheorie und Linguistik, in: in: D. Evers/M. D. Krüger (Hg.), Die Theologie Eberhard Jüngels. Kontexte, Themen, Perspektiven, Tübingen 2020, 299–305.

4.2 Die Welt als Möglichkeit und Wirklichkeit

Der vorliegende Aufsatz ist im Jahr 1972 in den Sammelband »Unterwegs zur Sache« aufgenommen worden und stellt einen der bedeutendsten Beiträge von Jüngel dar. Hier lassen sich viele Topoi finden, die charakteristisch für Jüngels Theologie sind und die er in seinem späteren Hauptwerk »Gott als Geheimnis der Welt« und an anderer Stelle weiter entfaltet hat – so etwa seine Metaphysikkritik, die Zentralstellung der Rechtfertigungslehre, seine Vorstellung des Sprachereignisses, sein Verständnis vom Sein Gottes im Werden, der selbst Liebe ist und vieles mehr.

Jüngel befasst sich in dem vorliegenden Aufsatz mit Modalitäten – also damit, *wie* einzelne Sachverhalte oder auch die Welt insgesamt gedacht werden können. Dabei nimmt er vor allem zwei Modalitäten in den Blick, Möglichkeit und Wirklichkeit, und diskutiert ihr Verhältnis. Er weist darauf hin, dass klassischerweise die Priorität der Wirklichkeit über der Möglichkeit behauptet werde und bezieht sich dabei vor allem auf Aristoteles: etwas kann *bloß* möglich oder *sogar* wirklich gedacht werden. Jüngel setzt hier kritisch an und intendiert, im basalen Rückgriff auf Luthers Rechtfertigungstheologie, die Verhältnisbestimmung umzukehren. Mit der Vorordnung der Möglichkeit vor der Wirklichkeit steht Jüngel nicht alleine. Prominent haben vor allem Kierkegaard und Heidegger in ihren existenzphilosophischen Ansätzen Ähnliches vorgeschlagen. Eine explizite Auseinandersetzung mit den beiden Denkern findet sich in Jüngels Aufsatz noch nicht; dies holt er in »Gott als Geheimnis der Welt« nach.

Wenn man bedenkt, dass eigentlich nur Aristoteles als klassischer Beitrag zu einer Modallogik herangezogen wird – auch der Ansatz des mehrfach zitierten Nicolai Hartmann kommt kaum eigens zur Sprache – und dass der für die Modallogik zentrale Notwendigkeitsbegriff keine Rolle spielt, dann wird deutlich, dass der Aufsatz weniger als allgemeinphilosophischer Beitrag zu einer Modallogik verstanden werden muss, sondern als Versuch, ausgehend von einem rechtfertigungstheologischen Standpunkt ontologische Folgerungen für das Verständnis von Gott, Mensch und Welt zu bestimmen. Jüngel fragt, wie sich diese Größen denken lassen, wenn man die Wirklichkeit nicht als geschlossenen Kausalzusammenhang und Wirkliches nicht als vom Menschen Bewirktes oder auch nur zukünftig Intendiertes versteht. Dafür finden sich in dem Aufsatz viele originelle Denkfiguren und pointierte Unterscheidungen, die spezifisch für Jüngels eigene Theologie sind.

Die Welt als Möglichkeit und Wirklichkeit*

Zum ontologischen Ansatz der Rechtfertigungslehre

I

Unter den Wörtern unserer Sprache sind einige offensichtlich dazu geeignet, sich mit einem Mehrwert an Bedeutung auszeichnen und also bedeutungsvoller als andere Wörter gebrauchen oder mißbrauchen zu lassen. Unser Gebrauch solcher Wörter belastet diese mit dem Anspruch, mehr zu sagen, als sie zu sagen vermögen.

Das »Ganze«, zum Beispiel, ist uns mehr als die Summe seiner Teile. Angesichts der Scherben zerschlagener Gefäße leuchtet das ein; aber ob das Ganze eines menschlichen Lebens immer mehr ist als auch nur ein Teil der Summe seiner Teile, ist mehr als fraglich: wen die Götter liebten, den ließen sie jung sterben; und wer sich selbst überlebt, provoziert nicht selten das Urteil, daß am Ende weniger (als das Ganze) mehr gewesen wäre. Man sollte sich indessen fragen, ob das Ende überhaupt immer etwas zu einem Ganzen macht. Es gibt Summen von Teilen, die gar kein Ganzes sein wollen. Und daß ein Leben oder die Geschichte am Ende ein Ganzes sei, könnte ein durch nichts gerechtfertigtes Postulat sein, das sich genau so wenig auszuweisen vermag wie die Behauptung, das Wahre sei das Ganze (ein Satz, der zwar für die Wahrheit selbst gilt, weil die halbe Wahrheit überhaupt keine Wahrheit ist; aber allgemein formuliert gibt der Satz »dem Ganzen« einen Mehrwert an Bedeutung, der unausgewiesen bleibt: die Wahrheit kann auch ein Torso sein).

Wörter, die mehr zu sagen genötigt werden, als sie zu sagen vermögen, gefrieren sozusagen und erstarren zu Begriffen, in denen dann ein Anspruch da ist, der in der Regel sich mit sich selber begründet. Solche Begriffe scheinen zu sagen, worauf es ankommt. »Wirklichkeit« ist eines von diesen Wörtern. Es hat unter den ihm vergleichbaren Wörtern einen unvergleichlichen Anspruch erworben. Obwohl der Begriff des Wirklichen alles andere als eindeutig

---

* Durchgehend zu vergleichen ist der in EvTh 29, 1969, 397 ff. abgedruckte Vortrag von H. W. Wolff »Jahwe und die Götter in der alttestamentlichen Prophetie«. – In einem Gesprächsgang der den Referaten folgenden Diskussion hat G. von Rad den systematischen Ansatz der folgenden Gedanken an alttestamentlichen Phänomenen verifiziert. Ich weise dankbar darauf hin.

ist, schwingt in ihm die Prätention einer ontologischen Prävalenz, die sich auch im alltäglichsten Gebrauch dieses Wortes nicht überhören läßt. Als Hinzufügung steigert es die Bedeutung eines Prädikates (das ist wirklich unerhört, wirklich gut etc.; entsprechend dem griechischen ὄντως); und für sich genommen ist »das Wirkliche« oder »die Wirklichkeit« das keiner Steigerung mehr Fähige und keines Prädikates Bedürftige – vorausgesetzt, es bleibt ungefragt, was eigentlich »wirklich« und was denn in Wahrheit »die Wirklichkeit«, also »die *wahre* Wirklichkeit« ist. Aber auch da und erst recht da, wo man noch einmal nachzufragen gewillt und gar um die wahre Wirklichkeit zu streiten bereit ist, scheint »die Wirklichkeit« etwas sprachlich kaum zu Überbietendes zu sein, scheint »Wirklichkeit« mit großer Selbstverständlichkeit auszusagen, worauf es auf jeden Fall ankommt.

Das ändert sich auch dann nicht, wenn an die Stelle *der* (einen einzigen) Wirklichkeit verschiedene Wirklichkeiten treten, wie die Wirklichkeit des Lebens, die Wirklichkeit der Welt, die Wirklichkeit des Glaubens, die Wirklichkeit Gottes, meine Wirklichkeit oder wessen Wirklichkeit auch immer. Es kann nun freilich die eine »Wirklichkeit« der anderen auf Grund eben dieses Anspruches (jeweils zu sagen, worauf es auf jeden Fall ankommt) bestreiten, daß es auf sie »wirklich« ankommt. Es stellt dann eine Wirklichkeit die andere als Wirklichkeit in Frage, wie etwa die Wirklichkeit der Welt und die Wirklichkeit Gottes sich gegenseitig in Frage zu stellen scheinen. Wo jedoch Wirklichkeiten miteinander darüber streiten, was wirklich ist, da verliert der Begriff des Wirklichen seinen Mehrwert an Bedeutung keineswegs. Wohl aber verhindert er, daß irgend etwas sich mit dem Anspruch des Begriffs identisch und so absolut setzt bzw. setzen läßt.

Folgt man dieser »Logik« des Sprachgebrauches, dann legt es sich nahe, die miteinander streitenden »Wirklichkeiten« insgesamt als »*die* Wirklichkeit« zu verstehen und demgemäß »die Wirklichkeit« durch den »*Streit* um das Wirkliche« definiert sein zu lassen: Die Wirklichkeit ist der Streit um das, was wirklich ist[1].

Streit ist dabei keineswegs nur als eine *menschliche* Kampfhandlung zu denken, in der ein menschliches Verständnis der Wirklichkeit mit einem anderen streitet. Es soll zwar nicht bestritten werden, daß der Streit um das Wirkliche im Menschen seinen vorzüglichen Ort hat, daß der Mensch also von vornherein zu diesem Streit und in-

---
[1] Ähnlich G. *Ebeling*, Wort und Glaube I, 3. Aufl. 1967, 398–400.

sofern zur Wirklichkeit hinzugehört. Aber *Streit* ist seit alters der Vater *aller* Dinge (πόλεμος πάντων πατήρ²), und als im Rechtsstreit um das Wirkliche miteinander liegend dachte man sich schon sehr früh die werdenden und vergehenden Dinge: διδόναι γὰρ αὐτὰ δίκην καί τίσιν ἀλλήλοις τῆς ἀδικίας κατὰ τὴν τοῦ χρόνου τάξιν³.

Wirklichkeit als Streit um das Wirkliche begriffen – das ist freilich ein Zirkel. Aber kein circulus vitiosus des Denkens, sondern ein faktischer Zirkel im Sein, der auf den Begriff gebracht ist, wenn Wirklichkeit als Streit um das Wirkliche begriffen wird. Man tut gut, sich diesen Zirkel einzugestehen. Denn nur so kommt man der *Aporie* des mit diesem Begriff verbundenen Anspruches auf die Spur. Es gehört zu den »Fehlgriffen« der Metaphysik, sich diesem Zirkel nicht ausgesetzt zu haben, ihn vielmehr – als sei er nicht da oder als sei er ein Fehler – in Gedanken übergangen oder durch logisches Denken getilgt zu haben, geleitet von der metaphysischen Prämisse, daß die Gesetze des Denkens auch solche des Seins sind: ... τὸ γὰρ αὐτὸ νοεῖν ἐστίν τε καὶ εἶναι⁴. Das Denken aber verträgt nun einmal den Zirkel nicht. Folglich tilgt man ihn auch im Sein. Die bei genauerem Hinsehen und Hinhören sich erschließende *Aporie* dessen, was Wirklichkeit heißt, wird so übergangen. Und so kommt man dem eigentümlichen Sachverhalt nicht auf die Spur, daß in der als Streit um das Wirkliche begriffenen Wirklichkeit eine Seinsdimension maßgeblich wird, die der unkritische (an jenem Zirkel vorbeigehende) Gebrauch des Wortes »wirklich« gerade überspielt: *das Mögliche.*

Die Wirklichkeit wurde seit den Anfängen der Metaphysik der Möglichkeit ontologisch vorangestellt. Die Möglichkeit wurde so von der Wirklichkeit verstellt. Sein wurde und wird mit Wirklichkeit identifiziert. »Damit reimt sich nicht nur der Sprachgebrauch des Alltags, der das Wort ›seiend‹ nicht kennt und dafür einfach ›wirklich‹ sagt, sondern auch die übliche philosophische Abstufung ..., nach der das ›Mögliche‹ noch kein eigentlich Seiendes – gleichsam seine Vorstufe –, und erst das Wirkliche ein vollendet Seiendes ist.«⁵

---

² Vgl. *Heraklit*, Fragment 22 B 53. Die Fragmente der Vorsokratiker, hg. von H. *Diels* und W. *Kranz*, Bd. 1, 11. Aufl. 1964, 162.

³ Spruch des *Anaximander* 12 B 1. Die Fragmente ..., 89.

⁴ *Parmenides*, Fragment 28 B 3. Die Fragmente ..., 231. Zur Auslegung verweise ich auf meine Schrift: Zum Ursprung der Analogie bei Parmenides und Heraklit, 1964.

⁵ *N. Hartmann*, Zur Grundlegung der Ontologie, 4. Aufl. 1965, 66 f.

4.2 Die Welt als Möglichkeit und Wirklichkeit

II

In die Form eines metaphysischen Grundsatzes wurde diese Meinung von Aristoteles gebracht. Es fiel eine geistesgeschichtliche (ja, hier ist der Ausdruck am Platz: eine seinsgeschichtliche) Entscheidung von nicht auszulotender Bedeutung, als Aristoteles es für einleuchtend und offenkundig (φανερόν) erklärte, ὅτι πρότερον ἐνέργεια δυνάμεώς ἐστιν (Met. Θ, 1049 b 5; vgl. Λ, 1072 a 9). Diese Behauptung einer ontologischen Priorität der Wirklichkeit vor der Möglichkeit (und zwar sowohl der Wesensbestimmung – λόγῳ – als auch dem Sein – οὐσίᾳ – als auch in gewisser Weise der Zeit – χρόνῳ – nach) hat das Denken und das Gedachte und das daraus Gemachte (Technik!) in eine Richtung gedrängt, die weltbestimmend geworden ist. Die Entscheidung des Aristoteles war ein Ereignis, das Folgen hatte wie nur wenige Ereignisse sonst. Es dürfte angebracht sein, ihr nachzudenken. Dabei beschränke ich mich auf das für unsere Fragestellung Wichtigste.

Die ontologische Priorität der Wirklichkeit vor der Möglichkeit ist bei Aristoteles nicht nur im Sinne eines ontischen Vorzuges des Wirklichen vor dem Möglichen gemeint. Vielmehr besteht der Vorrang der Wirklichkeit vor der Möglichkeit darin, daß das Mögliche vom Wirklichen her als Mögliches definiert wird. Zwar lehnt Aristoteles die Meinung der Megariker ab, daß nur das Wirkliche möglich und das nicht Wirkliche auch nicht möglich sei (Met. Θ, 1046 b 29 f.), daß also das Möglichsein »als ein im Wirklichsein enthaltenes und vorausgesetztes Modalmoment« zu fassen sei[6]. Aristoteles wendet gegen diese These ein, daß dann ja zB. niemand ein Baumeister sein könnte, wenn er nicht gerade baut (1046 b 33 f.), daß der Stehende immer stehen und der Sitzende immer sitzen müßte (1047 a 15 f.). Es würde dann auch das Nichtgewordene nicht werden können (τὸ μὴ γιγνόμενον ἀδύνατον ἔσται γενέσθαι), so daß das Seiende nicht geworden sein könnte (1047 a 11 ff.). Demgegenüber müsse es als akzeptabel gelten, daß etwas die Möglichkeit hat (vermögend ist) zu sein, und dennoch nicht ist, und daß das, was ist, die Möglichkeit hat, nicht zu sein; daß

---

[6] N. Hartmann, Möglichkeit und Wirklichkeit, 3. Aufl. 1966, 12; Hartmann lobt diese These der Megariker als die die aristotelische These übertreffende »Einführung eines streng ontologischen Möglichkeitsbegriffs«, weil nach diesem Möglichkeitsbegriff nicht vielerlei, sondern immer nur eines möglich ist, »dasjenige nämlich, was wirklich wird; alles übrige ist durchaus unmöglich«. Der »Satz ist paradox, er schlägt den gewohnten Begriffen ins Gesicht. Wenn er wahr ist, muß er auch wahrhaft umwälzend sein«. – 12 f.

4. Gottes Zur-Welt- und Zur-Sprache-Kommen

etwas gehen kann, aber nicht geht, und daß das Nichtgehende doch gehen kann (1047 a 21 ff.).

Freilich kann nicht alles, was nicht geht, doch gehen. *Kriterium für die Möglichkeit* zu gehen ist die *ausgeschlossene Unmöglichkeit* des Gehens. Die Unmöglichkeit zu gehen kann aber nur durch die *Wirklichkeit* des Gehens ausgeschlossen werden. Also gilt: möglich ist genau das, dessen angebliche Möglichkeit im Falle ihrer Verwirklichung nichts Unmögliches ergeben würde: ἔστι δὲ δυνατὸν τοῦτο ᾧ ἐὰν ὑπάρξῃ ἡ ἐνέργεια οὗ λέγεται ἔχειν τὴν δύναμιν, οὐθὲν ἔσται ἀδύνατον (1047 a 24 ff.). In diesem Sinne hat man zwar Möglichkeit und Wirklichkeit zu unterscheiden: φανερὸν ὅτι δύναμις καὶ ἐνέργεια ἕτερόν ἐστιν (1047 a 18 f.), wenn man Werden und zeitliche Veränderung nicht ausschließen will. Aber trotz dieses Vorbehaltes gegenüber der von den Megarikern vollzogenen »In-Eins-Setzung« von Möglichkeit und Wirklichkeit bleibt auch der *aristotelische* Möglichkeitsbegriff ganz und gar an dem der Wirklichkeit orientiert.

Das Mögliche verhält sich nämlich zum Wirklichen wie (ein Teil des) Nichtseienden zum Seienden. Sein kommt dem Möglichen eigentlich nicht zu. Eigentlich ist nur das Wirkliche.

Denn einiges Nichtseiende »ist« zwar der Möglichkeit nach; es *ist* aber nicht, weil es nicht der Verwirklichung nach »ist«: τῶν γὰρ μὴ ὄντων ἔνια δυνάμει ἐστίν· οὐκ ἔστι δέ, ὅτι οὐκ ἐντελεχείᾳ ἐστίν (1047 b 1 f.). Das ἔστι gilt also nur von dem, von dem ein ἐντελεχείᾳ ἐστίν bzw. ἐνεργείᾳ ἐστίν gilt. Sein und Wirklichkeit sind letztlich identisch (vgl. 1050 b 2). Die Möglichkeit hingegen steht unter dem Vorzeichen eines *Nicht*. Freilich nicht – und das ist entscheidend – unter dem Vorzeichen eines nihil negativum. Denn das Wirkliche dieser Welt entsteht aus seiner Möglichkeit nicht wie aus einem Nichts, sondern wie aus einem Noch-Nicht, das als solches am Sein, obwohl es noch nicht ist (οὐκ ἔστι), doch schon Anteil hat (δυνάμει ἐστίν). Insofern eben das Wirkliche die genaue Verwirklichung des Möglichen ist, steht das Mögliche unter dem Vorzeichen eines Noch-Nicht. Dieses Noch-Nicht, das das Mögliche vom Wirklichen unterscheidet, macht die ontologische Priorität der Wirklichkeit aus.

Dagegen spricht auch nicht, daß das Wirkliche ja zeitlich immer schon von einem (seinem) δυνάμει ὄν herkommt, insofern es eben dessen Verwirklichung ist (wie das Getreide vom Samenkorn: 1049 b 21 f.). Denn das Mögliche *strebt* zwar nach Verwirklichung, wird aber immer *von* einem schon Wirklichen verwirklicht, das zur selben Art (εἶδος) gehört wie das zu Verwirklichende: ἀεὶ γὰρ ἐκ τοῦ

4.2 Die Welt als Möglichkeit und Wirklichkeit

δυνάμει ὄντος γίγνεται τὸ ἐνεργείᾳ ὂν ὑπὸ ἐνεργείᾳ ὄντος ... ἀεὶ κινοῦντός τινος πρώτου· τὸ δὲ κινοῦν ἐνεργείᾳ ἤδη ἔστιν. εἴρηται ... ὅτι πᾶν τὸ γιγνόμενον γίγνεται ἔκ τινος τὶ καὶ ὑπό τινος, καὶ τοῦτο τῷ εἴδει τὸ αὐτό (1049 b 24–29). So ist die Wirklichkeit der Ursprung und das Ziel alles Entstehenden, und um der Wirklichkeit willen ist Möglichkeit (1050 a 9). Möglichkeit steht zur Wirklichkeit in einem teleologischen Verhältnis.

Mit der ontologischen Priorität der Wirklichkeit gewinnt aber nach Aristoteles zugleich *das Werk* eine nicht zu überbietende Bedeutung – sei es, daß es das außerhalb des verwirklichenden Aktes (κίνησις, ποίησις) liegende, sei es, daß es das innerhalb des verwirklichenden Aktes (πρᾶξις, χρῆσις) liegende Endziel ist (vgl. 1048 b 18–35; Eth. Nic. 1140 a 1ff.; b 4ff.). Die Wirklichkeit ist um des Werkes willen, sofern sie nicht selber Werk ist. Und deshalb hat die Wirklichkeit ihren Namen vom Werk und betrifft dessen Vollendung: τὸ γὰρ ἔργον τέλος, ἡ δὲ ἐνέργεια τὸ ἔργον, διὸ καὶ τοὔνομα ἐνέργεια λέγεται κατὰ τὸ ἔργον καὶ συντείνει πρὸς τὴν ἐντελέχειαν (1050 a 21 ff.). An diesem Werk-Wirklichkeitszusammenhang ist bei Aristoteles das Verständnis des Aufbaus der Welt und das Verständnis des die Welt regierenden Göttlichen orientiert. Denn konsequent ergibt sich aus dem ontologischen Primat der Wirklichkeit der des Werkes, um dessen willen alles ins Sein drängt. Die aristotelische Welt liebt das Werk, und in der Liebe zum Werk ist sie die Welt.

Es ist wiederum nur konsequent, wenn das Werk, um dessen willen Seiendes ist, in seiner reinsten Form derjenige verwirklichende Akt ist, der an sich selber reine Wirklichkeit ohne jede Möglichkeit ist[7]: vollendete Einheit von Werk und Verwirklichung. Diese Einheit ist das Denken des Denkens: νοήσεως νόησις (1074 b 34f.). Das sich selber denkende Denken ist frei von aller Möglichkeit (die das stetige Denken ermüdend machen würde: 1074 b 28) und eben so der unbewegt alles bewegende Gott: τὸ πρῶτον κινοῦν ἀκίνητον (1074 a 37). Weil der Gott frei von aller Möglichkeit ist, ist er das Werk, um dessen willen die Welt ist und in Liebe zu dem sie ist, was sie ist. Die Liebe zum vollkommenen Werk bewegt sie. Der Gott selber liebt nicht. Das vollkommene Werk des Denkens des Denkens ist der unbewegte lieblose Gott der Welt, der »allein eigentlich ist, und in Liebe zu dem alles ist, was es ist«[8].

---

[7] W. Bröcker, Aristoteles, 2. Aufl. 1957, 218.
[8] Bröcker, aaO. 226.

III

Es ist ein Beweis für die Leistungsfähigkeit des aristotelischen Wirklichkeitsverständnisses, daß es nicht nur die Philosophie und das in ihr vertretene Leben dieser Welt, sondern auch die christliche Theologie mit einer bis heute fortwirkenden, ja auch heute noch kaum in Frage gestellten Macht bestimmt hat. Zwar hat man die Begriffe von δύναμις und ἐνέργεια, potentia und actus, Möglichkeit und Wirklichkeit im Laufe der Jahrhunderte verschieden akzentuiert, »doch blieb das teleologisch-konstitutive Element in ihnen erhalten. Und dieses wurzelte zu tief in der metaphysischen Vorstellungsweise des Abendlandes, als daß eine grundlegende Revision der Modalbegriffe hätte aufkommen können.«[9]

Versuche zu einer solchen »Revision« scheiterten in der Regel daran, daß sie doch mit Aristoteles »das Mögliche« als eine von der Kategorie des Wirklichen her gebildete Kategorie voraussetzen[10]. Die aristotelische Lehre von der Priorität der Wirklichkeit wurde nicht eigentlich in Frage gestellt. Gerade diese Lehre aber machte das Mögliche zu einem »Halbseiende[n] neben dem Seienden« im Sinne des Noch-nicht-Seins-aber-doch-Sein-Sollens. »So führt das Mögliche in der Aristotelischen Welt eine Art Gespensterdasein.«[11]

Dieses Verständnis der Möglichkeit als bloßer Potenz führte zwar, in einem gewissen Gegensatz zu Aristoteles, zu der Annahme, »daß es in der Welt viel mehr Mögliches als Wirkliches geben müßte, da doch von jedem Gegenwartsstadium aus eine Vielheit von ›Möglichkeiten‹ für die Zukunft offensteht, von denen hernach stets nur eine wirklich wird.« Das Wirklichgewordene wurde jetzt »als eine Art Auslese aus einem viel breiteren Umkreis des Möglichen«[12] verstanden. Aber das als Auslese verstandene Wirkliche bestätigt doch den Prioritätsanspruch des Wirklichen. Und auch da, wo die Welt als Prozeß verstanden wird, der selber schon am Anfang aus der Vielzahl möglicher Welten als diese eine Welt sich durchsetzte oder von einem Gott durchgesetzt wurde und in dessen Verlauf nun aus »offenen Möglichkeiten« die Welt als Wirklichkeit sich gestalten soll, ist doch die Wirklichkeit – zB. des wirkenden Menschen – die Instanz, an der man das Mögliche mißt. Bezeichnend genug, daß da, wo Möglichkeit als »die

---

[9] *Hartmann*, aaO. 7.
[10] Auch *Hartmann* selbst!
[11] *Hartmann*, aaO. 5 f.
[12] *Hartmann*, aaO. 7.

letztentdeckte Kategorie im Plus ultra der Philosophie« gerühmt wird, dies doch in einer – die braune Liesel kenn ich am Geläute – »Ontologie ... des Noch-Nicht-Seins« geschieht, die das (freilich »gefährdete«) »Fieri des wahren Seins ... als ein dauerndes Herausproben, Modellgestalten, Gestaltmodellieren des ausstehend wahren Seins« interpretiert[13]. Wird aber das »wahre Sein« durch Modellgestalten und Gestaltmodellieren erzielt, was ist es dann anderes als eben *ein Werk*? Am Ende ist auch hier das Mögliche etwas Überwundenes. Die Wirklichkeit des wahren Seins hat es hinter sich – zwar jetzt noch nicht, aber dann. Möglichkeit als letztentdeckte Kategorie im Plus ultra der Philosophie ist Wirklichkeit im Modell des Noch-Nicht, mehr nicht.

Man muß sich die Valenz und Tragweite des aristotelischen Wirklichkeitsverständnisses klargemacht haben, um zu erfassen, was es bedeutet, daß auch die christliche Theologie zumindest formal weithin diesem Wirklichkeitsverständnis verhaftet blieb. Selbst da, wo sie sich wie zB. im Gefolge Luthers im kritischen Gespräch mit der Philosophie aufgrund der genuin theologischen Aufgabe evangelischer Schriftauslegung anders zu orientieren begann, blieben doch heimlich und unbewußt Grundtendenzen dieses Wirklichkeitsverständnisses bestimmend. Die ontologische Priorität der Wirklichkeit vor der Möglichkeit wurde kaum und gründlich wohl überhaupt nicht in Frage gestellt. Der Begriff der Wirklichkeit hat ein Pathos erhalten, das ihm auch unter Theologen bis heute eine Vorrangstellung gesichert hat, und zwar bei einander durchaus entgegengesetzten Theologien. Karl Barths Kirchliche Dogmatik zB. ist zumindest gnoseologisch durchgehend vom Primat der Wirklichkeit (Gottes in der Wirklichkeit seiner Offenbarung) vor der Frage nach der ihr entsprechenden Möglichkeit und erst recht vor der allgemeinen Frage nach einer Möglichkeit (göttlicher Offenbarung überhaupt) bestimmt. Friedrich Gogarten hat die Wirklichkeit des Glaubens zum wichtigsten Problem der Theologie erklärt[14]. Gerhard Ebelings Theologie kreist in ganz besonderem Maße um die Wirklichkeit, die freilich eben deshalb, weil sie »Möglichkeiten in sich birgt, ... etwas vermag, auf Zukunft ausgerichtet ist«[15]; aber »Theologie und Wirklichkeit« bzw. »Glaube und Unglaube im Streit um *die Wirklichkeit*« und eben nicht um die *Möglichkeit* heißt sein Thema. Sehe ich recht, so haben nur Ernst Fuchs und Jürgen Molt-

---

[13] *E. Bloch*, Tübinger Einleitung in die Philosophie I, 1963, 159.
[14] Vgl. Die Wirklichkeit des Glaubens, 1957, 8.
[15] AaO. 398.

mann, wenn auch in sehr verschiedener Weise, die ontologische Priorität der Wirklichkeit vor der Möglichkeit theologisch in Frage gestellt, der eine unter dem Einfluß Martin Heideggers, der andere unter dem Einfluß Ernst Blochs. Letzterer hält freilich – wie gesagt – seinerseits mit seiner »Ontologie des Noch-Nicht« durchaus an der Priorität der »kommenden Wirklichkeit dann« fest. Offensichtlich objektiviert sich in dieser Philosophie eine geistesgeschichtliche Konvergenz des aristotelischen Ansatzes mit bestimmten apokalyptisch-messianischen Erwartungen, die Wirklichkeit durch Wirklichkeit überbieten. In der »Ontologie des Noch-Nicht« findet ja die Theologie die geistreichste Interpretation ihrer traditionellen Eschatologie vor, die aber weithin selber – jedenfalls in formaler Hinsicht – nur eine Modifikation der apokalyptischen Erwartungen im Schema »Schon jetzt – Noch nicht« darstellt. Doch wer »Noch nicht« sagt, denkt »Aber dann«. Und er bestätigt so auf gut apokalyptische Weise den aristotelisch konzipierten Primat der Wirklichkeit.

Es ist unerläßlich, daß die Theologie sich eingesteht, wie sehr sie mit einer Eschatologie des »Schon jetzt – Noch nicht« diesem Wirklichkeitsverständnis verhaftet ist. Man sollte sich klarmachen, daß die Interpretation der »Reich-Gottes-Verkündigung« Jesu und der paulinischen Rechtfertigungslehre im Schema des »Schon jetzt – Noch nicht« neuen Wein in alte Schläuche füllt, weil eben Jesu Verkündigung der Gottesherrschaft und die Theologie des Paulus trotz des verwendeten – übrigens ja bereits kritisch selektierten – apokalyptischen Vorstellungsmaterials diesem gegenüber ebenso wie gegenüber dem durch Aristoteles inaugurierten Weltverständnis eine μετάβασις εἰς ἄλλο γένος darstellt. Ich bin zwar mit Ernst Käsemann und anderen der Auffassung, daß der Eschatologie eine konstitutive Funktion im entstehenden Christentum zukommt. Aber auch die solchermaßen konstitutive Eschatologie *entstand* mit dem Christentum, ist also in ihrem Wesen *christliche* Eschatologie und muß als solche aus sich heraus verstanden werden. Daß sie sich in der Sprache ihrer Zeit formulierte und historisch nicht anders als so zugänglich ist, ist selbstverständlich, kann aber doch nur dazu anspornen, sie von ihrem Sachursprung her sachkritisch zu verstehen – wie schwierig dies auch sein mag.

Zum sachkritischen Verständnis des Sachursprungs der mit der christlichen Gemeinde gleichursprünglichen Eschatologie ist eine theologische Destruktion des aristotelisch konzipierten Primates der Wirklichkeit unerläßlich. Eine solche Destruktion läßt sich aber von einer Position des ontologischen bzw. eschatologischen Noch-Nicht nicht durchführen, sondern hätte sich, ohne den Unterschied von Gegenwart und Zukunft preiszugeben, zugleich gegen die für das christliche Verständnis des Eschaton viel zu harmlose Konzeption des Noch-Nicht zu wenden. Daß die theologische Destruktion des aristotelisch angesetzten Primates der Wirklichkeit vor der Möglichkeit *notwendig* ist, läßt sich am besten zeigen, indem man die theologischen Ansätze zur Durchführung dieser Destruktion aufweist. Diese Ansätze können nämlich nichts anderes sein als die Grundbedingung christlicher Theologie überhaupt. Denn *Destruktion* kann theologisch nur dann notwendig sein, wenn in ihr sich der *Aufbau* des theologisch Notwendigen vollzieht.

Bevor ich in diesem Sinne Ansätze zur Durchführung der theologischen Destruktion des durch Aristoteles herrschend gewordenen ontologischen Primates der Wirklichkeit aufzuweisen versuche, sei jedoch an die Selbstverständlichkeit erinnert, daß mit einer solchen *theologischen* Destruktion unsere – sich ja der zu destruierenden Priorität der ἐνέργεια vor der δύναμις verdankende – Welt noch keineswegs verändert wird. Obwohl die Veränderung der Welt nicht nur durch die Tat, sondern sehr wohl auch durch den theoretischen Entwurf ebenfalls zur Aufgabe der Christen gehört, gilt es zunächst, der Theologie in der allein ihr zugemuteten Verantwortung vor ihrer eigensten Sache ihren Ort zu bestimmen, um dann daraufhin zu fragen, wie sie von diesem Ort her in der zu verändernden Welt ihren Weg gehen kann und was für einen Weg sie in der Welt, der sie zwar uneingeschränkt, aber keineswegs vorbehaltlos angehört, zu nehmen hat.

IV

Die Notwendigkeit einer theologischen Destruktion der von Aristoteles behaupteten Priorität der Wirklichkeit im Sinne einer das Mögliche verwirklichenden Energie und Entelechie ist christologisch begründet. Die christologische Begründung dieser Notwendigkeit expliziert sich in der Rechtfertigungslehre, deren angemessene Durchführung einen wesentlichen Beitrag zu jener Destruktion darzustellen hätte. Wenn ich mich dabei (zunächst) auf Luther beziehe, so setze ich dabei allerdings voraus, daß auch »die Rechtfertigungslehre ... nicht durch Nachsprechen zu erben«[16] ist, sondern nur durch einen in ge-

---

[16] *H. Conzelmann*, Die Rechtfertigungslehre des Paulus: Theologie oder An-

4. Gottes Zur-Welt- und Zur-Sprache-Kommen

genwärtiger Verantwortung der von Paulus zur Sprache und durch Luther zur Geltung gebrachten Sache durchgeführten Entwurf[17]. Daß die Rechtfertigungslehre im Sinne eines solchen in gegenwärtiger Verantwortung durchgeführten Entwurfs das nicht aufzugebende Kriterium rechtschaffener Theologie und nach wie vor durchaus der articulus stantis et cadentis ecclesiae sei, den als solchen zu leugnen nur das Unternehmen einer nicht stehen wollenden und also ihr einziges Fundament (1 Kor 3,11) ignorierenden »Kirche« sein kann, das freilich ist die unumgängliche Behauptung, mit deren Bestreitung auch die Möglichkeit theologischer Wissenschaft überhaupt bestritten ist[18].

Luther hat sich mehrfach gegen die aristotelische These ausgesprochen, daß der Mensch gerecht wird, indem er das Rechte (das, was gerecht ist) tut. »Non ›efficimur iusti iusta operando‹, sed iusti facti operamur iusta.«[19] Oder: »Non enim, ut Aristoteles putat, iusta agendo iusti efficimur, nisi simulatorie, sed iusti (ut sic dixerim) fiendo et essendo operamur iusta. Prius necesse est personam esse mutatam, deinde opera.«[20] In der Römerbriefvorlesung (1515/16) hatte Luther bereits auf einem Unterschied zwischen dem philosophisch-juristischen und dem biblischen Gebrauch des Begriffs »iustitia« insistiert. Während Philosophen und Juristen unter Gerechtigkeit eine Qualität der Seele verstehen[21], hängt Gerechtigkeit nach dem biblischen Sprachgebrauch mehr von der durch Gott vollzogenen Imputation als von der Wirklichkeit ab: »›iustitia‹ Scripture magis pendet ab imputatione Dei quam ab esse rei. Ille enim habet [!] iustitiam, ... quem Deus propter confessionem iniustitie sue et implorationem iustitie Dei misericorditer reputat et voluit iustum apud se haberi. Ideo ... sola autem reputatione miserentis Dei per fidem verbi eius iusti sumus.«[22]

---

thropologie? EvTh 28, 1968, 390. – Vgl. *E. Wolf*, Die Rechtfertigungslehre als Mitte und Grenze reformatorischer Theologie. Peregrinatio II, 1965, 19 ff.

[17] Vgl. meine Schrift: Die Freiheit der Theologie, ThSt 88, 1967.

[18] Im Sinne *Luthers*: »Tolle assertiones, et Christianismum tulisti« (De servo arbitrio, 1525, WA 18, 603, 28 f. = BoA III, 98, 14 f.).

[19] Disputatio contra scholasticam theologiam, 1517, WA 1, 226, 8 f. = BoA V, 323, 16 f.

[20] WA Br 1, 70, 29–31 = BoA VI, 2, 29–32. Die Abgrenzung gegen Aristoteles verläuft in den Psalmenscholien 1513–15 noch anders, sozusagen in Form einer immanenten Aristoteleskritik (WA 4, 19, 18 ff. = BoA V, 177, 19 ff.).

[21] Im Unterschied zu dem, was von Natur dem Menschen zusteht, wie zB. die Sinneswahrnehmung, die als Anlage der Möglichkeit nach *zeitlich* früher im Menschen ist als der sie verwirklichende Akt (Eth. Nic. 1103 a 26 ff.).

[22] WA 56, 287, 18–24 = BoA V, 244, 34–245, 6.

4.2 Die Welt als Möglichkeit und Wirklichkeit 119

Man wird Luthers Polemik gegen das aristotelische Verständnis des Gerechten nur von seiner positiven Auffassung der Rechtfertigung des Sünders durch den Glauben an das rechtfertigende Wort Gottes (per fidem verbi eius) her richtig verstehen können. Schon der Versuch solchen Verständnisses macht aber klar, daß mit der aristotelischen Auffassung von der Gerechtwerdung des Menschen auch das aristotelische Wirklichkeitsverständnis in Frage gestellt ist. τὰ δίκαια πράττοντες δίκαιοι γινόμεθα hatte Aristoteles (Eth. Nic. 1102 a 34–1103 b 1) behauptet und dabei vorausgesetzt, daß die dem Menschen von Natur nicht eingeborenen ethischen Tugenden der Möglichkeit nach nicht früher im Menschen sind als der Wirklichkeit nach. Vielmehr wird der Mensch dadurch gerecht, daß er immer wieder gerecht handelt. Denn ἐκ τῶν ὁμοίων ἐνεργειῶν αἱ ἕξεις γίνονται (Eth. Nic. 1103 b 21 f.). Das Verständnis des Gerechtseins als einer durch das wiederholte Tun der ontologisch gleichen Taten (Akte) bewirkten menschlichen ἕξις (= einer vom menschlichen Ich in bestimmter Hinsicht erworbenen Verfassung desselben, durch die es etwas vermag) setzt das oben beschriebene Wirklichkeitsverständnis voraus. Der Mensch bewirkt seine Wirklichkeit, und im Bewirken seiner Wirklichkeit ist er wirklich. Der Mensch ist wirklich, indem er Wirklichkeiten schafft, die dann als solche Möglichkeiten für erneutes gesteigertes Wirken sind: durch sauberes Zitherspielen wird man ein Zitherspieler (ein Zither-Künstler), der dann als solcher wiederum die Möglichkeit hat, kunstvoll Zither zu spielen, während man durch schlechtes Zitherspielen ein Stümper wird. Entsprechend werden die Menschen durch ihre Taten im Verkehr untereinander entweder Gerechte oder Ungerechte: πράττοντες γὰρ τὰ ἐν τοῖς συναλλάγμασι τοῖς πρὸς τοὺς ἀνθρώπους γινόμεθα οἳ μὲν δίκαιοι οἳ δὲ ἄδικοι (Eth. Nic. 1103 b 14 ff.). Zwischen dem Gerechten und dem Ungerechten steht nichts anderes als die verschiedene Tat. Durch sie kann sich der Mensch gleichursprünglich zur Gerechtigkeit oder zur Ungerechtigkeit bestimmen.

Der Übergang vom gerechten oder ungerechten Handeln zum Gerechtsein oder Ungerechtsein des Menschen ist in dieser Konzeption ontologisch fugenlos: Der Mensch macht sich gerecht. Er ist, was er aus sich macht.

Demgegenüber stellt uns Luthers Antithese, dergemäß wir nur dadurch, daß wir gerecht *werden* und *sind,* dazu kommen, Gerechtes zu tun, vor eine Aporie, die sich nur durch Preisgabe des aristotelischen Wirklichkeitsverständnisses lösen läßt. Denn in der von Luther selbst mit Vorbehalt (ut sic dixerim) gebrauchten Formulierung »iusti fien-

4. Gottes Zur-Welt- und Zur-Sprache-Kommen

do et essendo« steckt die ontologische Schwierigkeit, wie denn die Person *vor* (prius) ihren Taten gerecht *werden* kann.

»Prius necesse est personam esse mutatam« – die behauptete Notwendigkeit eines *Seinswechsels* setzt voraus, daß Luther den Nicht-Gerechten nicht als einen Menschen versteht, der sich gleichursprünglich zum Gerechtsein oder Ungerechtsein bestimmt (wobei dann das liberum arbitrium sich zum gerechten oder ungerechten Handeln bestimmen würde). Der Nicht-Gerechte ist für Luther vielmehr der Schon-Ungerechte und dh. der Sünder, der sich durch keine menschliche Tat (fehlt ihm doch das allein Gott zukommende liberum arbitrium) gerecht machen kann. Dieser Schon-Ungerechte ist als Sünder diejenige Person, deren Sein sich zum Sein der Person des Gerechten nicht nur logisch, sondern auch ontisch als dessen radikale Negation verhält. Das heißt aber, daß zwischen der nicht gerechten Person und der gerechten Person der radikalste Gegensatz herrscht, der nur durch das als Gegenüber der Schöpfung zu denkende Nichts angemessen ausgesagt werden kann. Die persona mutata ist nur als ex nihilo creata angemessen verstanden. Paulus dürfte eben dies gemeint haben, als er den rechtfertigenden Gott ausdrücklich als den prädizierte, der die Toten lebendig macht und das Nichtseiende ins Sein ruft (Röm 4,17).

Nimmt man diese Prädikation ernst – und die Theologie hat sie ernst zu nehmen –, dann ergibt sich als Konsequenz, daß der gerechtfertigte Mensch mit sich selbst als Sünder durch nichts als durch das schöpferische Wort Gottes verbunden ist. Abgesehen von diesem Wort waltet zwischen dem homo peccator und dem homo iustus das Nichts. Ja, in dieses Nichts muß der homo peccator vergehen, wenn und indem Gottes Wort einen Menschen gerecht spricht. Anthropologisch formuliert heißt das in der Sprache des Paulus, daß der alte (äußere) Mensch zugrunde geht, weil und indem der gerechtfertigte (innere) Mensch täglich neu wird (2 Kor 4,16; vgl. 5,17). Luther hat denselben Sachverhalt als das in Gottes Wesen begründete Werk Gottes bedacht, wenn er sagt, daß es die »natura Dei« sei, »prius destruere et annihilare, quicquid in nobis est, antequam sua donet«[23]. Denn: »Deus destruit omnia et ex nihilo facit hominem et deinde iustificat«[24]. In diesen Aussagen wird sichergestellt, daß Gott allein die

---

[23] BoA V, 262, 7 f. = WA 56, 375, 18 f.
[24] Die zweite Disputation gegen die Antinomer, 1538. WA 39 I, 470, 7 f. Rezension B: »Deus destruit ac redigit in nihilum et ex nihilo facit omnia.« – 470, 27 f.

4.2 Die Welt als Möglichkeit und Wirklichkeit

»causa efficiens« (wie Luther gut aristotelisch formuliert) der Rechtfertigung ist. Sie sind in der Tat die unerläßliche Konsequenz der paulinischen Rechtfertigungslehre. Daß diese Konsequenz nicht metaphysisch verstanden werden muß, macht die Überlegung einsichtig, daß das »in nihilum redigi« des Sünders die Offenbarung des Zornes Gottes ist, die nach Röm 1,18–3,20 darin besteht, daß Gott den Sünder sich selbst und dh. seinem Sündigen überläßt (παρέδωκεν!), indem er ihn durch das Gesetz an die Sünde und so an den Tod gebunden hat. Das Gesetz der Sünde und des Todes vollzieht das göttliche Werk des destruere et in nihilum redigere, indem es den Menschen »machen läßt«. Unter dem Vorschein von Sein zelebriert der Sünder das Nichts. Denn seine Sünde ist Verhältnislosigkeit, Relationsverlust. Der Sünder ist, kurz definiert, der verhältnislose Mensch, verhältnislos gegenüber Gott und gegenüber sich selbst. Verhältnislosigkeit gegenüber Gott ist aber der theologische Begriff des *nihil,* das auch unter dem Vorschein von Sein nicht *mehr,* sondern vielmehr *weniger* noch als das nihil negativum ist, aus dem Gott am Anfang alles erschuf. Es ist als Relationsverlust sozusagen die verschärfte Form jenes nihil negativum: nihil nihilans[25]. Und gerade diese Weise des Nichts, nicht nur gar nichts, sondern in seiner Nichtigkeit *vernichtendes* Nichts zu sein, bewirkt, daß es als Nichts nicht erkannt wird, daß es vielmehr unter dem Vorschein von Sein zelebriert wird[26]: καυχᾶσθαι δεῖ. Deshalb hat Luther recht, wenn er behauptet, »sola fide credendum est, nos esse peccatores, Quia non est nobis manifestum« (WA 56, 231, 9 f.).

Offenbar wird die Verhältnislosigkeit des Sünders und also das in und mit seiner Sünde bereits über ihn sich vollziehende Zornesgericht Gottes nicht schon aus seinem Vollzug, sondern sozusagen im Nachhinein, nämlich in der Klammer der Offenbarung der Gottesgerechtigkeit im Evangelium[27]. Der Sünder wird in seiner Verhältnislosigkeit, in seiner Sünde da und nur da offenbar, wo der, der von keiner Sünde wußte, für uns zur Sünde gemacht wurde (2 Kor 5,21). Daß Jesus Christus von Gott für uns zur Sünde gemacht wurde, bedeutet eben dies: daß das in und mit unserer Sünde sich vollziehende Zornesgericht des destruere et in nihilum redigere an ihm offenbar wird, indem

---

[25] Sozusagen die (logisch unmögliche) Einheit von konträrem und kontradiktorischem Gegensatz zum Sein.

[26] »Activa sane vita ... non producit nec operatur spem, sed praesumptionem«. Operationes in Psalmos 1519–1521, WA 5, 165, 33 ff.

[27] Vgl. dazu mein Buch »Paulus und Jesus«, 3. Aufl. 1967, 29.

er und nur er den Fluchtod *stirbt,* den wir leben. Der Kreuzestod Jesu ist Gnade, weil er offenbart, daß wir media vita in morte sind. Er manifestiert das Nichts, das der Sünder unter dem Vorschein von Sein zelebriert. Das jedenfalls offenbart der Kreuzestod Jesu, wenn man ihn für sich selbst (und das heißt gesetzlich) sprechen läßt.

Nun spricht der Kreuzestod Jesu aber keineswegs nur für sich selbst. Er spricht ja im *Evangelium* als dem Worte vom Kreuz. Das Evangelium ist aber auch und gerade als Wort vom Kreuz nichts anderes als die Proklamation der Herrschaft des Auferstandenen. Genauer: daß der Auferstandene als Gekreuzigter lebt, das verkündigt das Evangelium. Und damit bekommt der Tod Jesu Christi erst seine eigentliche Bedeutung, nämlich das Ereignis der Liebe Gottes zu sein (Joh 3,16). Daß wir aus dem Nichts der Verhältnislosigkeit und eben so ex nihilo neu geschaffen werden, wenn wir durch den Glauben an das schöpferische Wort Gottes uns an der (als Tod Jesu Christi sich ereignenden) Liebe Gottes Anteil geben lassen, das ist es, was Jesu Auferweckung von den Toten verheißt. Christliche Existenz ist in diesem Sinne, weil ganz und gar Existenz aus der schöpferischen Macht des rechtfertigenden Gottes, *Existenz aus dem Nichts.* Dieses Nichts begleitet den Christen in der doppelten Gestalt, die Tod und Auferstehung Jesu Christi offenbart haben: als *Ende* des alten und als *Ursprung* des neuen Menschen, als Erinnerung an das im Sünder sich vollziehende Gericht und als Verheißung, die das Gericht überbietet, wie die Gnade die Sünde überboten hat (Röm 5,20), so daß das media vita in morte sumus ebenfalls überboten wird durch ein »media morte in vita sumus«[28].

V

Es gehört zu den Aufgaben einer konsequenten Durchführung der Rechtfertigungslehre, das Ereignis der Rechtfertigung des Menschen nicht nur im Blick auf seine christologische Begründung und seine anthropologische Bedeutung, sondern auch im Blick auf seine *onto-*

---

[28] Vorlesungen über 1 Mose von 1535–1545, zu Kap. 22,11: WA 43, 219, 3. – Vgl. *F. Gogarten,* aaO. 128f.; zu bestreiten ist die Behauptung, daß Zorn und Tod einerseits und Heil und Leben andererseits »einander gleich sind ... Es wird keins durch das andere begrenzt« – aaO. 128 unter Berufung auf Luther, WA 40 III, 577. Zorn und Tod sind durch Heil und Leben begrenzt worden, indem sie überboten wurden. Der Glaube lebt von dieser Überbietung, die er ebenso wenig erst schafft, wie er es schaffen könnte, die contraria zu vereinigen, wenn sie in Jesus Christus nicht schon vereinigt wären!

4.2 Die Welt als Möglichkeit und Wirklichkeit

logischen Implikationen zu interpretieren. Dies nicht deshalb, weil die Theologie für eine zu entwerfende Ontologie zuständig wäre, sondern deshalb, weil die ontologischen Implikationen des Ereignisses der Rechtfertigung konstitutive Momente der »Königsherrschaft Jesu Christi« bzw. des Weltbezuges der βασιλεία τοῦ θεοῦ darstellen. Als solche Momente haben jene ontologischen Implikationen des Rechtfertigungsereignisses eine *kritische Funktion* innerhalb der Welt und für deren Selbstverständnis. Die Theologie hat diese kritische Funktion innerhalb des jeweiligen geschichtlichen Selbstverständnisses der Welt zur Geltung zu bringen. Aufgrund des bisher Erarbeiteten soll dies nun wenigstens in Form einer ontologischen Andeutung geschehen.

Die entscheidende ontologische Implikation des Rechtfertigungsereignisses dürfte durch den Gedanken der creatio ex nihilo erfaßt sein. Dieser Gedanke nötigt dazu, das Nichts entgegen der aristotelischen Konzeption der Wirklichkeit zu denken. Denn nach dieser Konzeption kommt ein Nichts in dieser Welt gar nicht vor. Was als »Entstehen« und »Vergehen« in dieser Welt verstanden wurde, heißt deshalb auch längst schon »Veränderung«, weil »Entstehen« und »Vergehen«, sofern diese Begriffe »das Nichtseiende enthalten«, als »irreführende Begriffe« durchschaut sind[29]. Unser gegenwärtiges Wirklichkeitsverständnis, das wohl am besten noch immer von dem faktischen Vollzug der modernen Wissenschaften repräsentiert wird, rechnet im Sinne solcher Veränderung mit Möglichkeiten als dem Noch-Nicht späterer Wirklichkeit und ist insofern eigentlich nur an dem Unterschied von wirklich und noch nicht wirklich orientiert. Sie trifft damit zweifellos eine entscheidende Dimension der Welt.

Die Theologie partizipiert uneingeschränkt an dieser Dimension. Sie verschließt sich deshalb *keiner* der relevanten Forschungsmethoden, sondern wird vielmehr das Ihre tun, um die Vermehrung und Entwicklung solcher Methoden der Wirklichkeitserfassung zu fördern. Soziologie und Kybernetik werden sicherlich nicht die letzten Entdeckungen bleiben, die gemacht zu haben der Theologie nicht nur aus Gründen des wissenschaftlichen Make-up, sondern schon wegen der Nützlichkeit des Entdeckten wohl ansteht. Es wäre unverantwortlich, hier die Augen zu schließen.

Es wäre aber erst recht unverantwortlich, wenn die Theologie ihr unerläßliches opus alienum um seiner selbst willen und eben nicht

---

[29] N. Hartmann, Zur Grundlegung der Ontologie, 56.

um ihres opus proprium willen täte, wenn sie also *eine* entscheidende Dimension der Welt für die *einzige* und für die allein entscheidende hielte. Sie würde damit darauf verzichten, die Welt als Schöpfung zu denken. Die Theologie kann aber nicht nur nicht aufhören, die Welt als Gottes Schöpfung zu denken, sondern sie hat dies vor allem und sie hat alles andere nur um dieser ihrer Aufgabe willen zu tun.

Die Absolutsetzung der Wirklichkeit und der Unterscheidung von wirklich und nicht wirklich als Maßstab der Welt unterliegt der fundamentalen Kritik durch das Ereignis der Rechtfertigung, das die Welt nicht nur בְּרֵאשִׁית, sondern ἐξ ἀναστάσεως νεκρῶν als Schöpfung aus dem Nichts zu verstehen gibt. Die Theologie hat das radikale Nichts des ganz und gar nicht spekulativen Karfreitags im Zusammenhang des Seins dieser Welt als deren andere Dimension zur Geltung zu bringen – nicht um einer tiefsinnigen Ontologie des Nichts zu huldigen, sondern um Gott als den Schöpfer und sein Geschöpf als gerechtfertigt *denken* zu können. Sie tut das, indem sie gegenüber der Unterscheidung von wirklich und noch nicht wirklich die Unterscheidung von möglich und unmöglich als die ungleich fundamentalere Differenz zur Geltung bringt. Da, wo zwischen möglich und unmöglich unterschieden wird, geht es um Wahrheit (im Unterschied zur Wirklichkeit). Die ungleich fundamentalere Differenz ist die Unterscheidung von möglich und unmöglich deshalb, weil mit ihr der Unterschied von Gott und Welt berührt ist. Im Unterschied von Gott und Welt geht es nicht primär um Wirklichkeit, sondern um Wahrheit. Selbstverständlich unterscheiden sich Gott und Welt nicht so, daß die Welt mit dem Möglichen und Gott mit dem Unmöglichen zusammengehört. Sondern zwischen dem Möglichen und Unmöglichen zu unterscheiden – das ist Gottes Sache, während die sich als Schöpfung verleugnende Welt beides immer wieder in Eins setzt und sozusagen das Unmögliche wirklich macht[30]. Der massivste Ausdruck für diese als Wirklichkeit sich vollziehende Ineinssetzung von Möglichem und Unmöglichem ist das Phänomen der Religion, deren Götzen unmögliche Wirklichkeiten und deshalb »Stümper« (Jes 2,8; 10,10f.; Ps 96,5; Ps 97,7 u. ö.), φύσει μὴ ὄντες θεοί (Gal 4,8) sind. Doch müssen wir noch gründlicher erfassen, *inwiefern* mit der Unterscheidung von möglich und unmöglich der Unterschied von Gott und Welt berührt

---

[30] K. Barths Definition der Sünde als einer unmöglichen Möglichkeit trifft dieses Phänomen. Man sollte aber besser von einer unmöglichen Wirklichkeit reden.

4.2 Die Welt als Möglichkeit und Wirklichkeit

ist. Es muß sich aufgrund dieser Unterscheidung ein Gottesverständnis und ein Weltverständnis gewinnen lassen.

1) *Gott:* Zwischen dem Möglichen und Unmöglichen zu unterscheiden, das kann Gottes Sache nicht in dem Sinne sein, als ob schon feststünde, was möglich und unmöglich ist, und als ob Gott im Nachhinein nun das schon Mögliche vom schon Unmöglichen unterscheide. Wäre es so, dann wäre Gott ein Sekundärphänomen und also nicht Gott. Ebensowenig kann man aber auf der anderen Seite Gott als den bestimmen, der das Unmögliche möglich macht und dann das möglich gemachte Unmögliche als »Wunder« wirklich sein läßt. Dergleichen wären keine Wunder, sondern Mirakel, wie sie die Sünde zustande bringt. Und Gott wäre wiederum, wenn auch unter anderem Vorzeichen, ein Sekundärphänomen, das zwar Unmögliches und Mögliches durcheinander bringen könnte, aber damit deren Priorität vor Gott selbst gerade erwiese. Wenn es Gottes Sache ist, zwischen dem Möglichen und Unmöglichen zu unterscheiden, dann muß sich in dieser Unterscheidung Gottes Gottheit so vollziehen, daß mit dieser Unterscheidung sich erst entscheidet, was möglich und unmöglich ist. Und das heißt, dann kann in dieser Unterscheidung überhaupt erst das Mögliche als Mögliches und das Unmögliche als Unmögliches konstituiert werden. Gott wäre in diesem Sinn zu begreifen als der, der das Mögliche möglich und das Unmögliche unmöglich macht. Als der, der das Mögliche möglich und das Unmögliche unmöglich macht und so das Mögliche vom Unmöglichen unterscheidet, unterscheidet sich Gott von der Welt. Und indem er sich von der Welt unterscheidet, läßt Gott die Welt wirklich sein.

Wiederum hätten wir aber den Unterschied von Gott und Welt nur wenig gründlich erfaßt, wenn wir Gott der Welt gegenüber an sich setzten. Gottes Sein wäre dann eine andere (sozusagen die ursprünglichere und bessere, aber so eben doch nur eine andere) Welt, und die Unterscheidung von Gott und Welt wäre nichts anderes als die Unterscheidung *zweier Welten.* Man kann dann zwar – entsprechend der Absolutsetzung der einen Dimension der Welt – »Gottes Wirklichkeit« gegen »die Wirklichkeit der Welt« ausspielen oder umgekehrt oder die eine Wirklichkeit mit der anderen in Einklang zu bringen versuchen, aber man hätte dann doch so oder so entweder Gott weltlich oder die Welt göttlich gedacht. Demgegenüber wäre Gott vom Ereignis der Rechtfertigung her als der zu denken, der sich gerade im Ereignis der Unterscheidung von der Welt auf diese bezieht. So ist er Gott, und so bleibt er Gott. So hat er sich in der unauflösbaren Einheit von Tod und Auferstehung Jesu erwiesen. Und deshalb gibt es keine wahre Verkündigung des Kreuzes, die nicht in der Kraft der Auferstehung geschieht, und erst recht keine wahre Verkündigung des Auferstandenen, die diesen nicht als Gekreuzigten verkündigt. Die Osterbotschaft, das Evangelium, ist Wort vom Kreuz. Von ihm her wird man von Gott selbst sagen müssen, daß er als der, der das Mögliche möglich und das Unmögliche unmöglich macht und in der Unterscheidung von Möglichem und Unmöglichem die Welt wirklich sein läßt, daß er als dieser selbst jenseits der *Differenz* von Möglichkeit und Wirklichkeit gleichursprünglich beides ist oder – was dasselbe sagt: daß er *ist* und daß sein Sein im Werden ist.

2) *Zur Welt:* Daß Gott sich im Ereignis der Unterscheidung von der Welt auf diese bezieht, leitet aber nicht nur zum Verständnis Gottes, sondern gleichursprünglich damit zum Verständnis der Welt an. Denn der Satz besagt ja gemäß der erarbeiteten Voraussetzung (daß Gott sich von der Welt unterscheidet, indem er das Mögliche vom Unmöglichen unterscheidet), daß Gott sich auf die Welt bezieht, indem er das Mögliche möglich und das Unmögliche unmöglich macht. Die abstrakte Formulierung findet sofort ihre Konkretion, wenn wir sie in das Ereignis der Rechtfertigung zurückdenken. Denn dieses Ereignis erhellt die göttliche Unterscheidung von Möglichem und Unmöglichem als Ereignis des die Welt in das Nichts zurückführenden und aus dem Nichts neu erschaffenden Wortes Gottes. Das Mögliche möglich und das Unmögliche unmöglich zu machen ist das Geschäft des *Wortes,* durch dessen Ereignis sich Gott von der Welt unterscheidend auf diese bezieht. Das Ereignis des Wortes Gottes läßt angesichts der Wirkliches perpetuierenden und auch im »Machen der Zukunft« immer nur Wirkliches verwandelnden Wirklichkeit Möglicher möglich werden und überantwortet das unmöglich Gewordene dem Vergehen. Das heißt: das Wort Gottes ereignet sich, indem es zwischen dem Möglichen und dem Unmöglichen unterscheidet, als Verheißungswort und als Wort des Gerichtes.

3) *Welt:* Das bedeutet für das Verständnis der Welt, daß ihr Sein als Geschichte geschieht und daß diese Geschichte nicht durch die Unterscheidung von Wirklichem und Noch-Nicht-Wirklichem, sondern durch die Unterscheidung von Möglichem und Unmöglichem oder eben durch Gottes Wort konstituiert wird. So wird verständlich, daß die Traditionen Israels immer wieder neu interpretiert werden konn-

ten, ohne daß solche Neuinterpretationen nur Alterierungen vergangener Wirklichkeit waren. Insofern sie den Anspruch erheben konnten, daß ein כֹּה אָמַר יְהוָה sie begleitet, wurde im Akt der Neuinterpretation die vergangene Wirklichkeit eine ganz neue Möglichkeit. Und eben so erweist sich gerade in der *Bundesgeschichte* Israels die Welt als *Schöpfung*. Die Welt ist Schöpfung, insofern mit der Unterscheidung des Möglichen vom Unmöglichen Gottes Wort das Sein vom Nichts unterscheidet. »Das Erstaunen darüber, daß Israel *ist* und nicht etwa *nicht* ist, ist die grundlegende Erfahrung Israels durch seine ganze Geschichte hindurch.«[31]

Dieses Erstaunen besagt, daß jeder Schritt innerhalb der Geschichte ein möglich gewordener (nämlich von Gottes Wort möglich gemachter) Schritt aus dem Nichts in die Geschichte ist. Innerhalb der Geschichte *Zukunft* gewinnen bedeutete demgemäß für Israel *überhaupt Geschichte* gewinnen[32]. Daß die das Sein der Welt als Geschichte konstituierende Verheißung einen dem Nichts entrissenen Geschichtsgewinn meint, bedeutet, daß die Verheißung »in einem aufweisbaren Widerspruch zur geschichtlichen Wirklichkeit«[33] steht. Das wiederum hat seinen Grund in der christologisch aufgewiesenen und unauflösbaren Einheit von Gnade und Gericht, dergemäß das *ex nihilo facere* ein *in nihilum redigere* impliziert. Mit Recht verweist J. Moltmann auf Jeremia 23,29 als Kriterium für das Ereignis des Wortes Gottes: »Ist nicht mein Wort brennend wie Feuer – raunte der Herr – und einem Hammer gleich, der Felsen zerschmeißt?«[34]

Wo Rechtfertigung geschieht, geschieht entsprechend um des kreatorischen göttlichen Ja willen ein die Wirklichkeit des Sünders in nihilum redigierendes göttliches Nein. Weil der Gerechtfertigte sein neues

---

[31] *J. M. Robinson*, Heilsgeschichte und Lichtungsgeschichte, Ev.Theol. 22, 1962, 139. Zum Problem vgl. *G. von Rad*, Theologie des Alten Testaments II, 5. Aufl. 1968, 108 ff., 308 ff.

[32] Vgl. dazu meinen Aufsatz »Der Schritt des Glaubens im Rhythmus der Welt«. In dem vorliegenden Band S. 257 ff.

[33] *J. Moltmann*, Theologie der Hoffnung, 7. Aufl. 1968, 107.

[34] Vgl. V. 39. Es geht in V. 29 nicht um ein Kriterium zur Unterscheidung von wahrer und falscher Prophetie, wie der Kontext suggeriert. V. 29 ist literarisch selbständig und zielt auf die Hörer, nicht auf die Sprecher des Wortes Gottes, wie *G. Quell* (Wahre und falsche Propheten, 1952, 166 ff.) gezeigt hat. – Ich würde gegenüber Moltmann allerdings einwenden, daß die Verheißung nicht eine »Seinsinkongruenz«, sondern eine Wirklichkeitsinkongruenz provoziert, die umgekehrt nicht »die Zukunft einer neuen Wirklichkeit«, sondern die Zukunft eines neuen Seins anzeigt bzw. aussagt (vgl. Moltmann, aaO. 107).

4. Gottes Zur-Welt- und Zur-Sprache-Kommen

Sein diesem das Wirkliche in nihilum redigierenden und ex nihilo schaffenden Wort Gottes verdankt, deshalb hofft er auf nichts anderes als auf Gottes Wort, »ut sit spes purissima in purissimum deum«[35]. Gerade so hofft er auch *für* die Welt, aber eben nicht auf eine bestimmte zukünftige Wirklichkeit der Welt, sondern allein *auf* Gottes schöpferisches Wort.

a) *Auf* eine bestimmte zukünftige Wirklichkeit der Welt »*hoffen*« ist, theologisch geurteilt, das genaue Gegenteil einer Hoffnung, die als Hoffnung auf Gott und nur auf Gott auch *für* die Welt Zukunft erhofft. Die zukünftige *Wirklichkeit* der Welt wird *nicht erhofft*, sondern *gemacht*. Sie gehört in den Werk-Zusammenhang der Welt, der zu berechnen ist und der Hoffnungen ebensowenig verträgt, wie die Konstruktion eines Flugzeuges oder die historisch-kritische Erforschung der Vergangenheit mit der Hoffnung arbeiten. Die zukünftige Wirklichkeit der Welt ist machbar, entspringt als solche nicht unmittelbar dem Wort der Verheißung, sondern dem Werk des »Wahrsagers«, der nach Kant das »Bevorstehende [.] in der künftigen Zeit« wahr darstellt, wenn er »die Begebenheiten selber macht und veranstaltet, die er zum voraus verkündigt«[36].

Wollte man von dieser machbaren zukünftigen Wirklichkeit zugleich sagen, sie sei Gegenstand christlicher Hoffnung, dann wäre das die genaue neuzeitliche Parallele zur einst von Luther bekämpften Auffassung der Hoffnung als »certa expectatio praemii, ex meritis proveniens« (WA 5,163,34). Denn wenn die Taten der Menschheit auf Gegenstände zielen, die auch zu erhoffen sind, dann rücken die menschlichen Taten (nun nicht des Individuums, sondern der Gesellschaft) in den Stellenwert der merita ein, weil die Hoffnung in diesen Taten selber begründet wäre. »Ex qua sententia quid aliud potuit – oder sagen wir nüchtern: potest – sequi quam ruina universae theologiae, ignorantia Christi et crucis eius et oblivio ... dei diebus innumeris?« (WA 5,163,35 ff.).

b) Im Gegensatz zu solcher immer in der Wirklichkeit der Welt begründeten Hoffnung *auf* die zukünftige Wirklichkeit der Welt *hoffen* die Gerechtfertigten *für* sich und *für* die Welt allein *auf* Gott. »Ablatis autem cunctis etiam operibus bonis ac meritis, si hic sustineamus, deum invenimus, in quo solo fidimus, ac sic spe salvi facti sumus«

---
[35] *Luther*, Operationes in Psalmos, 1519–1521, WA 5, 166, 18. – Gegen Moltmann!
[36] *I. Kant*, Streit der Fakultäten, II, 2.

(WA 5, 166, 1 ff.). In solcher Hoffnung sind die Glaubenden gerecht, weil in solcher Hoffnung der *Glaube* Ereignis wird, der allein in dieser Welt an Gottes Unterscheidung zwischen dem Möglichen und Unmöglichen partizipiert. Diese Partizipation ist gemeint, wenn es heißt, alles sei möglich dem, der da glaubt (Mk 9,23).

Im Glauben an das Wort vom Kreuz bekommt die Welt durch die Glaubenden Anteil an der göttlichen Unterscheidung des Möglichen vom Unmöglichen. Und indem die Welt durch die Glaubenden – also durchaus durch die christliche Gemeinde – Anteil an jener Unterscheidung bekommt, in der sich Gott selbst von der Welt unterscheidend auf diese bezieht, ist sie über die Dimension der Wirklichkeit hinaus Welt, existiert sie als Gottes Schöpfung. Wo die Absolutsetzung der Dimension der Wirklichkeit überwunden wird, weil sich Konformität mit dem im Sein Jesu Christi vollzogenen Rückbezug des Seins auf das Nichts ereignet, da ist die Welt mehr als ihr eigener Habitus, da ist sie Schöpfung. Die Wirklichkeit der Welt ist die unerläßliche »vita activa«, ohne die wir nicht wirklich wären. Aber als Schöpfung ist die Welt zugleich die unersetzbare »vita passiva«, ohne die wir nicht möglich wären. »oportet«, sagt Luther, »nos conformari imagini et exemplo Christi, regis et ducis nostri, qui per activam ... vitam incepit, sed per passionem consummatus est, omnibus scilicet operibus eius tam multis tam magnificis adeo in nihilum redactis, ut non solum coram hominibus sit cum iniquis reputatus, sed et a deo derelictus« (WA 5, 166, 12 ff.). Der per passionem consummatus et a deo – sc. omnipotente – derelictus hat als Gegenüber nur noch Gottes *Liebe*. Ihr gilt sein Schrei.

VI

Aus dem Ausgeführten ergibt sich ein theologisches Verständnis von Wirklichkeit. Grundsätzlich folgt aus den Darlegungen die Destruktion des Prioritätsanspruches der Wirklichkeit vor der Möglichkeit, weil die Unterscheidung von möglich und unmöglich und damit die Unterscheidung von Gott und Welt für die Welt *notwendiger* ist als die Unterscheidung von wirklich und noch-nicht-wirklich. In der Wirklichkeit wirkt das Schon-Wirkliche als Werk, das als solches immer aus der Vergangenheit herkommt. Pointiert formuliert: in der Wirklichkeit wirkt das in die Vergangenheit Vergehende. Als solches hat es seine Würde und seine eigene Notwendigkeit. Mit der Unterscheidung von möglich und unmöglich aber wird das Sein vom Nichts unterschieden. Eine solche Unterscheidung geschieht immer von der Zukunft her. Denn das Nichts hat ebensowenig Vergangenheit wie die schöpferische Unterscheidung des Seins vom Nichts. Wo Mögliches vom Unmöglichen so unterschieden wird, daß das Mögliche möglich und das Unmögliche unmöglich wird, ereignet sich so etwas wie Ursprung – sei es nun Ursprung im Anfang (בְּרֵאשִׁית) oder Ursprung am Ende (ἐξ ἀναστάσεως νεκρῶν); es ist hier wie dort Gottes Freiheit als *Liebe,* die das Mögliche möglich macht. Es ist unerläßlich, schon im Begriff der Schöpfung Gottes Liebe seiner Allmacht überzuordnen. Gottes Allmacht gilt der Wirklichkeit, Gottes Liebe gilt dem Sein, das im Werden ist.

1) Daraus folgt, daß Möglichkeit nicht mehr vom Begriff der Wirklichkeit her definiert werden kann: weder im Sinne einer als Anlage zum Wirklichen verstandenen Potenz und Tendenz noch im Sinne eines Seinsfaktors am Wirklichen. Vielmehr sind das Mögliche und das Wirkliche Faktoren am Sein: wobei das, was Gottes freie Liebe möglich macht, die ontologische Prävalenz vor dem hat, was Gottes Allmacht durch unsere Werke wirklich macht. Denn Möglichkeit ist als Zukünftigkeit der geschichtlich existierenden Welt keineswegs etwas »bloß« Mögliches, sondern das, was die Wirklichkeit *unbedingt* angeht. Möglichkeit ist als Zukünftigkeit die konkrete Bestimmtheit der Welt durch das Nichts, aus dem Gottes schöpferische Liebe das Sein *werden* läßt. Was hingegen aufgrund von Vergangenheit und Gegenwart an Zukunft machbar ist, gehört nicht in die Dimension der Möglichkeit, sondern als das Noch-Nicht-Wirkliche in die Dimension der Wirklichkeit. Was machbar ist, *wird nicht* im strengen Sinne des Werdens, wird nicht ex nihilo. Der Mensch macht aus Wirklichem Wirkliches. Er verwandelt, er transformiert. So macht er Zukunft. Gott aber ist kein Transformator, sondern creator. Als solcher läßt er das Mögliche auf das Wirkliche zukommen. Aber was auf die Wirklichkeit an Möglichkeit zukommt, kommt aus der göttlichen Unterscheidung des Möglichen vom Unmöglichen und insofern ex nihilo. Es »ist nicht drin«. Sondern die Möglichkeit der Welt ist deren Wirklichkeit gegenüber extern. Ihre Externität ist Futurität.

Allerdings muß das extern-futurisch Mögliche die Wirklichkeit *ansprechen*, wenn das Mögliche für die Wirklichkeit nicht reine Abstraktion vom Wirklichen sein soll. Die unerläßliche *Konkretion* des Möglichen ist *das Ereignis des Wortes.* Im Ereignis des Wortes geht das, was Gottes Liebe möglich macht, von außen und von nicht resultierender

4.2 Die Welt als Möglichkeit und Wirklichkeit   131

Zukunft her die Wirklichkeit der Welt unbedingt an. Im Ereignis des Wortes entdeckt man dann auch – wie Moltmann schön formuliert – »Zukunft im Vergangenen und Möglichkeiten im Gewesenen«[37].

2) Wenn das Mögliche im Ereignis des Wortes die Wirklichkeit der Welt unbedingt angeht, dann stellt sich für die Wirklichkeit allerdings die Frage, wie sich das Mögliche als möglich (und also als unterschieden vom Unmöglichen) am Wirklichen verifiziert. Denn als von außen und von nicht (aus der Tendenz des Wirklichen) resultierender Zukunft her die Wirklichkeit unbedingt angehend unterliegt das Mögliche stets dem Verdacht, für das Wirkliche irrelevant oder aber überhaupt unmöglich zu sein.

Dieses Verifikationsproblem scheint das die Theologie zur Zeit am stärksten beschäftigende Problem zu sein. Es ist in der Tat kompliziert genug, um eine rechtschaffene Theologie in Verlegenheit bringen zu können. Wie kann das die Wirklichkeit unbedingt angehende Mögliche als solches verifiziert werden, ohne daß es einerseits seine Unbedingtheit dem Wirklichen gegenüber verliert und ohne daß es andererseits aufhört, das Wirkliche wirklich anzugehen?

Soll es die Wirklichkeit *unbedingt* angehen, dann kann es ja nicht unter die Bedingungen des Wirklichen gezwungen und dadurch verifiziert werden. Verifikation wäre in einem solchen Fall Alterierung des Möglichen zum Wirklichen. Dergleichen geschieht, wenn zB. der Weltbezug der Gottesherrschaft die Wirklichkeit so angehen soll, daß aus der Gottesherrschaft ein Revolutionspostulat oder umgekehrt eine Sanktionierung des Bestehenden gemacht wird. In beiden Fällen hat man das Mögliche zum Wirklichen alteriert: es geht die Wirklichkeit wie alles Wirkliche *bedingt* an. Andererseits aber droht die Betonung der Unbedingtheit gegenüber dem Wirklichen das Mögliche völlig verifikationslos zu belassen. Es ginge dann die Wirklichkeit überhaupt nichts an, obwohl es doch diese unbedingt angehen soll. Externität und die nicht aus dem Wirklichen schon resultierende Futurität des Möglichen geben diesem in seiner Unbedingtheit dem Wirklichen gegenüber den Anschein des Autoritären, das Unterwerfung statt Verifikation zu fordern scheint. Gottes Offenbarung ist als von außen und aus der Zukunft her die Wirklichkeit unbedingt angehender Anspruch häufig in diesem Sinn autoritär mißverstanden worden. Das Mißverständnis liegt in einer verhängnisvollen Verwechslung von Autorität

---

[37] *Moltmann*, aaO. 247.

4. Gottes Zur-Welt- und Zur-Sprache-Kommen

des Möglichen mit dem Autoritären, das dessen Karikatur, Talmi-Autorität ist.

3) Von einer *Autorität des Möglichen* muß allerdings gesprochen werden. Das Mögliche ist gegenüber dem Wirklichen keineswegs, wie der Sprachgebrauch nahelegt, »*bloß* möglich«. Es ist in seiner Unterschiedenheit vom Unmöglichen sehr wohl kräftig; und die Kraft des Möglichen ist seine Autorität. Versteht man aber das Mögliche als nicht kraftlos, sondern kräftig, als nicht machtlos, sondern mächtig, dann wird man die paulinische Definition des Evangeliums als δύναμις θεοῦ durchaus mit Bultmann so verstehen können, daß das Evangelium Gottes Möglichkeit εἰς σωτηρίαν ist für jeden, der glaubt – und das, ohne Käsemanns Übersetzung von δύναμις als Macht für das Gegenteil der Bultmannschen Auffassung halten zu müssen. Die Macht des Möglichen besteht formaliter darin, vom Unmöglichen so unterschieden zu sein, daß es auch im Wirklichen das Unmögliche unmöglich *macht*. In dieser Macht also besteht die Autorität des Möglichen, wie sie in der Autorität des Evangeliums offenbar wird. Sie unterscheidet sich vom bloß Autoritären dadurch, daß sie *sich* zu verstehen gibt (und nicht irgend etwas)[38].

Ihr Anspruch spricht sich in einer das Wirkliche wirklich angehenden Sprache aus. Ernst Fuchs hat dafür die Kategorie »Sprachereignis« geprägt. (Sie ist in ihrer Leistungsfähigkeit zum Verständnis der Wirklichkeit weitgehend verkannt worden.) Welche Sprachereignisse, so wäre zu fragen, verifizieren das vom Unmöglichen unterschiedene Mögliche als die Wirklichkeit unbedingt angehend? In welchen Sprachereignissen kommt es zu einer wahren Entsprechung zwischen dem Anspruch der Möglichkeit und der Sprache der Wirklichkeit?

a) Die nächstliegende Antwort dürfte lauten: in der Behauptung. Das Mögliche kann in der Wirklichkeit nur behauptet und muß in ihr behauptet werden. Der Glaube hat gegenüber dem Wirklichen zu behaupten, was Gottes Liebe möglich gemacht hat. Luther hat mit gutem Grund gegenüber Erasmus die Freude des Glaubens an der assertio verteidigt[39]. Das Wirkliche muß allerdings nicht behauptet werden. Es behauptet sich. Aber dem Anspruch des Möglichen entspricht in der

---

[38] Das Autoritäre gibt etwas zu verstehen (wie: Marschieren), ohne die *Autorität* des Befehls zu verstehen zu geben. Es duldet deshalb auch kein »Räsonieren«.

[39] De servo arbitrio, 1525, WA 18, 603 ff. = BoA III, 97 ff.

4.2 Die Welt als Möglichkeit und Wirklichkeit 133

Dimension der Wirklichkeit die Behauptung durch Menschen. Die Möglichkeit muß behauptet werden.

Sie muß aber als von dem Unmöglichen unterschieden behauptet werden. Soll die Behauptung aus der Autorität des Möglichen nicht einen bloß autoritären Anspruch machen, dann muß mit der Behauptung des Möglichen die Unterscheidung des Möglichen vom Unmöglichen (und das heißt nach unserer Untersuchung: Gott selbst) für das Wirkliche relevant werden.

Dies dürfte dann der Fall sein, wenn die Behauptung des Möglichen in der Wirklichkeit von dieser nichts Unmögliches verlangt. Damit wäre der Wirklichkeit Genüge getan, ohne die Unbedingtheit des Möglichen gegenüber dem Wirklichen zu verletzen. Denn das Mögliche ist ja selbst vom Unmöglichen unterschieden und entspricht sich also selbst, wenn sein Anspruch der Wirklichkeit so entspricht, daß er von dieser nichts Unmögliches verlangt. Die Behauptung des Möglichen, die in der Wirklichkeit von dieser nichts Unmögliches verlangt, muß aber, soll sie die Wirklichkeit dennoch unbedingt angehen, als Behauptung eines *Anspruches* zugleich der *Zuspruch* dessen sein, was in der Wirklichkeit, durch diese nicht bedingt, dieselbe zurück auf das Mögliche transzendiert. Das heißt: der *Anspruch des Möglichen* kann nur als *Zuspruch von Freiheit* behauptet werden. Die Autorität des Möglichen ist die Autorität geschenkter Freiheit[40].

b) Die Behauptung des Anspruches des Möglichen würde als Zumutung von Freiheit ein Ereignis im Wirklichen sein. Freiheit im Wirklichen kann aber nur zugemutet werden, wenn innerhalb der Wirklichkeit ein *Raum der Freiheit* entsteht, in dem sich *Vertrauen* zum Möglichen einstellen kann. Raum zur Freiheit entstehen lassen heißt aber: in der Wirklichkeit *Wirkliches von Wirklichem kritisch zu unterscheiden*, zB. das, was sich zu erhalten lohnt, von dem, was es zu verändern gilt, zB. gute von bösen Werken oder menschliche von unmenschlichen Staatsformen. Nur wo Wirkliches nicht unterschiedslos

---

[40] Bezeichnenderweise interpretiert *Luther* das Herr-Sein Christi in diesem Sinn als sein Erlöser-Amt, also durchaus unautoritär:»Das sei nu die Summa dieses Artikels, daß das Wortlin ›HERR‹ aufs einfältigste soviel heiße als ein Erloser, das ist, der uns vom Teufel zu Gotte, vom Tod zum Leben, von Sund zur Gerechtigkeit bracht hat und dabei erhält.« – Demgegenüber ist der autoritär herrschende Teufel gerade kein Herr: »... zuvor habe ich keinen Herrn noch König gehabt, sondern unter des Teufels Gewalt gefangen, zu dem Tod verdammt, in die Sunde und Blindheit verstrickt gewesen« (Großer Kat. 2. Art., BSLK, 5. Aufl. 1963, 652 und 651).

eines ist, entsteht derjenige Zwischenraum, ohne den Freiheit nicht sein kann. Die Behauptung des Anspruches des Möglichen muß also, soll sie Zumutung von Freiheit sein, in solchen Sprachereignissen geschehen, die es zur Unterscheidung des Wirklichen kommen lassen, so daß Raum zur Freiheit entsteht, in dem sich Vertrauen zum Möglichen einstellen kann. Vertrauen wiederum braucht, um sich einstellen zu können, Zeit. Die Sprachereignisse, die es zur Unterscheidung des Wirklichen kommen lassen, müssen demgemäß zugleich *Zeit gewähren*. Die Zeit, die sie gewähren, ist de facto der Raum zur Freiheit.

Es ist klar, daß Sprachereignisse, die Zeit zum Vertrauen oder Raum zur Freiheit gewähren, nicht auf die Entscheidung des Augenblicks beschränkt sind, nicht durch die Struktur des Befehls charakterisiert sind[41]. Wollen wir sie bestimmen, so werden sie als Sprachereignisse zu bestimmen sein, die bitten lassen. Die Bitte ist zwingend, ohne gewaltsam zu sein. Sie läßt Zeit, im Unterschied zum Befehl. Sie räumt Freiheit ein, die der nicht Gebetene niemals hat. Sie führt zur Unterscheidung des Wirklichen durch das Mögliche. Die Bitte dürfte deshalb das konstitutive Element in der Verkündigung sein. An Christi Statt bittet der Apostel (2 Kor 5,20), ohne daß sein Wort aufhörte, zwingend zu sein, und ohne daß der Glaube aufhörte, Gehorsam, aber eben freier Gehorsam zu sein. In der *Bitte* findet die *Liebe* Gottes ihren treffendsten Ausdruck, die dadurch, daß sie das Mögliche möglich und das Unmögliche unmöglich gemacht hat, indem sie das letztere in nihilum redigierte und das Mögliche ex nihilo heraufführte, die Welt mit Gott versöhnte.

c) Am angemessensten hat wohl Jesus selbst in seinen *Gleichnissen* das vom Unmöglichen unterschiedene Mögliche als die Wirklichkeit unbedingt angehend so zur Sprache gebracht, daß Wirkliches von Wirklichem unterschieden und so Freiheit eingeräumt und Vertrauen gewährt wurde. Die Gleichnisse Jesu sind im Grunde zwingende Bitten an seine Hörer. Sie *führen* in die Freiheit, indem sie mit den Hörern (und zwar nicht nur mit jedem einzelnen, sondern die einzelnen im Erzählen zur Gemeinschaft sammelnd) einen *Weg* gehen. Einen Weg,

---

[41] Vgl. *S. Kierkegaards* Tagebuchnotiz (X/2/219): »… Wenn ein Körper allzu rasch … gedreht wird, so kann Selbstentzündung entstehen. So auch, wenn die Ewigkeit und die Forderung der Idealität in einem Nu auf einen Menschen einstürzen und sich von ihm fordern: so muß er verzweifeln, von Verstand kommen usw. In einem solchen Augenblick muß der Mensch zu Gott rufen: gib Zeit, gib Zeit. Und das ist die Gnade – Gnadenzeit heißt ja deshalb die Zeitlichkeit auch« (Übersetzung von H. Diem in ZdZ 9, 1931, 6).

der die Hörer in ihrer alltäglichen Welt, in ihrer Wirklichkeit aufsucht und dann mitnimmt, indem die verschiedenen Anschauungselemente und Erzählungszüge des Gleichnisses die Hörer auf die Pointe des Gleichnisses hin sammeln. Hier wird dem Hörer Zeit eingeräumt. Die Gottesherrschaft wird nicht abstrakt proklamiert, um den Menschen im Augenblick zur Entscheidung zu zwingen (gegen Bultmanns Kerygmaverständnis). Sondern die Gottesherrschaft nimmt sich Zeit, die Zeit eines Gleichnisses, um den Menschen in seiner ihm anvertrauten Welt aufzusuchen. Und so gewährt die Gottesherrschaft in den Gleichnissen den Menschen Zeit, Vertrauen zu finden, um so *verstehend* in die Situation der Entscheidung zu gelangen, die die Pointe des Gleichnisses anbietet. Am Ende eines Gleichnisses hat die Gottesherrschaft dann nicht nur zur Pointe, nicht nur auf sich hin geführt, sondern sie hat auch eine »Kostprobe« von sich selbst gegeben, hat sich im Gleichnis als Gleichnis zur Sprache gebracht[42], hat als Wort der Freiheit in die Freiheit zum Wort geführt. Deshalb fällt es so schwer, sich am Ende eines Gleichnisses von Jesus zu distanzieren, der es erzählt. Unglaube und Unfreiheit sind am Ende eines Gottesreichgleichnisses eigentlich nur eine »unmögliche Möglichkeit« (K. Barth). Der Hörer wird zur *rechten* Entscheidung in Kraft gesetzt.[43]

Indem in solchen Sprachereignissen das Mögliche die Wirklichkeit unbedingt angeht, zwingt es den Menschen zum Streit um das, was wirklich ist. Er muß nun innerhalb der Wirklichkeit unterscheiden, muß *handeln,* muß je nach der durch Möglichkeit *konstituierten* Notwendigkeit der Zeit *sich entscheiden,* mitunter auch für eine Politik (aber nie für eine Theologie) der Revolution. Indem der Mensch innerhalb der Wirklichkeit unterscheidet, darum streitend, was wirklich sein soll, entspricht er in seinen Grenzen seinem Gott, der mit der Unterscheidung des Möglichen vom Unmöglichen auch allererst Wirklichkeit möglich macht und durch sein Wort offenbar (φανερόν) macht, ὅτι πρότερον δύαμις ἐνεργείας ἐστίν.

---

[42] Vgl. mein Buch »Paulus und Jesus«, 135 ff.
[43] Das Gleichnis konstituiert die Analogie als dogmatische Grundform menschlichen Redens von Gott, nicht weil Gleichnisse unschärfer, sondern weil sie *präziser* reden.

VII

Zum Schluß sei ein Einwand gegen das Vorgetragene antezipiert.

»... Mein Nachsinnen betraf zuweilen auch dies, ... es betraf – ich weiß nicht, ob es mir gelingen wird, mich mitzuteilen – das Wirkliche, das wir kennen, so, wie es geworden ist, und das Mögliche, das wir nicht kennen, sondern nur ahnden können – mit einer Trauer zuweilen, die wir aus überwältigendem Respect vor dem Wirklichen uns und anderen verhehlen und ins Unterste unseres Herzens verweisen. Was ist denn auch das Mögliche gegen das Wirkliche, und wer will es wagen, ein Wort einzulegen für jenes, da er Gefahr läuft, die Ehrfurcht vor diesem dadurch zu verletzen! Und doch scheint mir hier öfters eine Art von Ungerechtigkeit zu walten, erklärlich aus der Tatsache, – o ja, man kann hier wohl von Tatsachen sprechen! –, daß das Wirkliche allen Raum einnimmt und alle Bewunderung auf sich zieht, da das Mögliche, als nicht geworden, nur ein Schemen ist und eine Ahndung des ›Wenn nun aber‹. Wie muß man nicht fürchten, mit derlei ›Wenn nun aber‹ die Ehrfurcht vor dem Wirklichen zu verletzen, als welche ja zu einem guten Teil auf der Einsicht beruht, daß all Werk und Leben von Natur ein Product der Entsagung ist. Aber daß es das Mögliche gibt, wenn auch nur als Tatsache unserer Ahndung und Sehnsucht, als ›Wie nun erst‹ und als flüsternder Inbegriff dessen, was allenfalls hätte sein können, das ist das Wahrzeichen der Verkümmerung.«

»Ich bin und bleibe«, antwortete Charlotte mit abweisendem Kopfschütteln, »für Resolutheit und dafür, daß man sich rüstig ans Wirkliche halte, das Mögliche aber auf sich beruhen lasse.«

»Da ich die Ehre habe, hier mit Ihnen zu sitzen«, erwiderte der Kammerrat, »will es mir nicht ganz gelingen zu glauben, daß nicht auch Sie die Neigung kennen sollten, sich nach dem Möglichen umzusehen. Sie ist so begreiflich, dünkt mich, diese Neigung, denn gerade die Großheit des Wirklichen und Gewordenen ist es, die uns verführt, auch noch dem Verkümmert-Möglichen nachzuspeculieren. Das Wirkliche bietet große Dinge, natürlich, wie sollte es nicht ...«

»Man muß«, sagte Charlotte, »den Hochsinn schätzen, der sich des Möglichen annimmt gegen das Wirkliche, so sehr es – und gerade weil es so sehr – im Vorteil ist gegen jenes. Wir werden es wohl eine Frage müssen bleiben lassen, welchem von beiden der sittliche Vorrang gebührt ...«[44]

---

[44] *Th. Mann*, Lotte in Weimar, Ges. Werke Bd. 7, 1982, 229 f.

Haben wir nicht mit der Behauptung der Priorität der Möglichkeit vor der Wirklichkeit den üblichen Sprachgebrauch, die Dinge auf den Kopf gestellt? Man könnte darauf antworten, daß die Sprache dem Sprachgebrauch auch andere Wege offenhält als die geläufigen, daß »δύναμις« und »Vermögen« auch sprachlich die Quellen der »Macht« sind, ohne die nichts »wirklich« ist. Man könnte also antworten, daß hier die Dinge nicht auf den Kopf, sondern wieder auf die Beine gestellt werden, wenn man es nicht vorzöge, zu erwägen, ob die Welt nicht viel zu lange schon auf den Beinen steht, ohne doch dadurch voranzukommen, und ob, um endlich voranzukommen, es nicht an der Zeit wäre, die ganze Welt auf den Kopf und nur auf den Kopf zu stellen. Die Erwägung ist nicht neu[45]. Aber auch Vergangenes hat, wie gesagt, noch Möglichkeiten und also Verheißungen.

Leifragen

1. Wie setzt Jüngel die Begriffe ›Wirklichkeit‹, ›Möglichkeit‹ und ›Wahrheit‹ in seiner Kontrastfolie und in seinem eigenen Entwurf ins Verhältnis? Wo verortet Jüngel das ›Nichts‹ und was bedeutet dies für den Umgang mit der Zeit?
2. Jüngel bestimmt Gott als denjenigen, »der das Mögliche möglich und das Unmögliche unmöglich macht« (125). Welche Alternativen werden damit ausgeschlossen und welche Konsequenzen hat diese Definition für den Gottesgedanken?
3. Jüngel kann schreiben, dass die Hoffnung auf eine bestimmte zukünftige Wirklichkeit der Welt theologisch abzulehnen ist. Inwieweit lässt sich darauf aufbauend eine Ethik konzipieren?

---

[45] Vgl. *G. W. F. Hegel*: zB. Vorlesungen über die Philosophie der Geschichte, Werke Bd. 9, 1837, 441. – Auf *R. Musils* Interpretation der Möglichkeit als Existenzdimension des Mannes ohne Eigenschaften und auf den sich im gleichnamigen Roman andeutenden Ansatz einer Destruktion des ontologischen Primates der Wirklichkeit vor der Möglichkeit sei hier nur hingewiesen.

Literatur

- Ch. Herbst, Freiheit aus Glauben. Studien zum Verständnis eines soteriologischen Leitmotivs bei Wilhelm Herrmann, Rudolf Bultmann und Eberhard Jüngel, Berlin 2012, 385–390.
- H. von Sass, Gott als Ereignis des Seins. Versuch einer hermeneutischen Onto-Theologie, Tübingen 2013, 285–310.
- M. D. Krüger, Der Gott vom Holz her? Auferstehung bei Eberhard Jüngel und Wolfhart Pannenberg, in: G. Wenz (Hg.), Die Christologie Wolfhart Pannenbergs, Göttingen 2021, 233–255.

5. Der dreieinige Gott als Liebe und Geheimnis

5.1 Gott als Geheimnis

Der folgende Auszug ist der Teilparagraf 16.II aus »Gott als Geheimnis der Welt«. Man mag sich zunächst etwas wundern, dass Jüngel den Geheimnisbegriff, den er immerhin zum Titelwort seines Hauptwerkes erhoben hat, bis auf einige wenige Ausnahmen erst in §16 zur Sprache bringt. Jüngels Überlegungen zu einem positiven Geheimnisverständnis in diesem Auszug können so aber als eine Art Zusammenfassung seiner bisherigen Kerngedanken verstanden werden: Mit dem Geheimnisbegriff wird die Sagbarkeit Gottes behauptet (darauf zielt Abschnitt D insgesamt) und ebenfalls seine Denkbarkeit (darauf zielte Abschnitt C), insofern sie der Sagbarkeit folgt. Im letzten Teil von »Gott als Geheimnis der Welt« wird Jüngel den hier noch formalen Geheimnisbegriff materialpräzisieren, indem er ihn mit trinitätstheologischen Überlegungen und mit dem Liebesbegriff verbindet (Abschnitt E, insbesondere Paragraf 25).

Die kurze Erörterung ist nicht nur interessant, weil Jüngel sein Titelwort explizit aufgreift, sondern auch, da sich auf der Grundlage von Jüngels Skepsis gegenüber einem negativen Geheimnisbegriff sein eigener Ansatz systematisch und theologiegeschichtlich verorten lässt. Zurückgewiesen wird nicht nur der *Atheismus*, sondern auch der *Theismus*, den Jüngel mit der metaphysischen Tradition gleichsetzt und der in den vorherigen Paragrafen umfassend diskutiert und zum Scheitern verurteilt wurde – insbesondere der Versuch von Descartes, Gott als etwas Undenkbares zu denken und seine Notwendigkeit zu behaupten, kam dabei zur Sprache (vgl. §8f.). Ebenfalls grenzt sich Jüngel von der *negativen Theologie der mystischen Tradition* ab, die, so Jüngel, den Modus des Schweigens dem des Redens vorziehe. Einem eher weiten Verständnis von Mystik entsprechend denkt Jüngel hier an Platon, Dionysios Areopagita, Johannes Damascenus und Thomas von Aquin, deren Positionen unter dem auf Johannes Damascenus zurückgehenden Satz »Unsagbar ist das Göttliche und unbegreiflich« zusammengefasst wurden (vgl. §15). Doch auch Karl Rahners *transzendentaltheologischer* Ansatz wird in die Nähe der abgewiesenen Mystik gerückt: die Idee, dass in jedem menschlichen Begreifen ein unbegreiflicher Horizont mitschwinge, der dann Gott genannt werden könne, und der als allgemein nachvollziehbares Argument gegen den Atheismus ins Felde geführt werden könne, ist für Jüngel weder überzeugend noch akzeptabel. Inakzeptabel ist eine solche Idee für Jüngel vor allem deshalb, weil er in der Tradition von Karl Barth einen strikt offenbarungstheologischen Standpunkt vertritt und jede Form von gestufter Offenbarung abweist: es gebe kein allgemeines, aber verworrenes Wissen um Gottes Dasein, das einem speziellen Wissen, welches sich auf die Geschichte Jesu bezieht, vorausgehen könne. Jüngel zielt ganz auf das definitive Bekanntsein Gottes in seiner Offenbarung in Jesus Christus und die Möglichkeit, von ihm mit Gewissheit so reden und ihn so denken zu können, wie er sich gezeigt hat. Deswegen kann Jüngel sich an anderer Stelle auch kritisch mit Luthers Überlegungen zu einem deus absconditus auseinandersetzen: Gott sei ganz Licht und Liebe und als solcher habe er sich am Kreuz definiert – die Rede von einem deus absconditus, der diese Offenbarung noch einmal infrage stellen und problematisieren könnte, weist Jüngel demgegenüber zurück (vgl. dafür den späteren Aufsatz: »Die Offenbarung der Verborgenheit Gottes«). Der positive Geheimnisbegriff, der in dem vorliegenden Auszug aus »Gott als Geheimnis der Welt« zur Sprache kommt, soll diese offenbarungstheologische Klarheit herausheben, ohne Gott der menschlichen Verfügungsgewalt auszusetzen.

Gott als Geheimnis

1. Vom frühen Wittgenstein ist aus dessen »Tractatus logico-philosophicus« auch bei Theologen der unter Nr. 7 notierte letzte Satz weit verbreitet: »Wovon man nicht sprechen kann, darüber muß man schweigen.« Der Satz will nicht bestreiten, daß es etwas gibt, worüber man schweigen muß. Unter Nr. 6.522 ist ausdrücklich festgehalten: »Es gibt allerdings Unaussprechliches. Dies *zeigt* sich, es ist das Mystische.« Traditionellerweise nennt man das, worüber man schweigen muß, weil es ein Unaussprechliches ist: ein Geheimnis, mysterium. Es gilt als ein Charakteristikum aller Religion. »In allen Glaubensarten, die sich auf Religion beziehn, stößt das Nachforschen hinter ihrer innern Beschaffenheit unvermeidlich auf ein *Geheimnis*, d. i. auf etwas *Heiliges*, was zwar von jedem einzelnen *gekannt*, aber doch nicht öffentlich *bekannt*, d. i. allgemein mitgeteilt werden kann.«[1]

Dieses Verständnis von Geheimnis ist negativ orientiert. Obwohl der *negative* Begriff von Mysterium auch in der Theologie weit verbreitet ist, soll im folgenden gezeigt werden, daß eine am neutestamentlichen Sprachgebrauch orientierte Theologie ihm einen *positiven* Begriff des Mysteriums entgegenzusetzen hat.

Im Unterschied zum negativen Begriff von Mysterium nennt das Neue Testament dasjenige ein Geheimnis, was auf jeden Fall *gesagt* werden muß und auf keinen Fall verschwiegen werden darf[2]. Goethes

---

[1] *I. Kant*, Die Religion innerhalb der Grenzen der bloßen Vernunft, Werke in sechs Bänden, hg. von *W. Weischedel*, Bd. 4, 1963², 803 (B 207). Kant unterscheidet (aaO. 805 f., Anm.; B 210) Geheimnisse als »Verborgenheiten (arcana) der Natur« und »Geheimnisse (Geheimnishaltung, secreta) der Politik ..., die nicht öffentlich bekannt werden *sollen*«, vom heiligen Geheimnis (mysterium) der Religion. Während arcana und secreta uns grundsätzlich bekannt werden *können*, ist das mysterium »eigentliches« Geheimnis, »wovon uns etwa nur, daß es ein solches gebe, zu wissen und es zu verstehen, nicht eben es einzusehen, nützlich sein möchte.«

[2] *G. Ebeling* behauptet von dem Geheimnis, das der Mensch nicht erst als solches willentlich erzeugt, sondern »das ihm begegnet und zu schaffen macht«, treffend: »Solcher Art Geheimnis will vom Menschen nicht verborgen und verschwiegen, sondern wahrgenommen und gewahrt und deshalb gegebenenfalls in angemessener Weise ausgesagt werden« (Profanität und Geheimnis, in: Wort

5. Der dreieinige Gott als Liebe und Geheimnis

»So ergreifet ohne Säumniß / Heilig öffentlich Geheimniß«[3] kommt sehr in die Nähe dieses neutestamentlichen Verständnisses von Mysterium. Die Formulierung »heilig öffentlich Geheimnis« dürfte selber dem Neuen Testament entlehnt sein (1 Tim 3,16). Die Öffentlichkeit gehört demnach zum Wesen des Geheimnisses. Und auch dies ist dem Mysterium – im positiven Sinn – eigentümlich, daß es ergriffen werden will, und zwar, wie Goethe – freilich im Blick auf das »im Naturbetrachten« sich darbietende Geheimnis – durchaus treffend bemerkt: ohne Säumnis, also *jetzt*.

Zur Struktur des positiven Begriffes von Geheimnis gehört demnach *einerseits*, daß es, wenn man es ergreift, nicht aufhört, Geheimnis zu bleiben. Darin unterscheidet sich das Geheimnis vom Rätsel, das dadurch, daß man es begreift, aufhört, rätselhaft zu sein. Geheimnisse hingegen kann man nicht auflösen, nicht ausziehen, nicht entblößen[4]. Zur Struktur des positiven Begriffes von Geheimnis gehört aber *andererseits*, daß es dem Geheimnis wesentlich ist, sich ergreifen zu lassen. Obwohl es nicht »aufgelöst« werden kann, will es ergriffen werden. Ein wahres Geheimnis zieht uns an und ins Vertrauen. Es macht mit sich selbst *als* einem Geheimnis vertraut. Das Mysterium ist also selber das Subjekt des Sich-ergreifen-Lassens: es *offenbart* sich *als* Geheimnis[5].

Es gehört zu den dunklen Rätseln der Geschichte der Theologie, daß dieses positive neutestamentliche Verständnis von Geheimnis in der Theologie immer wieder hermeneutisch verdrängt wurde. Die Rede von Gott wird in der Tradition zwar häufig als eine geheimnis-

---

und Glaube II. Beiträge zur Fundamentaltheologie und zur Lehre von Gott, 1969, 197 f.).

[3] *J. W. v. Goethe*, Epirrhema, Weimarer Ausgabe, Bd. 3, 1890, 88.

[4] »Ein Geheimnis ist nicht etwas noch nicht Enthülltes, das als ein Zweites neben einem begriffenen und durchschauten anderen steht. So verstanden, würde das Geheimnis mit dem noch unentdeckten Nichtgewußten verwechselt« (*K. Rahner*, Schriften zur Theologie Bd. IV, 1964, 141). Vgl. *G. Ebeling*, aaO. 200.

[5] Gegen *Rahner* (ebd.): »Geheimnis ist vielmehr dasjenige, was gerade als das Undurchschaubare – da ist, gegeben ist ... als der unbeherrschbar herrschende Horizont allen Begreifens, der anderes begreifen läßt, indem er selbst als der unbegreifliche daseiend sich verschweigt.« Daß Rahner Mysterium als das bestimmen muß, was als Horizont allen Begreifens selber unbegreiflich daseiend sich verschweigt, resultiert aus seinem die Rede von Gott in der Fraglichkeit der Frage begründenden transzendental-theologischen Ansatz allerdings mit eherner Notwendigkeit.

5.1 Gott als Geheimnis 143

volle Rede verstanden. Doch geheimnisvoll soll sie eben deshalb sein, weil ihr Gegenstand, Gott, vom Denken nicht eigentlich erkannt werden kann. Die *Rede* von Gott gilt dementsprechend als *uneigentliche Rede*[6]. Diese hermeneutische Skepsis hinsichtlich der Sagbarkeit Gottes kann sich sogar dahin verschärfen, daß gefordert wird, von Gott, weil er vom Denken eigentlich nicht erkannt werden kann, überhaupt nicht zu reden. Ist es doch bereits zur theologischen Selbstempfehlung geworden, wenn man »Gott« als unsagbares Wort ins Gerede bringt. Denn – so ist man als doppelt aufgeklärter Theologe unterrichtet worden – was sich nicht *erkennen* läßt, davon kann man auch nicht *sprechen*. Und »wovon man nicht sprechen kann, darüber muß man schweigen«.

Das negative Verständnis von Mysterium hat weitreichende theologische Implikationen. Gilt als Geheimnis, worüber man auf jeden Fall schweigen muß und eigentlich auch nur schweigen kann, dann ist es durchaus konsequent, die Denkbarkeit Gottes mit Fichte zu bestreiten. Der strengste Hinweis auf Gott als Geheimnis müßte dann wohl ein sich auf die Lippen legender Finger sein. Die Geste ist als Ausdruck buddhistischer Frömmigkeit bekannt, könnte aber ebenso als letzte Gebärde der abendländischen Metaphysik Eindruck machen. Jedes Wort wäre zuviel für Gott, weil jeder Gedanke für ihn zu wenig wäre. Einwände gegen diese Konsequenz müssen jedoch zwangsläufig – wenn sie nicht zugleich den zugrunde liegenden Begriff von Mysterium neu zu denken versuchen – den Geheimnischarakter Gottes in Frage stellen und, um von Gott vernünftig reden zu können, einen geheimnislosen Gott postulieren. »Christianity not mysterious«[7] heißt

---

[6] So behauptet Dionysios Areopagita zum Beispiel, Jesus bleibe »verborgen, auch nachdem er sich offenbart hat ... Denn das Geheimnis Jesu bleibt verborgen und ist keinem Begriff und keinem Geist als solches verfügbar; sondern selbst wenn man es ausspricht, bleibt es unsagbar, und wenn man es denkt, bleibt es unbekannt«: Κρύφιος δέ ἐστι καὶ μετὰ τὴν ἔκφανσιν ... καὶ τοῦτο γὰρ Ἰησοῦ κέκρυπται, καὶ οὐδενὶ λόγῳ οὔτε νῷ τὸ κατ' αὐτὸν ἐξῆκται μυστήριον, ἀλλὰ καὶ λεγόμενον ἄρρητον μένει καὶ νοούμενον ἄγνωστον (Ep. 3, MPG 3, 1069).

[7] So der Titel eines einstmals bekannten Buches des irischen Deisten John Toland, das 1696 erschien und den Namen seines Verfassers »durch England und auf dem Kontinent bekannt machte«, freilich so, daß ihn das »nicht nur die Aussichten auf eine angemessene Lebensstellung kostete, sondern ihm auch ... alle gute Gesellschaft in England verschloß« (*E. Hirsch*: Geschichte der neuern evangelischen Theologie im Zusammenhang mit den allgemeinen Bewegungen des europäischen Denkens, Bd. I, 1949, 296).

dann die Parole, unter der die Rede von Gott verantwortet werden soll. Doch ob nun mit einer allzu beredten Aufklärung Gott als Mysterium bestritten oder mit einem im Schweigen gipfelnden Idealismus Gott als Geheimnis verehrt werden soll – so oder so gilt als Geheimnis, was sich nicht denken läßt und worüber deshalb nur geschwiegen werden kann. Und ob nun Gott als so verstandenes Geheimnis bejaht oder verneint wird – so oder so ist die Entscheidung an einem hermeneutischen Ansatz orientiert, der die psychologisch begrüßenswerte Empfehlung »erst denken, dann sprechen!« zugleich als ontologische Ordnung versteht: bevor Gott zur Sprache kommen kann, muß die Vernunft zu einem Gottesgedanken gekommen sein[8]. Der negative Begriff des Geheimnisses entspringt einem hermeneutischen Ansatz, als dessen Grundsatz die ontologische Priorität des Denkens vor der Sprache gilt. Das Denken ist hier nicht nur Ordnungsprinzip, sondern konstitutives Prinzip der Sprache und als solches ontologisch früher als diese. Was die Sprache wirklich zu sagen hat, sagt ihr das Denken. Daß das Denken dabei selber etwas zu *sagen* hat und insofern immer schon sprachlich ist, bleibt unbedacht. Vielmehr gilt für jenen hermeneutischen Ansatz: das Denken bringt zur Sprache, was zu sagen ist. Was nicht vom Denken allererst zur Sprache gebracht und dennoch gesagt wird, gilt allenfalls als uneigentlich gesagt.

Aus den theologischen Implikationen des negativen Verständnisses von Mysterium lassen sich verschiedene Folgerungen ziehen. Die weithin eingetretenen, auf jeden Fall aber möglichen Folgen dieses negativen Begriffs von Geheimnis lassen sich im Blick auf die Rede von Gott etwas schematisch in folgenden Modellen darstellen:

a) Es ist möglich, von Gott als einem ganz und gar Undenkbaren und deshalb Unsagbaren zu *schweigen* und ihn schweigend zu *bejahen*. Diese Verarbeitung der Frage nach Gott begegnet vor allem in der Mystik.

b) Es ist möglich, von Gott als einem ganz und gar Undenkbaren und deshalb Unsagbaren zu *reden* und ihn redend zu *negieren*. So beantwortet vor allem der Atheismus die Frage nach Gott.

---

[8] Vielleicht hat *Kant* die Notwendigkeit der *Koinzidenz* von beidem – und dazu dem dritten: daß ich zu mir selbst kommen muß, wenn Gott zur Sprache und die Vernunft zum Gottesgedanken kommt – im Auge gehabt, als er behauptete, daß man nicht sagen kann: »*es ist* moralisch gewiß, daß ein Gott sei etc.«, sondern nur: »*ich bin* moralisch gewiß etc.« (Kritik der reinen Vernunft, aaO. Bd. 2, 693; B 857).

c) Es ist möglich, von Gott als einem ganz und gar Undenkbaren und deshalb Unsagbaren zu *schweigen* und ihn schweigend zu *negieren*. Eine solche Verarbeitung der Gottesfrage wäre dasjenige Jenseits von Mystik, Theismus und Atheismus, das als einzige wirkliche Alternative zum christlichen Glauben in Frage kommt, insofern dieser Glaube dann jedenfalls *als Ärgernis* in keiner Hinsicht mehr in Betracht käme. Er wäre damit als christlicher Glaube überholt. Denn ein Glaube, der in keiner Hinsicht mehr Skandalon ist, wäre unter den Bedingungen der Welt kein christlicher Glaube. Solange man sich aber noch an ihm ärgert, bezieht man eine Einstellung, die jedenfalls nicht *jenseits* des Atheismus ihren Ort hat.

d) Es ist möglich, von Gott als einem nicht in jeder Hinsicht Undenkbaren und deshalb irgendwie Sagbaren zu reden und ihn so redend zu bejahen: non ut illud diceretur, sed non taceretur omnino. Auf diese Weise haben Theismus, Deismus und – in Kombination mit dem ersten Modell – die metaphysische Tradition in der christlichen Theologie die Frage nach Gott verarbeitet.

Gegen jede dieser Möglichkeiten, aber auch gegen ihre Kombination, kann der christliche Glaube, wenn er sich selbst recht versteht, eigentlich nur protestieren. Sowohl die an zweiter und dritter Stelle genannten negativen Möglichkeiten als auch die zuerst und zuletzt erwähnten positiven Möglichkeiten sind keine Möglichkeiten christlichen Glaubens. Insofern die theologische Tradition sich gleichwohl mit den beiden positiven Möglichkeiten assoziiert hat, ist sie gründlich zu kritisieren. Gegenüber den beiden negativen Möglichkeiten kommt hingegen theologische Kritik wohl nur insofern in Frage, als sie sich aus der Auseinandersetzung mit den positiven Möglichkeiten von selbst ergibt[9].

2. Der theologische Einwand gegen die erwähnten negativen und positiven Möglichkeiten, das mit der Gottesfrage gegebene Problem der Sagbarkeit Gottes zu lösen, ist vom neutestamentlichen Verständnis des Geheimnisses her zu erheben. Der in diesem Verständnis von Geheimnis zur Geltung kommende hermeneutische Ansatz versteht das Denken zwar ebenfalls als ein Ordnungsprinzip der Sprache,

---

[9] Eine *Apologie* gegenüber dem Atheismus ist jedenfalls nicht Sache christlicher Rede von Gott. Gelegentliche Störfeuer und eine prinzipielle Aufmerksamkeit auf das, was am Atheismus Sache des christlichen Glaubens selber sein könnte, – das dürfte die jeder Apologie vorzuziehende Einstellung des christlichen Glaubens gegenüber dem Atheismus sein.

5. Der dreieinige Gott als Liebe und Geheimnis

nicht aber als ein die Sprache konstituierendes Prinzip. Dieser Ansatz impliziert also gerade nicht, daß das Denken allererst zur Sprache bringt, was zu sagen ist. Er geht vielmehr davon aus, daß zuvor zur Sprache kommt, was dann zu denken ist[10]. Die Sprache ruft dem Denken; und das Denken folgt – durchaus kritisch und durchaus sprachkritisch – der Sprache. Selbstverständlich ist damit nicht eine zeitliche, sondern eine sachliche Ordnung gemeint. Zeitlich sollte es sich vielmehr immer nur um eine Koinzidenz von Denken und Sprechen handeln, gemäß der Einsicht F. Schleiermachers: »Das Sprechen ist das Dasein des Denkens.«[11] Die Kritik des Denkens kann aber nicht darin bestehen, selber darüber zu entscheiden, was überhaupt zur Sprache kommt[12]. Die Sprache hat ihre eigene Souveränität. Das zeigt sich schon im elementaren sprachlichen Akt der Anrede. Sie ist souverän, wenngleich man sie trotz ihrer Souveränität manipulieren kann. Nicht die Vernunft bringt zur Sprache, sondern die Sprache bringt zur

---

[10] Vgl. *Ernst Fuchs*, Jesus. Wort und Tat, Tübingen 1971, 78: »Man muß umdrehen: Sprache ist nicht bloß Ausdrucksmittel des Denkens, sondern das Denken ist abgekürzte Sprache. Die Sprache hat das Prius, den Vorrang, vor allem Denken.« Zur Funktion dieser und ähnlicher Sätze innerhalb der Theologie von Fuchs hat sich *J. B. Brantschen* in der bisher besten Arbeit über Fuchs geäußert: Zeit zu verstehen. Wege und Umwege heutiger Theologie. Zu einer Ortsbestimmung der Theologie von Ernst Fuchs, Freiburg/Schweiz 1974, vor allem 214ff.

[11] *F. Schleiermacher*, Dialektik, hg. von *I. Halpern*, 1903, 114. Vgl. aaO. 73: »... die Selbständigkeit des reinen Denkens ist an den Besitz der Sprache gebunden«; aaO. 87: »... auch innerlich ist jeder Gedanke schon Wort«; *J. W. Stalin*, Marxismus und Fragen der Sprachwissenschaft, hg. von *H. P. Gente*, 1968, 53: »Bloße Gedanken ..., frei von ›natürlicher Sprachmaterie‹, gibt es nicht.«

[12] *M. Heidegger*, von dem vor allem »die Sprache als der Bereich erkannt« wurde, »innerhalb dessen das Denken der Philosophie und jede Art von Denken und Sagen sich aufhalten und bewegen« (Phänomenologie und Theologie, 1970, 39), hat doch zugleich (aaO. 41) die kritische Funktion des Denkens gegenüber der Sprache herausgestellt: »Die Sprache spricht. Der Mensch spricht nur, indem er der Sprache entspricht ... Die Sprache ist ein Urphänomen, dessen Eigenes sich nicht durch Tatsachen beweisen, das sich nur erblicken läßt in einer unvoreingenommenen Spracherfahrung. Der Mensch kann künstlich Lautgebilde und Zeichen erfinden, aber kann solches nur machen im Hinblick auf eine schon gesprochene Sprache und aus dieser her. Auch angesichts der Urphänomene bleibt das Denken kritisch. Denn kritisch denken heißt: ständig unterscheiden ... zwischen dem, was zu seiner Rechtfertigung einen Beweis fordert, und dem, was für seine Bewährung das einfache Erblicken und Hinnehmen verlangt. Es ist stets leichter, im gegebenen Fall einen Beweis zu liefern, als im anders liegenden Fall sich auf das hinnehmende Erblicken einzulassen.«

5.1 Gott als Geheimnis 147

Vernunft und zum Denken[13], das dann seinerseits – zum Beispiel mit Hilfe von Sprachkritik – die der Sprache eigene Ordnung zu wahren hat[14].

In diesem Sinne gilt auch und erst recht für das Verhältnis von Denkbarkeit und Sagbarkeit Gottes, daß Gott zur Sprache kommen muß, wenn er sich denken lassen soll. Nun ist aber jede Sprache, die wir kennen, menschliche Sprache. Auch Gott kann also, wenn er zur Sprache kommt, nur menschlich zur Sprache kommen. Wie läßt er sich dann aber noch als Gott denken? Auf diese Frage hat die theologische Tradition, indem sie Gott als Geheimnis – im negativen Begriff – berief, mit dem Hinweis auf die *Unangemessenheit* unserer Sprache für das Reden von Gott geantwortet. Man lehrte, jede menschliche Bezeichnung Gottes sei diesem unangemessen, so daß jedes menschliche Wort nur uneigentlich von Gott reden könne. Mit dieser Lehre haben wir uns unter Aufnahme des positiven Verständnisses von Geheimnis im folgenden auseinanderzusetzen.

Quidquid recipitur, secundum modum recipientis recipitur – heißt ein scholastischer Grundsatz[15]. Er ist unbestreitbar. Wie aber kann man dann von Gott reden, ohne ihn in solcher Rede zu verfehlen? Die Menschlichkeit beziehungsweise die Weltlichkeit unserer Sprache scheint es a priori unmöglich zu machen, von Gott selbst zu reden.

---

[13] Mit *F. W. J. Schelling* (Einleitung in die Philosophie der Mythologie, aaO. Bd. II/1, 52) gesprochen: »Da sich ohne Sprache nicht nur kein philosophisches, sondern überhaupt kein menschliches Bewußtseyn denken läßt, so konnte der Grund der Sprache nicht mit Bewußtseyn gelegt werden, und dennoch, je tiefer wir in sie eindringen, desto bestimmter entdeckt sich, daß ihre Tiefe die des bewußtvollsten Erzeugnisses noch bei weitem übertrifft.«

[14] Auch die sprachanalytische Philosophie, die sich als Sprachkritik vollzieht, bewegt sich doch immer schon im Bereich gesprochener Sprache. Insofern strebt »die heutige ›Philosophie‹ von ihren äußersten Gegenpositionen her (Carnap → Heidegger)«, nämlich von der sogenannten »technisch-szientistische[n] Sprachauffassung« und der sogenannten »spekulativ-hermeneutische[n] Spracherfahrung« her, in der Tat einer »noch verborgene[n] Mitte« zu (*M. Heidegger*, aaO. 39); vgl. auch den Bericht von *J. Habermas*, Zur Logik der Sozialwissenschaften, PhR.B 5, 1967, und *K. O. Apel*, Heideggers philosophische Radikalisierung der »Hermeneutik« und die Frage nach dem »Sinnkriterium« der Sprache, in: Die hermeneutische Frage in der Theologie, hg. von *O. Loretz* und *W. Strolz*, 1968, 86 ff.

[15] Vgl. zum Beispiel *Thomas von Aquin*, S. th. I, q. 75 a. 5 crp.; q. 76 a. 2 arg. 3; q. 79 a. 6 crp. u. ö. Bereits bei *Dionysios Areopagita* heißt es (De div. nom. I/1, MPG 3, 588): κατὰ τὴν ἀναλογίαν ἑκάστου τῶν νοῶν ἀνακαλύπτεται τὰ θεῖα.

Läßt Gott sich vollends nur erkennen, wenn er bereits zur Sprache gekommen ist, ja läßt sich nach Gott auch nur fragen, weil von ihm schon die Rede ist, dann ist mit der Unmöglichkeit, Gott angemessen zur Sprache zu bringen, auch die Erkennbarkeit Gottes in Frage gestellt. Und es bliebe der Theologie gar nichts anderes übrig, als nach Gott dann trotz des neutestamentlich angesetzten positiven Verständnisses von Geheimnis (als dem unbedingt zur Sprache zu Bringenden) im Schematismus des negativen Verständnisses von Geheimnis zu fragen.

Das Problem der Sagbarkeit Gottes ist in der theologischen Tradition in der Tat weithin so verhandelt worden. Man hatte zwar vom neutestamentlichen μυστήριον-Verständnis her gar keine andere Wahl, als von Gott zu *reden* (1 Kor 9,16). Die Notwendigkeit des »Daß« war unbestreitbar. Aber wenn von Gott nur secundum modum recipientis hominis geredet werden kann, dann kann von ihm letztlich nur uneigentlich geredet, kann von ihm als Gott eigentlich nur geschwiegen werden. Was sich von ihm dennoch sagen läßt, ist im Grunde nur ein durch Reden präzisiertes Schweigen. Der letztlich unsagbare Gott läßt sich sprachlich nicht erreichen. Von ihm zu reden kann dann nur den Sinn haben, mit Hilfe der Sprache so etwas wie eine Selbstaufhebung der Uneigentlichkeit menschlicher Rede von Gott zu bewirken und dadurch Gott selbst im Schweigen wenigstens zu erreichen. Die durch Dionysios Areopagita bestimmte Tradition hat dementsprechend versucht, den sprachlich unerreichbaren Gott durch eine hermeneutische Selbstausschaltung der Sprache zu treffen.

Leitfragen

1. Wie differenziert Jüngel zwischen dem Geheimnis- und dem Rätselbegriff?
2. Jüngel entwickelt seinen Geheimnisbegriff in Abgrenzung zur negativen Theologie. Lässt aus Ihrer Sicht Jüngels positiver Geheimnisbegriff genug Raum für die Verborgenheit Gottes?
3. Jüngel wendet sich in dem Auszug gegen die »ontologische Priorität des Denkens vor der Sprache« (144). Die Kritik ist kennzeichnend für Jüngels gesamten Entwurf. Welche Probleme sieht Jüngel hier? Welche Alternative verbindet Jüngel mit dem positiven Geheimnisbegriff?

Literatur

- R. Stolina, Gott – Geheimnis – Kreuz, in: ZThK 101,2, 2004, 175–197.
- D. Ellis, God's Hiddenness as Trinitarian Grace and Miracle: A Response to Christopher. R. J. Holmes's Critique of Eberhard Jüngel's Conception of Divine Hiddenness, in: NZTh 52,1, 2010, 82–101.
- D. Evers, »Heilig öffentlich Geheimniß«, in: D. Evers/M. D. Krüger (Hg.), Die Theologie Eberhard Jüngels. Kontexte, Themen, Perspektiven, Tübingen 2020, 135–147.

5.2 Vom Tod des lebendigen Gottes. Ein Plakat

Der folgende Aufsatz ist im Jahr 1968 in der »Zeitschrift für Theologie und Kirche« erschienen und im Jahr 1972 in den Sammelband »Unterwegs zur Sache« aufgenommen worden. Jüngel nimmt hier Bezug auf eine bisweilen hitzig geführte Debatte: »Gott ist tot ... und wir haben ihn getötet« – so heißt es in Nietzsches 125. Aphorismus aus der »fröhlichen Wissenschaft«. Diese Einsicht erschien der US-amerikanischen Gott-ist-tot-Theologie der 1960er Jahre sehr aktuell, die sich mit dem zunehmenden Säkularismus auseinandersetzte. Sie zielte dabei vor allem ab auf eine Abkehr von einer transzendenten und subjekthaften Gottesvorstellung ab. Gott dürfe nicht mehr als jenseitiges, metaphysisches Wesen gedacht werden und Glaube nicht mehr einer »Papa-wird's schon richten«-Einstellung gleichen. Gott sei vielmehr eine radikal immanente Größe und er falle im Grunde mit menschlichen Existenzvollzügen zusammen (an Gott glauben heißt dann z. B. ethisch handeln, so dass ›Gott‹ zu einer Chiffre für Mitmenschlichkeit wird).

In dieser bisweilen auch in Deutschland geführten Debatte – im protestantischen Kontext knüpft vor allem Dorothee Sölle an die Einsichten der Gott-ist-tot-Theologie an – lässt sich Jüngels kreuzestheologischer Ansatz verorten. Jüngels Auseinandersetzung fällt differenziert aus und geht einen eigenen Weg: Die Abkehr von einer metaphysischen Gottesvorstellung begrüßt Jüngel, die völlige Auflösung in menschliche Existenzvollzüge nicht. Letzteres hätte für Jüngel die Konsequenz, dass die Theologie sich nur noch mit sich selbst und nicht mehr mit Gott beschäftigen würde. Der Aufsatz knüpft damit auch an die Überlegungen in Jüngels früherer Karl Barth-Paraphrase an, in der er zwischen den Positionen und Schulen von Rudolf Bultmann und Karl Barth zu vermitteln suchte. Die Pointe der Rede vom Tode Gottes ist für Jüngel erst dann erreicht, wenn der Tod nicht bloß ›Tod einer Gottesvorstellung‹ meint, sondern wenn die *ursprüngliche christologische* Rede vom Tode Gottes in die Theologie heimkehrt und konstitutiv für Gottes Sein gedacht wird.

Der folgende Aufsatz ist eine Art Gedankenexperiment, eine Skizze oder, wie es im Titel heißt, ein Plakat: Zu welchen Schlussfolgerungen muss eine Theologie kommen, die die eigentliche und ursprüngliche Rede vom Tode Gottes in die Theologie heimkehren lässt? Dafür setzt Jüngel sich theologiegeschichtlich vor allem mit der Zweinaturenlehre und der Lehre von der *communicatio idiomatum* auseinander, die anhand des Abendmahlstreites zwischen Martin Luther und Ulrich Zwingli expliziert wird. In »Gott als Geheimnis der Welt« wird auch der hier nur kurz angesprochene G. W. F. Hegel ausführlicher zu Wort kommen. Zudem stellt Jüngel die Weichen für seine Trinitätslehre, die ebenfalls in seinem Hauptwerk umfassender ausgeführt wird. Der Aufsatz lohnt sich vor allem deshalb, weil Jüngel hier in aller Kürze seinen christologischen und kreuzestheologischen Ansatz auf den Punkt bringt, der die materiale Grundlage für sein späteres Hauptwerk ausmacht.

Vom Tod des lebendigen Gottes

Ein Plakat

Zuweilen muß man wieder mit dem Einfachsten anfangen. Gerade dann, wenn man sich Schwierigem stellen will! Mit dem Einfachsten anzufangen ist ohnehin schwierig genug.

Das Einfachste im Blick auf Gott heißt: Gott lebt. Wenn wir vom Tode Gottes reden müssen[1], dann können wir gar nicht davon abstrahieren, daß Gott lebt. Aber *müssen* wir denn vom *Tode* Gottes reden?

Daß Gott lebt, *glauben* wir. Erst im Glauben an Gott wird das Einfachste im Blick auf Gott *konkret*. Der christliche Glaube an den lebendigen Gott ist aber ursprünglich und unlöslich verbunden mit dem in der Verkündigung des Kreuzes sich aussprechenden Ereignis des Todes *Jesu Christi*. Wer von diesem Todesfall absehen wollte, der redete *abstrakt* vom Konkretesten: dem Leben Gottes[2]. Denn der Tod Jesu Christi ist dasjenige Ereignis, in dem sich *Gottes Leben für uns* ereig-

---

[1] Vgl. dazu: *E. Jüngel*, Das dunkle Wort vom »Tode Gottes«, EvKomm. 2, 1969, 133–138, 198–202; *H. G. Geyer*, Atheismus und Christentum, EvTh 30, 1970, 255–274.

[2] Mit dieser These nehme ich diejenigen Gedanken meiner Barth-Paraphrase »Gottes Sein ist im Werden« (2. Aufl. 1967) auf, die als »nicht zu verantwortende theologische Greuel« zu deklarieren *F. Buri* in seiner neuesten (freilich nur euphemistisch so zu nennenden) Streitschrift sich veranlaßt sah: Wie können wir heute noch verantwortlich von Gott reden?, 1967, 10. Eine solche Kennzeichnung dogmatischer Gedanken eines Zeitgenossen drängt diesen gleichsam in eine Narrenrolle. Nun, ich nehme die mir von Buri zuerkannte Narrenrolle an und werde mich bemühen, sie so gut wie möglich zu spielen. Vielleicht läßt sich in dem damit ermöglichten freien Feld der Polemik wenigstens ein Gespräch erreichen, in welchem Theologen einander noch ernst nehmen. Auch das gehört ja zu verantwortlicher Theologie, daß man einander noch ernst nimmt. Und wenn dies eben nur polemisch möglich sein soll – ich bin dazu bereit. Sollte der Theologe seine Verantwortlichkeit nur *als Polemiker* wahr machen können – plus et ego. – Daß Buri mit jener reichlich markanten Charakteristik nicht nur meine Gedanken, sondern zugleich auch die *Karl Barths* be- bzw. verurteilt, rechne ich mir zur Ehre an. Daß Buri jedoch der Meinung ist, »verantwortliche Rede vom Sein Gottes« könne meine Paraphrase schon deshalb nicht sein, weil »der Ausdruck ›Verantwortung‹« hernach nicht mehr fällt (ebd.), mutet grotesk an. Als ob eine Rede dadurch verantwortlich wird, daß sie möglichst häufig das Wort »verantwortlich« bemüht! So albern sollte die Polemik denn doch nicht werden.

net, um sich *als* Gottes Leben für uns österlich zu offenbaren. Und erst wo Gottes Leben als Leben für uns zur Sprache kommt, kommt es in seiner Wirklichkeit zur Sprache, der gegenüber jeder Rekurs auf ein »An-und-für-sich-Sein Gottes« eine den Glauben verlassende Regression auf eine abstrakte Möglichkeit darstellt, die wie ein theologischer Atavismus anmutet. Das Einfachste im Blick auf Gott heißt konkret: Gott lebt für uns.

Der Tod Jesu Christi ist also der Ernstfall nicht nur unseres Redens von Gott; dieser Todesfall ist vielmehr der Ernstfall des göttlichen Lebens selbst. Im Tode Jesu Christi wurde der Fall des Todes zu Gottes eigenem Fall. Gerade im Fall des Todes Jesu Christi geht es aber um das Einfachste im Blick auf Gott: daß Gott für uns lebt. Keine theologische Rede von Gott kann, will sie verantwortlich sein, davon abstrahieren, daß Gott lebt und daß er für uns lebt.

Auch die Rede vom Tode Gottes, soll sie theologisch verantwortlich sein, darf also von dem *lebendigen* Gott nicht abstrahieren. Vom Tod eines toten Gottes zu reden hieße von gar nichts reden. Es besagte: überhaupt nicht von *Gott* zu reden. Vom *Tode* Gottes so zu reden, daß man überhaupt nicht von *Gott* redet, heißt aber: von gar nichts reden. Von gar nichts zu reden mag vielleicht dem Tode gemäß sein; dem Tod *Gottes* ist es ungemäß. Von gar nichts zu reden mag vielleicht interessant sein. Es bleibt theologisch nichtssagend. Deshalb sollte gleich am Anfang das noch immer schwierig genug zu bedenkende Einfachste gesagt sein: Gott lebt. Und vom *Tode Gottes* zu reden heißt deshalb: vom Tod des *lebendigen* Gottes zu reden. Es ist an der Zeit, sich daran zu erinnern. Nicht um die Theologie als *Theo*logie zu behaupten. Gott lebt und weiß sich zu helfen. Sondern um die Theologie als Theo*logie* zu behaupten. Das ist unser Werk, so wahr uns Gott helfe.

I. Die Heimkehr der Rede vom Tode Gottes in die Theologie

Vom »Tode Gottes« zu reden, das ist heute ein in die Theologie heimkehrender Ansatz, von Gott zu reden. Der Heimkehr der Rede vom Tode Gottes in die Theologie gilt zunächst unsere Aufmerksamkeit. »Heimkehr« besagt, daß diese Rede oder doch das, was die Rede vom Tode Gottes zu denken gibt, der Theologie ursprünglich nicht fremd ist. »Heimkehr« besagt zugleich, daß vom »Tode Gottes« *außerhalb* der Theologie geredet, daß er untheologisch bedacht wurde. Wie sieht diese Heimkehr aus?

5. Der dreieinige Gott als Liebe und Geheimnis

Man ist sich heute in der Theologie, wenn man vom Tode Gottes spricht, zumeist dessen bewußt, daß man eine nicht-theologische Weise zu reden in die Theologie einführt. Mitunter gehört die Rede vom Tode Gottes auch zu dem gezielten Versuch, die Theologie in das Feld einer nicht-theologischen Weise zu reden hinauszuführen. Das eine wie das andere wird immer geschehen, wenn Theologie wirklich geschieht, und ist deshalb nicht zu bestreiten.

Aber entscheidend ist bei solchen Vorgängen letztlich dies, ob sie *kritisch* geschehen, ob die Theologie *weiß*, was sie tut, und ob *sie* tut, was sie weiß.

In einem durchaus nicht törichten Buch, das »Theologie nach dem ›Tode Gottes‹« sein will, kann man lesen, der »Tod Gottes« sei »jenes alles bestimmende Ereignis, das sich innerhalb der letzten zweihundert Jahre europäischer Geschichte begeben hat. Es ist ein geschichtliches Ereignis ...«[3] Wer den Worten noch abverlangt, daß sie ein-

---

[3] D. Sölle, Stellvertretung. Ein Kapitel Theologie nach dem »Tode Gottes«, 1965, 9. Das Ärgerliche an diesem bemerkenswert gescheiten Buch ist der für eine Anwältin des »sich ausbreitenden kritischen Bewußtsein(s)« (vgl. 189) verblüffend sorglose Umgang mit dem Wort, insbesondere mit dem Wort »Gott«. Während nach dem oben zitierten Satz »Gottes Tod« sich innerhalb der letzten zweihundert Jahre europäischer Geschichte begeben hat, soll doch zugleich gelten, daß die »leise« und »beharrliche Stimme« Christi auch heute noch die Hoffnungslosigkeit eines sich selbst überlassenen Lebens widerlegt (8), so daß wir nur *ohne* Christus keinen Grund hätten, Gott »nicht für tot zu erklären« (179). Warum Christi Stimme unbedingt leise sein muß, ist mir zwar unverständlich (der irdische Jesus hat im Urteil des Kerygmas eine laute Stimme, die sich bis zum Schrei steigern kann!); aber die leise Stimme Christi bringt nach Sölle doch immerhin Gott als Hoffnung zur Sprache. »Daß Christus sich mit Gott identifiziert hat, ist der einzige Grund, den ein Glauben an Gott heute haben kann.« (188) Heute, also *nach* dem »Tode Gottes«, ist doch immerhin gerade in der Relation zu Jesu Christi Stellvertretung »Gotteserfahrung« möglich, insofern die Vertretung Gottes durch Jesus Christus »zur einzig möglichen Gotteserfahrung wird« (191). Wenn das wahr ist (was zu bestreiten mir nicht in den Sinn kommt), dann ist eine dem »kritischen Bewußtsein« unseres Zeitalters angemessene kritische Reflexion auf den wahren Ursprung der Rede vom Tode Gottes unerläßlich, damit in der Reflexion auch dem Worte »Gott« die Ehre zuteil wird, als Wort ernst genommen zu werden. Wenn mich nicht alles täuscht, war das doch die Intention der Verfasserin: das Wort »Gott« unserer Zeit eindeutig werden zu lassen. Ich habe Respekt vor dem Unternehmen einer Theologie »nach dem Tode Gottes«, erwarte aber, daß das kritische Bewußtsein sich nicht nur mit sich selbst *nach* dem Tode Gottes, sondern sich nach dem Tode Gottes mit dem Tode Gottes und insofern eben mit Gott beschäftigt. Ich denke, darüber müßte sich Verständigung erzielen lassen. Einer solchen Verständigung sollte dieser Vortrag dienen. Der gegensei-

5.2 Vom Tod des lebendigen Gottes. Ein Plakat

deutig werden müssen, wenn sie nicht vieldeutig sein sollen (auch das könnte ja sinnvoll sein), wird sich die Frage stellen, was das Wort »Gott« hier besagen soll. Ist es mit dem im Worte »Theologie« enthaltenen »Gott« univok gebraucht? Oder schillert der Gottesbegriff? Wird er absichtlich schillernd gebraucht?

Wenn es sich bei dem Unternehmen einer »Theologie nach dem Tode Gottes« um *christliche* Theologie handeln soll, dann muß die Behauptung, die Rede vom »Tode Gottes« bezeichne ein »geschichtliches Ereignis«, dem gelten, um dessentwillen christliche *Theologie* den Glauben bedenkt. Dann aber hat sich »innerhalb der letzten zweihundert Jahre europäischer Geschichte« als das »alles bestimmende Ereignis« der Tod dieses Gottes, um den es in der christlichen Theologie geht, begeben.

Für Nietzsches Rede vom Tode Gottes trifft das zweifellos zu. Nietzsche hat mit seiner Rede vom Tode Gottes als dem »größte[n] neuere[n] Ereignis« dies gemeint, »daß der Glaube an den christlichen Gott unglaubwürdig geworden ist«[4]; und es verrät, wieviel der Pfarrerssohn Nietzsche vom Wesen des christlichen Glaubens verstanden hat, wenn für ihn mit dem *Glauben* an Gott auch der *Gott* dahin ist. Nietzsche hat dieses Ereignis als das größte *neuere* verkündet (und als Ende vom einstigen Siege des »Gottes am Kreuz« begrüßt). Dabei ist für ihn »Gottes Tod« *menschliche* Tat: »*Wir haben ihn getötet* – ihr und ich!«[5] Nietzsche hat konsequenterweise das Glauben verworfen.

Von einer »Theologie nach dem Tode Gottes« wird man indessen wenn auch viel, so doch dies nicht erwarten dürfen, daß sie das Glauben verwirft. Also kann für sie Gott nicht dahin sein, sondern nur eine bestimmte Art, von Gott zu reden, zu denken, und eine bestimmte Art, zu empfinden, was göttlich sei, und wohl auch eine dieser Art entsprechende Weise zu leben.

Dann ist aber das Wort »Gott« in der Rede vom »Tode Gottes« äquivok gebraucht. Dh. die Rede ist theologisch belanglos. Ein geläufiges Wort ist theologisch mißbraucht worden, weil die Theologie dem Geläufigen nachlief, statt kritisch zu sein. Denn dieser Gebrauch des

---

ge Widerspruch wird erst in der Dimension der Verständigung sprechend und scharf, aber so dann auch fruchtbar. Er würde sich in der Frage nach der Möglichkeit und Notwendigkeit der Selbstidentifikation sowohl des Menschen als auch Gottes mit hinreichender Deutlichkeit zur Geltung bringen.

[4] Die fröhliche Wissenschaft Nr. 343: Was es mit unsrer Heiterkeit auf sich hat. Friedrich Nietzsche, Werke in drei Bänden, hg. von *K. Schlechta*, o. J., II, 205.

[5] Die fröhliche Wissenschaft Nr. 125: Der tolle Mensch. AaO. 127.

5. Der dreieinige Gott als Liebe und Geheimnis

Ausdrucks »Tod Gottes« sagt im Blick auf Gott gar nichts, sagt hingegen nur etwas über unsere Vorstellungen von Gott. Die Einholung der Rede vom »Tod Gottes« in die Theologie hat diese Rede nicht der im Worte Gottes sich zur Sprache bringenden Wirklichkeit Gottes ausgesetzt, sondern das theologisch unausgewiesene Wort »Gott« unreflektiert für Gott selbst eingesetzt. Mit dieser Supposition hat man genau dasselbe getan, wogegen man mit dem Unternehmen einer »Theologie nach dem Tode Gottes« protestierte.

Die mit der falschen Supposition bewirkte Äquivokation des Wortes »Gott« führt aber zur theologisch gefährlichsten Rede von Gott. »Aequivocatio mater errorum«, sagt Luther[6]. Äquivokationen machen Reden mitunter scheinbar interessant, sachlich aber immer belanglos. Belanglose Rede von Gott aber ist die irrtümlichste, die gefährlichste Rede von Gott überhaupt. Will die »Theologie nach dem Tode Gottes« nicht belanglos und in diesem Sinn gefährlich werden, wird sie sich zuerst von der mater errorum, dem äquivok gebrauchten Gottesbegriff lossagen müssen. Schließlich hätte eine solche Theologie ja doch zumindest ahnen können, daß das im Munde der Dichter und Denker in den »letzten zweihundert Jahren europäischer Geschichte« viel bewegte Wort »Gott ist tot« einen anderen Ursprung hat als diese Geschichtszeit. Gemeint ist in der heute üblichen Verwendung mit diesem Wort offensichtlich der »Tod« des metaphysischen »Gottes«, dh. die seit zweihundert Jahren im Denken sich anschickende Verwindung des metaphysischen Gottesbegriffs. Man geht dabei mit Nietzsche von der Identität des Gottes, den der christliche Glaube denkend vor Gott und so vor der Welt verantwortet, mit dem metaphysisch begriffenen Gott aus und verkennt dabei, daß die Rede vom Tode Gottes selber christlichen Ursprungs ist, obwohl einige Texte des vorigen Jahrhunderts dafür den Blick hätten schärfen können.

Bei Jean Paul zB. hält die Rede, daß kein Gott sei, der tote *Christus*. Hier treffen also das Gefühl der Gottlosigkeit und ein spezifisch christlicher Ton aufeinander. Der tote Christus selber[7] verkündet vom Weltgebäude herab, daß kein Gott sei.

---

[6] Die Disputation de sententia: Verbum caro factum est (Joh 1,14), 1539. WA 39/II, 28, 28.

[7] Jean Paul hat in seinen Entwürfen diese Rede noch nicht dem toten Christus in den Mund gelegt. Herrn Dr. phil. Klaus Weimar verdanke ich folgende Orientierung über die Genesis der »Rede des toten Christus vom Weltgebäude herab, daß kein Gott sei«: Die erste Eintragung findet sich auf einem tagebuchartigen Blatt mit dem Datum 3. 8. 1789. Sie beginnt: »Wie ich zu Nachts d(en)

5.2 Vom Tod des lebendigen Gottes. Ein Plakat   157

Deutlicher noch sagt es Hegel, daß die Rede vom Tode Gottes (so sehr sie das Gefühl der Religion der neueren Zeit ausdrückte) einen älteren Ursprung hat als die neue Zeit: »›Gott selbst ist todt‹, heißt es in einem lutherischen Liede ...«[8] Das »lutherische Lied« aber ist ein Karfreitagslied. Hegel hat positiv – wie später Feuerbach und Nietzsche negativ – den christlichen Gott und den metaphysischen Gottesbegriff identifiziert. Hegel war gerade darin positiv Metaphysiker, wie später Feuerbach und Nietzsche mit dieser Identifikation negativ Metaphysiker blieben. Metaphysik hat da, wo Christliches zu denken war, Christliches metaphysisch gedacht. Aber Hegel hat doch damit zugleich Metaphysisches christlich gedacht. Und so hat er die Metaphysik in der Tat auf den Gipfel gebracht, wie ihm Feuerbach später zu Recht vorwarf. Die Rede vom Tode Gottes ist bei Hegel zweifellos eine metaphysische Rede. Aber die metaphysische Rede vom Tode Gottes ist bei Hegel sich ihres christlichen Ursprungs bewußt geblieben: »Gott ist gestorben, Gott ist todt – dieses ist der fürchterlichste Gedanke, daß alles Ewige, alles Wahre nicht ist, die Negation selbst in Gott ist ... Der Verlauf bleibt aber nicht hier stehen, sondern es tritt nun die Umkehrung ein; Gott nämlich erhält sich in diesem Proceß

Geist in der Kirche predigen hörte – von der Eitelkeit aller Dinge – ...« Nachträglich setzte Jean Paul darüber die Überschrift: »Schild(erung) des Atheismus. Er predigt, es ist kein Got.« Ein ausgeführter Entwurf aus demselben Jahr (etwa eine Druckseite) trägt den Titel: »Todtenpredigt Shakespear« (beide Belege Sämtl. Werke Abt. II Bd. 3, hg. von *E. Berend*, 1932, 400f.). Ausgeführt wird der Entwurf noch im selben Jahre und steht als »I. Ernsthafter Zwischenakt« in der Satirensammlung »Abrakadabra oder Die Baierische Kreuzerkomödie«, für die Jean Paul aber keinen Verleger fand. Dort trägt das Stück den Titel: »Des todten Shakespear's Klage unter todten Zuhörern in der Kirche, daß kein Got sei« (SW II/3, 163–166). Erst 1795 hat Jean Paul den Entwurf wieder aus seinen alten Manuskripten hervorgesucht, um ihn in seine »Biographische[n] Belustigungen« aufzunehmen (diese finden sich SW I/5, 1930, 249–384). Er wird dann aber zurückgestellt und erscheint im selben Jahre in der Liste der in den Siebenkäs aufzunehmenden Kapitel (SW I/6, 1928, LII) unter dem neuen Titel: »Rede des Engels beim Weltgebäude« (SW I/6, IX). Im Sept./Okt. 1795 entsteht dann die Neubearbeitung, eben die Rede des toten Christus (SW I/6, LII). Sie steht als »Erstes Blumenstück« im Siebenkäs, der 1796 in Berlin erschienen ist unter dem vollständigen Titel: »Blumen-, Frucht- und Dornenstücke; oder Ehestand, Tod und Hochzeit des Armenadvokaten F. St. Siebenkäs im Reichsmarktflecken Kuhschnappel« (die Rede steht in der krit. Ausg. SW I/6, 247–252).

[8] *G. W. F. Hegels* Vorlesungen über die Philosophie der Religion II. Werke (Vollst. Ausg. durch einen Verein von Freunden des Verewigten) Bd. 12, 1832, 253.

und dieser ist nur der *Tod des Todes.*«⁹ Und: »Es ist die unendliche Liebe, daß Gott sich mit dem ihm Fremden identisch gesetzt hat, um es zu tödten. Dieß ist die Bedeutung des Todes Christi.«¹⁰ Hegel hat mit solchen Erwägungen ganz gewiß Metaphysik getrieben. Das war sein Beruf und sein Geschick. Aber er hat zugleich die Theologie seiner und jeder kommenden Zeit daran erinnert, daß das Ereignis des Todes Jesu Christi für das Sein Gottes und für den christlichen Gottesbegriff nicht belanglos ist. Hegel erinnert daran, daß das Wort vom Kreuz von Gott selber redet, daß das Ereignis des Todes Jesu Christi das Sein Gottes unbedingt angeht und also das Sein Gottes betrifft. Hegels Rede vom Tode Gottes, die sich über Tübinger Tradition bis auf Äußerungen Luthers zurückverfolgen läßt, ist also eine *Erinnerung* und nicht eine Erfindung! Sie erinnert a) an den wahren Ursprung des Satzes »Gott ist tot«, b) an eine noch zu bewältigende theologische Aufgabe.

Es nimmt wunder und ist, wenn man auf eine höfliche Umschreibung verzichtet, doch einfach ärgerlich, daß man von Theologen heute zu hören bekommt, der »Tod Gottes« sei ein »geschichtliches Ereignis«, das sich »innerhalb der letzten zweihundert Jahre europäischer Geschichte begeben hat«. Was sich dort begeben hat, ist der bislang noch nicht vollendete Versuch, den metaphysischen Gottesbegriff zu verwinden. Dabei bediente man sich einer romantischen Tradition, die mit dem Wort vom »Tode Gottes« zu denken, zu spielen und zu leben verstand. Das Wort selbst aber verrät einen anderen Ursprung als den Atheismus der Neuzeit, einen Ursprung, der zugleich so etwas wie den modernen Atheismus allererst möglich machte. Denn

> Jedem Worte klingt
> der Ursprung nach,
> wo es sich herbedingt. (Goethe)

II. Der christologische Ursprung theologischer Rede vom Tode Gottes

Wir wollen in einem II. Teil, dem Wink Hegels folgend, dem wahren Ursprung des Wortes vom Tode Gottes nachgehen, indem wir nach der theologischen Möglichkeit und Notwendigkeit der Rede vom

---

⁹ AaO. 249f.: »Die Auferstehung gehört wesentlich dem Glauben an ... dieß ist nicht äußerliche Geschichte für den Unglauben ...«
¹⁰ AaO. 251.

5.2 Vom Tod des lebendigen Gottes. Ein Plakat

Tode Gottes fragen. Das soll in einer kurzen theologischen Besinnung auf einige Gedanken Martin Luthers geschehen. Wir müssen dazu kurz an das Luther überkommene christologische Dogma der Alten Kirche und seine scholastische Interpretation erinnern, um Luthers Neuinterpretation dieses Dogmas recht verstehen zu können.

Das christologische Dogma behauptet die Einheit der menschlichen und göttlichen Natur in der Person Jesu Christi. Dabei wurde die göttliche Natur von der zu ihr in die Einheit der Person aufgenommenen menschlichen Natur so unterschieden, daß das *Verhältnis* der göttlichen Natur zur Person Jesu Christi vom *Verhältnis* der menschlichen Natur zur Person Jesu Christi unterschieden wurde. Die göttliche Natur ist mit der Person Jesu Christi ursprünglich identisch, insofern die Person Jesu Christi mit der zweiten trinitarischen Person des ewigen Gottessohnes identisch ist. Die menschliche Natur Jesu Christi hingegen ist mit der Person Jesu Christi ursprünglich nicht identisch, sondern gewinnt nur kraft der als Inkarnation sich vollziehenden assumptio humanae naturae in *die* Person Jesu Christi konkrete Existenz in *der* Person Jesu Christi. Die Denkleistung des so kurz umschriebenen Dogmas ist zu würdigen, bevor man sie kurzschlüssiger Kritik unterzieht. Mit diesem Dogma hat einst der Glaube Gott denkend verantwortet. Was intra muros ecclesiae geschah, geschah coram mundo und durchaus in der Sprache der Welt. Das zeigen gerade die logischen Probleme, die die Theologie in diesem Dogma nicht nur wahrnahm, sondern in einer auch der Logik das Ihre gebenden Weise bearbeitete. Dies geschah vor allem in der mittelalterlichen Theologie.

In der scholastischen Theologie stellte die behauptete Personeinheit der beiden Naturen vor sprachlogische Probleme. Eines davon lautet dahin, ob auf Grund dieser Einheit die von der göttlichen Natur geltenden Prädikate auch von der menschlichen Natur ausgesagt werden können und umgekehrt. Das Problem wurde in der Lehre von der communicatio idiomatum behandelt. Die Lösung wurde – grob wiedergegeben – dahin formuliert, daß die beiden Naturen wegen ihres jeweils verschiedenen Verhältnisses zur Person Jesu Christi nur nebensächlich die jeweils andere Natur mitbezeichnen können. Eine Prädikation, die eine ontische Kommunikation der beiden Naturen aneinander zur Geltung brächte, ist ausgeschlossen. Denn die menschliche Natur ist durch die Aufnahme in die Person des ewigen Gottessohnes ja nicht selber Person geworden; sie wird von der Person »emporgehalten« (sustentare) und so in ihrem Wesen zur Erscheinung, zum konkreten Existieren gebracht. Zu einer wesensmäßigen communicatio idiomatum der beiden Naturen kann es nicht kommen, weil das Sein der Person von der durch sie vollzogenen unitio naturarum und von der in ihr sich vollziehenden unio naturarum nicht berührt werden darf. Ist doch der Unterschied zwischen der menschlichen Natur und der mit der Person identischen göttlichen Natur größer als zB. der zwischen einem Menschen und einem Esel[11].

Die spezifisch logischen Gesichtspunkte und Probleme der scholastischen Lehre von der communicatio idiomatum brauchen jetzt nicht zu interessieren. Reinhard Schwarz hat sie in einer meisterlichen Untersuchung vorgeführt[12]. Uns interessiert jetzt nur, daß Zwingli im Abendmahlsstreit Luther von dieser scholastischen Position her bekämpft hat und die scholastische Lehre von der communicatio idiomatum ausdrücklich unter dem Namen ἀλλοίωσις gegen Luther ins Feld geführt hat: »dann communicatio idiomatum, i. gemeynsame der eygenschafften, heyßt uns alloeosis.«[13]

Dieser Streit ist für uns insofern von Bedeutung, als Luther gegen Zwingli die Meinung vertritt, daß die Einheit der beiden Naturen in der Person Jesu Christi die der menschlichen Natur zukommenden Prädikate des Leidens, Gekreuzigtwerdens und Sterbens auch der göttlichen Natur zuspricht, weil die Person selber die *Ereignisse* vollzieht bzw. erträgt, die jede der beiden Naturen durch sich oder an sich geschehen läßt. Während für Zwingli die Alloiosis sive communicatio idiomatum die Funktion hat, diejenigen neutestamentlichen Aussagen, die Prädikate der einen Natur von der anderen Natur auszusagen scheinen, als tropologische und also uneigentliche Redeweise zu erklären, führen nach Luther gerade jene neutestamentlichen Aussagen in die *Wahrheit der Person* Jesu Christi. »Denn das heist er Alleosin / wenn etwas von der Gottheit Christi gesagt wird / das doch der mensheit zu stehet / odder widderumb / als Luce vlt. Must nicht Christus leiden vnd also ynn sein ehre gehen? Hie gauckelt er / das

---

[11] Mit Hi 11,12 hat man offensichtlich nicht gerechnet: וְאִישׁ נָבוּב יִלָּבֵב וְעַיִר פֶּרֶא אָדָם יִוָּלֵד Auch ein Tor kann noch Verstand gewinnen, und ein Wildesel noch ein Mensch werden!

[12] Gott ist Mensch. Zur Lehre von der Person Christi bei den Ockhamisten und bei Luther, ZThK 63, 1966, 289–351.

[13] Über D. Martin Luthers Buch, Bekenntnis genannt, zwei Antworten von Johannes Oekolampad und Huldrych Zwingli, 1528. Huldreich Zwinglis Sämtliche Werke VI/II (CR Vol. XCIII Pars II), 1968, 128, 20f. Vgl. dazu *H. Rückert*, Das Eindringen der Tropuslehre in die schweizerische Auffassung vom Abendmahl, ARG 37, 1940, 199–221.

5.2 Vom Tod des lebendigen Gottes. Ein Plakat 161

Christus fur die menschlichen natur genomen werde. Hüt dich / Hüt dich / sage ich / fur der Alleosi / sie ist des teuffels laruen / Denn sie richtet zu letzt ein solchen Christum zu / nach dem ich nicht gern wolt / ein Christen sein / Nemlich / das Christus hinfurt nicht mehr sey / noch thu / mit seinem leiden vnd leben / denn ein ander schlechter heilige[14] / Denn wenn ich das gleube / das allein die menschliche natur fur mich gelidden hat / so ist mir der Christus ein schlechter heiland / so bedarff er wol selbs eines heilands / Summa / es ist vnsaglich / was der teuffel mit der Alleosi sucht …. Ob nu hie die alte wettermecherynn fraw vernunfft / der Alleosis grosmutter / sagen würde / Ja die Gottheit kan nicht leiden noch sterben / Soltu antworten / Das ist war / Aber dennoch weil Gottheit vnd menscheit ynn Christo eine person ist / so gibt die schrifft / vmb solcher personlicher einickeit willen / auch der Gottheit / alles was der menscheit widderferet / vnd widderumb / Vnd ist auch also ynn der warheit / Denn das mustu ia sagen / Die person (zeige Christum) leidet / stirbet / Nu ist die person warhafftiger Gott / drumb ists recht gered / Gottes son leidet / … Vnd ist dazu auch die warheit / Denn yn der warheit / ist Gottes son fur vns

---

[14] Daß »Christus dyr nichts mehr nutz denn eyn ander heylig« sei, wehrt Luther 1522 in der Vorrede zur Kirchenpostille, dem »Klein Unterricht« (WA 10/I, 1, 11f.; Hervorhebungen in den folgenden Zitaten von mir), ab durch die Koppelung des *Exempel*-Verständnisses Christi mit dem Verständnis Christi als »gabe und geschenck, das dyr von gott geben und deyn eygen sey« (vgl. Luthers Einheit von exemplum und sacramentum!). Wird hier Christi »Heilandsein« dahin pointiert, daß »wenn du yhm tzusihest odder hörist, das er ettwas thutt odder leydet, das du nit tzweyffellst, er selb Christus mit solchem thun und leyden *sey deyn*, darauff du dich nit weniger mügist vorlassen, denn alß hettistu es than, ia alß werist du der selbige Christus«. Christus »alß eyn gabe dyr *tzu eygen geben*« – das läßt Christus »mehr nutz denn eyn ander heylig« für uns sein. Hier ist also die Relation Christus – Glaubender im Blick auf eine *Zueignung*, auf das Ereignis des Zueignens Christi am glaubenden *Menschen* thematisch gemacht. Es war nur die Konsequenz dieser christologischen Soteriologie, wenn sie in Form einer soteriologischen Christologie sich später so begründete, daß jene Zueignung nun in der Person Jesu Christi selber ihre Ermöglichung finden mußte. Gerade darin, daß die menschliche Natur der göttlichen ihre idiomata, ihr Leiden, zueignet (und umgekehrt die göttliche der menschlichen ihre Herrlichkeit), ist uns Christus nun »mehr … mit seinem leiden vnd leben / denn ein ander schlechter heilige«. Mit der soteriologischen Relation Christus – Glaubender ist also das Ereignis der Zueignung schon im Blick auf das primäre Relatum zu bedenken, und dort ist in der unio naturarum die Einheit von Geber und Gabe als Einheit der *Gnade* zu begründen. – Vgl. dazu auch *E. Hirsch*, Hilfsbuch zum Studium der Dogmatik, 3. Aufl. 1958, 63.

5. Der dreieinige Gott als Liebe und Geheimnis

gecreutzigt / das ist / die person / die Gott ist / Denn sie ist / Sie (sage ich) die person ist gecreutzigt nach der menscheit.«[15]

Diese Sätze machen hinreichend deutlich, daß Luther, weil er bereits die unitio naturarum anders verstand als Zwingli, eine geradezu entgegengesetzte Lehre von der communicatio idiomatum entwickeln mußte. Für Zwingli war die unitio nichts weiter als die Bedingung der Möglichkeit des Beieinander zweier Naturen in einem suppositum, und dieses dogmatisch behauptete Beieinander gibt ihm die hermeneutische Möglichkeit, zu erklären, inwiefern es zu jener uneigentlichen Redeweise in der Schrift kommen konnte, dergemäß das Leiden nicht auf die menschliche Natur beschränkt wird, wie es sich gehörte. Für Luther ist bereits die unitio naturarum ein über das bloße Beieinander zweier Naturen hinausgehendes »Geschehen im Sein der Person«[16], und die unio naturarum ist für ihn die konkret sich ereignende *Geschichte*, in der weder die Gottheit noch die Menschheit von der Person abstrahiert werden können und deshalb auch die Gottheit nicht mehr von der Menschheit (und umgekehrt) abstrahiert werden darf: »Nein geselle / wo du mir Gott hinsetzest / da mustu mir die menscheit mit hin setzen / Sie lassen sich nicht sondern vnd von einander trennen / Es ist eine person worden / vnd scheidet die menscheit nicht so von sich / wie meister Hans seinen rock auszeucht und von sich legt / wenn er schlaffen gehet.«[17] Von dieser Position Luthers her mußte Zwinglis Handhabung der Alloiosis als der Versuch erscheinen, die Geschichte Christi rückgängig zu machen[18].

Von außerordentlicher Bedeutung ist dieser Streit Luthers mit Zwingli über die engeren Probleme des Abendmahlsstreites hinaus insofern, als sich in diesem Streit entscheidet, von woher sich der *Gottesbegriff* theologisch zu konstituieren hat. So wie für Zwingli die Aufnahme der menschlichen Natur in die Personeinheit mit der göttlichen Natur weder für die Person noch für die göttliche Natur eine das Sein der Natur oder der Person berührende Bedeutung hat, so bleibt

---

[15] Vom Abendmahl Christi, Bekenntnis, 1528. BoA III, 390,33–391,5; 391, 19–26. 35–38 = WA 26, 319, 29–40; 321, 19–26; 322, 3–5.

[16] R. Schwarz, aaO. 305.

[17] *Luther*, aaO. 397, 29–33 = WA 26, 333, 6–10.

[18] Angesichts dessen, was Zwingli im Blick auf die Inkarnation des ewigen Logos gar mit der Figur der Ethopoiia unternimmt, wird man sich allerdings fragen müssen, ob er daraufhin überhaupt noch etwas rückgängig zu machen hatte. Vgl. dazu *H. Hilgenfeld*, Mittelalterlich-traditionelle Elemente in Luthers Abendmahlsschriften, 1971, 348 ff.

5.2 Vom Tod des lebendigen Gottes. Ein Plakat

für ihn die Gottheit Gottes durch die Menschwerdung des Logos von jedem Werden und dementsprechend auch von jedem Leiden unberührt. Für Luther bedeutet dagegen die unitio naturarum, daß mit der *Person* Jesu Christi auch die Gottheit Gottes in ihrem Sein von diesem Akte *bewegt* wird, daß die *Geschichte,* die die Person Jesu Christi secundum humanitatem macht, Gottes eigene, sein eigenes Sein angehende Geschichte *wird.* Ja, diese Geschichte geht Gott nicht nur an; sie geht als die ihn angehende Geschichte auch von ihm aus. Und das heißt, daß Gottes Sein sich von vornherein auf diese Geschichte hin ontologisch entwirft.

Später trägt Luther seine Lehre von der communicatio idiomatum noch pointierter vor und weiß sich mit ihr von der Tradition (Zwinglis und der Scholastik) geschieden: »Hoc idem est, quod nos dicimus: communicatio idiomatum.«[19] »Hoc idem« – das ist die Behauptung, das Wort »Mensch« bezeichne den Gottessohn oder die göttliche Person[20]. Und entsprechend kann es nun heißen: »Vere dicitur: Iste homo creavit mundum et Deus iste est passus, mortuus, sepultus etc.«[21] So wird die Rede vom Tode Gottes möglich[22].

Die Rede vom Tode Gottes wird für Luther jedoch nicht nur *möglich* im Sinne einer logischen Konsequenz der communicatio idiomatum. Die Rede vom Tode Gottes wird vielmehr *notwendig,* weil in ihr die Wirklichkeit Jesu Christi zu ihrer Wahrheit kommt. Man kann nicht nur sagen, Gott sei gestorben, sondern man muß sagen, daß Gott gelitten hat und gestorben ist. An dieser Notwendigkeit hängt für Luther die soteriologische Implikation der Christologie. »Denn wenn ich das gleube / das allein die menschliche natur fur mich gelidden hat / so ist mir der Christus ein schlechter heiland / so bedarff er wol selbs eines heilands.« Die Notwendigkeit, vom Tode Gottes zu reden, darf nun freilich nicht als soteriologisches Postulat mißverstanden werden, sondern die Theologie hat die soteriolo-

---

[19] Die Disputation de sententia: Verbum caro factum est (Joh 1,14), 1539. WA 39/II, 12, 28f.

[20] »... significat filium Dei aut personam divinam« (ebd. Z. 27f.).

[21] Die Disputation de divinitate et humanitate Christi, 1540. WA 39/II, 93, 8f.; These 4.

[22] Luther befindet sich mit dieser Rede in alter christlicher Tradition. Gegen Marcion lesen wir schon bei Tertullian (Adv. Marc. II, 16; CSEL 47 [Tertullian III], 356, 20–22): »bene autem, quod Christianorum est etiam mortuum deum credere et tamen viventem in aeva aevorum«. Zitiert bei *W. Elert,* Der Ausgang der altkirchlichen Christologie, 1957, 73 Anm. 1.

gische Implikation des pro nobis nur, weil Gott in der Person Jesu Christi gelitten hat und gestorben ist. Die *Rede* vom Tode Gottes setzt das *Ereignis* des Todes Gottes voraus. Der wahre Ursprung der Rede vom Tode Gottes ist das geschichtliche Ereignis des Todes Jesu von Nazareth.

Das mag als historische Besinnung vorerst genügen. Sie hatte die Funktion, die Rede vom Tode Gottes als theologisch legitim auszuweisen. Dabei wurde einerseits die christologische Notwendigkeit dieser Rede einsichtig. Andererseits wurde es möglich, das Wort »Gott ist tot« zum Gegenstand *theologischer* Erörterung zu machen, *ohne* daß der in diesem Wort und der im Begriff Theologie enthaltene Gottesbegriff äquivok gebraucht wurde. Die Rede vom Tode Gottes *muß* also nicht nichtssagend sein. Was sie zu sagen hat, soll nun erwogen werden. Dabei fragen wir zuerst nach der Bedeutung des *Todes* für *Gott.* Sodann fragen wir nach der Bedeutung des Todes Gottes für den Tod. In beiden Fragen ist zur Stelle die Frage nach der Bedeutung des Todes Gottes für den Menschen. Da wir mit diesen Fragen in ein noch unbegangenes Feld gelangen, können die folgenden Erwägungen nicht mehr als der Versuch einer Andeutung sein. Die Mängel eines solchen Versuches liegen auf der Hand, sind aber m. E. eher zu ertragen als der mangellose Entschluß, nichts zu versuchen.

III. Die Bedeutung des Todes Gottes für Gott

1. Die Bedeutung des Todes Gottes für das Sein Gottes

Die Bedeutung des Todes Gottes für Gott ist zu erörtern sowohl im Blick auf das *Sein* Gottes als auch im Blick auf die menschliche Möglichkeit, Gott als Gott zu *begreifen.* Ich erörtere zuerst die Bedeutung des Todes Gottes im Blick auf das Sein Gottes.

Die theologische Tradition hat das Sein Gottes als schlechthin einfaches Wesen gedacht:

> simplex esse
> simplex posse
> simplex velle
> simplex nosse
> cuncta sunt simplicia

heißt es im Hymnus des Boethius über die Trinität. In seinem omnino simplex esse wurde Gott (insbesondere in der reformierten Orthodoxie) als *reinster* oder auch als *einfachster Akt* verstanden: »Der Satz:

5.2 Vom Tod des lebendigen Gottes. Ein Plakat

Gott ist actus purissimus oder simplicissimus, oder Gott ist essentialiter actuositas, ist ... in der reformierten Dogmatik stereotyp.«[23]

Gottes Wesen wurde bestimmt als spiritus infinitus. Der als Geistesleben verstandene actus purissimus seu simplicissimus wurde näher verstanden als ein einfachster Wissensakt, in dem Gott sich selber und so *alles* weiß: »Intellectus Dei est simplicissimus actus« (Keckermann)[24]. Etwas *Neues* gibt es folgerichtig für Gott (in der Intelligenz Gottes) nicht: »Nam si in Deo aliquid novi admittimus, non potest esse aeternus (und also actus purissimus bzw. simplicissimus). *Ergo neque novum obiectum in Dei scientiam venit;* nam existeret in Deo nova scientia« (Coccejus)[25]. Es gehört durchaus in diese alte Tradition christlicher Gotteslehre, wenn Schleiermacher Gott als reine Tätigkeit bestimmt, von der alles Leiden, das Gott zum Objekt weltlicher Tätigkeit machen würde, wegzudenken sei.

Dieser Tradition widerspricht die theologische Notwendigkeit, vom *Tode* Gottes zu reden. Denn von einem nur als actus purissimus bzw. actus simplicissimus zu denkenden Gott kann Leiden, Sterben und in diesem Sinne *Negation* nicht prädiziert werden. Theologen der Alten Kirche vor allem haben die hier entstehende Aporie durchaus gespürt, wie Werner Elerts schönes Buch über Theodor von Pharan erkennen läßt[26]. Die theopaschitische Formel hat im Zusammenhang der Trinitätslehre denn auch vom Leiden *einer* der drei göttlichen Hypostasen als einem geschichtlichen Ereignis gesprochen: ἕνα τῆς ἁγίας τριάδος πεπονθέναι ἐν σαρκί.

Wir stehen heute vor der Aufgabe, in Auseinandersetzung mit der traditionellen Gotteslehre Gottes Sein aus demjenigen Ereignis her zu verstehen, das uns jeden metaphysischen Gottesbegriff vom Verständnis Gottes so lange fernzuhalten nötigt, bis die traditionellen metaphysischen Begriffe neu begriffen sind und das metaphysische Begreifen überwunden ist. Dieses Ereignis ist der Tod Jesu[27].

---

[23] Die Dogmatik der evangelisch-reformierten Kirche. Dargestellt und aus den Quellen belegt von *H. Heppe* (neu durchges. u. hg. von *E. Bizer*), 1958, 43. Der Satz ist auch der lutherischen Orthodoxie nicht ungeläufig, weil die ontologische Identität von essentia und existentia (die nur in einer distinctio rationis unterschieden werden dürfen, nicht aber in einer distinctio realis) Gottes einfaches Wesen als einen einfachsten Akt der Existenz zu denken nötigt.

[24] Nach *Heppe-Bizer,* aaO. 62.

[25] *Heppe-Bizer,* ebd.; Zusatz von mir.

[26] Der Ausgang der altkirchlichen Christologie, 1958.

[27] *K. Barth* hat in seiner *Erwählungslehre* starke Vorbehalte geltend gemacht

5. Der dreieinige Gott als Liebe und Geheimnis

Einige Grundzüge des Neuen Testaments weisen die systematische Überlegung in diese Richtung. Wenn Paulus den auf die Seite Gottes gehörenden Auferstandenen nur als Gekreuzigten kennen und verkündigen will und wenn für ihn gerade das εὐαγγέλιον das Wort vom Kreuz ist, dann besagt das über die hier zweifellos primäre soteriologische Intention hinaus, daß wir im Gekreuzigten Gott selbst kennenlernen sollen, und zwar nicht nur als den, der unseren Herrn Jesus von den Toten auferweckt hat, nicht nur als den, der das Nichtseiende ruft, daß es sei. Sondern als den, der – indem er solches tut – sich an einem *Toten* als Gott definiert und so zugleich den Toten als Gottes Sohn (ὁρισθεὶς υἱὸς θεοῦ) definiert (Röm 1,4)[28].

Wenn im Johannesevangelium der Tod Jesu am Kreuz das Ereignis ist, in dem der Vater den Sohn verherrlicht, damit der Sohn ihn verherrliche (Joh 17,1), dann besagt das (auch wenn bei Johannes der Tod Jesu Christi von vornherein unter dem Vorzeichen der »tödlichen Blamage« von Joh 11 im Blick ist), daß in der Stunde des Todes der Vater dem Sohn und dieser dem Vater das Seine gibt: δόξα. Dh. aber: in diesem Ereignis will Gott *Gott* sein[29].

Wenn bei Markus von dem in der Gottverlassenheit des Sterbens nach seinem Gott schreienden und so sterbenden Jesus gesagt wird:

---

gegen jene (traditionelle) Konzeption der Gotteslehre, »laut welcher Gott vor lauter Aseität, Einfachheit, Unveränderlichkeit, Unendlichkeit usw. eigentlich Alles, nur kein lebendiger, nämlich kein in konkreter Entscheidung lebendiger Gott sein durfte« (KD II/2, 85). Die als Erwählung verstandene Urentscheidung Gottes bringt aber bei Barth Gottes Sein selbst in die Dimension der Negation, insofern Gott für sich den Tod und für den Menschen das Leben erwählt. In dieser Dimension ist die metaphysische Rede von Gott als »Ansichsein«, als »simplex esse«, »immutabile esse« sachlich bereits gesprengt. »Gott«, einmal in Gedanken in den Tod gebracht, ist nicht mehr zu denken, wie die Welt sich Gott dachte.

[28] Vgl. dazu vor allem *E. Käsemann*, Die Heilsbedeutung des Todes Jesu nach Paulus. Zur Bedeutung des Todes Jesu. Exegetische Beiträge, 1967, 11–34.

[29] Bei Johannes ist der Tod Jesu dabei offensichtlich schon von seiner Überwindung her theologisch thematisch gemacht. Als Stunde der Heimkehr des Sohnes zum Vater ist die »Stunde der Passion und des Todes Jesu … in ausgezeichnetem Sinne zugleich die Stunde seiner Verherrlichung«. »Insofern hat der Tod Jesu gegen *Bultmann*, Theologie, S. 405 doch Schwerpunktcharakter.« (*E. Käsemann*, Jesu letzter Wille nach Johannes 17, 1966, 40 mit Anm. 30.) Nicht der Niedrigkeitsaspekt des Todes dominiert bei Johannes, sondern die Herrlichkeit des Irdischen zu offenbaren ist hier die Funktion des Todes, der insofern zur Bestimmung der *Gottheit* Jesu Christi anweist. – Käsemanns These vom »naiven Doketismus« des 4. Evangeliums kann hier undiskutiert bleiben.

5.2 Vom Tod des lebendigen Gottes. Ein Plakat   167

»wahrlich, dieser Mensch war Gottes Sohn« (Mk 15,34–39), dann besagt das, daß im Ereignis dieses Todes die Gottheit des Gottessohnes Ereignis war[30].

Im Hebräerbrief (2,9) schließlich wird als Zweck der Erhöhung Jesu pointiert Jesu *Tod* bezeichnet.

Die Systematische Theologie hätte daraus die Konsequenz zu ziehen, daß der Tod Jesu nicht mehr als ein Heilsereignis in der Reihe anderer, aber auch nicht als ein *unter Voraussetzung* des Gottesbegriffes zu interpretierendes Ereignis sui generis aufgefaßt werden kann, daß vielmehr Gottes Gottsein vom Ereignis dieses Todes her zu verstehen ist, wie wir auch Jesu Christi *Gegenwart* nicht aus einem isolierten Auferstehungsereignis, sondern dieses und mit ihm Jesu Gegenwart als einen Akt seines Seins vom Ereignis seines Todes her zu verstehen haben: »Jesus lebt, weil er ›für uns‹ starb«[31]. Denn wenn Gott sich im Tode Jesu *als* Gott definiert hat, dann hat der Tod *ontologische Relevanz* für das Sein Gottes und also für das Leben Jesu Christi. Gott nämlich definiert sich nicht mit Sätzen, sondern mit seinem eigenen Sein. Und er tut es, indem er den toten Jesus als lebendigen Gottessohn definiert: ὁρισθεὶς υἱὸς θεοῦ ἐν δυνάμει ... ἁγιωσύνης (= θεοῦ!)[32] ἐξ ἀναστάσεως νεκρῶν (Röm 1,4). Wie ist dann das Sein Gottes zu denken?

Der Tod ist nach biblischer Auskunft primär das Gott Fremde. Nicht nur das Gott gegenüber Andere wie die Schöpfung! Der Tod ist also nicht nur als Ende eines Lebens ein Ereignis in der Wohlordnung der Schöpfung. Der Tod ist faktisch nicht Wohltat, sondern der Fremde, weil von Gott Entfremdende. Als solcher ist er die stringente Konsequenz der Sünde, der Sünde Sold (Röm 6,23). »Die Toten loben den Herrn nicht mehr« (Ps 6,6; 88,12; 30,10; Jes 38,18 f.). »Und er gedenkt ihrer nicht mehr; sie sind geschieden von seiner Hand« (Ps 88,6)[33].

---

[30] Das hat schon A. *Schlatter* in seiner zu Unrecht vergessenen Abhandlung »Jesu Gottheit und das Kreuz« (2. Aufl. 1913) erkannt.

[31] E. *Fuchs,* Die Spannung im neutestamentlichen Christusglauben. Glaube und Erfahrung. Zum christologischen Problem im Neuen Testament (Ges. Aufs. III), 1965, 295.

[32] M. E. ist κατὰ πνεῦμα, nicht aber κατὰ πνεῦμα ἁγιωσύνης paulinische Einfügung in die vorpaulinische Formel. Zur Abgrenzung von Bultmann und Schweizer vgl. das für E. Fuchs zum 60. Geburtstag von seinen Schülern zusammengestellte (typographisch vervielfältigte) Geburtstagsheft.

[33] Vgl. dazu G. *Quell,* Die Auffassung des Todes in Israel, 2. Aufl. 1967; *Chr. Barth,* Die Errettung vom Tode in den individuellen Klage- und Dankliedern des

5. Der dreieinige Gott als Liebe und Geheimnis

Hiob spielt in letzter Verzweiflung die Fremde des Todes sogar gegen seinen Schöpfer aus: »Doch jetzt lege ich mich in den Dreck. Dann suchst du mich, doch ich bin weg« (Hi 7,21). Der Tod greift in seiner Fremdheit auch über seinen jähen Ort hinaus in den Bereich des Lebens, um in Schwachheit, Krankheit, Gefangenschaft, Feindesnot usw. das Leben von Gott und dh. das Leben dem Leben zu entfremden. Er ist in seiner Gottfremdheit aggressiv[34]. Sein Wesensakt ist in diesem Sinne die Negation. Er entfremdet, indem er *nichtet*, was ist. Der Tod ist der hoffnungslose Fall.

Wenn nun der, den wir »Gott« nennen, im Ereignis dieses ihm fremden Todes so *Gott sein* will, daß er diesen Tod nicht einfach durchschreitet wie ein Siegestor (der Gedanke liegt ja nahe, daß Tore, die Gott durchschreitet, eben dadurch zu Triumphbögen werden), wenn Gott vielmehr im Ereignis des Todes Jesu so Gott sein will, daß er selbst diesen Tod *erleidet,* dann heißt das: Gott hat sich dem ihm fremden Wesensakt des Todes ausgesetzt[35]. Im Ereignis des Todes Jesu treffen Gottes Wesen und des Todes Wesen so aufeinander, daß das Wesen des Einen am Wesen des Anderen das eigene Wesen in Frage stellt. Das meint das lutherische Lied: »O große Not, Gott selbst liegt tot!« Diese gegenseitige Infragestellung endet, und zwar mit Jesu Auferweckung. Indem Gott den *Tod erlitten* hat, hat nicht der Tod sich behauptet. Sondern gerade so, den Tod erleidend, hat Gott sich behauptet. Wie ist das zu verstehen?

Wenn überhaupt, dann so, daß Gott im Erleiden des Todes, im Ertragen der Negation dem Tod seinen *Wesensakt entzogen* hat. In diesem Sinne gilt, daß er dem Tode die Macht genommen hat. Der Tod ist in der Ohnmacht des Gottessohnes entmächtigt worden. Die Negation, die der Tod an Gott zu vollziehen hatte, ging ontologisch über seine Kräfte. Das aber heißt: das Wesen des Todes ist mit seinem Wesensakt in Gottes Gewalt. Was der Tod *aus sich selbst heraus* noch zu verwirklichen vermag, ist nicht mehr Wesen, sondern nur noch Unwesen.

Alten Testamentes, 1947; *V. Maag,* Tod und Jenseits nach dem Alten Testament, Schweiz. Theol. Umschau 34, 1964, 17–37.

[34] Vgl. *G. v. Rad,* Theologie des Alten Testaments I, 6. Aufl. 1969, 395 ff.

[35] »*Gott will verlieren, damit der Mensch gewinne.* Sicheres Heil für den Menschen, sichere Gefahr für Gott selber!« (*K. Barth,* KD II/2, 177) Heil freilich für den Menschen nur dann, wenn Gott in der Gefahr, in die er sich selber begibt, nicht umkommt. Die Gefahr Gottes kann also mit dem Verlust Gottes nicht identisch sein.

Für das Sein Gottes bedeutet das: Der Wesensakt des Todes ist Gott selbst wesentlich eigen: freilich nicht als das Fremde, von Gott Entfremdende. Nemo contra deum nisi deus ipse! Wohl aber so, daß Gott selbst an sich eine Verneinung duldet, die in seinem Sein Raum schafft für anderes Sein. Für andere, nämlich für uns ist er ja in den Tod gegangen. Das Nein Gottes zu sich selbst ist sein Ja zu uns. Der dem Tod entzogene Wesensakt west im Sein des lebendigen Gottes als Einräumung eines ewigen Ortes für die, die ἐν Χριστῷ existierend in Gottes ewigem Sein zu sein erwählt und bestimmt sind. Gottes Sein ist also nicht mehr als omnino simplex esse zu denken. Gottes ewiges Sein ist differenzierter und auch zeitlicher, als wir zu denken vermögen.

2. Die Bedeutung des Todes Gottes für die menschliche Möglichkeit, Gott als Gott zu begreifen

Der christologisch verstandene Tod Gottes hat zugleich Konsequenzen für die Bedeutung des Wortes »Gott« in unserem Mund. Denn wenn sich Gott an einem Toten als Gott definiert, dann ist das Wort »Gott« jeder schöpferischen Sinngebung des Menschen entzogen. War schon im Alten Testament, wie Gottfried Quell betonte, »das Wort Gott ... nur dort am Platz, wo jede schöpferische Willkür des Menschen ausgeschaltet ist«[36], so wird das Wort »Gott« durch die im Ereignis des Todes Jesu sich vollziehende Selbstdefinition Gottes im Sinne menschlicher Sinngebung sinnlos. Der Glaube kennt keinen selbstentworfenen »Gott« mehr. Und er bekennt im Rückblick auf die »heidnische« Vergangenheit der zum Glauben gekommenen Epheser, daß sie in dieser Vergangenheit (die doch nach einem παλαιὸς λόγος »voll von Göttern« war) ἄθεοι ἐν τῷ κόσμῳ gewesen seien. Νυνὶ ἐν Χριστῷ erweist sich ihre keineswegs götterarme Vergangenheit als eine Zeit, in der sie doch ἄθεοι waren (Eph 2,12). Denn die Götter sind nunmehr, nach einem Wort des Paulus, für immer entmythologisiert und entzaubert als φύσει μὴ ὄντες θεοί (Gal 4,8).

Dieser evangelische Angriff auf eine Welt voll von Göttern wurde von der dem Wort »Gott« Sinn gebenden Welt durchaus gespürt und umgekehrt mit dem Vorwurf des Atheismus an die Adresse des christlichen Glaubens beantwortet[37]. Das war sachgemäß. Wie denn auch

---

[36] ThW III, 88, 11 f., Art. θεός (im AT).
[37] Vgl. *A. v. Harnack*, Der Vorwurf des Atheismus in den drei ersten Jahrhunderten, 1905.

170 5. Der dreieinige Gott als Liebe und Geheimnis

Feuerbachs Vorwurf gegen Hegels Versuch, Gottes Gottsein aus dem Tode Gottes zu denken, sachgemäß war: der Vorwurf nämlich, Hegel habe den Atheismus zu einer objektiven Bestimmung Gottes gemacht[38]. In diesem Vorwurf spiegelt sich noch die alte heidnische Polemik gegen das Christentum. Es ist etwas daran, daß der christliche Glaube den Vorwurf des Atheismus einst provozierte. Wer in der Kraft der Auferstehung Jesu von den Toten das Kreuz Jesu reden, wirklich ausreden läßt, wird nicht so naiv sein und meinen, Auferstehung bedeute Rückgängigmachung des Todes. Sie bedeutet vielmehr, daß Gottes Leben zum Tode fähig ist und sich nun um unsertwillen den Tod gefallen läßt – mit allen Konsequenzen, die das für Gott im Blick auf den als Weltphänomen ja noch selbständig redenden Tod hat. Die Auferstehungsbotschaft macht den λόγος τοῦ σταυροῦ nicht rückgängig, sondern bringt ihn zur Geltung. Gehen wir davon aus, daß das Wort vom Kreuz Evangelium, also ein uns Gottes gewiß machendes Wort ist, dann ist in der Tat zu sagen, daß Gott den Atheismus zu einer objektiven Bestimmung seiner Offenbarung gemacht hat. Und insofern »gehört der Atheismus in die Gotteslehre«, aber nicht nur als »Widerfahrnis des Deus absconditus«[39], sondern gerade als Widerfahrnis des Deus revelatus.

Begegnen sich hier die Theologie und die den Tod des metaphysischen Gottes denkende Philosophie? Es könnte so scheinen. Doch zeigt gerade eine Analyse des imponierendsten aller entsprechenden Versuche, nämlich der Denkarbeit Martin Heideggers, daß die Philosophie den Gedanken vom Tod des metaphysischen Gottes offensichtlich nicht denken kann. Der letzte Gedanke der Metaphysik ist nicht der Gedanke vom Tod des metaphysischen Gottes, sondern der metaphysische Gedanke vom Tode Gottes. Dessen wirre Folgen in der Theologie haben wir eingangs bedacht.

IV. Die Bedeutung des Todes Gottes für den Tod[40]

Auch hier beschränke ich mich auf Hinweise. Das Ereignis des Todes Jesu Christi war insofern für Gott von Bedeutung, als sich Gott mit

---

[38] *L. Feuerbach*, Grundsätze der Philosophie der Zukunft, § 21. Kleine Philosophische Schriften (1842–1845), hg. von *M. G. Lange* (Phil. Bibl. 227), 1950, 123.

[39] *G. Ebeling*, Existenz zwischen Gott und Gott. Ein Beitrag zur Frage nach der Existenz Gottes. Wort und Glaube II, 1969, 282.

[40] Vgl. zum Folgenden *K. Rahner*, Zur Theologie des Todes. Mit einem Exkurs über das Martyrium, 4. Aufl. 1963.

5.2 Vom Tod des lebendigen Gottes. Ein Plakat

dem toten Jesus so identifiziert hat, daß der tote Jesus als Gottes Sohn verkündigt und bekannt werden konnte, ja mußte (1 Kor 9,16); das εὐαγγέλιον θεοῦ, das zu verkündigen ἀνάγκη ist, ist εὐαγγέλιον τοῦ υἱοῦ αὐτοῦ (Röm 1,1 und 1,9), und der υἱὸς θεοῦ ist κατὰ σάρκα der γενόμενος ἐκ σπέρματος Δαυίδ (Röm 1,3). Wir sagten: Gott definiert sich an einem Toten, indem er den Toten als Gottes Sohn definiert. Und da Gott sich mit seinem eigenen Sein definiert, wird der Tod zu einem das Sein Gottes bestimmenden Prädikat. Die Rede vom Tode Gottes hat ontologische Relevanz für das Sein Gottes. Gott erleidet den Tod, um sich gerade in dieser Tat des Leidens als Gott zu erweisen. Erweist sich aber Gott im Tode *als* Gott, dann erweist sich Gott nicht ohne den Tod als Gott. Christologisch heißt das: der Gekreuzigte wird als Gottessohn nicht ohne das Kreuz verkündbar. Der Tod des Auferstandenen muß verkündigt werden, bis der Herr kommt (1 Kor 11,26). *Auferstehung* kann deshalb auf keinen Fall bedeuten, daß der den Tod erleidende Gottessohn den Tod *hinter* sich gelassen habe und *wieder* ins Leben *zurückgekehrt* sei. Auferstehung Jesu Christi bedeutet nicht: Wiederkehr des Gleichen. Was bedeutet sie dann?

Aus unserem Zusammenhang formuliert, nichts anderes, als daß der Tod Gottes, indem er das Sein Gottes bestimmt, den Tod verändert. Im Ereignis des Todes Gottes *läßt* Gott den Tod das Sein Gottes bestimmen und hat damit schon über den Tod bestimmt. Im Ereignis des Todes Gottes wird der Tod dazu *bestimmt,* ein Gottesphänomen zu *werden.*

Die Vorstellung vom Sterben der Gottheit ist dem Mythos vertraut. Die Gottheit stirbt und kehrt wieder. Die aus dem Tode wiederkehrende Gottheit läßt den Tod hinter sich, um ins Leben zurückzukehren. Wer aber den Tod hinter sich läßt, um ins Leben zurückzukehren, hat den Tod immer noch vor sich. Der Tod bleibt der alte.

Paulus schließt sich hingegen mit den Glaubenden in dem Wissen zusammen: (εἰδότες) ὅτι Χριστὸς ἐγερθεὶς ἐκ νεκρῶν οὐκέτι ἀποθνῄσκει, θάνατος αὐτοῦ οὐκέτι κυριεύει (Röm 6,9 – offensichtlich liturgisches Gut; V. 10 interpretiert paulinisch). Der Tod ist vielmehr verschlungen in den Sieg (1 Kor 15,54). Und wie der Tod in den Sieg verschlungen ist (κατεπόθη), so soll das Sterbliche vom Leben verschlungen werden (καταποθῇ τὸ θνητὸν ὑπὸ τῆς ζωῆς, 2 Kor 5,4). Das also ist im Ereignis des Todes Gottes geschehen: daß der Tod die Verneinung (als *seinen* Sieg!) abtreten mußte an den, der diese Verneinung an sich duldete. Der um seinen Sieg gebrachte Tod ist der um seine Eigenmacht gebrachte Tod. Der den Tod auf sich nehmende Gott hat den Tod für immer auf sich genommen. *So* hat er dem Tode die Macht genommen. Gott, einmal im Tode, wird den Tod nicht mehr los, weil der Tod ihn, Gott, nicht mehr loswerden soll. Wo der Tod nun auch hinkommt, da kommt Gott selbst. *So* tötet Gott den Tod. Nicht indem er den Tod hinter sich brachte und hinter sich ließ, sondern indem er den Tod mit sich nahm in das Leben, das Gott selber ist. Deshalb erscheint der Auferstandene als der Gekreuzigte. Deshalb sind die Wundmale des Herrn seine Herrschaftszeichen.

Die Bedeutung des Todes Gottes für den Tod ist also nur die andere Seite der Bedeutung des Todes Gottes für Gott. Der seines eigenen Wesensaktes beraubte Tod wird *nun als Wohltat* Gottes erfahrbar: als Wohltat Gottes für uns. Weil der Tod nicht sich selbst überlassen blieb, sondern, von Gott erduldet und erlitten, in das Leben, das Gott selber ist, aufgenommen worden ist, weil seine Negation nun als Einräumung im Sein Gottes uns einen Ort zu bereiten (Joh 14,3) bestimmt ist, deshalb wird der Tod zur Wohltat verwandelt, die das Sterben-Können wieder möglich macht.

Die Bedeutung des Todes Gottes für den Tod weist sich im neutestamentlichen Sprachgebrauch darin aus, daß der Tod nunmehr in mehrfacher Hinsicht Bedeutung hat: Unter dem Gesetz ist er *noch* der Sünde Sold (Röm 6,23). Solange noch der Tod des Herrn zu verkündigen ist (1 Kor 11,26), ist der als Tod des Herrn schon zum Gottesphänomen gewordene Tod noch als Weltphänomen am Werke. Es muß noch gestorben werden. Aber weder Tod noch Leben können die Glaubenden von der Liebe Gottes trennen, die im Tode Gottes Ereignis geworden ist (Röm 8,38 f. vgl. mit V. 36). So wie das Leben *Gottes Leben* ist, so ist nun auch der Tod *Gottes Tod.* Also »lebt niemand sich selbst und stirbt niemand sich selbst; denn wenn wir leben, leben wir dem Herrn, und wenn wir sterben, sterben wir dem Herrn; ob wir nun leben oder sterben, wir gehören zum Herrn; denn dazu ist Christus gestorben und lebendig, daß er über Tote und Lebendige herrsche« (Röm 14,7 ff.). Es wird noch gestorben. Doch der Christ stirbt »in dem Herrn« (1 Thess 4,16; 1 Kor 15,18; Apk 14,13). Und obwohl, nein weil das Leben für den Apostel mit Christus identisch ist, ist ihm das Sterben Gewinn (Phil 1,21).

Der zum Gottesphänomen gewordene Tod erwartet den Glaubenden noch als Weltphänomen. Aber er ist als solches zum Sterben entmythologisiert. Das Sterben aber ist nun nicht mehr die als Ende eines Lebens in dieses einbrechende Fremdmacht. Es entfremdet nicht mehr den Menschen und Gott, sondern es gehört von Anfang an in

5.2 Vom Tod des lebendigen Gottes. Ein Plakat

die christliche Existenz. Der zum Gottesphänomen gewordene Tod gehört als Sterben konstitutiv zum Leben der Christen. Täglich stirbt der Apostel (1 Kor 15,31). Der Tod des Herrn wirkt sich an ihm aus, aber immer zum Leben (2 Kor 4,10f. und V. 16): sterbend existieren wir, und siehe, wir leben (2 Kor 6,9). Das alles aufgrund der Teilgabe am Tode Jesu Christi, die im Sakrament der Taufe geschieht (Röm 6).

Die sich hier einstellenden Probleme bedürfen gründlicher Untersuchung. Jetzt kann es nur darauf ankommen, die eigenartige Differenzierung zu konstatieren, die das Phänomen des Todes durch das Ereignis des Todes Jesu Christi erfahren hat. Diese Differenzierung entspringt dem Ereignis des Todes Gottes, in dem nicht nur mit Gott, sondern weil mit Gott, deshalb eben auch mit dem Tod etwas *geschehen* ist.

Was da geschehen ist, weist sich begrifflich in einer Bedeutungsdifferenz des Wortes »Tod« aus, die wir eben wenigstens angedeutet haben. Die Bedeutungsdifferenz ist so groß, daß man nun doch von einer Äquivokation zwar nicht des Begriffes »Gott«, wohl aber des Begriffes »Tod« zu sprechen hätte, wenn nicht das Ereignis des Todes selbst, eben das Ereignis des Todes Gottes diese Bedeutungsdifferenz konstituierte. In diesem Ereignis ist der die Welt und ihre Bedeutungseinheit verschließende Tod so in das Licht Gottes gerückt, daß er selbst und mit ihm die Welt neue Bedeutung gewinnt. Luther hat es als *Notwendigkeit* und als *Gewißheit* verteidigt (necesse est ... und certum est), »omnia vocabula in Christo novam significationem accipere *in eadem re* significata«[41]. Der hier behauptete Bedeutungswandel entspringt dem im Ereignis des Todes Jesu Christi vollzogenen Seinswandel. Was *in* diesem Tode *mit* dem Tode geschah, gibt dem Tod und allem, was sterben muß, neue, gute Bedeutung. Denn, um noch einmal Luther zu zitieren:

> Das ewig Licht geht da herein,
> Gibt der Welt ein *neuen* Schein.
> Es leucht wohl mitten in der *Nacht* (des Todes)
> Und uns des Lichtes Kinder *macht*.

---

[41] Die Disputation de divinitate ..., aaO. 94,17f. (Hervorhebung vom Vf.); These 20 (vgl. auch These 23f.). Man beachte die nüchterne und entscheidende Einschränkung »in eadem re significata«. Sie zeigt, daß die nova significatio, die in Christo allen vocabula zuteil wird, nicht zu einem äquivoken, sondern zu einem *analogen* Gebrauch der Worte unserer Sprache führt.

Es hieße, mit dem Verstehen angefangen zu haben, wenn wir die Welt im neuen, guten Schein der Herrlichkeit des Todes Gottes mit einem »Kyrieleis!« begrüßen können.

Leitfragen

1. Wie kann man laut Jüngel angemessen vom »Tod des *lebendigen* Gottes« (153) reden? Welche Gefahren sieht Jüngel in der sog. »Theologie nach dem Tode Gottes«?
2. Wie verortet sich Jüngel in der Diskussion zwischen Zwingli und Luther um die Interpretation der Lehre von der *communicatio idiomatum*? Welche Gründe lassen sich für diese Verortung Jüngels ausmachen?
3. Jüngel beschreibt das Kreuz als Zusammentreffen zweier Mächte, das Konsequenzen für beide Seiten hat: »Im Ereignis des Todes Jesu treffen Gottes Wesen und des Todes Wesen so aufeinander, daß das Wesen des Einen am Wesen des Anderen das eigene Wesen in Frage stellt« (168). Welche Einsichten lassen sich aus Jüngels Gedanken für einen Umgang mit der Theodizee-Frage gewinnen?

Literatur

- M. Korthaus, Kreuzestheologie. Geschichte und Gehalt eines Programmbegriffs in der evangelischen Theologie, Tübingen 2007, 302–321.
- J. Dierken, Substanz oder Subjekt? Zum Gottesgedanken, in: D. Evers/M. D. Krüger (Hg.), Die Theologie Eberhard Jüngels. Kontexte, Themen, Perspektiven, Tübingen 2020, 83–90.
- B. McCormack, The humility of the eternal son. Reformed kenoticism and the repair of Chalcedon, Cambridge, 2021, 159–177.

5.3 Das Verhältnis von »ökonomischer« und »immanenter« Trinität. Erwägungen über eine biblische Begründung der Trinitätslehre – im Anschluss an und in Auseinandersetzung mit Karl Rahners Lehre vom dreifaltigen Gott als transzendentem Urgrund der Heilsgeschichte (1975)

Zwei Jahre vor dem Erscheinen seines Hauptwerkes »Gott als Geheimnis der Welt« veröffentlichte Jüngel im Jahr 1975 den Beitrag »Das Verhältnis von ›ökonomischer‹ und ›immanenter‹ Trinität« in der »Zeitschrift für Theologie und Kirche«. Im Jahr 1980 wurde der Aufsatz in den Sammelband »Entsprechungen« aufgenommen. Wie in seinem Hauptwerk, das in einer Lehre vom dreieinigen Gott gipfelt, sind in dem genannten Beitrag trinitätstheologische Überlegungen zentral. Mit den Stichworten »ökonomische« und »immanente Trinität« ist eine Unterscheidung in Gott angezeigt. Die ökonomische Trinität meint das heilsgeschichtliche Offenbarsein Gottes, wenn er sich durch Jesus Christus in der Kraft des Heiligen Geistes der Welt mitteilt; hier geht es darum, wie Gott nach außen zur Welt und für uns zu verstehen ist. Die immanente Trinität meint dagegen das innere Wesen Gottes; hier geht es darum, wie Gott nach innen und für sich selbst zu verstehen ist. Diese Unterscheidung zwischen ökonomischer und immanenter Trinität hatte Karl Rahner hinterfragt, der auf katholischer Seite – wie Jüngels Lehrer Karl Barth und Ernst Fuchs auf evangelischer Seite – maßgeblich an der theologischen Neubelebung der Trinitätslehre beteiligt war. So schlug Rahner vor, ökonomische und immanente Trinität als Einheit anzusehen.

Dies ist für Jüngel der Ausgangspunkt für konstruktive und kritische Ausführungen, die an Einsichten anknüpfen, die Jüngel seinerseits seit seiner Dissertation gewonnen hatte. Für Jüngel hat die trinitarische Selbstunterscheidung Gottes als Vater, Sohn und Geist ihren Ursprung im Osterglauben. In ihm wird offenbar, dass Gott sich mit dem gekreuzigten Menschen Jesus identifiziert hat. Dass Gott im Gekreuzigten den Tod auf sich nimmt, ist für Jüngel die »Einheit von Leben und Tod zugunsten des Lebens«, die Liebe genannt zu werden verdient. Hierbei tritt sich Gott in der Unterscheidung von Vater und Sohn selbst so gegenüber, dass er darin als Geist aufeinander bezogen bleibt. So ist die Einheit von ökonomischer und immanenter Trinität gewahrt. Gleichzeitig hält Jüngel aber auch an ihrer Unterscheidung fest. Die begriffliche Unterscheidung macht ausdrücklich, dass Gott sich freiwillig mit dem toten Jesus identifiziert hat und Gott die reale Identität von immanenter und ökonomischer Trinität nicht aufgezwungen wurde. Vielmehr entspricht

5. Der dreieinige Gott als Liebe und Geheimnis

sich so Gott als Liebe selbst, wenn er sich mit dem Tod zugunsten des Lebens identifiziert. Weil dies nach Jüngel an Ostern geschieht, erweist sich die Einheit von ökonomischer und immanenter Trinität definitiv am Kreuz bzw. im Gekreuzigten. Da Rahner diese Einheit von ökonomischer und immanenter Trinität vorrangig in der Inkarnation und an Weihnachten verortet, übt Jüngel an diesem Punkt an Rahner eine gewisse Kritik.

Das Verhältnis von »ökonomischer« und »immanenter« Trinität*

Erwägungen über eine biblische Begründung der Trinitätslehre – im Anschluß an und in Auseinandersetzung mit Karl Rahners Lehre vom dreifaltigen Gott als transzendentem Urgrund der Heilsgeschichte

Karl Rahner hat die kirchliche Trinitätslehre neu zu begründen versucht. Grundaxiom dieses Begründungsversuchs ist die These von der Einheit von »ökonomischer« und »immanenter« Trinität. Im Folgenden soll angezeigt werden, wie Rahners diesbezügliche Ausführungen für eine am Gekreuzigten orientierte evangelische Theologie fruchtbar zu werden vermögen.

I

Die Trinitätslehre ist der unerläßlich schwierige Ausdruck der einfachen Wahrheit, daß Gott lebt. Daß *Gott* lebt, besagt: er lebt aus sich selbst, ist der aus sich selbst in sich selbst Lebendige. »*Gott* lebt« heißt: Gott *ist* Leben. Daß Gott *lebt*, ist für den christlichen Glauben eine Gewißheit, die sich am Sein des Menschen Jesus so zu bewähren hat, daß von diesem Menschen mit gutem Grund bekannt werden kann: »Wahrlich, dieser Mensch ist Gottes Sohn gewesen« (Mk 15,39). Und das heißt, daß sich die Wahrheit »Gott lebt« am *Tode* des als Gottes Sohn zu Gott selbst gehörenden Menschen Jesus zu bewähren hat. Es gilt, Gottes Sein als eine *Einheit von Leben und Tod zugunsten des Lebens* zu begreifen. Der Erste Johannesbrief bringt diese – nicht allgemein einsichtige, sondern in der Auferstehung Jesu Christi sich offenbarende und als höchst besonderes Ereignis kommunikable – Einheit von Leben und Tod zugunsten des Lebens auf den Begriff, wenn er Gott mit der Liebe identifiziert: »Gott *ist* Liebe« (1 Joh 4,8). Der Satz »Gott *ist* Leben« wird durch den Tod Jesu Christi gesteigert zu dem Satz »Gott *ist* Liebe«. Die Trinitätslehre ist deshalb der unerläßlich schwierige Ausdruck der einfachen Wahrheit, daß Gott lebt, weil Gott *als Liebe lebt*. Daß Gott als Liebe lebendig ist, ist das Geheimnis seines

---

* Beitrag zu dem Colloquium der Académie internationale des sciences religieuses, 18.–21. März 1975 in St. Niklausen/Schweiz.

Seins, das sich im Leben, Tod und Auferstehen Jesu Christi offenbart hat.¹

Der Glaube an Gott als den Dreieinigen müßte demgemäß die ganze christliche Existenz kennzeichnen, müßte im christlichen Gottesdienst, in der christlichen Frömmigkeit, in der christlichen Sittlichkeit und ebenso in der die christliche Wahrheit verantwortenden Theologie durchgehend bestimmend sein. Wohlgemerkt: das geglaubte Geheimnis der *Dreieinigkeit* Gottes! Indessen kann dergleichen allenfalls im Blick auf die Liturgie behauptet werden. Von ihr abgesehen scheint das Geheimnis der Dreieinigkeit Gottes existentiell irrelevant zu sein. Damit droht aber das Dogma vom dreieinigen Gott als eine abstrakte Wahrheit schal zu werden. Die Wahrheit des Glaubens indessen ist konkret. Die Trinitäts*lehre*, die ihrerseits durchaus abstrakt formuliert werden kann und muß, erfüllt ihre Funktion erst dann, wenn sie das mysterium trinitatis als konkrete Wahrheit einsichtig werden läßt. Karl Rahners Neuverhandlung der Trinitätslehre gilt dieser Aufgabe.

II

Karl Rahner hat als die eigentliche Aporie der traditionellen dogmatischen Behandlung des mysterium trinitatis die Funktionslosigkeit des Traktates über den dreieinigen Gott im Ganzen der Dogmatik und die Bedeutungslosigkeit dieses Traktates für das Glaubensleben angegeben: »Dieses Geheimnis scheint nur um seiner selbst willen mitgeteilt zu sein. Es bleibt, auch nach seiner Mitteilung, als *Wirklichkeit* in sich selbst verschlossen.«² Die Offenbarung des mysterium trinitatis erschöpfte sich demnach darin, über das Geheimnis des dreieinigen Gottes eine gewisse Orientierung zu geben – statt in das Geheimnis des dreieinigen Gottes so *einzuweisen*, daß dieses selber dem Glaubenden zu einer sein ganzes Gottesverhältnis und Selbstverhältnis – als Glied seiner Kirche und als Individuum! – orientierenden Erfahrung wird. Diese Einweisung in das Mysterium zu leisten ist Aufgabe einer Theologie, deren Realgrund ihr Praktisch-werden-Können ist. Diese Aufgabe zu lösen war für die alte Dogmatik um so dringender geboten, als sie ja ausdrücklich die praktische Notwendigkeit des trini-

---
¹ Vgl. *E. Jüngel*, Gott als Geheimnis der Welt, ⁷2001, 430–511.
² *K. Rahner*, Der dreifaltige Gott als transzendenter Urgrund der Heilsgeschichte, in: Mysterium Salutis. Grundriß heilsgeschichtlicher Dogmatik, hg. von J. Feiner und M. Löhrer, Bd. 2, 1967, 317–401, 322.

5.3 Das Verhältnis von »ökonomischer« und »immanenter« Trinität 179

tarischen Dogmas formuliert hatte: »Necessitas credendi dogma hoc tanta est, ut id non tantum negari, sed etiam ignorari a quovis sine salutis dispendio nequeat, Joh 17,3; 1 Joh 5,11.12; 1 Joh 2,23; Joh 5,23; 2 Thess 1,8.«[3]

Evangelische Dogmatik wird deshalb Schleiermachers Forderung, »die Unabhängigkeit« der »Hauptangelpunkte der kirchlichen Lehre, Sein Gottes in Christo und in der christlichen Kirche, von der Trinitätslehre festzustellen«[4], ebenso wie Schleiermachers Behauptung, daß die Trinitätslehre »in ihrer kirchlichen Fassung ... nicht eine unmittelbare Aussage über christliches Selbstbewußtsein« sei[5], als Ausdruck eines Ungenügens der traditionellen Trinitätslehre zu werten haben, dem man nur durch »eine auf ihre ersten Anfänge zurückgehende Umgestaltung«[6] dieser Lehre oder aber durch deren Archivierung entgehen kann. Daß die von Schleiermacher erwartete Umgestaltung zugunsten der »sabellianischen Hypothese« von dem metaphysischen Postulat, daß »keine Veränderlichkeit in das höchste Wesen gelegt werden« dürfe[7], geleitet ist, spricht eher gegen *diese* Empfehlung, während jedoch Schleiermachers Feststellung, wir »haben ... keine Formel für das Sein Gottes an sich unterschieden von dem Sein Gottes in der Welt«[8], für die notwendig werdende und dabei »auf ihre Anfänge zurückgehende Umgestaltung« der Trinitätslehre höchste Beachtung verdient. Eine solche Umgestaltung wird sich freilich nicht einfach in Form einer Destruktion des trinitarischen Dogmas und aller ihm geltenden dogmatischen Explikationen vollziehen können – es sei denn, man müßte die gesamte Entstehungsgeschichte der Trinitätslehre als theologische Fehlentwicklung beurteilen. Daß sie das nicht war, sei zunächst einmal vorausgesetzt. Unter dieser Voraussetzung scheint mir unerläßliche Grundlage einer das trinitarische Dogma besser verstehenden Umgestaltung der Trinitätslehre – und zwar durchaus einer auf deren Anfänge zurückgehenden Umgestaltung! – die als »Grund-

---

[3] J. F. König, Theologia positiva acroamatica, Pars I, § 80, Rostock ²1699; zitiert nach C. H. Ratschow, Lutherische Dogmatik zwischen Reformation und Aufklärung, Bd. 2, 1966, 82.
[4] F. Schleiermacher, Der christliche Glaube, nach den Grundsätzen der evangelischen Kirche im Zusammenhange dargestellt, hg. von M. Redeker, ⁷1960, Bd. 2, 461 (§ 170,3).
[5] AaO. 458 (§ 170).
[6] AaO. 469 (§ 172).
[7] AaO. 472 (§ 172,3).
[8] AaO. 470 (§ 172,1).

axiom« aufgestellte These Karl Rahners zu sein: »*Die ›ökonomische‹ Trinität ist die ›immanente‹ Trinität und umgekehrt.*«[9]

III

Die These, die »ökonomische« Trinität sei die »immanente« Trinität und umgekehrt, eröffnet insofern die *Neubegründung* der Trinitätslehre, als sie eine ausdrückliche Konstituierung des trinitarischen Gottesbegriffs durch eine Theologie des Gekreuzigten möglich macht und damit dem exegetischen Problemfeld gerechter wird, als das der klassischen Trinitätslehre möglich war. *Faktisch* war allerdings auch das trinitarische Dogma christologisch und näherhin durchaus kreuzestheologisch begründet, insofern Gott sich in Tod und Auferstehung Jesu Christi als Gott definiert hat. (Der Satz »deus definiri nequit« ist zwar angesichts der Regel »definitio fit per genus proximum et differentiam specificam« und der damit unverträglichen richtigen Einsicht »deus non est in genere« verständlich, aber gleichwohl christologisch inakzeptabel, wie Luther vehement betont hat.) Es ist ja nicht das trinitarische Dogma, das offenbart wurde, sondern das Dogma formuliert das Ereignis der Offenbarung Gottes. »Das trinitarische *Dogma* ist uns allerdings ebensowenig geoffenbart wie irgendein anderes. Wohl aber geschieht das Offenbarwerden ›Gottes selbst‹ trinitarisch ...«[10] Es reicht deshalb auch nicht aus, die biblischen Aussagen über Vater, Sohn und Geist exegetisch zusammenzustellen und aus diesem Material eine Nötigung zur Trinitätslehre abzuleiten. Das »biblische Material« bietet als solches nur eine Möglichkeit, keine Notwendigkeit zur Formulierung einer Trinitätslehre. »Nicht die spärlichen trinitarischen Formeln des Neuen Testaments, sondern das durchgehende ... Zeugnis vom Kreuz ist der Schriftgrund für den christlichen Glauben an den dreieinigen Gott, und der kürzeste Ausdruck für die Trinität ist die göttliche Kreuzestat ...«[11]

Doch die faktische Begründung des trinitarischen Dogmas im Kreuzestod Jesu wurde in der theologischen Theorie der Trinität kaum eingeholt. Die explizite theoretische Begründung der Trinitätslehre vollzog sich anders, als der faktische Grund ihres Entstehens es nahe-

---

[9] *K. Rahner*, aaO. 328.

[10] *W. Elert*, Der christliche Glaube. Grundlinien der lutherischen Dogmatik, ³1956, 218.

[11] *B. Steffen*, Das Dogma vom Kreuz. Beitrag zu einer staurozentrischen Theologie, 1920, 152.

5.3 Das Verhältnis von »ökonomischer« und »immanenter« Trinität

legt. Insbesondere das Apathie- und Unveränderlichkeitsaxiom der metaphysischen Gottesauffassung, aber auch die auf Vermeidung eines Tritheismus bedachte Regel »opera trinitatis ad extra sunt indivisa« führten zur Unterscheidung von θεολογία und οἰκονομία und in Entsprechung dazu zu einer Diremption von »immanenter« und »ökonomischer« Trinität, die die absolute Einheit des göttlichen Wirkens nach außen als die eigentliche Glaubenserfahrung erscheinen ließ. Die trinitarische Struktur etwa des Apostolikums mit seiner besonderen Zuordnung von Schöpfung, Versöhnung und christlichem Leben zu Vater, Sohn und Heiligem Geist wurde im Sinne »bloßer Appropriation« verstanden, wobei nicht etwa Gott selbst, sondern der Theologe, das Dogma oder die Bibel als Subjekt solcher Appropriation erscheint, so daß diese eine uneigentliche und nachträgliche Relation darstellt. Es hat aber gerade »der Gedanke, daß man in der konkreten Wirklichkeit nur ein schlechthin einheitliches Wirken Gottes wahrnehmen könne, indem das eigentlich Trinitarische sich nur in dem immanenten Leben der Gottheit abspiele, fraglos mit beigetragen zu einem praktischen Unitarismus und zur Kennzeichnung des trinitarischen Gedankens als einer mehr oder minder obsoleten Schulformel«[12]. Seeberg hat daraus mit Recht gefolgert, daß die Trinitätslehre »einer anderen theoretischen Begründung als der alten bedarf«[13] – wobei die von ihm selbst angebotene freilich wenig zu überzeugen vermag.

IV

Für eine neue theoretische Begründung der Trinitätslehre wird die formale Grundthese der klassischen Trinitätslehre leitend bleiben müssen: »Die Trinität ist ein *Heils*mysterium«[14]. Heilsmysterium ist sie aber, weil sie im Ereignis der σωτηρία und also in der Person Jesu Christi offenbar wird. Die dogmengeschichtliche Entwicklung zum trinitarischen Dogma läßt das noch insofern erkennen, als »das trinitarische Dogma aus dem christologischen emporwuchs und die trinitarische Lehrentwicklung gleichsam im Sog der christologischen verlief«[15]. Diese »oft erwähnte Tatsache« ist der dogmengeschicht-

---

[12] *R. Seeberg*, Zum dogmatischen Verständnis der Trinitätslehre, 1908, 5 (= Theologische Studien. Th. Zahn zum 10. Oktober 1908 dargebracht von N. Bonwetsch [u. a.], 1908, 339–368, 343).
[13] Ebd.
[14] *K. Rahner*, aaO. 327.
[15] *L. Scheffczyk*, Lehramtliche Formulierung und Dogmengeschichte der Trinität, in: Mysterium Salutis, Bd. 2, 1967, 146–220, 184.

liche Reflex des dogmatischen Sachverhaltes, daß der christliche Glaube, der extra Christum kein Heil kennt, weder zu sagen vermag, wer Jesus Christus ist, ohne ihn als Gott zu verstehen, noch zu verstehen vermag, wer Gott ist, ohne seine Identität mit Jesus auszusagen. Dieser dogmatische Sachverhalt ist ein vom *Glaubensvollzug* nicht abtrennbarer und eben deshalb nur als *Geheimnis erfahrbarer* Sachverhalt.

Unter *Geheimnis* ist hier also nicht ein dem Denken entzogener und das Verstehen verwehrender »mysteriöser Fall« (mysterium logicum) zu begreifen, der bei dennoch stattfindender »Aufklärung« aufhören würde, ein Mysterium zu sein. Mysterium ist nicht Rätsel! »Ein Mysterium ist also die Trinität nicht, weil wir nichts davon wüßten, sondern weil uns hier ›Gott selbst‹ begegnet ...«[16] Es ist folglich auch nicht ein *zu verschweigendes* Mysterium (etwa im Sinne Wittgensteins), das nur in der Verschwiegenheit geheimnisvoll zu sein vermag, sondern vielmehr ein »kündlich öffentlich Geheimnis« (mit Goethe zu reden und im Anschluß an 1 Tim 3,16) und also das, was auf keinen Fall verschwiegen werden darf (1 Kor 9,16). Das mysterium trinitatis ist die Summe des Evangeliums und sein eigentlicher »Inhalt«, aber dieser Inhalt *als das Ereignis* der Offenbarung selbst. Das Geheimnis der Offenbarung wird durch Verstehen und Begreifen nicht weniger geheimnisvoll, sondern vielmehr noch immer geheimnisvoller. Es ist als solches kommunikabel. Und in seiner Kommunikabilität liegt seine *soteriologische* Qualität. Im mysterium trinitatis geht es um die *Wahrheit* des Glaubens, *die frei macht* (Joh 8,32). Deshalb ist – wenn nicht noetisch, so doch auf jeden Fall sachlich – in diesem Mysterium die menschliche *Heilsgewißheit* begründet. Das mysterium trinitatis ist mysterium salutis.

V

Rahners Axiom über die Einheit von »ökonomischer« und »immanenter« Trinität leuchtet ein, wenn man mit biblischer Urteilskraft den Satz »Gott lebt« im Sinne des Satzes »Gott ist Liebe« auffaßt, wofür der Tod Jesu den Grund abgibt. Denn *Liebe* ist strukturell zu beschreiben als *eine inmitten noch so großer und mit Recht noch so großer Selbstbezogenheit immer noch größere Selbstlosigkeit* bzw. als *ein in Freiheit über sich selbst hinausgehendes, sich verströmendes und verschenkendes Selbstverhältnis*. Als so verstandene Liebe hat sich Gott

---

[16] W. Elert, aaO. 218.

5.3 Das Verhältnis von »ökonomischer« und »immanenter« Trinität

in dem singulären Ereignis der Dahingabe Jesu Christi in den Tod erwiesen. Als so verstandene Liebe hat Gott sich selbst in der Person des Sohnes mit dem Gekreuzigten identifiziert und in der Auferweckung Jesu Christi von den Toten als *Einheit von Leben und Tod zugunsten des Lebens* offenbart. Als so verstandene Liebe wurde Gott von den Glaubenden in der solchen Glauben wirkenden Gabe des Geistes erfahren. Gott ist Liebe also sowohl in seinem Selbstverhältnis (trinitarisch geredet: in der Unterschiedenheit und im Aufeinanderbezogensein als Vater, Sohn und Heiliger Geist) als auch im Verhältnis zu dem ihm gegenüber schlechthin Anderen, dem *Menschen*. Das innergöttliche Selbstverhältnis ereignet sich als Liebe in derjenigen Selbstbezogenheit Gottes, die bereits eine noch größere Selbstlosigkeit einschließt. Aber eben diese immer noch größere Selbstlosigkeit läßt den sich zu sich selbst verhaltenden Gott in Freiheit »*nach außen*« treten: der Gott, der Liebe ist, schafft sich – ex nihilo – sein Anderes, so daß sich die in Jesus Christus offenbar werdende und durch den Geist erfahrbar werdende Liebe schon als innerer Grund der Erschaffung des Menschen erweist. Karl Barth hat diesen Sachverhalt gemeint, wenn er den Bund den inneren Grund der Schöpfung und diese den äußeren Grund des Bundes nannte.

Ich habe mit dem christologisch begründeten Satz »Gott ist Liebe« – in sachlicher Nähe zu entsprechenden trinitarischen Reflexionen Regin Prenters[17] – dasselbe auszusagen versucht, was Karl Rahner im »wahre[n] und letzte[n] Begriff der Gnade (und so der Heilsgeschichte) als *Selbst*mitteilung Gottes (nicht primär als ›geschaffene‹ Gnade) in Christus und seinem Pneuma«[18] zur Darstellung gebracht hat. Für Rahner ist die Selbstmitteilung Gottes in Jesus Christus aufgrund der »definierte[n] Glaubenswahrheit«[19], daß dieser Mensch »nicht einfach Gott im allgemeinen, sondern der Sohn …, er und nur er«[20] ist, das Grundereignis der Identität von »ökonomischer« und »immanenter« Trinität. Methodisch kommt dieses Grundereignis allerdings nur dann »als ›Fall‹ eines umfassenderen Verhältnisses«[21] in Betracht, wenn sich theologische Gründe dafür anführen lassen, »daß

---

[17] R. Prenter, Der Gott, der Liebe ist. Das Verhältnis der Gotteslehre zur Christologie, ThLZ 96, 1971, 401–413 (= ders., Theologie und Gottesdienst. Gesammelte Aufsätze, 1977, 275–291).

[18] K. Rahner, aaO. 328.

[19] AaO. 328f.

[20] AaO. 329.

[21] AaO. 330.

es andere Fälle eines solchen Ineinanders von ökonomischer und immanenter Trinität gibt«[22]. Solche »anderen Fälle« hätten sich gerade darin vom »Fall« der Selbstmitteilung Gottes in Jesus Christus zu unterscheiden, daß sie nicht wie dieser »Fall« göttlicher Selbstmitteilung als Identitätsereignis im Sinne einer unitio personalis mit daraus folgender unio hypostatica verstanden werden könnten. Die christologische Einheit von Gott und Mensch würde dann die Hypostase des Sohnes Gottes über den Begriff einer *bloßen* Hypostase (wie er in seiner Formalität von Vater, Sohn und Geist gemeinsam, aber eben doch nur analog auszusagen ist) hinaus als Hypostase gerade eben des Logos bzw. Sohnes qualifizieren, so daß die inhaltlich von der Eigenart des Logos her überhaupt erst als *diese (zweite) Hypostase* zu begreifende Subsistenz bereits die ontologische Eigenart an sich hat, daß im Fall einer hypostatischen Union von Gott und Mensch eben nur diese Hypostase des Logos, nicht aber die des Vaters oder des Geistes *Mensch zu werden* vermag. Die »anderen Fälle« der Einheit von immanenter und ökonomischer Trinität können freilich, wie noch zu zeigen sein wird, nur von dem christologischen »Fall« der Selbstmitteilung Gottes her als solche bestimmt werden.

Es wäre mit einer solchen – zugegebenermaßen hoch spekulativ anmutenden – Bestimmung der *soteriologische* Gewinn verbunden, den *ewigen* Logos Gottes »vor« der Inkarnation statt bloß als λόγος ἄσαρκος schon ursprünglich als verbum incarnandum verstehen zu können. Denn das, was »ökonomisch« in der Menschwerdung *geschieht*, muß dann »immanent« bereits ontologisch intendiert oder zumindest doch in der Weise der *Ermöglichung* dieses Geschehens wirklich sein, wenn die Hypostase des Sohnes ontologisch so beschaffen ist, daß sie und nur sie Gott in einem Menschen zu offenbaren vermag. Die hypostatische Funktion des Sohnes ist die Bedingung der Möglichkeit seiner Menschwerdung. Der so ausgesagte Sachverhalt hat seine soteriologische Bedeutung darin, »daß der Logos der ist, als der er in der Offenbarung erscheint«[23], so daß die Offenbarung Gottes im Sohn nicht durch einen Vorbehalt im Sinne eines deus absconditus relativiert und problematisiert werden kann: die Heilsoffenbarung ist definitiv.

Kritisch zu fragen bleibt freilich, ob Rahner die hypostatische Eigenart des Sohnes auch in dem Sinne als soteriologisch prädispo-

---

[22] AaO. 331, Anm. 23.
[23] AaO. 334.

5.3 Das Verhältnis von »ökonomischer« und »immanenter« Trinität

niert gedacht hat, daß nicht nur die Menschwerdung, sondern die Fleischwerdung (im paulinischen Sinne) mit der Konsequenz eines Fluchtodes zur ontologischen Qualität gerade eben des Sohnes Gottes gehört – wobei die ontologische Prädisponiertheit der zweiten Hypostase selbstverständlich keinen Zwang zum ontischen Vollzug dieser ontologischen Eigenart impliziert. Lutherisch gefragt: Kann die Einheit von »immanenter« und »ökonomischer« Trinität christologisch ohne die Dialektik von Gesetz und Evangelium gedacht werden? Entsteht ohne die Berücksichtigung dessen, daß Christus *unter dem Gesetz* lebte und durch das Gesetz als Verfluchter zugunsten der Sünder starb, nicht trotz aller »heilsgeschichtlichen« Orientierung eine die Geschichte Jesu Christi um ihr Ärgernis bringende und insofern dann doch nur formale Identifizierung von »ökonomischer« und »immanenter« Trinität?

VI

Rahner verschärft die christologische Problematik seinerseits allerdings insofern, als er die Vereinigung des Logos mit der menschlichen Natur so zu verstehen fordert, daß damit vom Logos mehr als eine bloß »formale Subjekthaftigkeit« ausgesagt sei, also »eine *inner*göttliche trinitarische Wirklichkeit« nicht »nur in einer leeren Formalität ... heilsökonomisch aus sich herausgetreten« sei[24]. Der Logos wird vielmehr als das Wort des Vaters verstanden, »in dem der Vater sich äußern und – frei – sich in das Nichtgöttliche entäußern kann«, so daß »wenn dies geschieht, gerade das wird, was wir – menschliche Natur nennen«[25]. Menschliche Natur ist somit »vom Ursprung her das konstitutive Realsymbol des Logos selbst, so daß in letzter ontologischer Ursprünglichkeit gesagt werden kann und muß: Mensch ist möglich, weil Ent-äußerung des Logos möglich ist«[26]. Die geschichtliche Existenz des ewigen Logos *als* der Mensch Jesus ist somit *ontologisch* unüberbietbar identisch gedacht. Es ist *kategorial* durchgeführt, was Luther *soteriologisch* so formuliert hatte: »Wyr kunden Christum nit ßo tieff ynn die natur und fleysch tzihen, es ist unß noch tröstlicher.«[27] Dieser Trost besteht ja nach Luther gerade darin, daß der als Mensch existierende Sohn »semper refert divinitatem suam

---

[24] AaO. 335.
[25] Ebd.
[26] Ebd.
[27] M. *Luther*, Kirchenpostille. 1522, WA 10/I,1, 68,6f.

ad patrem«[28]. Oder in der Sprache Rahners: »Hier ist der Logos bei Gott und der Logos bei uns, der immanente und der ökonomische Logos streng derselbe.«[29] Unter Voraussetzung der lutherischen Lehre von der *realen* communicatio idiomatum der göttlichen und menschlichen Natur Christi hätte das dann wiederum ganz erhebliche Bedeutung für das ewige Sein Gottes – bis hin zur Rede vom Tode Gottes, die Luther denn auch ausdrücklich gewagt hat.

Rahner kommt in der Konsequenz der Auslegung der unio hypostatica als des Grundereignisses der Einheit von »immanenter« und »ökonomischer« Trinität auf die anderen »Fälle« dieser Einheit zu sprechen. Ist nämlich der Logos als die Selbstaussage des Vaters verstanden, dann ist die innertrinitarische Selbstaussage des ursprungslosen Vaters in der ökonomischen Selbstmitteilung Gottes durch die hypostatische Union ebenfalls vollzogen, so daß Gott sich durch den sich erschließenden Sohn *als* der unverfügbar ursprungslose *Vater* und dh. eben in der Weise der unumgreifbaren Ursprungslosigkeit offenbart. Die Mitteilungsweise des Vaters ist also ebenfalls mit der göttlichen Hypostase des Vaters identisch. Dasselbe gilt dann auch vom Hl. Geist, dessen Hypostase darin besteht, daß Vater und Sohn sich in *Liebe* bejahen und als die liebend gegenseitig Angenommenen bei sich selbst ankommen, so daß jeder, indem er den anderen erfährt, jeweils sich selber erfährt. Gerade so teilen sie sich beide als Heiligen Geist mit, der ökonomisch ganz entsprechend im empfangenden Menschen die liebende Annahme des sich mitteilenden Gottes bewirkt. Der Begriff der Hypostase wird also im Blick auf die drei göttlichen Subsistenzen nicht univok, sondern nur analog gebraucht. Unter dieser Voraussetzung kann dann behauptet werden: »Die ›Dreifaltigkeit‹ des Verhaltens Gottes zu uns in der Gnadenordnung Christi ist schon die Wirklichkeit Gottes, wie sie in sich selbst ist: ›Dreipersönlichkeit‹.«[30]

VII

Die methodische Bedeutung der explizierten Grundthese besteht in folgenden hermeneutischen und dogmatischen Konsequenzen:
1. Der dogmatische »Zugang zur Trinitätslehre« kann »bei der heils- und glaubensgeschichtlichen Erfahrung Jesu und seines Geistes in

---
[28] Ders., Enarratio Psalmi II. 1532, WA 40/II, 254,5.
[29] K. Rahner, aaO. 336.
[30] AaO. 339.

5.3 Das Verhältnis von »ökonomischer« und »immanenter« Trinität

uns«[31] gesucht werden. Die dogmatische Verantwortung des mysterium trinitatis folgt damit zugleich der exegetisch begründeten dogmengeschichtlichen Nötigung zur Ausarbeitung einer Trinitätslehre.

2. Die materiale Darstellung des Geheimnisses der Dreifaltigkeit Gottes hätte sich an der biblischen Rede von den *Sendungen* des Sohnes und des Geistes zu orientieren[32], weil und insofern diese Sendungen *die Einheit* von immanenter und ökonomischer Trinität als ein zur Trinität selber gehörendes *Ereignis* göttlichen Seins zu denken nötigen. Die altprotestantische Lehre von den – zwischen den opera trinitatis ad intra und den opera trinitatis ad extra merkwürdig abstrakt vermittelnden – opera ad extra interna wäre aus ihrem Schattendasein in die Würde eines dogmatischen Hauptstückes zu erheben und dabei völlig neu zu entwerfen.

3. Das Verhältnis von Altem Testament und Neuem Testament (als jeweils Sprache gewordener, aber ihrerseits auch schon durch Sprache gewordener Geschichte Gottes mit der Menschheit) läßt sich trinitarisch begreifen als »echte geheime Vorgeschichte der Trinitätsoffenbarung im Alten Testament«, die sich dann neutestamentlich im Ereignis *absoluter* Nähe des »kommenden« Gottes als wahrhafte göttliche Selbstmitteilung verifiziert.[33] Novum testamentum in vetere latet, vetus testamentum in novo patet.[34]

4. Der Begriff des göttlichen *Wesens* kann nicht mehr abstrahiert von dem *Geschehen des dreifaltigen Daseins* Gottes gedacht werden. Es dürfte vielmehr erst aufgrund der – nur trinitarisch zu gewinnenden – Antwort auf die Frage, *wer* Gott ist, theologisch zur Verhandlung der Frage kommen, *was* das ist: Gottheit.

5. Daraus würde mE. allerdings die Unmöglichkeit jeder natürlichen Gotteserkenntnis zu folgern sein, ohne daß freilich die particula veri ihres Problems verkannt werden darf: nämlich die Universalität des besonderen Ereignisses der Selbstmitteilung Gottes geltend zu machen.

6. Die Unmöglichkeit natürlicher Gotteserkenntnis wird freilich aufgewogen durch die aufgrund von Offenbarung sich erschließende

---

[31] AaO. 340.
[32] Vgl. aaO. 341 und 347.
[33] Vgl. aaO. 342.
[34] Zur Problematik der Herkunft dieses Satzes vgl. *G. Ebeling*, Studium der Theologie. Eine enzyklopädische Orientierung (UTB 446), 1975, 29, Anm. 1; *Aurelius Augustinus*, Quaestionum in Heptateuchum liber II, 73, CChr.SL 33, 106.

Glaubenswahrheit, daß das ganze menschliche Dasein durch die ontische Selbstmitteilung des Vaters im Sohn durch den Geist ontologisch bestimmt ist, so daß gerade die Wahrheit »extra Christum nulla salus« einen dem Menschsein aller Menschen zugute kommenden *inklusiven* Anspruch und eine entsprechende *universale* Verheißung in sich enthält.

7. Die Lehre vom dreieinigen Gott kann nicht als ein mehr oder weniger isoliertes Lehrstück zur Verhandlung gebracht werden, sondern muß – unbeschadet einer besonderen Erörterung – die ganze Theologie durchgehend bestimmen. Die »Probe auf das Exempel« hätte die Gotteslehre selbst zu geben, insofern in ihr der eine und wahre Gott als sich in seiner Identität mit dem getöteten Menschen Jesus von Nazareth definierend und gerade so als Geheimnis offenbarend zur Sprache zu bringen wäre.

8. Die Einheit von »ökonomischer« und »immanenter« Trinität (und umgekehrt) läßt sich in folgendem τύπος διδαχῆς zur Sprache bringen:

   8.1 Gottes Sein ist im Kommen.

   8.2 *Gott kommt von Gott* und ist so der ursprungslose Ursprung allen Seins, der sich als Vater selbst mitteilt.

   8.3 *Gott kommt zu Gott*, also zu sich selbst, nicht ohne zu einem Anderen seiner selbst kommen zu wollen, und ist so der sich selbst in das Nichts hinein aussagende Logos und in den Tod dahingebende Sohn, den Jesus Christus zu nennen Gottes ewiges Sein im Horizont der Zeit erfahren zu haben bedeutet.

   8.4 *Gott kommt als Gott*, indem er sich in Akten göttlichen Geisteslebens als von sich selber unterschieden auf sich selber so bezieht, daß er überströmende Liebe ist und als solche empfangen wird.

   8.5 In der Selbstunterscheidung und Selbstbezogenheit von Vater, Sohn und Geist ist Gottes Sein so im Kommen, daß das göttliche *Wesen* als das je besondere *Ereignis* der – den größten aller denkbaren Gegensätze, nämlich den Gegensatz von ewigem Leben und zeitlichem Tod (bzw. von vollkommener Seinshabe und nichtigem Nichts) in sich begreifenden und zugunsten des Lebens entscheidenden – Liebe erfahrbar wird.

9. Die Einheit von »immanenter« und »ökonomischer« Trinität zu behaupten ist theologisch nur dann legitim, wenn diese Einheit nicht in dem Sinne *tautologisch* verkannt wird, daß die *Freiheit* und ungeschuldete *Gnade* der Selbstmitteilung Gottes und also

deren *Ereignishaftigkeit* undenkbar wird. Es sollte deshalb, gerade um die *reale* Identität von »immanenter« und »ökonomischer« Trinität als *Geheimnis aussagen* zu können, die *distinctio rationis* von »ökonomischer« und »immanenter« Trinität theologisch beibehalten werden.

Leitfragen

1. Wie lässt sich Jüngels Satz »Die Trinitätslehre ist der unerlässlich schwierige Ausdruck der einfachen Wahrheit, daß Gott lebt« (177) verstehen?
2. Ist Jüngels Bestimmung der Einheit von ökonomischer und immanenter Trinität Ihres Erachtens eher eine Fortschreibung oder ein Gegenentwurf zu Rahners entsprechender Konzeption?
3. Warum ist die These der Einheit von ökonomischer und immanenter Trinität für Jüngel so wichtig, wenn es ihm um eine »Begründung der Theologie des Gekreuzigten« geht, wie es im Untertitel des Hauptwerkes »Gott als Geheimnis der Welt« heißt?

Literatur

- W. Löser SJ, Trinitätstheologie heute. Ansätze und Entwürfe, in: W. Breuning (Hg.), Trinität. Aktuelle Perspektiven der Theologie (QD 101), Freiburg/Basel/Wien 1984, 19–45.
- M. Murrmann-Kahl, »Mysterium trinitatis«? Fallstudien zur Trinitätslehre der evangelischen Dogmatik des 20. Jahrhunderts, Berlin/New York 1997, 101–134.
- M. D. Krüger, Gott ist die Liebe. Eine kreuzestheologische Trinitätslehre, in: D. Evers/M. D. Krüger (Hg.), Die Theologie Eberhard Jüngels. Kontexte, Themen, Perspektiven, Tübingen 2020, 121–133.

6. Der glaubende Mensch

6.1 Die Gewissheit des Glaubens als Entsicherung

Der folgende Auszug ist der ganze zwölfte Paragraf aus »Gott als Geheimnis der Welt«, dessen Ersterscheinung auf das Jahr 1977 fällt. Für Jüngel ist es eine Grundeinsicht evangelischer Theologie, dass Gott in Jesus Christus definitiv zur Sprache und Welt gekommen ist. Auf dieser Einsicht fußt auch sein gesamtes Hauptwerk, in dem programmatisch eine Theologie entworfen wird, die sich von Theismus und Atheismus gleichermaßen unterscheidet. Jüngel zufolge ist der metaphysische, theistische Gottesbegriff, der Gott als höchstes, unveränderliches und leidensfreies Seiendes versteht, zu Recht den Tod des Atheismus gestorben, wie das Scheitern der Gottesbeweise verdeutlicht. Der Atheismus ist insofern zu Ende gedachter Theismus. Die dabei im Atheismus beinhaltete These, dass Gott weltlich nicht notwendig ist, stellt sich daher als berechtigt heraus. Sie lässt sich aber, so Jüngel in Anknüpfung an G. W. F. Hegel, mit dem christlichem Glauben verbinden: Gott ist nicht der letzte Grund des Weltzusammenhanges, sondern Gott kommt von sich selbst. Gott ist nicht notwendige Funktion der Weltbegründung, sondern als Ereignis, das mehr als notwendig ist, die sich in Freiheit und Kreativität verströmende Liebe. Auch tritt der Mensch nicht einfach als unbedingtes Subjekt des Herstellens an die Stelle Gottes. Vielmehr muss theologisch nach Jüngel daran festgehalten werden, dass der Mensch im evangelischen Glauben ein Selbst ist, das weder theoretisch noch praktisch durch Weltbemächtigung konstituiert ist, sondern sich von dem Gott her versteht, der sich im biblischen Wort erschließt.

Während Jüngel im elften Paragrafen seines Hauptwerkes das Verhältnis von Glaube und Denken fokussiert hat, wird im vorliegenden zwölften Paragrafen vor allem die Bewegung des Glaubens vertieft nachvollzogen. Im Glauben tritt anstelle der denkerischen Sicherstellung Gottes und handelnder Selbstermächtigung des Menschen die Selbstgewissheit in Gestalt der Glaubensgewissheit. In ihr ist der Mensch »entsichert«, insofern er auf eine Selbstbegründung verzichtet und sich ganz von Gott empfängt. Der Glaube ist hierbei ein solches Wissen, bei dem dasjenige, was verstanden wird, nicht vom Vollzug des Verstehens isoliert werden kann. Dies geschieht im Wort, im Medium der biblischen

Sprache, in der Gott die Wirklichkeit des Menschen erobert und sich selbst zugänglich macht. Der Glaube als Leben im Modus des empfangenden Seins – und nicht des in sich verkrümmenden Habens – entspricht dem Gott, der von sich aus den Menschen anredet und sich ihm selbst im Wort schenkt. Darauf kann sich der Glaube verlassen, er kann das menschliche Selbst verlassen und sich dabei auf Gott hin verlassen: Der Verzicht auf menschliche Selbstfixierung und Vertrauen in Gott gehen Hand in Hand. Dadurch wird dem Menschen ein neues Sein vor Gott, der Welt und sich selbst ermöglicht.

Die Gewißheit des Glaubens als Entsicherung

1. Der christliche Glaube und die ihm geltende Theologie haben in einer Situation, welche theologisch weitgehend von jenen Aporien bestimmt ist, die in der These von der Undenkbarkeit Gottes ihre gewaltsame Lösung gefunden haben, eine besondere geschichtliche Funktion. Es ist, soll die Rede von Gott nicht unverantwortlich werden, theologisch unerläßlich, diejenige Dimension des Glaubens herauszuarbeiten und geschichtlich zur Geltung zu bringen, die Gott (wieder) denkbar macht. Dazu bedarf es der ständigen Rückbesinnung auf die Geschichte, in der Gott undenkbar zu werden drohte.

Als das eigentliche Hindernis für die Denkbarkeit Gottes hatte sich sowohl der traditionelle Gottesgedanke als auch das neuzeitliche Selbstverständnis des Denkens als Sicherstellen herausgestellt. Gott wurde diesem Denken als Rückversicherung des eigenen Sicherstellens zunächst notwendig (Descartes), im Prozeß des sich als Sicherstellen immer mehr durchschauenden Denkens aber zum Ungedanken (Nietzsche). Der für die Rückversicherung des Denkens notwendige Gottesgedanke erwies sich in der Konsequenz des sicherstellenden Denkens als undenkbar (Fichte). Die Einstellung, die das sicherstellende Ich sowohl sich selbst als auch allem anderen gegenüber bezogen hat, mußte Gott gegenüber entweder zu einem Zusammenbruch des Denkens oder aber zu einem Zerbrechen des vorausgesetzten Gottesgedankens, wenn nicht sogar zu beidem, führen.

Der Theologie fällt in dieser Situation die Aufgabe zu, sowohl dem vorausgesetzten Gottesgedanken als auch dem Denken gegenüber zu einer Kritik zu verhelfen, die Gott in neuer Weise denkbar werden läßt. Kritik kann dies aber nur dann leisten, wenn sie sich als Explikation eines *positiven Sachverhaltes* vollzieht. Der kritisch gegen die These von der Undenkbarkeit Gottes geltend zu machende Sachverhalt ist der unbestreitbare Tatbestand, daß dem Glauben eine ganz bestimmte Weise der Gewißheit eignet. Kritik der in die Undenkbarkeit Gottes führenden Überlieferung hätte positiv die *Gewißheit* des Glaubens (certitudo fidei) als Ausdruck eines – erst noch auf den Begriff zu bringenden – Gottesgedankens zur Geltung zu bringen. Dies freilich nicht, um sich mit Hilfe der Glaubensgewißheit von den Aporien des Denkens zu dispensieren. Die mit dem Glauben per definitionem gesetzte Gewißheit schließt ohnehin weder existentielle Anfechtung noch intellektuellen Zweifel aus, sondern ist mit beidem in einer komplexen Weise verbunden.

In unserem Zusammenhang ist die Glaubensgewißheit aber vor allem deshalb von Bedeutung, weil sie das Ich in eine andere Einstellung als die der Sicherstellung bringt. Wer einer Sache gewiß ist, bedarf der Sicherstellung nicht. Und wer einer Person gewiß ist, bedarf der Sicherung erst recht nicht. Sicherstellung ist die methodische Konsequenz des Zweifels und die existentielle Folge des Mißtrauens. Gewißheit ist hingegen das Implikat eines Vertrauens, das – im Blick auf Personen – seinerseits vom Vertrauen dessen getragen ist, dem vertraut wird. Wo aber Vertrauen von Vertrauen getragen wird, bedarf es der Sicherstellung nicht.

In der Relation gegenseitigen Vertrauens vollzieht sich vielmehr ganz von selbst so etwas wie eine elementare *Entsicherung*. Gewißheit hat als Implikat von Vertrauen eine entsichernde Funktion. Demgemäß kommt der Theologie in einer durch sicherstellendes Denken bestimmten geschichtlichen Konstellation die Aufgabe zu, dem denkenden Ich inmitten seiner Sicherstellungen zugleich eine Entsicherung zuzumuten, die das Denken verantworten kann und die Gott als den zu denken erlaubt, der er ist.

Um diese Dimension des Glaubens für das Denken und den Gottesgedanken geschichtlich fruchtbar werden zu lassen, bedarf es einer genaueren Besinnung auf die entsichernde Gewißheit des Glaubens. Eine solche Besinnung hat die Struktur des Glaubens zu erörtern, auf die wir bereits zu sprechen gekommen waren, als wir den Glauben diejenige menschliche Einstellung nannten, in der der Mensch Gott als den von sich aus Redenden vernimmt. Es ist das Wesen des Glaubens, dem von sich aus redenden Gott zu entsprechen. Eine Analyse der Glaubensstruktur hat deshalb diesen Entsprechungscharakter des Glaubens zu explizieren. Zu diesem Zweck muß die Bedeutung geklärt werden, die der von sich aus redende Gott als Redender für das Ich hat, das ihm glaubend entspricht.

Wir haben folglich die im vorangehenden Paragraphen gewonnene Erkenntnis, daß als Ort der Denkbarkeit Gottes sein Wort zu gelten hat, nun auf ihre Implikationen zu befragen. Dabei ist die Bedeutung des Wortes sowohl für die Denkbarkeit des ansprechenden Gottes als auch für das Sein des angesprochenen Menschen zu erhellen. Was bedeutet es für die Denkbarkeit Gottes, daß Gott im Wort und – in bestimmter Hinsicht – als Wort zum Menschen kommt? Wenn das Wort der Ort der Denkbarkeit Gottes ist, dann ist nicht nur materialiter nach dem zu fragen, was das Wort *als Wort Gottes* dem Angeredeten zu sagen hat – das ist vor allem Aufgabe materialer Dogmatik –, sondern dann ist zugleich hermeneutisch zu klären, welche Funktion das Wort Gottes *als anredendes Wort* für das angeredete Ich hat. Um diese Funktion bestimmen zu können, ist auf einige Wesenszüge des Wortes als eines das Ich ansprechenden Ereignisses einzugehen. Es ist nützlich, dabei vom Unterschied zwischen der Relation der vorhandenen Dinge zum anwesenden Ich einerseits und der Relation des anredenden Wortes zur Anwesenheit des von ihm angesprochenen Ich andererseits auszugehen.

2. Anredende Worte qualifizieren die Situation der Anwesenheit eines Ich in grundsätzlich anderer Weise als vorhandene Dinge. Nimmt man die hier und jetzt vorhandenen Dinge nicht gerade als Zeichen (signa) für andere anderswo vorhandene Dinge (res), so gilt, daß ihr Vorhandensein sich einem anwesenden Ich als Jetzt-Hier-Punkt erschließt. Was jetzt da ist, ist irgendwo, hat an einem bestimmten Ort seinen Platz, sein Hier. Dieser Ort kann wechseln, so daß das Ding jetzt hier, dann dort ist. Aber jetzt ist das vorhandene Ding immer nur hier oder nicht hier. Sagt man von einem Ding, es sei vorhanden, so muß man von ihm irgendwo auch sagen können, es sei jetzt hier und nur hier. Das Vorhandensein des Dinges ist also für jeweils ein Jetzt auf jeweils ein Hier beschränkt. Das vorhandene Ding existiert in der Identität von Hier und Jetzt.

Hier und Jetzt werden vom vorhandenen Ding aber nur dann sinnvoll ausgesagt, wenn ein Ich da ist, in bezug auf das es jetzt hier ist. Wäre kein Ich da, wäre es auch nicht sinnvoll »jetzt« und »hier« zu sagen. Das vorhandene Ding ist als *dieses jetzt hier*, insofern Ich da bin. Das Ich hingegen ist *von sich aus jetzt hier*, wenn es *überhaupt da* ist. Martin Heidegger hat deshalb das Sein des menschlichen Ich *Dasein* genannt, während er das stets auf ein solches Dasein bezogene Jetzt-Hier-Sein der Dinge als deren *Vorhandensein* bezeichnete. Doch nun wird das Ich, obwohl es von sich aus jetzt hier ist, zutiefst von dem bestimmt, was ihm von außen begegnet, wovon es äußerlich beansprucht wird. Würde dieses Ich nur von einem vorhandenen Ding beansprucht, dann würde durch ein solchermaßen vorhandenes Ding die Situation der Anwesenheit des Ich ihrerseits auf die Identität von Hier und Jetzt reduziert. Anwesenheit erschiene dann als bloße Reihe von Ich-Hier-Jetzt-Punkten. Das Dasein wäre in der

6. Der glaubende Mensch

bloßen Beanspruchung durch ein äußerlich vorhandenes Ding fixiert auf die ungeöffnete, verschlossene Identität des jeweiligen Ich-Hier-Jetzt-Punktes und gliche der Knospe einer Rose, die nie erblüht. So wäre es, wenn das Ich statt nur von vorhandenen Dingen nicht immer auch schon von einem Ereignis beansprucht würde, das die Situation der Anwesenheit in einer den Ich-Hier-Jetzt-Punkt aufschließenden, nämlich die Identität von Hier und Jetzt elementar differenzierenden Weise bestimmt.

Diese die Situation der Anwesenheit bestimmende elementare Differenzierung hat ihren Ursprung darin, daß das Ich seinerseits immer schon von einem es beanspruchenden Wort bestimmt wird, daß also seine Egoität durch Sprache konstituiert ist. In diesem Sinne ist das Ich das ζῷον λόγον ἔχον. Das Ich ist des Wortes mächtig, weil die Sprache Macht über das Ich hat. Das gilt zwar auch in negativer Hinsicht, insofern die Sprache das Ich (nicht nur seinen Verstand, sondern auch sein Herz) verhexen kann. Die Sprache beherrscht dann den Menschen auch da, wo er die Sprache beherrschen sollte. Doch dieser negative Gebrauch der Sprache ist nur möglich, weil die Sprache eine den Menschen fundamental bestimmende, sein Dasein aufschließende Macht ist. Der Sachverhalt soll an der Struktur des Wortes erläutert werden.

Worte haben die Struktur, so von etwas zu jemandem zu reden, daß dieser auf das, wovon die Rede ist, angesprochen wird. Der λόγος hat als λόγος τινός die Struktur des πρὸς τί. Er bezieht das angeredete Ich auf etwas. Dies kann entweder so geschehen, daß sich das Wort dabei selbst überflüssig zu machen scheint, wie bei einer informierenden Mitteilung. Es kann aber auch so geschehen, daß die Bezogenheit des angesprochenen Ich auf das, wovon die Rede ist, nur in der Sprachbeziehung des anredenden Wortes existiert. Auf jeden Fall aber wird das Ich durch das anredende Wort zu seinem eigenen Hier-Jetzt-Sein in ein Verhältnis gesetzt. Jedes ansprechende Wort kommt auf das angesprochene Ich so zu, daß es dieses Ich seinerseits auf sich selbst zukommen läßt. Hörend verhalte ich mich zu mir und komme mit dem mich ansprechenden Wort auf mich zu: ich bin jetzt hier und komme doch, indem ich höre, zugleich auf mich zu. Der Jetzt-Punkt dehnt sich sozusagen. Er hat Zukunft und wird deshalb zur Gegenwart. Die Struktur des Wortes differenziert so die dumpfe Identität von Hier und Jetzt. Das anredende Wort ist zwar ebenfalls, wie das vorhandene Ding, jetzt hier. Aber es ist jetzt so hier, daß es das Hier und das Jetzt zueinander in ein spezifisches Verhältnis setzt. Es ist jetzt hier und doch zugleich über die Identität von Hier und Jetzt hinaus. Es gewährt dem Jetzt sozusagen über den Punkt des Hier hinaus Raum und dem Hier über den Punkt des Jetzt hinaus Zeit. Das Wort erschließt allererst Gegenwart. Es tut dies aber als *anredendes* Wort. Es erschließt dem angesprochenen Ich die Ich-Hier-Jetzt-Punkte, indem es ihren punktuellen Charakter aufhebt, als Gegenwart. In diesem Sinn unterscheiden sich anredende Worte von vorhandenen Dingen dadurch, daß sie, wie Rilke[1] es treffend ausgedrückt hat, das Hiersein übertreffen. Das Hiersein kann aber nur übertroffen werden, wenn die Identität von Hier und Jetzt differenziert wird.

Ein vorhandenes Ding ist, vom Ich aus geurteilt, jetzt hier und nur hier – oder eben an einem anderen Ort und insofern überhaupt nicht hier. Wer bei einem vorhandenen Ding bleiben will, muß bei dessen jeweiligem Hier sein, also entweder dem sich wegbewegenden Ding folgen oder umgekehrt das Ding mit sich nehmen. Das Ding ist aber auch dann da, wo es ist, in seiner Anwesenheit durch die Identität von Hier und Jetzt gekennzeichnet. Und es hält auch dann das Ich, das bei ihm bleiben will, so bei sich fest, daß es das Ich auf das Jetzt-Hier-Sein fixiert. Ein ansprechendes Wort hingegen ist, indem es anspricht, zwar ebenfalls jetzt hier. Aber indem es das Ich auf etwas anspricht, das selber nicht notwendig in die Identität von Ich-Jetzt-Hier gehört, weist es den Angesprochenen über sein jeweiliges »Hier und Jetzt« hinaus. Dieses Hinausgewiesen-Werden über das »Hier und Jetzt« des Ich ist eine existentiale *Entfernung* des Ich in das Abwesende, durch die ihm das Seiende allererst nahe kommt. Der Vorgang entspricht der oben erörterten *Annäherung* durch ein die Wirklichkeit *unterbrechendes* Wort. Indem das Ich angesprochen wird, vollzieht sich immer so etwas wie eine Entfernung aus der unmittelbaren Identität von Hier und Jetzt. Indem das Ich auf etwas angesprochen wird, wird die Situation der Anwesenheit des Ich so qualifiziert, daß das Ich zu seinem unmittelbaren Hier-Jetzt-Sein in Distanz geraten und so auf anderes bezogen werden kann. Ist nun das andere, auf das das Ich durch ein es anredendes Wort bezogen wird, ein *Abwesendes*, dann wird das Ich räumlich gesprochen auf ein Nicht-Hier, zeitlich gesprochen auf ein Nicht-Jetzt-Hier bezogen. Da aber dieses Nicht-Jetzt-Hier nicht nichts ist, wird das angesprochene Ich auf ein anderes Sein angesprochen. Damit kommt aber die Dimension einer existentialen Entfernung zur

---

[1] Vgl. *R. M. Rilke*, Die Sonette an Orpheus, 1. Teil, 5. Sonett, Sämtliche Werke, hg. von *E. Zinn*, Bd. 1, 1955, 734.

Geltung, durch die das Ich zu seinem eigenen »Hier und Jetzt« so in Beziehung gesetzt wird, daß mit der räumlichen Differenz von Hier und Nicht-Hier dem Jetzt Vergangenheit und Zukunft gegenübertreten. Was nicht hier ist, nötigt das darauf angesprochene Ich, Vergangenheit und Zukunft in sein Jetzt einzubeziehen. So überhaupt erst erfährt es, indem es sie gewinnt, die Zeit[2]. Das Ich wird hier und jetzt in die Vergangenheit beziehungsweise Zukunft entfernt. Indem es auf etwas Abwesendes angesprochen wird, wird es auf Vergangenheit oder Zukunft angesprochen.

Eine solche existentiale Entfernung in die Vergangenheit oder Zukunft ist nun jedoch nicht etwa eine Entfernung *aus* dem »Hier und Jetzt«. Das Ich wird vielmehr *in* seinem »Hier und Jetzt« *zu* diesem in eine solche Entfernung gebracht, durch die die Ich-Hier-Punkte allererst zu einer sie integrierenden *Gegenwart* qualifiziert werden. Durch Entfernung aus der Identität des »Hier *und* Jetzt« differenziert sich dieses zu einer das Jetzt-Hier-Sein *als Gegenwart* erschließenden Zeit. Das Hier gewinnt selber temporale Funktion. Aus der bloß punktuellen Identität von »Hier und Jetzt« wird durch die Macht des ansprechenden Wortes die Differenz eines »Hier *im* Jetzt«, durch die sich dem Ich Gegenwart als Zeitraum erschließt. Nur durch die jene Identität differenzierende Entfernung des Ich in eine ihm zugesprochene Vergangenheit und Zukunft erschließt sich dem Ich die eigene Anwesenheit als Gegenwart. Aus der die dumpfe Identität des Ich-Hier-Jetzt-Punktes immer schon unterbrechenden Sprachlichkeit des menschlichen Seins entsteht diejenige Ferne zu sich selbst, ohne die sich kein Ich nahe kommt. Aus jener Ferne zu sich selbst hingegen kommt der Mensch auf sich zu. So *hat* er Zeit. So *ist* er Mensch. Erst innerhalb sich erschließender Gegenwart gewinnt dann auch das Jetzt als Augenblick den Charakter eines zeitlichen Ereignisses[3].

---

[2] Vgl. zum Ganzen die Analysen M. *Heideggers* in »Sein und Zeit« und den dort erbrachten Nachweis, »*daß die Zeitlichkeit als ekstatische Einheit so etwas wie einen Horizont hat*« (Sein und Zeit, 1960⁹, 365). Die in »Sein und Zeit« vorgetragenen Analysen gehen allerdings nicht von der Bedeutung des ansprechenden Wortes für die Erschließung der Zeit als Horizont der Zeitlichkeit aus. Dementsprechend ist die dort vorgetragene Interpretation der Sprache anders orientiert. Sie ist vom Existential des Verstehens geleitet, so daß gesagt werden kann: »Das Dasein hört, weil es versteht« (aaO. 163). Demgegenüber begreift die Theologie das Hören aus dem Ereignis des Angesprochenwerdens, aus dem auch das Verstehen entspringt. Das Dasein versteht, weil es hört. Und es hört, weil es als angesprochenes da ist.

[3] Auch der Augenblick als *Zeit zur Entscheidung* wird erst durch einen die

6.1 Die Gewissheit des Glaubens als Entsicherung

Das anredende Wort gewährt also die Erfahrung einer temporalen Entfernung, die Erfahrung von Gegenwart möglich macht. Man wird sogar sagen können: je besser wir Vergangenes verstehen und je intensiver wir Zukünftiges erhoffen oder zu bewirken suchen, um so gegenwärtiger werden wir. Es ist das *Ich als Geist*, das sich selbst gegenwärtig wird, indem es erfahrene Entfernung verarbeitet. Geistesgegenwart ist das ursprünglichste Vermögen des Ich, durch Übertreffen des mit dem Jetztsein identischen Hierseins völlig präsent zu sein. Dieses Vermögen ist die Eigentümlichkeit des Ich als eines ζῷον λόγον ἔχον. Geistesgegenwart wäre also falsch verstanden, wenn man sie als Gegenbegriff zur sinnlichen Präsenz des Ich verstehen wollte. Im Unterschied zu einer solchen spiritualisierenden oder intellektualisierenden Auffassung ist unter Geistesgegenwart vielmehr die Anwesenheit des Ich in seiner ganzen Sinnlichkeit zu verstehen. Geistesgegenwart ist gerade auf Sinnlichkeit angewiesen. In seiner Sinnlichkeit, als Leib, ist das Ich jetzt hier, während es als Geist diese seine sinnliche Anwesenheit

---

Identität von »Hier und Jetzt« differenzierenden Bezug, durch ein das Jetzt-Hier-Sein übertreffendes Wort erschlossen. Nur wer den Augenblick transzendiert, kann ihn überhaupt als solchen wahrnehmen. Nur innerhalb einer die Augenblicke integrierenden Gegenwart wird eine Entscheidung, wird ein »hic Rhodos, hic salta« überhaupt sinnvoll und zumutbar. *Hegel* übersetzt denn auch die Zumutung »hic Rhodos, hic salta« in die Dimension erschlossener Gegenwart: »Hier ist die Rose, *hier* tanze« (Grundlinien der Philosophie des Rechts, hg. von *J. Hoffmeister*, PhB 124a, 1962, 16). Die erblühende Rose als Aufforderung zum Tanz zu verstehen, setzt erschlossene Gegenwart und ein sie erschließendes Wort voraus. Es muß einem *gesagt* werden: hier ist die Rose, hier tanze! Jede Entscheidung setzt deshalb ein ansprechendes Wort voraus, das das Hiersein so übertrifft, daß Gegenwart als Gegenwart allererst erschlossen wird. – Es ist übrigens auch aufgrund eines sich an dieser Funktion des Wortes orientierenden Verständnisses des Menschen als eines Sprachwesens theologisch zu bestreiten, daß der Mensch ein *Mangelwesen* sei. Zwar dürfte das Tier in seinem Ausgeliefertsein an die *Fülle* des ihn umgebenden »Hier und Jetzt« in vieler Hinsicht *mehr* von diesem »Hier und Jetzt« wahrnehmen als der Mensch. Aber es nimmt dieses »Hier und Jetzt« nicht *als* »Hier und Jetzt« wahr, so daß es zu keinem »Hier *im* Jetzt« kommt. Im Zwang zur Fülle des Daseins ist ihm die Fülle als solche verschlossen. Dem Tier fehlt das hermeneutische »als«. Der Mensch, dem vieles fehlt, was das Tier »noch« hat, ist hingegen durch dieses hermeneutische »als« ausgezeichnet, weil und insofern er Wort-Wesen ist. Der Mensch gehört zu dem Wort, das sein Hiersein übertrifft und ihn als bloßes animal aus dem *Zwang* zur Fülle übersetzt in das *Ereignis* von Fülle. In diesem Ereignis wird der *Zwang zum Hiersein und Jetztsein* zwar als Mangel, *die Freiheit zu erschlossener Gegenwart* aber als Auszeichnung erfahrbar.

6. Der glaubende Mensch

durch Entfernung in die Vergangenheit und Zukunft einholt und zur Gegenwart qualifiziert. Diese immer aus der Vergangenheit und Zukunft zu sich selbst kommende Gegenwart könnte man die Kontinuität des menschlichen Ich nennen. Die Kontinuität des menschlichen Ich wäre dann nicht in diesem, sondern in dem die Anwesenheit des Ich qualifizierenden *Wort* begründet.

Um Mißverständnisse zu vermeiden, sei hier ausdrücklich angemerkt, daß das Ich im Horizont der Sprache schon immer als ein durch Sozialität bestimmtes Subjekt verstanden ist. Wer den Menschen ein durch Sprache ausgezeichnetes Wesen nennt, hat ihn damit auch schon als das Ich einer Sprach- und Lebensgemeinschaft begriffen. Wir kommen später darauf zurück.

3. Theologisch ist der dargelegte allgemeine anthropologische Sachverhalt von höchster Bedeutung, weil, wie wir sahen, für die Theologie Gott als der von sich aus Redende und damit der Mensch als das von dem redenden Gott angesprochene Wesen in Betracht kommt. Theologisch ist der Mensch als vom »Wort Gottes« bestimmtes Wesen relevant. »Wort Gottes« ist dabei als Kurzformel für den Sachverhalt zu nehmen, daß Gott uns auf sich und so zugleich auf uns selbst anspricht. Dabei geschieht ebenfalls, aber in einer sehr viel radikaleren Weise dies, daß ein uns anredendes »Wort das Hiersein übertrifft«.

Insofern der Mensch durch Gott auf Gott angesprochen wird, kommt es nämlich zu einer *totalen Entfernung* des Ich gegenüber seinem Hiersein und Jetztsein und dementsprechend zu einer *völligen Neuqualifikation seiner Anwesenheit*, die man als *eschatologische Geistesgegenwart* bezeichnen könnte. Jedes uns auf Gott anredende Wort übertrifft unser Hiersein, indem es uns *vor Gott* stellt. Übertroffen wird also das »Hier und Jetzt« nicht nur in dem Sinne, in dem das anredende Wort sonst die Identität von Hiersein und Jetztsein durch Entfernung des Ich in Vergangenheit und Zukunft zugunsten erschlossener Gegenwart differenziert. Das Wort Gottes bringt uns vielmehr, indem es uns, uns von uns selbst entfernend, coram deo sein läßt, in ein Verhältnis *totaler Entfernung* nicht nur zu jedem als Gegenwart zu erschließenden »Hier und Jetzt«, sondern auch zu dem von menschlichen Worten schon als Gegenwart erschlossenen Hiersein und Jetztsein. Es wird auch das »Hier im Jetzt« übertroffen. Damit ist dann aber auch die Entfernung des Ich in die Vergangenheit und in die Zukunft übertroffen – nicht im Sinne einer quantitativen Steigerung, sondern im Sinne einer – wie ich es nennen möchte – *eschatologischen Über-*

6.1 Die Gewissheit des Glaubens als Entsicherung

holung. Das den Menschen auf Gott anredende Wort übertrifft das Ganze der weltlichen Bezüge des Ich. Aber gerade so trifft es dieses. Und gerade so eröffnet sich dem Ich eine neue Weise der Anwesenheit, erschließt sich ihm weltliche Gegenwart als durch Gott bestimmte, als eschatologische Gegenwart[4]. Die eschatologische Überholung der Weltbezüge des Menschen durch den redenden Gott gewährt die Erfahrung eines die ganze Welt alt machenden Neuen. Paulus bringt diesen Sachverhalt nicht zufällig wiederum in einem *ansprechenden* Wort zur Sprache: »Das Alte ist vergangen. Siehe: Neues ist geworden« (2 Kor 5,17).

Der eschatologische Charakter der Entfernung des Menschen von sich selbst hat also eine eminent kritische Dimension. Denn insofern diese Entfernung alles Bestehende überbietet, wird dieses als *für sich* Bestehendes zunichte. Jedes den Menschen auf Gott anredende Wort ist in diesem Sinn ein *nichtendes* Wort. Es vollzieht eine annihilatio, indem es mit unserem Hiersein auch unsere Vergangenheit und Zukunft übertrifft. Doch solchermaßen von sich selbst entfernt, wird der auf Gott angesprochene Mensch in eine neue, in eine letzte Nähe zu sich selbst gebracht. Das ist dann allerdings eine das Sein vor Gott einschließende Nähe des Ich zu sich selbst. Das Neue Testament versteht sie als eine durch das Angeld des Heiligen Geistes eschatologisch ausgerichtete Gegenwart.

Das den Menschen auf Gott anredende Wort Gottes wirkt also um eines Neuen willen annihilierend. Es ist – davon wird evangelische Theologie nicht schweigen dürfen – vernichtend[5]. Doch es ist

---

[4] Es darf vorsorglich angemerkt werden, daß evangelische Theologie das Sein des Menschen Jesus, sein Leben, Sterben und Auferwecktwerden als diejenige Geschichte versteht, in der der von sich aus redende Gott sich ausgesprochen hat. Dementsprechend ist die eschatologische Entfernung des Menschen, die man als Nichtung aller seiner Weltbezüge bezeichnen könnte, doch keine Entfernung in die Unendlichkeit, sondern eine Entfernung in die durch seinen Kreuzestod repräsentierte konkrete Vergangenheit und in die durch Auferstehung und Parusie repräsentierte konkrete Zukunft Jesu Christi. Dieser eschatologische Bezug auf den in Jesus Christus gekommenen und kommenden Gott ist denn auch der Grund dafür, daß die überbotenen Weltbezüge nun erst recht theologisch konkrete Bedeutung gewinnen. Durch ihre radikale eschatologische Relativierung werden sie als ein Aufgabenbereich menschlichen Lebens unabweisbar, von dem auch Religion nicht mehr dispensieren kann.

[5] Vgl. dazu meinen Aufsatz: Die Welt als Möglichkeit und Wirklichkeit. Zum ontologischen Ansatz der Rechtfertigungslehre, in: Unterwegs zur Sache. Theologische Bemerkungen, 1972, 206 ff. (vor allem 217 ff.).

dies nur – und davon wird evangelische Theologie erst recht zu reden haben – aufgrund des *Positiven*, daß Gott uns auf sich so anspricht, daß er sich uns selber *zuspricht*. Man darf es also nicht so verstehen, als lasse Gott das Bestehende nichtig werden, um sozusagen wieder ganz von neuem anfangen zu können. Sondern umgekehrt: weil Gott, wenn er uns auf sich so anspricht, daß er sich uns zuspricht, immer ein Neues schafft, deshalb wird das Alte nichtig[6].

Man wird deshalb guttun, nicht davon zu reden, daß das Wort Gottes in eine Krisis führt. Es *hinterläßt* allenfalls eine »Krise«, insofern es durch das Übertreffen unserer Wirklichkeit *innerhalb* des Seins nunmehr das *Nichts* so mitzubedenken zwingt, daß *kritische Unterscheidungen* möglich und unerläßlich werden. Daß zwischen dem, was *verwirkt* ist, und dem, was *möglich* wird, theologisch und dann auch politisch unterschieden und mit Hilfe solcher Unterscheidungen Welt verantwortet werden kann, ist die Positivität der eschatologischen Entfernung des auf *Gott* angesprochenen Menschen. Das Wort Gottes gewährt also ein Verständnis unser selbst und damit ein Weltverständnis. Es heißt uns *denken*, insofern es uns das gewährte Selbst- und Weltverständnis *erarbeiten* läßt.

Doch theologisch ist damit noch immer nur ein abstrakter Gottesbegriff ins Spiel gebracht. Entscheidend ist deshalb die Frage, ob

---

[6] So vergeht auch die Sünde nur, wenn sie vergeben wird; Vergebung der Sünden ist aber immer schon *mehr* als das Vergehen der Sünde. Und genauso vergeht der Gottlose, *weil* er gerechtfertigt ist, nicht aber, *damit* er gerechtfertigt werden kann; Rechtfertigung des Gottlosen ist aber immer schon *mehr* als das Vergehen des Gottlosen. Der eigentliche Gegensatz zwischen der Theologie Karl Barths und der Friedrich Gogartens scheint mir in dieser gegensätzlichen Bestimmung des theologischen Verhältnisses von Vergehen und Werden, von Tod und Leben, von Gericht und Gnade zu liegen. Vgl. dazu die Analyse der Texte Gogartens unter Berücksichtigung der von ihm bemühten Aussagen Luthers bei *W. Hüffmeier*, Gott gegen Gott. Hermeneutische Untersuchungen zum Gottes- und Todesverständnis Friedrich Gogartens unter besonderer Berücksichtigung seiner Lutherinterpretation, Tübinger Dissertation 1972. Zum Verhältnis Barth-Gogarten verweise ich auf die scharfsinnige Untersuchung von *P. Lange*, Konkrete Theologie? Karl Barth und Friedrich Gogarten »Zwischen den Zeiten« (1922–1933). Eine theologiegeschichtlich-systematische Untersuchung im Blick auf die Praxis theologischen Verhaltens, 1972. Karl Barths dogmatischer Ansatz, von der Gnade her das Gericht Gottes zu bestimmen, also hermeneutisch vom Neuen her überhaupt erst sagen zu können, daß Altes alt geworden und vergangen ist (2 Kor 5,17), ist vor allem von Ernst Fuchs aufgenommen und hermeneutisch selbständig verarbeitet worden.

dem auf Gott angesprochenen Menschen ein Verständnis Gottes gewährt wird, das über die Erfahrung des bloßen Angeredetseins von »so etwas wie Gott« hinausgeht. Läßt sich Gott, wenn er als der Redende erfahren wird, als der denken, der er ist? Oder bleibt es bei dem fatalen Satz: Von Gott können wir nur sagen, was er an uns tut, nicht aber, was er ist?[7] Ist Theologie dazu verurteilt, zwar unsere *Bezogenheit auf* Gott denken zu können, aber die Frage nach der Denkbarkeit Gottes selber jeweils mit der tautologischen Antwort beenden zu müssen: »Gott ist – Gott«? Ist die Beschränkung des Denkens auf die Tautologie »Gott ist Gott« die einzige Möglichkeit, um die Ansiedlung des Denkens *zwischen* Gott und Gott und die Zersetzung des Gottesbegriffes durch die Entgegensetzung von Wesen und Existenz Gottes zu vermeiden?

4. Der Beschränkung der Denkbarkeit Gottes auf die Tautologie »Gott ist Gott« widerspricht das Wesen des sich dem ansprechenden Wort Gottes verdankenden Glaubens. Denn die Gewißheit des Glaubens ist die Gewißheit, es mit Gott selbst zu tun zu haben. Glaube ist Partizipation an Gott selbst[8]. Der Glaube drängt sich dabei allerdings gerade nicht *zwischen* Gott und Gott. Es ist ja das Wesen des Glaubens, Gott den sein zu lassen, der er ist. Partizipiert der Glaube aber an Gott selber, ohne so in Gott einzudringen, daß er sich zwischen Gott und Gott drängt, dann muß Gottes Sein selber als ein an sich Anteil gebendes Sein gedacht werden, also als ein Sein, das nach *außen* wendet, was es *in sich selber* ist. Dies geschieht im Worte und nur im Worte Gottes. Denn es gehört zum Wesen des Wortes, am Sein des Redenden dadurch Anteil zu geben, daß es dieses Sein in eine Wendung zum anderen bringt. Im Wort äußert sich das Sein des Redenden. In anthropologischer Hinsicht gilt sogar, daß sich im Wort oft mehr vom Sein des Redenden äußert, als dieser weiß und will – ein ontologischer Sachverhalt, von dem zum Beispiel die Psychoanalyse lebt. In theologischer Hinsicht kommt das Wort allerdings nicht als unfreiwillige, sozusagen verräterische Äußerung in Betracht. Die johanneische Identifikation des λόγος mit Gott selbst (Joh 1,1) besagt vielmehr, daß Gott im Wort sein Innerstes vorbehaltlos äußert. Er wendet sich, ohne

---

[7] Vgl. *W. Herrmann*, Die Wirklichkeit Gottes, 1914, 42 (= Schriften zur Grundlegung der Theologie, hg. von *P. Fischer-Appelt*, Bd. 2, 1967, 314). Die erste Hälfte dieses Satzes stammt von Herrmann und wurde aufgenommen von *R. Bultmann*, Welchen Sinn hat es, von Gott zu reden? in: Glauben und Verstehen I, 1972⁷, 36.

[8] Vgl. *G. Ebeling*, Jesus und Glaube, in: Wort und Glaube I, 1967³, 248 ff.

etwas von sich selber zurückzuhalten, nach außen. Er überläßt sich ganz dem Wort, das er spricht. In diesem Sinne gilt, »daß *allein Gott im Wort allein* kommt«[9]. Gibt Gott durch sein Wort an sich selber Anteil, dann ist diese Anteilgabe also ein Ereignis des göttlichen Seins selbst. Das explizite Erkennen dieser Anteilgabe, das Denken dessen, was der Glaube ist, impliziert dann aber auch die Möglichkeit, Gott so zu denken, wie er an sich selbst ist. Es gehört gerade zur Wahrheit des Glaubens, Gott aufgrund seiner Selbstmitteilung so zu denken, wie er ist. Mit jedem einschränkenden Vorbehalt, den man hier anbringen wollte, würde der Glaube in die Nähe des Aberglaubens rücken. Hegel hat den Nagel auf den Kopf getroffen: »Wer da sagt, Gott sey nicht zu erkennen, der sagt, er ist neidisch und macht keinen Ernst daraus, an ihn zu glauben, wieviel er auch von Gott spricht.«[10] Es mag wohl – dieser Vorbehalt dürfte angebracht sein – so etwas wie ein opus dei absconditum geben. Einen deus absconditus im Sinne prinzipieller Unerkennbarkeit Gottes gibt es, wenn Gott der von sich aus Redende ist, nicht.

Ist aber die Selbstmitteilung, in der Gott an sich selber Anteil gibt, bereits Ausdruck des göttlichen Wesens, dann wird der scheinbar tautologische Satz »Gott ist Gott« nunmehr dem Denken auslegbar. Um diese Auslegung zu vollziehen, hat sich das Denken freilich mit seiner Selbstbegründung im »Ich denke« auseinanderzusetzen. Die Theologie ist insofern der Ort einer Auseinandersetzung des Denkens mit dem Denken, als sie im Blick auf Gott das Denken veranlaßt, die Selbstbegründung des Denkens im »Ich denke« in Frage zu stellen. Wir nehmen zu diesem Zweck die Auseinandersetzung mit dem cartesischen Ansatz der Metaphysik der Neuzeit und seinen Folgen wieder auf.

5. Der cartesische Ansatz der neuzeitlichen Metaphysik versteht unter Denken: Sicherstellen durch Vorstellen. Subjekt der Sicherstellung ist als res cogitans das menschliche Ego. Das Ego stellt zunächst sich selbst – als sich selber *gegenwärtig* – sicher, um daraufhin Gott und die Welt und so seine eigene Kontinuität sicherzustellen.

---

[9] G. *Ebeling*, Die Evidenz des Ethischen und die Theologie, in: Wort und Glaube II. Beiträge zur Fundamentaltheologie und zur Lehre von Gott, 1969, 41.

[10] *Hegel*, Vorlesungen über die Philosophie der Religion, Sämtliche Werke, hg. von *H. Glockner*, Bd. 16, 1965, 352f. Die von *G. Lasson* besorgte Ausgabe (PhB 63, 1929=1966, 225) bietet folgende Variante: »… und macht keinen Ernst daraus, von ihm etwas auszusagen, wenn er von Gott spricht.«

6.1 Die Gewissheit des Glaubens als Entsicherung   205

Eine theologische Auseinandersetzung mit diesem Ansatz neuzeitlicher Metaphysik kann die geistesgeschichtliche Leistung dieses Ansatzes nicht ignorieren. Die Festlegung des Denkens auf Sicherstellung hat sich weltlich ausgezahlt in Form von *Weltbewältigung durch Weltherstellung.* »Safety first« ist denn auch in vieler Hinsicht eine nicht zu verachtende Devise. Selbst die Vermutung, daß in der Neuzeit, die so sehr auf Sicherung alles Seienden durch das menschliche Subjekt bedacht ist, das *Sicherheitsrisiko* ins Ungeheure wachsen mußte, weil eben als über Existenz und Nichtexistenz entscheidende Instanz nun allein das sicherstellende »Ich« des Menschen fungiert, kann und darf nicht zu dem irrationalen Versuch führen, hinter den Ansatz der Subjektivitätsmetaphysik derart zurückgehen zu wollen, daß das Mittelalter – ein übrigens zu Unrecht zur negativen Metapher herabgewürdigtes Wort – wiederkehrt. Dazu ist ohnehin jedweder Zusammenhang unserer Welt bereits viel zu sehr von der sicherstellenden Funktion des menschlichen Subjekts geprägt.

Aus dem »Ich denke« als der durch *Vorstellen* die Existenz des Seienden sicherstellenden res cogitans mußte angesichts des unbewältigt gebliebenen Problems, wie vom Sein der Vorstellung zum Sein des Vorgestellten zu gelangen wäre, wenn Gott als Garant der Einheit von res cogitans und res extensa nicht mehr denkbar ist, ein »Ich handle« werden, das zunächst im moralischen Handeln, sehr bald dann aber auch im – jenseits von Gut und Böse sich vollziehenden – herstellenden, im machenden Handeln sich entdeckt. Das »Ich soll handeln« muß nun alle meine Vorstellungen begleiten können. Die notwendige Folge des cartesischen Verständnisses des Menschen als einer die Existenz des Seienden durch Vorstellen sicherstellenden res cogitans ist die durch Denken und Planen gesteuerte Weltbewältigung. Die Welt ist nurmehr reines Objekt des menschlichen Subjekts. Als Objekt des menschlichen Subjekts wird die *vorgestellte* Welt grundsätzlich auch *herstellbar.* Vom Vorstellen (als clare et distincte percipere) zum Herstellen (als clare et distincte construere) ist es nur ein Schritt. Das vorgestellte Objekt ist als solches auch machbar. Der Denker ist zum Hersteller, zum Macher geworden. Und das, nicht obwohl, sondern weil er denkt.

Aus dem cartesischen Sicherstellen durch Vorstellen ist also – in strenger Konsequenz – längst ein Sicherstellen durch Herstellen geworden, womit die Entscheidungsfunktion des menschlichen Subjekts über Sein und Nichtsein um eine ganze Qualität potenziert und entsprechend das Sicherheitsrisiko de facto (und nicht nur in intellectu) weltweit geworden ist. Unsere Welt unterscheidet sich sehr genau von der Welt des Mittelalters und der des Altertums dadurch, daß sie in fast allen ihren Bezügen eine hergestellte Welt ist und daß sie gerade darin ihre einzige Sicherheit hat und annonciert. Je ausschließlicher jedoch die Sicherheit vom Hersteller abhängt, desto ausschließlicher ist der Hersteller dann auch der Ort des Sicherheits*risikos*.

Dem kann man selbstverständlich nicht dadurch begegnen, daß man das Herstellen beendet. Eine durch Herstellung sichergestellte *Welt* ist in ihrer Existenz auf die Kontinuität und Potenzierung des Herstellens angewiesen. Der Prozeß der Weltbewältigung durch Weltherstellung ist irreversibel. Der herstellende Mensch hat den archimedischen Punkt des *Anfangs der Weltherstellung*[11] längst hinter sich und ist demgemäß in seinem Sein vom *Hergestellten* bereits so sehr bestimmt, daß er mit dem Herstellen nur noch fortfahren kann. Die Macht des durch Vorstellen und Herstellen die Existenz des Seienden sicherstellenden Subjekts kommt aus der hergestellten Welt zu diesem Subjekt zurück als die Ohnmacht, auf die Ausübung dieser Macht nicht mehr verzichten zu können. Der *Wille* zur Macht ist de facto *Zwang* zur Macht geworden. Damit ist der die Welt sicherstellende Mensch aber nicht nur zum eigentlichen, sondern auch zum unwiderruflichen Sicherheitsrisiko der Welt geworden. Das muß er ertragen, indem er es verarbeitet.

Eine theologische Auseinandersetzung mit dem cartesischen Ansatz der neuzeitlichen Metaphysik kann also nicht so verantwortungslos sein, die Sicherstellung der Welt durch den Menschen rückgängig machen oder auch nur aufheben zu wollen. Und selbst wenn sie es wollte, sie könnte es nicht. Der neuzeitliche Mensch *muß* nach dem Gesetz, nach dem er angetreten, seine Welt sicherstellen, und zwar durch immer weiteres Herstellen sicherstellen. Und er *muß* in diesem Zusammenhang auch sich selber als Subjekt dieser Sicherstellung sicherstellen. Soll die Welt weiterhin für ihn da sein, dann *muß* der Mensch für sie als der Macher da sein, zu dem er sich selbst gemacht hat. Daran ist auch theologisch nicht zu rütteln. Daran ist theologisch aber auch gar nichts auszusetzen. Gen 1,28 kann nicht in dem Moment ermäßigt werden, in dem die Gefahr der mit dem Herrschaftsauftrag gegebenen Würde evident wird. Man wird dieser Gefahr nur dann nicht erliegen, wenn man dem Auftrag zur Herrschaft über die Welt nicht entflieht.

---

[11] Dieser Punkt ist etwas völlig anderes als das Herstellen *innerhalb* einer Welt, wie es den homo faber seit je auszeichnet.

6.1 Die Gewissheit des Glaubens als Entsicherung

6. Theologische Auseinandersetzung mit dem cartesischen Ansatz der neuzeitlichen Metaphysik und seinen Folgen hat jedoch die Frage zu stellen, ob man des menschlichen Wesens überhaupt schon ansichtig geworden ist, wenn man den Menschen nur als Subjekt von Herstellung und Sicherstellung kennt. Es bleibt zu fragen, ob der Mensch sich in jeder Hinsicht, ob er sich selber *total* sicherstellen kann. Daß der die Welt sicherstellende Mensch sich selber *als den Sicherstellenden* sicherstellen muß, besagt ja noch keineswegs, daß er sich damit *als Menschen* sichergestellt hat. Kann der Mensch sich als Menschen sicherstellen?

Nach Descartes kann er es nur, wenn er sich Gottes als Rückversicherung versichert, wenn er also auch noch Gott als den sicherstellt, der ihn ganz und gar sicherstellt. Doch eben diese Verschränkung ließ sich nicht zu Ende denken, ohne den Gottesgedanken in widersprechende Gedanken auseinanderfallen zu lassen und den vorausgesetzten Begriff Gottes als des absoluten und independenten Wesens undenkbar zu machen. Das spricht allein schon gegen den Ansatz des ganzen Unternehmens. Theologische Argumentation wird diesen Sachverhalt nicht ignorieren. Sie wird sich indessen von diesem negativen Aspekt nicht leiten lassen, wenn sie wirklich etwas gegen den zugrunde liegenden Ansatz einzuwenden hat. Denn theologische Argumentation *gegen* eine Position kann immer nur aufgrund eines Argumentes *für* eine andere Position erfolgen. Andernfalls wäre sie noch keine *theologische* Argumentation. Das Scheitern eines respektablen Unternehmens allein kann niemals schon als ein theologisches Argument fungieren. Die Theologie muß also noch etwas anderes einzuwenden haben, wenn sie die Frage, ob sich der Mensch total, ob er sich *als Menschen* sicherstellen kann, verneinen zu müssen meint.

Das *positive* Argument, das theologisch gegen die Möglichkeit einer totalen Selbstsicherstellung des Menschen geltend zu machen ist, besteht zunächst einmal in dem Hinweis darauf, daß ein total sichergestellter Mensch aufhörte, Mensch zu sein. Menschsein ist mehr und etwas sehr anderes noch als – Sichergestelltsein. Ein total sichergestellter Mensch wäre ein bloßes Stück Welt, ein roboterhafter Doppelgänger des Menschen, eine schauerliche Karikatur des Menschen. Denn – und das ist unser positives theologisches Argument, nun auch positiv ausgesprochen – der Mensch ist darin Mensch, daß er sich auf einen anderen als er selbst zu verlassen vermag. Dazu gehört aber, daß er sich selbst zu verlassen vermag. Menschsein heißt: sich verlassen können.

6. Der glaubende Mensch

Man hat das Argument allerdings noch immer nicht theologisch verstanden, wenn man diesen Satz heroisch oder gar tragisch nimmt. Denn theologisch wird der Mensch nur deshalb als ein Ich verstanden, das *sich* verlassen kann, weil dieses Ich sich *auf einen anderen* verlassen kann. Das ist kein Wortspiel, wenn es auch so klingen mag. Was oberflächlichem Lesen als ein bloßes Wortspiel erscheinen mag, läßt sich an der alttestamentlichen Bedeutung der Begriffe »Wahrheit« und »Glauben« exegetisch verifizieren[12]. Es läßt sich aber auch systematisch einsichtig machen.

Das im cartesischen »Ich denke« begründete Verständnis des Menschen und seiner Welt besagt, daß der Mensch *alles* durch sich selber sicherstellt und darin Mensch ist: Das menschliche Ich ist für sich und insofern auch schon für anderes da, das durch das Vorgestelltwerden vom Ich sichergestellt wird. Der Grundsatz dieses Verständnisses des Menschen und seiner Welt läßt sich folgendermaßen angeben: *Ich bin menschlich, weil und insofern ich – als Sicherstellender – für etwas da bin.* In der neueren Moral und der von ihr durchsetzten Theologie variiert sich das dann zu der – ebenfalls respektablen – Bestimmung des Menschen als eines engagierten Seins für andere: *Ich bin menschlich, weil und sofern ich für andere Menschen da bin.*

Diese Bestimmung des Menschseins ist jedoch, jedenfalls sofern sie die primäre Bestimmung des Menschseins sein will, zu bestreiten. Ihr ist aufgrund der durch das Ereignis des Wortes Gottes konstituierten Bezogenheit des Menschen auf Gott als den, der an seinem Sein Anteil gibt, entgegenzusetzen, daß die Menschlichkeit des menschlichen Ich darin besteht, einen anderen für mich da sein zu lassen. Erst daraufhin kann ich dann auch für andere da sein. Theologisch gilt primär: *Ich bin menschlich, indem ich einen anderen für mich da sein lasse*[13]. Man

---

[12] Vgl. *D. Michel*, ’ÄMÄT. Untersuchung über »Wahrheit« im Hebräischen, Archiv für Begriffsgeschichte 12, 1968, 30 ff.; *R. Smend*, Zur Geschichte von האמין, in: Hebräische Wortforschung. Festschrift W. Baumgartner, VT. S 16, 1967, 284 ff.; *H. Wildberger*, »Glauben«. Erwägungen zu האמין, aaO. 372 ff.; ders., »Glauben« im Alten Testament, ZThK 65, 1968, 129 ff.

[13] Die Bestimmung des Menschseins, die besagt, daß ich einen anderen für mich da sein lasse, fügt selbstverständlich dem anderen Ich, das ich – als Du – für mich da sein lasse, nichts hinzu. Das menschliche Ich kann nur ein sich von selbst für mich öffnendes Ich im besagten Sinn da sein lassen. Es handelt sich um den anthropologisch fundamentalen Sachverhalt, daß der Mensch auf die *Freiheit* des *anderen* Menschen *angewiesen* ist. Diese allgemeine Bestimmung des Menschseins als eines Einen-anderen-für-mich-da-sein-Lassens entspricht also genau der Bestimmung des Denkens als Sein-Lassens überhaupt (s. o. S. 218 ff.).

kann das auch Vertrauen und muß das dann im Blick auf den anderen, der sich uns als Gott selber zugesprochen hat, *Gottvertrauen* nennen. Genau das ist gemeint, wenn von *Glauben* die Rede ist.

Gottvertrauen ist jedoch ebensowenig wie das zwischen Liebenden sich einstellende Vertrauen heroisch. Es impliziert zwar die Zumutung, sich *ganz* auf Gott zu verlassen. Und sich ganz auf Gott verlassen kann man nur dann, wenn man sich selber verläßt. Sich wirklich verlassen heißt: auf Selbstbegründung verzichten. Der Glaube ist in der Tat diejenige Selbstbestimmung des Menschen, in der dieser aufgrund seines Bestimmtseins durch Gott auf Selbstbegründung verzichtet. Auf Selbstbegründung *kann* der Glaube aber verzichten, weil so etwas wie Selbstbegründung im Vertrauen auf Gott schon überboten ist. So muß man es auch verstehen, wenn Jesus sagt: wer sein Leben gewinnen will, der wird es verlieren, wer es aber dran gibt, der wird es gewinnen. Das Logion Mk 8,35 ist ein Satz der Gottesgewißheit. Und wie alle Gottesgewißheit so mutet auch dieser – von rückwärts auszulegende – Satz dem Menschen so etwas wie *Selbstentsicherung* zu. Bin ich darin menschlich, daß ich einen anderen für mich da sein lasse, so bin ich meiner selbst nur eben im anderen gewiß. Es ist deshalb kein Gesetz, sondern eine Verheißung, wenn wir als anthropologischen Grundsatz formulieren: *Nur wer sich selbst verläßt, wird zu sich selber kommen.* Diese Verheißung konstituiert mehr als jedes Gesetz das Sein des Menschen als Menschen.

Es zeigt sich nun, daß der Glaube – sozusagen als Konkav – dieselbe Struktur wie das Wort Gottes – als dessen Konvex – hat. Auch der Glaube läßt das Hiersein und Jetztsein nicht in seiner Unmittelbarkeit bestehen. Wie das Wort unser Hiersein und Jetztsein übertrifft, so *läßt* der Glaube unser Hiersein und Jetztsein übertreffen. Und da das Wort Gottes nicht nur unser »Hier und Jetzt«, sondern auch das durch menschliche Worte schon übertroffene Hiersein und Jetztsein, das »Hier *im* Jetzt«, *mit* seiner Vergangenheit und aller machbaren Zukunft übertrifft, deshalb läßt der Glaube unser *ganzes Dasein* übertroffen werden durch jene radikale Entfernung unser selbst von uns

---

Im Verhältnis zur Welt – also im Verhältnis des Ich zum Es – impliziert das Sein-Lassen der Welt als eines Zusammenhangs von zu Gebrauchendem deren *Verbrauch* – freilich genau bis zu der Grenze, die dem Verbrauch gesetzt ist, wenn der Zusammenhang des zu Gebrauchenden selbst erhalten bleiben soll. Es gehört zum Geheimnis der Welt, daß der sie verbrauchende Mensch ihr zugleich die Möglichkeit der Regeneration zu neuem Gebrauch einzuräumen vermag, daß er dies jedenfalls *bisher vermochte*.

selbst, die uns in eine *neue* Nähe zu uns selber bringt, so daß wir uns selbst neu gegenwärtig werden.

7. Diese neue Nähe des Menschen zu sich selbst ist als vom Wort Gottes bewirkte Nähe eine Gegenwart, die Menschen sich nicht selber zusprechen können. Sie ereignet sich aber, wenn Gott sich uns zuspricht. In einem einmaligen Sinne *neu* ist diese Nähe des Menschen eben insofern, als sie vor Gott gerade das *zunichte* werden läßt, was der Mensch seinerseits getan hat, um sich selber nahe zu kommen. Denn alle menschlichen Annäherungsversuche an sich selbst verwirklichen zwar die entfernungslose Nähe des Menschen zu sich selbst. Sie verwirklichen diese Nähe aber, ohne sich den anderen, ohne sich Gott nahe kommen zu lassen. Deshalb müssen sie vor Gott zunichte werden. Denn durch die *Selbstverwirklichung* des Menschen wird gerade die aus der Entfernung von sich selbst gesteigerte Nähe des Menschen zu sich selbst, die Gottes Gegenwart einschließt, *verwirkt*. Die Selbstverwirklichung des Menschen verwirkt die durch den Heiligen Geist Gottes qualifizierte, die heilsame Nähe des Menschen zu sich selbst. Verwirkt wird die eschatologische Nähe des Menschen zu sich selbst, weil alle menschlichen Annäherungsversuche an sich selbst die penetrante Tendenz haben, sich selber so nahe kommen zu wollen, so zu sich selbst kommen zu wollen, daß der Mensch dabei sich selbst – allein! – der Nächste ist. Das Ich will identisch werden mit sich selbst. »Jeder ist sich selbst der Nächste« – lautet eine uralte, freilich auch immer schon Resignation verratende, Utopie des seine Identität suchenden Menschen.

Im cartesischen »Ich denke« schien diese Utopie ihrer Verwirklichung greifbar nahe zu sein. Zumindest im Augenblick des cogitare schien das Ich sich selbst so nahe gekommen zu sein, daß der Mensch als res cogitans im Vollzug des »Ich denke« sich selber – allein! – der Nächste geworden war; cogito me cogitare hieß: cogito me esse. »Ich denke« hieß: »Ich bin«. Das Ich war als Ort der Identität von Denken und Sein das Ereignis von Identität überhaupt. In der egozentrischen Identität von Denken und Sein war das Ich sich selbst der Nächste geworden.

Aber auch im Horizont dieser Metaphysik wurde einsichtig, daß keiner sich selbst der Nächste *bleiben* kann. Es mußte Gott bemüht werden, um die Kontinuität der Identität mit sich selber zu wahren. Das ist ein Hinweis darauf, daß in Wahrheit kein Mensch mit sich selber identisch sein kann, ohne bei einem anderen als er selbst zu sein.

6.1 Die Gewissheit des Glaubens als Entsicherung

Kein Mensch *ist* sich selbst der Nächste. Darum müssen die penetranten Selbstannäherungsversuche, mit denen der Mensch sich selbst so nahe kommen will, daß er am Ende sich selbst der Nächste ist, zunichte werden, wenn das Wort Gottes uns in eine neue Nähe zu uns selber bringt. Eine derart neue, weil zugleich das Verwirkte nichtende Nähe des Menschen zu sich selbst nennen wir *eschatologische* Nähe.

Diese eschatologische Nähe des Menschen zu sich selbst schafft das Wort Gottes, indem es den Menschen auf den ihn ansprechenden Gott so bezieht, daß Gott dem Menschen *näher* kommt, als dieser sich selbst jemals nahe zu kommen vermag[14]. Gott ist mein Nächster. Er kommt mir näher als ich mir selbst. Auf diese Nähe Gottes läßt sich der Glaube ein. Daß ich mir im Glauben in eschatologisch neuer Weise nahe komme, ist also in Gottes eigenem Nahekommen begründet. Indem Gott dem Menschen nahe kommt, bringt er den Menschen zu sich selbst. Daß wir unsererseits nicht zu uns selber kommen können, ohne dazu gebracht zu werden, ist der Ausdruck für eine Identität des Ich mit sich selber, die nur bei einem anderen zu finden ist. Der Mensch kann nur identisch werden, insofern ein anderer als er schon bei ihm ist. Letzte Nähe des Menschen zu sich selbst ereignet sich nur dort, wo Gottes Wort des Menschen Hiersein übertrifft.

8. Aus dem dargelegten Sachverhalt ergeben sich wichtige Konsequenzen für den Gottesgedanken. Wir hatten oben die Aporie des metaphysischen Gottesgedankens darin erkannt, daß Gott als der schlechthin Anwesende gedacht werden mußte. Abwesenheit mußte deshalb soviel wie Nichtexistenz des so gedachten Gottes bedeuten. Übertrifft aber Gottes Wort unser Hiersein, dann kann Gott seinerseits *nicht* im Sinne des übertroffenen Hierseins da sein. Er würde ja dann selber übertroffen werden. Der Glaube wahrt auch in dieser Hinsicht die Struktur des anredenden Wortes. Im Wort *ist* Gott als Abwesender anwesend. Der Glaube *läßt* Gott als Abwesenden anwesend sein. Er läßt Gott so nahe sein, daß der Mensch dabei inmitten seines Hierseins und Jetztseins *zu* diesem »Hier und Jetzt« in jene *radikale* Entfernung gerät, ohne die sich unsere Gegenwart nicht als Gottes Gegenwart erschließt. Gott kommt uns nicht nahe, ohne uns aus unserer selbstverwirklichten Nähe zu uns selbst herauszusetzen: ponit nos extra nos. Nur dem aus sich herausgesetzten Ich ist Gott gegenwärtig. Bei mir ist Gott mir hingegen gerade entzogen, und zwar

---

[14] Vgl. dazu unten S. 404–408.

eben deshalb, weil er mir näher kommt und näher ist, als ich mir selber nahe zu kommen vermag. Gerade das, was mir *am nächsten* ist, ist mir zuhöchst entzogen. Es ist nur in der ekstatischen Struktur des »nos extra nos esse« zu erfahren. Das »nos poni extra nos« ist folglich die Struktur der Erfahrung mit der Erfahrung, die wir als Gotteserfahrung verstanden hatten.

Der Glaube wahrt also die Entzogenheit dessen, der als Gott mein Nächster ist. Ohne ein fundamentales extra nos kennt der Glaube auch keinen deus pro nobis und schon gar keinen deus in nobis. Gott ist uns nur *nah*, indem er uns von uns selbst *entfernt*. Als der uns von uns selbst Entfernende ist Gott freilich dem bei sich selbst Seienden und nur bei sich selbst sein Wollenden, dem auf sich selbst insistierenden Menschen der Fernste. Doch umgekehrt gilt zugleich: dieses fundamentale »nos extra nos esse« ist als solches identisch mit der Nähe Gottes. Es tritt zu dem »nos extra nos esse« Gottes Für-uns-Sein nicht noch hinzu. Es ist kein unbestimmtes und abstraktes extra nos, das dann erst im pro nobis Gottes bestimmt und konkret würde. Wenn wir auf sein Wort hörend außer uns sind, ist Gott schon für uns da. Folglich ist auch die Entfernung, in die das glaubende Ich inmitten seiner Gegenwart zu dieser gerät, keine Entfernung *ins Unbestimmte*. Auch in dieser Hinsicht ist jeder Gedanke an heroische Wagnisse und die in diesem stets implizierte Möglichkeit des Tragischen fernzuhalten. Entfernt wird der Mensch – durch das ihn ansprechende Wort Gottes – im Glauben vielmehr zu jenem sehr bestimmten extra nos, das in der Reihe menschlichen Hierseins und Jetztseins einen konkreten geschichtlichen Ort in einem ganz bestimmten »hic et nunc« hat, nämlich im »illic et tunc« des Kreuzes Jesu Christi. In dieser konkret bestimmbaren Vergangenheit *kam Gott*. Im »illic et tunc« des Todes Jesu kam Gott zum Menschen. Das verkündigt, das besagt das Wort, dem der Glaube entspricht: das Wort vom Kreuz. In ihm sind das, *was* das uns anredende Wort des von sich aus redenden Gottes sagt (Gott am Kreuz als unser Nächster), und die *Struktur* des Verhältnisses von Wort und Glaube kongruent.

Was dieses »illic et tunc« für das zu denkende Sein Gottes selber bedeutet, wird noch eigens zu erörtern sein. Im vorliegenden Zusammenhang genügte es, sich klarzumachen, inwiefern unser Dasein vom Worte Gottes so übertroffen wird, daß der sich darauf einlassende Glaube uns auf den Gekreuzigten als auf dasjenige extra nos Gottes bezieht, das uns inmitten unseres Daseins zu diesem in eine präzis und konkret bestimmte Entfernung bringt. Glaube ist Rückbezug

6.1 Die Gewissheit des Glaubens als Entsicherung   213

auf den Gekreuzigten. Das Wort vom Kreuz übertrifft unser Hiersein und Jetztsein, ja unser Dasein überhaupt so, daß sich Gegenwart nun als Gegenwart Gottes und als unsere eigene Gegenwart zugleich erschließt.

Diese Gegenwart setzt sich gegenüber der Geschichte nicht absolut. Der Rückbezug auf den Gekreuzigten ist ja als solcher ein Vergangenheitsbezug, der uns die geschehene Geschichte als bloße Häufung, als bloßen Abfall verwirkter Taten zu denken schon deshalb verbietet, weil seit Jesu Kreuzigung das Wort vom Kreuz *verkündigt* wurde und jederzeit menschliches Hiersein und Jetztsein so zu übertreffen vermochte, daß Gegenwart Gottes geschah. Und der Glaubende läßt sich ja aufgrund seines Glaubens auf die Hoffnung ein, daß das Wort vom Kreuz auch in Zukunft weiter verkündigt wird und also immer wieder menschliches Hiersein und Jetztsein zu übertreffen vermag – bis daß der Gekreuzigte kommt (1 Kor 11,26). Aus dieser Zukunft kommt Gott, nämlich der bereits im Tode Jesu zum Menschen gekommene Gott. Er kommt als der so Gekommene[15]. Dem Rückbezug des Glaubens entspringt deshalb eine nicht weniger relevante Entfernung zu unserem jeweiligen Hiersein und Jetztsein, die wir den Zukunftsbezug der Hoffnung nennen. Wie von jener geglaubten Vergangenheit her so wird aufgrund ihrer auch von dieser erhofften Zukunft her die Gegenwart erschlossen. Es gibt keine als Gegenwart erschlossene Gegenwart, die nicht gleichermaßen von der Zukunft Gottes her erschlossen und deshalb für alle irdische Zukunft aufgeschlossen wäre. Die Entfernung, die die Nähe Gottes mit sich bringt, ist also sowohl im Blick auf die Vergangenheit, in der Gott kam, als auch im Blick auf die Zukunft, aus der Gott kommt, zu verstehen. Aber diese doppelt gerichtete Entfernung ist jeweils bestimmte und konkrete Entfernung. Sie entfernt uns inmitten unseres Daseins nicht weiter von uns selbst als bis – zu Gott. Und sie entfernt uns zu Gott, indem sie uns diese Entfernung *ausstehen* lässt. Entfernung zu Gott heißt Teilhabe an der Entzogenheit Gottes als Entzogenheit, nicht der Aufhebung dieser Entzogenheit. Gott ist uns als der Entzogene nah. Das ist die Gewißheit des Glaubens, die als solche Gottesgewißheit und deshalb entsichernde Selbstgewißheit ist.

Auch Selbstgewißheit! Denn mit Gottes Gegenwart wird uns durch das Wort vom Kreuz ja auch unsere eigene Gegenwart erschlos-

---

[15] Vgl. *W. Kreck*, Die Zukunft des Gekommenen. Grundprobleme der Eschatologie, 1966.

sen. Aber Selbstgewißheit ist nun eben das präzise Gegenteil von Selbstbegründung durch Sicherstellung. Sie ist als Glaubensgewißheit vielmehr die schlechthinnige Entsicherung des Menschen. Das wird vollends deutlich, wenn wir nunmehr dem Problem der Denkbarkeit Gottes seine letzte Zuspitzung geben, indem wir uns ihm unter dem Gesichtspunkt der Einheit Gottes mit der Vergänglichkeit zuwenden. Von einer solchen Einheit Gottes mit der Vergänglichkeit redet das Wort Gottes, wenn es den Gekreuzigten als Gottes Sohn definiert.

Leitfragen

1. Wie versteht Jüngel den Begriff der »Entsicherung« und wie grenzt er ihn von menschlicher Sicherstellung ab?
2. Welche Rolle spielt die normale Sprache im Allgemeinen und das biblische Wort im Besonderen für die »Entsicherung« des Glaubens?
3. Wie lässt sich Jüngels Glaubensverständnis als »Entsicherung« in der theologischen Wissenschaft, im Leben der Kirche und im individuellen Glaubensvollzug konkretisieren?

Literatur

- M. Murrmann-Kahl, »Mysterium trinitatis?« Fallstudien zur Trinitätslehre der evangelischen Dogmatik des 20. Jahrhunderts, Berlin/New York 1997, 101–137.
- R. Dvorak, Gott ist die Liebe. Eine Studie zur Grundlegung der Trinitätslehre bei Eberhard Jüngel, Würzburg 1999, 137–173.
- C. Kock, Natürliche Theologie. Ein evangelischer Streitbegriff, Neukirchen-Vluyn 2001, 171–178.

6.2 Der menschliche Mensch

Der vorliegende Aufsatz wurde erstmals im Jahr 1985 in der Zeitschrift »Die Zeichen der Zeit« publiziert und im Jahr 1990 in den Sammelband »Wertlose Wahrheit« aufgenommen. Jüngel wendet sich hier der Bedeutung der reformatorischen Rechtfertigungslehre für das Verständnis des neuzeitlichen Menschen zu. Die Thematik der Rechtfertigungslehre ist Jüngel seit seiner Dissertationsschrift »Paulus und Jesus«, die in der Erstauflage im Jahr 1962 publiziert wurde, vertraut und ein großes Anliegen. Gegen Stimmen der damaligen und heutigen Theologie hält Jüngel die Rechtfertigungslehre für wesentlich biblisch und sieht sie in der Reformation so wiederentdeckt, dass sie auch dem heutigen Menschen helfen kann, sich vor Gott über sich selbst zu verständigen. In seiner im Kontext ökumenischer Aushandlungen der Rechtfertigungslehre ursprünglich im Jahr 1998 veröffentlichten Studie »Das Evangelium von der Rechtfertigung des Gottlosen als Zentrum des christlichen Glaubens« hat Jüngel dies nochmals deutlich herausgestellt. Die Rechtfertigungslehre leitet nach Jüngel grundsätzlich dazu an, zwischen der Person und ihren Werken zu unterscheiden: Der gottlose Mensch, der im Glauben aus dem Wort Gottes gerecht wird, ist von seinem Tun und seinen Werken unterschieden. Der Mensch ist also mehr als dasjenige, was er selbst tut, hervorbringt und vollendet. Denn im Glauben an den Gott, der den gottlosen Menschen rechtfertigt, ist der Mensch gerade nicht dasjenige, was er aus sich selbst macht oder aber auch nicht macht, sondern derjenige, der sich von Gott versteht und empfängt, nämlich als davon unterschiedene und anerkannte Person. Dies betrifft nicht allein den Menschen in der Neuzeit. Doch besonders er zeichnet sich durch einen Drang zur Selbstdurchsetzung und Selbstfixierung aus, der sich für ihn selbst und seine Umwelt unmenschlich auswirkt. Insbesondere die herstellende Technik und die ökologische Ausbeutung der Umwelt spielen hier auch eine Rolle. Nach Jüngels Studie »Tod« aus dem Jahr 1971 führt der menschliche Hang zur Selbstverwirklichung in eine tödliche Verhältnislosigkeit: Wer sein eigener Herr ist, kann sein eigener Sklave sein, der sich nur noch um sich selbst dreht und sich dabei um die Verhältnisse bringt, die das Leben ausmachen und tragen. Insofern kann der evangelische Rechtfertigungsglaube dazu beitragen, dass der Mensch in dem Glauben und durch den Glauben zu einem wahrhaft menschlichen Menschen wird. Zwar lebt auch der im Glauben immer wieder neu aus Gottes Wort gerechtfertigte Mensch in einer Welt des Habens sowie des Besitzes und kennt vernünftigerweise die Chancen von Leistung und Technik. Doch dieser Mensch kann am Ende von sich selbst absehen, weil er seine Person von seinem Tun und Erfolg unterschieden weiß. Anstelle der Haltung des Habens tritt ein Leben im Sein – aus der Zusage, wie sie in der Verkündigung von Gottes Wort erfolgt. In dem vorliegenden Beitrag Jüngels werden die skizzierten Einsichten prägnant und grundlegend dargelegt.

Der menschliche Mensch

Die Bedeutung der reformatorischen Unterscheidung
der Person von ihren Werken für das Selbstverständnis
des neuzeitlichen Menschen

I

An der Lehre von der Rechtfertigung des Menschen allein durch Glauben scheiden sich die Geister. Martin Luther – der in Sachen Rechtfertigungslehre nach dem unverdächtigen Zeugnis des den Reformator durchaus kritisch lesenden alten Karl Barth »vielleicht doch mehr gearbeitet, gelitten und vor allem auch gebetet hat als alle, die in der nachapostolischen Zeit vor ihm waren und nach ihm kamen«[1] – hat sich mit seiner Auffassung des paulinischen Grundsatzes, daß der Mensch durch Glauben allein, ohne die vom Gesetz geforderten Werke ein *gerechter Mensch* werde, nicht nur zu bedeutenden Stimmen der Vergangenheit in einen scharfen Gegensatz gesetzt. Der Reformator hat ebenso den Widerspruch kommender Zeiten provoziert. Denn ein *gerechter Mensch* ist in der Sprache der Theologie nichts anderes als ein nach dem letztinstanzlichen Urteil Gottes *rechter Mensch*. Der *rechte Mensch* ist aber nichts anderes als der *menschliche Mensch*. Die Rechtfertigung allein aus Glauben definiert deshalb, wie Luther in seiner *Disputatio de homine* ausdrücklich behauptet, nicht etwa den Christen, sondern den Menschen[2]. Demnach gehört zur Menschlichkeit des Menschen dies, daß sie nicht durch unser eigenes Wirken konstituiert wird. Will man verstehen, was im Sinne Luthers ein menschlicher Mensch ist, dann muß man vielmehr in rechter Weise zwischen Person des Menschen und seinem Tun unterscheiden.

Doch an eben dieser Unterscheidung der Person von ihren Werken scheiden sich die Geister – heute vielleicht in noch stärkerem Maße als ehedem. Max Scheler hat für viele Zeitgenossen gesprochen, als er in der mit dieser Unterscheidung parallel gehenden Unterscheidung

---

[1] K. *Barth*, KD IV/1, (1953) 1982⁴, 579.
[2] M. *Luther*, Disputatio de homine. 1536, WA 39/I, 176,33–35 = G. *Ebeling*, Lutherstudien II. Disputatio de homine I. Text und Traditionshintergrund, 1977, 22: »Paulus Rom. 3: Arbitramur hominem iustificari fide absque operibus, breviter hominis definitionem colligit, dicens, Hominem iustificari fide.«

von innerem und äußerem Menschen die Ursache für eine unverantwortliche Verharmlosung aller ponderablen weltlichen und religiösen Werte diagnostizierte: »In den unsagbaren Tiefen der ›reinen Innerlichkeit‹ wird der Geist, werden die Ideen, werden Taten und Gesinnung, werden Schönheitssinn und Religion – wird selbst Christus ... schlechthin harmlos, verantwortungslos, bedeutungslos ...«[3] Scheler macht für diese »deutsche Krankheit« insbesondere die so penetrant unterscheidende Theologie Luthers verantwortlich. »In Luther verzichtete der deutsche Geist zuerst und auf dem Boden der *höchsten*, d. h. alle anderen Werte nach sich formierenden Werte auf den Einbau des Innerlichen in die äußere reale Welt – auf die *Harmonie von Äußerem und Innerem*.«[4] Gegen die Unterscheidung der Person von ihren Werken macht Scheler die These geltend: »Erst an der Pforte der *Tat* gliedern sich die Lebensinhalte und erhalten sie die Einheit der ... *Person*.«[5] In ähnlichem Sinne hat Herbert Marcuse votiert und an der theologischen Unterscheidung der Person von ihren Werken kritisiert, daß eine solche Theologie »in einem bisher ungekannten Maße die Person von der Verantwortung für ihre Praxis entlastet ... Mit der Trennung von Tat und Täter, Person und Praxis ist auch schon die ›doppelte Moral‹ gesetzt, die als Trennung von ›Amt‹ und ›Person‹ einen der Grundpfeiler der Lutherschen Ethik bildet.«[6] Soweit der Einspruch zweier *philosophischer* Stimmen, die um einen ganzen Chor zeitgenössischer *Theologen* billig vermehrt werden könnten.

Was sollen wir nun dazu sagen? Soll man daran erinnern, daß schon der Apostel Paulus sich gegen das Mißverständnis wehren mußte, die Botschaft von der den Sünder allein durch Glauben rechtfertigenden Gnade Gottes begünstige nicht nur, sondern provoziere geradezu die verwerfliche Tat (Röm 3,8; 6,1)? Vielleicht reicht es an dieser Stelle unserer einleitenden Überlegungen, darauf zu verweisen, daß Luther mit seiner Unterscheidung der Person von ihren Werken gerade nicht, wie H. Marcuse unterstellt, einer »*Trennung* von Person und Werk« das Wort geredet hat. Werk und Person sind nach Luther vielmehr auf das engste »verbunden, und zwar so, daß eines ohne das

---

[3] *M. Scheler*, Von zwei deutschen Krankeiten, in: *ders.*, Schriften zur Soziologie und Weltanschauungslehre, Gesammelte Werke VI, 2. durchgesehene Auflage 1963, 204–219, 208 f.

[4] AaO. 212.

[5] AaO. 211.

[6] *H. Marcuse*, Studie über Autorität und Familie, in: *ders.*, Ideen zu einer kritischen Theorie der Gesellschaft (Edition Suhrkamp 300), 1969, 61 f.

andere nicht sein kann«. Kommt doch das Leben niemals, selbst im Schlafe nicht, völlig zur Ruhe, so daß »den Glauben von den Werken trennen dasselbe wäre, wie wenn jemand den Puls von den Arterien trennen wollte«[7]. *Unterscheiden* heißt keineswegs *trennen*. »Deshalb taugt die Argumentation nichts: Jene sind voneinander unterschieden, also können sie sich auch gegenseitig voneinander trennen.«[8] Die Notwendigkeit, so streng wie möglich zu unterscheiden, ist vielmehr überhaupt erst da gegeben, wo das zu Unterscheidende so eng wie möglich miteinander verbunden ist. Genau das ist aber bei der menschlichen Person und ihren Taten der Fall.

Wenn im folgenden die reformatorische Unterscheidung der Person von ihren Werken im Zusammenhang der neuzeitlichen Frage nach dem menschlichen Menschen erneut zur Geltung gebracht werden soll, dann ist dabei also immer die engstmögliche Verbindung von persona und opus vorausgesetzt. Nicht um diese Verbindung zu zerstören, sondern um sie in einer der Person und ihrem Tun bekömmlichen Weise zu realisieren, bedarf es der rechten Unterscheidung zwischen beidem. Dies soll im folgenden versucht werden. Dabei soll zunächst (II) auf die eigenartige Rede vom *menschlichen Menschen* geachtet werden. Sodann (III) gilt es, das Selbstverständnis des neuzeitlichen Menschen im Blick auf die uns beschäftigende Frage wenigstens grob zu skizzieren, um es daraufhin (IV) mit Luthers reformatorischer Unterscheidung so zu konfrontieren, daß schließlich (V) die Frage nach dem menschlichen Menschen beantwortbar wird.

II

Der menschliche Mensch – nichts sagt über die Fragwürdigkeit unseres Daseins mehr aus als die befremdliche Tatsache, daß, wenn wir vom wahren Menschen reden wollen, der einfache Ausdruck *Mensch* nicht zureicht, sondern daß wir dem Menschen darüber hinaus in eigenartiger Verdoppelung noch eigens zusprechen müssen, ein

---

[7] *M. Luther*, Zirkulardisputation de veste nuptiali. 1537, WA 39/I, 282,1–5: (persona et opus) »sunt coniuncta, et ita, ut alterum sine altero esse non possit, ... quemadmodum vita ipsa, etiam cum dormimus, tamen agit etiam per somnia, nunquam quiescit, ergo idem est separare fidem ab operibus, ac si quis vellet pulsum ab arteriis seiungere.«

[8] AaO. 284,3–5: »Non igitur valet argumentatio: Illa sunt inter se distincta. Ergo possunt etiam ab invicem separari ...«

menschlicher Mensch zu sein. Die scheinbar tautologische Rede vom menschlichen Menschen macht deutlich, daß man dem Menschen dies offensichtlich auch absprechen kann: menschlich zu sein. Die eigenartige Verdoppelung, die in der Rede vom menschlichen Menschen vorliegt, zeigt an, daß der Mensch sich selbst verfehlen, daß er die Bestimmung seines Seins verwirken kann. Der Mensch scheint sich nicht zuletzt dadurch von allen anderen Kreaturen zu unterscheiden, daß er die Möglichkeit hat, seinem Menschsein zu widersprechen und als ein sich selbst widersprechendes Wesen da zu sein. Erst auf dem Hintergrund dieser – immer schon realisierten – Möglichkeit wird es verständlich, daß man, wenn man vom wahren Sein des Menschen reden will, seinen Begriff tautologisch noch einmal von ihm prädiziert und also vom *menschlichen Menschen* spricht. Gerade die Notwendigkeit der positiven Rede vom *menschlichen Menschen* ist Ausdruck der negativen Tatsache, daß der Mensch ein *Sünder* ist. Von einem *tierischen Tier* zu reden, macht keinen Sinn. Erst im Blick auf den als vernunftbegabtes Tier begriffenen, aber seine Vernunft mißbrauchenden Menschen wird es sinnvoll, zum Beispiel mit Goethe sogar im Komparativ von einem Wesen zu reden, das noch tierischer ist als das Tier: »Er nennt's Vernunft und braucht's allein, nur tierischer als jedes Tier zu sein.«[9] Eben damit hätte der Mensch aber wiederum aufgehört, ein menschlicher Mensch zu sein. Menschsein und Menschlichkeit können abgründig auseinanderklaffen. Der *homo sapiens* und der *homo humanus* sind offensichtlich nicht unmittelbar identisch. Seine Menschlichkeit muß der Mensch vielmehr allererst finden und stets aufs neue bewähren. Erst wenn er menschlich wird, kommt er zu sich selbst. Erst in seiner Humanität bewährt er sich als Mensch.

Doch *wo* kann der Mensch seine Menschlichkeit und also sich selbst finden? *Was* macht den Menschen menschlich? *Welcher Bestimmung* muß ich entsprechen, um ein menschlicher Mensch zu sein oder doch zu werden?

Die folgenden Überlegungen wollen auf diese Frage eingehen, indem sie auf die reformatorische Grundeinsicht in die Wahrheit des Menschseins zurückkommen. Reformatorische Grundeinsichten sind aber ihrem Selbstverständnis nach ihrerseits Erkenntnisse, die auf äl-

---

[9] *J. W. von Goethe*, Faust I. Prolog im Himmel, V. 285 f., Goethes Werke, hg. im Auftrag der Großherzogin Sophie von Sachsen, 1. Abt., Bd. 14, 1887 (Nachdruck 1975), 21.

tere und ursprünglichere Einsicht zurückgehen: nämlich auf die Einsicht, die die biblischen Texte vermitteln. Biblische Texte sind nun allerdings keine abstrakten Informations- oder Erkenntnisquellen. Sie vermitteln ihre Einsichten nur, indem sie einen Menschen oder eine Gemeinschaft von Menschen *anreden* und kraft dieser Anrede *zur Einsicht bringen*. Wir werden diese hermeneutische Eigenart, also den Anredecharakter der biblischen Texte, in Erinnerung behalten müssen, wenn wir uns nun auf den Weg machen, um eine Antwort auf die Frage zu suchen, was das eigentlich ist: ein menschlicher Mensch. Denn ein Teil der gesuchten Antwort meldet sich bereits in der hermeneutischen Eigenart der biblischen Texte, Menschen auf sich selbst anzusprechen.

Allerdings sprechen biblische Texte den Menschen nicht auf sich selbst an, ohne ihn zugleich auf etwas anderes anzusprechen. Auch das ist für das rechte Verständnis der Menschlichkeit des Menschen bereits ein entscheidender Wink. Erst wenn das menschliche Ich nicht nur auf sich selbst, sondern vielmehr so angeredet wird, daß es zugleich auf etwas außer ihm angesprochen wird, ist wirklich von ihm selbst die Rede. Der menschliche Mensch ist auf mehr und auf anderes als nur auf sich selbst ansprechbar. Ja, die biblischen Texte sprechen, indem sie zum Verkündigungstext werden, dem angesprochenen Menschen sein wahres Sein, das Sein des neuen, menschlichen Menschen allererst zu.

Damit haben wir uns von der formalen hermeneutischen Eigenart biblischer Texte her nun aber bereits der materialen theologischen Auskunft genähert, an die die reformatorische Grundeinsicht über den Menschen im Rückgang auf die Bibel erinnert. Was der Mensch in Wahrheit ist, entscheidet nicht der Mensch. Der Mensch definiert sich nicht selbst. Er ist vielmehr, wie Luther behauptet hatte, durch Gottes rechtfertigendes Handeln und durch den diesem Handeln Gottes entsprechenden Glauben definiert.

Daß der Mensch durch die Rechtfertigung allein aus Glauben und nicht durch die Werke des Gesetzes definiert ist, besagt zunächst, daß der Mensch allererst dadurch ein Mensch wird, daß er sich von Gott und damit unwiderruflich als Mensch *anerkannt* weiß. Dabei ist entscheidend, daß der Mensch für seine unwiderrufliche Anerkennung weder etwas tun muß noch etwas tun kann. In dem Willen, sich selber definitive Anerkennung zu verschaffen, steckt vielmehr bereits die Möglichkeit, seinem eigenen Wesen zu widersprechen und also seine Menschlichkeit zu verwirken. Ich will das kurz erläutern.

6. Der glaubende Mensch

Der auf Anerkennung angewiesene – und eben deshalb darauf bedachte – Mensch existiert in einem Geflecht von Beziehungen, durch die er *bei anderem Seienden* erscheint und dort, außerhalb seiner selbst, zu sich selbst kommt. Es ist dem Menschen wesentlich, in Relation zu anderen Menschen und in Relation zu Gott zu existieren. Denn nach Anerkennung verlangt nur, wem es wesentlich ist, vor einem anderen zu erscheinen. Der Mensch ist wesentlich Mensch vor ... beziehungsweise Mensch in Beziehung zu ... Er ist wesentlich Mensch vor Gott (coram deo) und Mensch vor dem Forum der Welt (coram mundo). Mag er auch als Atheist die Existenz eines *göttlichen* Forums bestreiten, so ist doch seine Existenz unbestreitbar darauf angelegt, sich auf andere zu beziehen und sich vor anderen Anerkennung zu verschaffen. Nur insofern weiß er sich dann auch zur *Verantwortung* gezogen.

Der menschliche Mensch ist folglich auf jeden Fall das Gegenteil eines beziehungslosen, eines verhältnislosen Wesens. Er ist vielmehr ein ausgesprochen beziehungsreiches, ein komplex relationales Wesen. In praedicamento relationis ist nach Luther das Wesen des Menschen auszusagen. Gerade diese seine Menschlichkeit konstituierenden Verhältnisse droht das Ich nun aber zu zerstören, wenn es sich selber Anerkennung verschaffen will. Es bezieht sich dann nämlich in allem, was es tut, auf sich selbst zurück und wird rücksichtslos gegenüber dem Anderen, auf den es sich doch gerade bezieht. Der Mensch wird, seine eigene Anerkennung ins Werk setzend, inmitten seines ihm gewährten Beziehungsreichtums zum homo incurvatus in se. Indem er seine eigene Gerechtigkeit und also seine eigene Anerkennung ins Werk setzt, verwirkt er seine Humanität, verfehlt er seine Bestimmung. Denn es gehört zur Verfehlung der Bestimmung des Menschen, wenn er den Beziehungsreichtum seines Wesens dazu mißbraucht, sich in allen Relationen rücksichtslos selbst zu verwirklichen und sich so selber seine Anerkennung zu verschaffen. Dabei ist keineswegs nur an gesellschaftliche Machtpositionen, an emanzipatorischen Lustgewinn und dergleichen zu denken. Auch moralischer Rigorismus kann eine Variante rücksichtsloser Selbstverwirklichung sein. Es gibt durchaus so etwas wie die Diktatur rücksichtsloser moralischer Egozentrik. Rücksichtslose Selbstverwirklichung beschädigt aber immer den Beziehungsreichtum, in dem der Mensch wahrer Mensch ist. Wenn ich mich in allen Lebensverhältnissen rücksichtslos selbst verwirkliche, dann dränge ich nolens volens in die Verhältnislosigkeit. Und da, wo die menschliche Existenz verhältnislos wird, wo die Beziehungen verwirkt werden, beginnt – mitten im Leben – die Herrschaft des Todes. Denn im Tod ereignet sich vollendete Verhältnislosigkeit[10].

Der neuzeitliche Mensch versteht sich allerdings anders. Er begreift Selbstverwirklichung als sein Privileg. Und er versteht sich gerade darin, daß er wirkend über sich selber entscheidet, als der menschliche Mensch. Ich will darauf mit einer wenigstens groben Skizze des Selbstverständnisses des modernen Menschen eingehen, um dieses sodann mit dem reformatorischen Verständnis des Menschen als einer von ihren Werken zu unterscheidenden Person in ein kritisches Gespräch zu bringen.

III

1. »Der Mensch? Wo ist er her? / Zu schlecht für einen Gott; zu gut fürs Ungefähr.«[11] Dieser nicht ohne Witz formulierte Zweizeiler aus der Feder Gotthold Ephraim Lessings könnte als Überschrift über dem Selbstverständnis des neuzeitlichen Menschen stehen. Die modernen Wissenschaften vom Menschen sind sich darin einig, daß sich nicht definitiv sagen läßt, was das eigentlich ist: der Mensch. Der Mensch gilt als das undefinierbare Wesen.

Das war nicht immer so. Als undefinierbar galt früheren Zeiten nicht der Mensch, sondern Gott. Deus definiri nequit. Über den Menschen hingegen wußten frühere Zeiten sehr genau zu sagen, was sein Wesen ist: ein vernunftbegabtes Tier, ein animal rationale zum Beispiel, aber auch ein politisches Lebewesen, ein ζῷον πολιτικόν. Die modernen Wissenschaften vom Menschen bestreiten solche Auskünfte nicht. Aber sie bestreiten, daß mit solchen Auskünften der *ganze* Mensch beschrieben ist. Der *ganze* Mensch ist wissenschaftlich unzugänglich geworden. En detail wissen wir über den Menschen viel, sehr viel und mitunter mehr als uns lieb ist. Aber der *ganze* Mensch ist dem neuzeitlichen Denken in jeder Hinsicht eine fragwürdige Größe geworden. Mehr als bloß ein Produkt des Zufalls und doch ohne jede höhere Notwendigkeit – so ist er da und so ist er menschlich. Lessing hat es in seinem pointierten Zweizeiler vorweggenommen, was die Humanwissenschaften auf ihre Weise buchstabieren: »Der Mensch? Wo ist er her? / Zu schlecht für einen Gott; zu gut fürs Ungefähr.«

---

[10] Vgl. *E. Jüngel*, Tod (ThTh 8, 1971), 1985³ (GTB 339), 145 ff.
[11] *G. E. Lessing*, Die Religion, Werke I, hg. von H. G. Göpfert, 1970, 169–181, 171.

6. Der glaubende Mensch

Lessing hat bereits hinter die beiden Wörter »der Mensch« ein Fragezeichen gesetzt. Mit Bedacht. Man kann zwar hinter jedes Wort ein Fragezeichen setzen. Aber nirgends scheint es angebrachter zu sein und nirgends scheint es unwiderruflicher zu stehen als hinter dem Menschen. Dieses Lebewesen *kann* nicht nur fragen, sondern es ist sich selbst eine, ja die Frage schlechthin. »Gerade Er, der Mensch, treibt mich zur letzten verzweiflungsvollen Frage: warum ist überhaupt etwas? warum ist nicht nichts?«[12], hatte Schelling im Ausgang der großen kritischen Philosophie formuliert. Die zur selben Zeit aufblühenden anthropologischen Fachwissenschaften bestätigen diese radikale Fraglichkeit des Menschseins. Nicht zufällig treten diese sogenannten Humanwissenschaften im Plural auf. Sie zeigen schon auf diese Weise an, daß es keine Gesamtwissenschaft vom Menschen gibt. In ihrer mehr oder weniger disparaten Pluralität indizieren sie, daß eine Definition des *ganzen* Menschen unmöglich geworden zu sein scheint. Der Zuwachs an spezieller Erkenntnis über den Menschen ist zwar enorm. Die Frage nach dem Menschen selbst jedoch – wer oder was ist er denn? – diese Frage bleibt unbeantwortet: Es sei denn, man wolle die vielen positiven Erkenntnisse mehr besagen lassen als sie zu sagen vermögen. Für die fachwissenschaftliche Anthropologie ist er »ein Wesen, das uns nach Herkunft und Bestimmung gleichermaßen dunkel ist«[13]. »Läßt sich«, so fragt Plessner mit Recht, »ein [solches] Wesen ... abschließend bestimmen?« Es scheint, als sei der neuzeitliche Mensch auch hinsichtlich seiner Unbestimmbarkeit an die Stelle Gottes getreten. Homo definiri nequit – sagt der sich in seinen Wissenschaften selber erforschende und verstehende Mensch.

Die neuzeitliche Behauptung der Nichtdefinierbarkeit des Menschen, das neuzeitliche Selbstverständnis des Menschen als eines Ich, das nicht nur Fragen hat, sondern sich selber eine Frage ist, auf die er die Antwort nicht kennt, hängt nun jedoch auf das engste zusammen mit der hohen Bedeutung, die die menschliche Tat, das menschliche Handeln, das menschliche Werk für das Selbstverständnis des modernen Menschen gewonnen hat. Der neuzeitliche Mensch versteht sich – sowohl im idealistischen wie materialistischen, im existentialistischen wie im positivistischen Selbstverständnis – durchweg als *handelndes Subjekt*. Handelnd gewinnt er seine *Freiheit*, handelnd, wirkend, ar-

---

[12] F. W. J. *Schelling*, Philosophie der Offenbarung, Sämtliche Werke, 2. Abt., Bd. 3, hg. von K. F. A. Schelling, 1858, 7.

[13] H. *Plessner*, Art. Anthropologie II. Philosophisch, RGG³ I, 410–414, 411.

beitend wird er sowohl im ökonomischen wie im moralischen Sinn *Herr seiner selbst*. Das ist das mitunter verschwiegene, in der Regel aber deutlich ausgesprochene neuzeitliche Ideal des menschlichen Menschen, Herr seiner selbst zu werden, und zwar durch seine eigene Tat.

Der Nichtdefinierbarkeit – und das heißt ja: der logischen Uneingrenzbarkeit – des menschlichen Wesens entspricht das allerdings sehr genau. Denn in seinem Tun geht der Mensch ja immer über sich selbst hinaus, übersteigt er seine bisherigen Grenzen. Und je schöpferischer, je kreativer sein Handeln ist, um so mehr erweitert er nicht nur seinen Horizont, sondern eben auch sein eigenes Sein. Wenn es wahr ist, daß der Mensch sich in seinem Wirken – wie man heute zu sagen pflegt – selber *verwirklicht*, dann ist die Wirklichkeit des Menschen in der Tat undefinierbar. Denn mit jeder produktiven neuen Tat schreitet er über sich selber hinweg. Wie aber soll man angeben können, was der ganze Mensch, was das ganze ungeteilte menschliche Dasein ist, wenn sich der Mensch nicht definieren läßt? Ich möchte zunächst daran erinnern, wie sehr das Selbstverständnis des Menschen als *Täter* sich unser Verhältnis zur *Welt*, auf das *Weltverhältnis* des Menschen auswirkt, um erst dann auf das Verhältnis einzugehen, das jeder Mensch zu sich selbst hat und das über ihn entscheidet.

2. In geradezu atemberaubender Weise hat der *neuzeitliche* Mensch, der Mensch der Technik und der autonomen Moral, entdeckt und erfahren, daß er durch sein Handeln immer mehr nicht nur zum *Maß aller Dinge*, sondern mehr noch: geradezu zur *entscheidenden Instanz* aller Dinge geworden ist. Der Mensch *entscheidet*, was aus der Welt wird. Daß »wir uns zu Herren und Besitzern der Natur machen können«[14], ist nach einer berühmten Formulierung von Descartes geradezu das Ziel der von ihm geforderten neuen praktischen (im Gegensatz zur spekulativen!) Philosophie. Früher, in Antike und Mittelalter, wäre ein solcher Satz ein hybrider Satz gewesen. Heute scheint er unausweichlich. Ich will zunächst das relative Recht dieses Satzes ins rechte Licht rücken, um hernach das Unrecht zu erläutern, das in ihm lauert. Das relative Recht, den Menschen als *Entscheidungsinstanz* zu begreifen, besteht im *Verhältnis des Menschen zur Welt*, während sofort eine verhängnisvolle Fehlorientierung entsteht, wenn der tätige

---

[14] *R. Descartes*, Discours de la Méthode. 1637, VI, 2, hg. von L. Gäbe (PhB 261), 1960, 100.

Mensch sich auch *im Verhältnis zu sich selbst* als *entscheidendes Subjekt* versteht.

Für sein Verhältnis zur Welt gilt der biblische Auftrag zum dominium terrae: Machet Euch die Erde untertan (Gen 1,28). Wir haben das getan. Und im Unterschied zur alten Welt, in der homo faber ja ebenfalls am Werke war, hat der neuzeitliche Mensch die Welt nicht nur hier und da, nicht nur partiell, sondern *prinzipiell* zum Gegenstand seines Wirkens gemacht. Die Welt ist insgesamt zum Material seiner Wirksamkeit geworden. Unsere Welt wird immer konsequenter und immer intensiver zur *technischen* Welt – und das heißt zum *menschlichen Werk.* Natürliche Welt und künstliche Welt haben einander bereits so sehr durchdrungen, daß selbst die »Natur« nur noch durch Kunst, durch τέχνη und also durch menschliche Werke in ihrer Natürlichkeit bewahrt werden kann. »Natur« wird immer mehr zu einer Natur von unseren Gnaden, zu einem Reservat oder auch Gegengewicht, das sich der technisch wirkende Mensch selber schafft. Natur wird immer mehr, wenn nicht zum Produkt, so doch zur künstlich erhaltenen oder restaurierten Oase einer sich selbst begrenzenden Technik.

Ich stelle das fest, ohne es zu beklagen. Ich halte also die heute aufgrund der ökologischen Krise und der unbestreitbaren Umwelt-Problematik immer häufiger zu hörende Forderung, der biblische Auftrag an den Menschen, sich die Erde untertan zu machen, müsse angesichts seiner problematischen Folgen – der »gnadenlosen Folgen des Christentums«[15]! – zurückgenommen werden, für falsch. Es gibt keinen Weg zurück von der Unterwerfung der Natur unter die Macht des Menschen zur Unterwerfung des Menschen unter die Macht der Natur. Es gibt nur die Möglichkeit einer sinnvollen Selbstbegrenzung menschlicher Machtausübung. Aber auch jeder Akt solcher Selbstbegrenzung kann wiederum nur als ein Akt – nun allerdings sich selbst *verantwortender* – Machtausübung des Menschen geschehen. Der Mensch wird weiterhin über die Erde *herrschen* müssen, wenn diese unsere Heimat bleiben oder wieder werden soll. Ohne das *dominium terrae* wird es keine befriedete Erde geben. Die pauschale und abstrakte Diskreditierung der Begriffe Herrschaft, Leistung, Fortschritt usw. ist eine Fehlreaktion auf eine allerdings gefährliche Fehlentwicklung unseres Herrschens, unserer Leistungen und Fortschritte. Doch die-

---

[15] C. Améry, Das Ende der Vorsehung. Die gnadenlosen Folgen des Christentums, 1972.

ser Fehlentwicklung wird man nicht durch Resignation, nicht durch Verzicht auf das dominium terrae Herr, sondern allein dann, wenn wir die Herrschaft über die Erde so auszuüben lernen, daß wir dabei die Herrschaft selber zu beherrschen lernen. Rücksichtslose Herrschaft macht aus der beherrschten Welt ein imperium des Menschen. Rücksichtsvolle Herrschaft, sich selbst beherrschende Herrschaft hingegen macht aus der Welt ein dominium. Und genau das muß der *tätige* Mensch wieder lernen, wenn seine Taten nicht als Untaten in die Geschichte eingehen sollen. Wir müssen es lernen, das Herrschen zu beherrschen und *so* zu herrschen, daß aus imperium dominium wird. Wir können also dem neuzeitlichen Selbstverständnis des Menschen als eines Handelnden, als eines Wirkenden, als *des Werkmeisters* im Blick auf sein Verhältnis *zur Welt* nicht widersprechen, ohne mit dieser seiner Herrschaftsfunktion zugleich auch das Dasein der Welt in Frage zu stellen. Nachdem wir einmal – im Guten und im Bösen – so weit vorangeschritten sind in der Kunst, die Welt zu beherrschen, ist jeder Rückschritt zumindest ebenso existenzgefährdend wie ein Fortschritt in die falsche Richtung.

3. Doch was im Blick auf das Verhältnis *zur Welt* seine Richtigkeit haben mag, das ist nun im Blick auf das Verhältnis des Menschen *zu sich selbst* ganz und gar nicht richtig. Daß der Mensch wesentlich handelndes, tätiges, wirkendes Subjekt ist, das gilt im Blick auf unser eigenes Dasein nur in einem eingeschränkten, nur in einem ausgesprochen sekundären Sinn. Genau das aber hat der neuzeitliche Mensch aus dem Blick verloren. Er versteht sich auch in seinem Selbstverständnis ganz und gar nach dem Modell seines Weltverhältnisses: nämlich als ein durch seine Tat über sich selbst entscheidendes Subjekt – bis hin zur Tat der Verneinung menschlichen Lebens. Bei Giambattista Vico wird das Verständnis des Menschen als des schöpferischen Subjektes noch auf sein Verhältnis zum »mondo civile« oder »mondo delle nazioni« beschränkt, so daß der Mensch im Verhältnis zur geschichtlichen Welt in ähnlicher – aber nur eben analoger – Weise schöpferisch ist wie Gott im Verhältnis zum »mondo naturale«[16]. Als Kriterium des Wahren (und also des Erkennens) gilt nach Vico, es selbst gemacht zu haben: »veri criterium est idipsum fecisse« – wobei in Gott, weil er der »primus factor« ist, das »primum verum« seinen Ort hat[17]. Das

---

[16] G. Vico, La Scienza Nuova Seconda, hg. von F. Nicolini, 1953⁴, § 331.

[17] G. Vico, De Antiquissima Italorum Sapientia, c. 1, Opere di Giambattista Vico Vol. I, ed. Orazioni Accademiche di Giambattista Vico di F. S. Pomodoro, Na-

6. Der glaubende Mensch

Verständnis des Menschen als eines schöpferischen Subjekts blieb jedoch nicht auf sein Verhältnis zum »mondo civile« beschränkt. »Ohne Rücksicht auf Vicos fromme Wissenschaft und die theologische Prämisse seines Prinzips wurde der Grundsatz von der Reziprozität des Wahren und des Gemachten in der Folge immer mehr in einer Weise betont und zur Geltung gebracht, die den Menschen als *homo faber* zum Herrn der Natur und damit zugleich der Geschichte macht; denn die Herrschaft über die natürliche Umwelt befähigt ihn, auch seine Mitwelt anders zu machen. Der ›mondo civile‹ ist so wenig von dem ›mondo naturale‹ getrennt, wie dieser von der modernen Naturwissenschaft, deren technische Fortschritte nicht zuletzt die Welt des Menschen verändern.«[18] Folgt man gar Kants Behauptung, »nur das, was wir selbst *machen* können, verstehen wir aus dem Grunde«[19], auch im Blick auf das Verhältnis des Menschen zu sich selbst, so kann der Mensch sich nur dann »aus dem Grunde« verstehen, wenn er sich selbst gemacht hat. In diesem Sinne lobt Marx an Hegel, daß er »die Selbsterzeugung des Menschen als einen Prozeß faßt«[20] – nur daß eben dieser Prozeß nach Marx als der der Arbeit zu begreifen ist: Arbeitend kommt der Mensch, wenn er auch noch die Entfremdung des Arbeitsprozesses im Kapitalismus überwindet, zu sich selbst. Die existentialistische Philosophie variiert denselben Gedanken, dessen präzise Fassung nun lautet: »Ich bin meine Tat.«

An genau dieser Stelle greift die reformatorische Unterscheidung von Person und Werk in das Selbstverständnis des neuzeitlichen Menschen korrigierend ein. Wir haben deshalb nun genauer auf die Bedeutung dieser Unterscheidung zu achten.

---

poli 1858, unveränderter fotomechanischer Nachdruck der Originalausgabe, Zentralantiquariat der Deutschen Demokratischen Republik, 1970, 74; vgl. auch 72: »*Verum* esse ipsum factum, ac proinde in Deo esse primum verum, quia Deus primus factor« und 78: »veri criterium ac regulam ipsum esse fecisse«. Zum Problem vgl. *K. Löwith*, Vicos Grundsatz: verum et factum convertuntur. Seine theologische Prämisse und deren säkulare Konsequenzen (SHAW.PH 1968, 1. Abh.).

[18] *K. Löwith*, Vicos Grundsatz, 19.

[19] *I. Kant*, Brief an Johann Pflücker vom 26.1.1776, in: *ders.*, Kant's Briefwechsel III, 1795–1803, Kant's gesammelte Schriften, hg. von der Königlich Preußischen Akademie der Wissenschaften XII, 1922², 57.

[20] *K. Marx*, Zur Kritik der Nationalökonomie – Ökonomisch-Philosophische Manuskripte (1844), in: *ders.*, Frühe Schriften, hg. von H.-J. Lieber und P. Furth, (Karl Marx, Werke-Schriften-Briefe I), 1962, 645.

6.2 Der menschliche Mensch

IV

Es gehört zu den reformatorischen Grundeinsichten Martin Luthers, daß die menschliche Person nicht durch ihre Taten, sondern vielmehr unter präzisem Ausschluß menschlicher Selbstverwirklichung konstituiert wird. »opus non facit personam, sed persona facit opus: das Werk, das ich tue, macht die Person nicht zu der Person, die ich bin; sondern die Person, die ich bin, macht das Werk« – behauptet der ältere Luther in einer Disputation von 1537[21]. Luther widerspricht damit einer wirkungsgeschichtlich mächtigen Tradition, die bereits von Aristoteles klassisch formuliert wurde, aber erst in der Neuzeit zu fast uneingeschränkter Geltung gelangt ist. Der reformatorische Widerspruch gegen diese Tradition findet sich schon beim jungen Luther. In der *Disputation gegen die scholastische Theologie* (1517) hatte er den Widerspruch mit äußerster Schärfe zum Ausdruck gebracht. »Non ›efficimur iusti iusta operando‹, sed iusti facti operamur iusta: Nicht ›dadurch werden wir gerecht, daß wir das Rechte tun‹, sondern als Gerechtfertigte (als gerecht gemachte Menschen) tun wir das Rechte.«[22] Im Jahr zuvor hatte Luther in einem Brief an Spalatin die Autorität beim Namen genannt, gegen deren These sich seine Antithese richtet: »Non enim, ut Aristoteles putat, iusta agendo iusti efficimur, nisi simulatorie, sed iusti (ut sic dixerim) fiendo et essendo operamur iusta. Prius necesse est personam esse mutatam, deinde opera: Denn wir werden nicht, wie Aristoteles meint, dadurch gerecht, daß wir das Rechte tun, es sei denn auf heuchlerische Weise, sondern dadurch, daß wir (sozusagen) Gerechte werden und sind, tun wir das Rechte.«[23]

Die These, der Luther widerspricht, steht in der Nikomachischen Ethik des Aristoteles: »... τὰ μὲν δίκαια πράττοντες δίκαιοι γινόμεθα ...«[24] Sie formuliert eine geläufige Meinung, deren Plausibilität zu bestreiten so ohne weiteres denn auch niemandem einfallen dürfte. Scheint es doch auf der Hand zu liegen, daß wir das sind, was wir aus uns machen. Luther hat denn auch nicht bestritten, daß »in foro philosophico et mundo« die aristotelische These plausibel

---

[21] *M. Luther*, Zirkulardisputation de veste nuptiali. 1537, WA 39/I, 283,9.

[22] *M. Luther*, Disputatio contra scholasticam theologiam. 1517, WA 1, 226,8 = BoA V, 323,16.

[23] *M. Luther*, Brief an Spalatin vom 19. Oktober 1516, WA.B 1, 70,29–31 = BoA VI, 2,29–32.

[24] *Aristoteles*, Nikomachische Ethik B, 1103a 34–b 1.

erscheint[25]. Was er allerdings bestreitet, ist dies, daß das *wahre* Sein der menschlichen Person vor irgendeinem weltlichen Forum überhaupt freigelegt und festgestellt werden kann. Was für ein Mensch ich in Wahrheit bin, darüber kann keine weltliche Instanz entscheiden. Darüber kann nicht einmal ich selbst entscheiden. Das Urteil über das Sein der Person ist allen irdischen Personen und Instanzen entzogen. Denn über das Sein der Person kann kompetent nur derjenige urteilen, der die Person zur Person macht. Und das ist Gott allein. So plausibel es also ist, daß der Mensch, daß die menschliche Person aus sich etwas machen kann, so sehr ist doch zu bestreiten, daß die Person sich machen, daß sie sich selbst konstituieren kann. Was die menschliche Person aus sich macht, ist etwas anderes als das, was die Person zur Person macht. Deshalb gelten die Plausibilitäten weltlicher Urteilskraft, der gemäß der Mensch das ist, was er aus sich macht, gerade nicht, wenn das Personsein selbst zur Entscheidung steht. Wenn das Personsein selbst zur Entscheidung steht, wenn also zur Entscheidung steht, was den Menschen menschlich macht, urteilt allein der Schöpfer der Person kompetent. Und mit dem Begriff des Schöpfers ist bereits verneint, daß die menschliche Person sich selber konstituieren, daß sie sich selber machen kann. In den Augen anderer Menschen mag ich zwar das sein, was ich aus mir mache oder gemacht habe. Sogar mir selbst mag ich als Produkt meiner Taten erscheinen. Doch vor Gott bin ich schlechterdings nicht in der Lage, etwas aus mir zu machen. Deshalb fügt Luther dem Satz, mit dem er den Plausibilitäten weltlicher Urteilskraft ihr Recht einräumt, schroff hinzu: »... sed non sic fit apud Deum: aber so geschieht es nicht bei Gott.«[26]

Die schroffe Hinzufügung richtet sich freilich nicht *gegen* den Menschen. Daß es *bei Gott* anders zugeht als nach den Kriterien weltlicher Urteilskraft, hängt nach Luther vielmehr damit zusammen, daß der Mensch *im Zusammenhang der Welt* der Ambivalenz ausgesetzt bleibt, menschlich *oder* unmenschlich zu sein, mithin die Wahrheit seines Seins zu finden oder zu verfehlen. Aus dieser Ambivalenz vermag der Mensch selbst nicht herauszukommen. Er vermag von sich aus nicht zur Eindeutigkeit seines Seins zu gelangen. Vielmehr ist die Ambivalenz, der der menschliche Zugriff auf sich selbst ausgesetzt ist, Ausdruck dafür, daß die menschliche Person sich selber *entfremdet*

---

[25] *M. Luther*, Zirkulardisputation de veste nuptiali, WA 39/I, 282,10: »Haec valent in foro philosophico et mundo ...«

[26] AaO. 282,10 f.

6.2 Der menschliche Mensch

ist, daß sie – wie Luther mit der Tradition formuliert – eine »natura corrupta« ist[27], daß wir – in biblischer Sprache ausgedrückt – *Sünder* sind. Insofern tut es der menschlichen Person *gut,* daß sie über ihr Personsein nicht selber verfügen kann. Der Mensch ist sich *zu seinem eigenen Besten* selber entzogen.

Luther hat diesen Sachverhalt allerdings nicht im Zusammenhang des Schöpfungsartikels, sondern im Zusammenhang des Rechtfertigungsartikels verhandelt. Darauf deutet bereits die Antithese zu dem aristotelischen Satz hin, daß wir gerecht werden, indem wir das Rechte tun. Die Verhandlung der Frage nach dem wahren Sein des Menschen im Zusammenhang der Rechtfertigungslehre verrät einen ausgeprägten Realitätssinn. Denn zur Wirklichkeit des Menschen gehört nun einmal dessen Bestreben, sich selbst zu verwirklichen und also durch sein eigenes Wirken über sein eigenes Sein zu entscheiden. Es ist – biblisch ausgedrückt – die den gesamten Lebenszusammenhang des Menschen qualifizierende Wirklichkeit der Sünde, die den Menschen nicht etwa nur *schlecht* macht – das wäre das moralistische Mißverständnis der Sünde! –, sondern die den Menschen der Illusion aussetzt, sich selber gut machen zu können. Dieser Illusion setzt der Rechtfertigungsartikel die Wahrheit entgegen, »daß die Person ... von Gott gemacht worden ist«. Luther fügt hinzu: »durch Glauben«[28]. Die Hinzufügung »durch Glauben« darf aber nicht dahin mißverstanden werden, daß der Mensch sein Personsein doch noch durch seine eigene Tat oder Leistung, nun also durch die Tat oder Leistung seines Glaubens, konstituiert. Glaube ist nach Luther vielmehr die elementare Unterbrechung des Tat- und Leistungszusammenhanges unseres Lebens. Im Glauben verläßt sich der Mensch vielmehr ganz auf Gottes Tat beziehungsweise auf Gottes schöpferisches Tatwort. Und eben diesem schöpferischen Tatwort Gottes verdankt sich die menschliche Person. Der Glaube fügt dem nichts hinzu, sondern er gibt der Wahrheit Gottes die Ehre. Insofern kann Luther auch in äußerster Kürze und Prägnanz sagen: »Fides facit personam: der Glaube konstituiert die Person.«[29] Der Glaube macht die Person zur Person, weil der Glaube eben (zunächst) gar nichts anderes macht, als Gott wirken zu las-

---

[27] AaO. 282,27 f.
[28] AaO. 283,13–16: »Paulus igitur quaerit, unde habeamus personam. Hic respondet Iudaeus et papa: Ex fructu, fac hoc et hoc, et eris persona sancta et iusta. Jha hinter sich. Sed Paulus negat et dicit, quod persona sit facta per fidem a Deo ...«
[29] AaO. 283,1.

sen. Insofern versetzt der Glaube den Menschen aus der Ambivalenz seines durch sein eigenes Wirken bestimmten Seins in die Eindeutigkeit seines wahren Seins bei Gott. Luther hat dieses ponere nos extra nos am Ende seines Traktates über die Freiheit eines Christenmenschen so formuliert: »das eyn Christen mensch lebt nit ynn yhm selb, sondern ynn Christo und seynem nehstenn, ynn Christo durch den glauben, ym nehsten durch die liebe: durch den glauben feret er uber sich yn gott, auß gott feret er widder unter sich durch die liebe, und bleybt doch ymmer ynn gott und gottlicher liebe.«[30] So, außerhalb seiner selbst, ist und bleibt er »eyn freyer herr über alle ding und niemandt unterthan«[31].

V

1. Ein freier Herr über alle Dinge und niemandem untertan meint der neuzeitliche Mensch nun allerdings gerade dadurch zu werden, daß er von sich selber Besitz ergreift. In dieser Hinsicht widerspricht die reformatorische Auslegung des Evangeliums von der Rechtfertigung des Sünders dem neuzeitlichen Selbstverständnis des Menschen genauso kompromißlos wie dem aristotelischen Satz, daß der Mensch ein rechter und also menschlicher Mensch wird, indem er das Rechte tut. Genaugenommen richtet sich der Widerspruch sogar gegen das konkrete existentielle Selbstverständnis eines jeden Menschen und nicht nur gegen eine allgemeine und deshalb einigermaßen billig in Frage zu stellende menschliche Selbstauslegung. Die *theologische* Auseinandersetzung mit bestimmten neuzeitlichen Philosophemen hat insofern ihre Spitze in der den Menschen unmittelbar auf sich selbst ansprechenden *Verkündigung* des Evangeliums. Wenn die Theologie gleichwohl nicht selber nahtlos in Verkündigung übergeht, dann deshalb, weil sie dem begründenden *modus loquendi* wissenschaftlicher Argumentation verhaftet ist. Doch damit entfernt sie sich nicht von dem Genus kerygmatischer Rede. Die Theologie hat vielmehr in der Verkündigung ihr Ziel. Das Praktischwerden-können ist – um mit dem Grafen Yorck zu reden – der Realgrund nicht nur der Wissenschaft überhaupt, sondern in ganz besonderem Sinne der theologischen Wissenschaft[32]. Man hat sich also nicht verhört, wenn man in

---

[30] M. *Luther*, Von der Freiheit eines Christenmenschen. 1520, WA 7, 38,6–10 = BoA II, 27,18–22.

[31] AaO. WA 7, 211 f. = BoA II, 11,6 f.

[32] Vgl.: Briefwechsel zwischen W. Dilthey und dem Grafen P. Yorck von War-

den folgenden eher abstrakten Überlegungen gleichwohl eine Nachbarschaft zur Verkündigung wahrnehmen zu müssen meint. Für den Theologen gilt – hoffentlich! – nicht weniger, was der Apostel von sich selbst zu sagen für angemessen erachtet hat: »Ich schäme mich des Evangeliums nicht« (Röm 1,16). Es ist schließlich das Evangelium von der Rechtfertigung des Sünders allein aus Glauben ohne des Gesetzes Werke, das die Auffassung, der Mensch könne sich durch sein eigenes Tun als Person konstituieren und er könne dadurch, daß er von sich selber Besitz ergreift, zu einem freien Menschen werden, als Lebenslüge kennzeichnet (Röm 3,4).

2. Der kerygmatische Widerspruch soll theologisch am *Besitzgedanken* verdeutlicht werden. Daß der Mensch durch sein Tun, durch seine Werke den notwendigen Besitz erwerben will, den er zum Leben braucht, ist dabei nicht umstritten. Alle ernsthaften philosophischen und theologischen Theorien sind sich darin einig, daß der Mensch etwas *haben* muß, um menschlich leben zu können. Kontroversen gibt es hier höchstens um das Mehr oder Weniger und um das Wie. Unbestreitbar ist jedoch, daß der Mensch nicht zuwenig haben soll: lieber etwas mehr als nicht genug.

Theologisch problematisch wird das menschliche Besitzstreben erst, wenn der Mensch nicht nur etwas – und sei es denn viel –, sondern sich selbst besitzen will. Und genau das will der neuzeitliche Mensch. Sein Ideal ist die Selbsthabe, ist der vollendete Selbstbesitz. Er erweist sich mit diesem Ideal als Erbe der metaphysischen Tradition, die das Sein der geistigen Individualität im Modell des Habens oder Besitzens zu begreifen versuchte und dementsprechend das Sein Gottes als vollkommenen Selbstbesitz (possessio sui) dachte. Auch in dieser Hinsicht scheint der neuzeitliche Mensch an die Stelle Gottes getreten zu sein. Ich begnüge mich mit zwei Belegen.

In unseren Tagen hat Ernst Bloch seine *Tübinger Einleitung in die Philosophie* mit den monumentalen Sätzen begonnen: »Ich bin. Aber ich habe mich nicht. Darum werden wir erst.«[33] Der Wechsel von der ersten Person Singular – »Ich bin. Aber ich habe mich nicht« – zur ersten Person Plural – »Darum werden wir erst« – macht deutlich, daß Bloch den Selbstbesitz des Menschen als kollektiven Besitz ver-

---

tenburg 1877–1897, hg. von S. v. d. Schulenburg (Philosophie und Geisteswissenschaften 1), 1923, 42.

[33] *E. Bloch*, Tübinger Einleitung in die Philosophie, Gesamtausgabe XIII, 1970, 13.

steht, der dementsprechend ein durch gemeinschaftliche – klassenkämpferische – Anstrengung zu erreichendes Ideal darstellt. In anderer, ausgesprochen individual-ethischer Orientierung hatte denselben Gedanken bereits Immanuel Kant ausgesprochen. Der *tugendhafte* Mensch, das heißt der durch die moralische Stärke des Willens in Befolgung seiner Pflicht ausgezeichnete Mensch ist nach Kant »allein frei, gesund, reich, ein König u. s.w. und kann weder durch Zufall noch Schicksal einbüßen: weil er sich selbst besitzt ...«[34] Sich selbst besitzt der Mensch, insofern der menschliche Wille sich selber seine Gesetze gibt und sich ihnen unterwirft. Ist doch nach Kant die menschliche »Person keinen anderen Gesetzen als denen, die sie ... sich selbst giebt, unterworfen«[35]. In Befolgung dieser Gesetze, also aufgrund ihres moralischen Tuns oder zumindest doch – nämlich wenn die moralische Tätigkeit unverschuldeterweise verhindert ist – aufgrund ihres guten Willens erwirbt die Person ihre Freiheit, nimmt sie sich selbst in Besitz.

Gegen diese Auffassung hat die theologische Unterscheidung der Person von ihren Werken geltend zu machen, daß schon der Versuch, den Menschen im Modell des Besitzes begreifen zu wollen, in sich fehlorientiert ist. Der Mensch soll *etwas* haben oder besitzen, aber nicht *sich selbst*. Im Blick auf sich selbst ist der Mensch vielmehr besitzlos. Im Glauben verläßt er sich vielmehr, insofern er glaubend über sich hinausfährt und sich in Gott gründet. In der Liebe aber gibt er sich selbst an andere hin, verläßt er sich auf andere Weise also noch einmal. Sich selbst besitzend wäre der Mensch sich selbst der Nächste. Glaubend und liebend hingegen ist er im Verhältnis zu sich selbst »als existierende Transzendenz überschwingend in Möglichkeiten, ein *Wesen der Ferne*«. Und nur durch solche, »ursprüngliche Fernen ... kommt in ihm die wahre Nähe zu den Dingen ins Steigen«[36]. Weil die menschliche Person sich nicht selbst zu konstituieren und deshalb auch nicht sich selbst zu besitzen vermag, ist die Person durch Selbstentfernung gekennzeichnet. Sie lebt von dem sie anredenden schöpferischen Wort Gottes und bezieht sich selbst demgemäß von weit her.

3. Der sich selbst durch sein eigenes Tun in Besitz nehmen wollende Mensch ist hingegen nach reformatorischem Verständnis dem Angriff

---

[34] *I. Kant*, Metaphysik der Sitten, Akademie-Textausgabe VI, 1907, 405.
[35] AaO. 233.
[36] *M. Heidegger*, Vom Wesen des Grundes (1929, 54), in: *ders.*, Wegmarken, 1967, 21–71, 71 = GA I/9, 1976, 123–175, 175.

des Wortes Gottes ausgesetzt. Denn es würde dem Menschen schaden, wenn er sich selbst unangreifbar besitzen würde. Müßte er dann doch zugleich die Summe seiner Taten sein – und von denen dürfte *keine einzige gegen ihn* sprechen. Weil das unmöglich ist, deshalb unterscheidet der Sünden vergebende Gott zwischen unserem Sein als Person und unseren Werken. Und deshalb bringt er diese Unterscheidung dadurch zur Geltung, daß er den Menschen auf sich selbst anspricht. Dabei greift eine weitere, für die Theologie Luthers signifikante Unterscheidung Platz: die Unterscheidung zwischen Gesetz und Evangelium. Beides will recht unterschieden und aufeinander bezogen sein. Ich beschränke mich auf das für unseren Zusammenhang Notwendigste.

4. Der Mensch kann *durch das Gesetz Gottes* auf sich selbst angesprochen und das heißt: Er kann *gefordert* werden. Dann ist der Mensch der Geforderte und hat in der Tat zu handeln. Er ist auf sein Tun angesprochen, auf seine Leistung. Er ist aber ebenso auf sein Versagen angesprochen, auf seine Fehlleistungen, auf seine Schuld, in die der Mensch gerade auch durch sein gerechtes Handeln verstrickt werden kann. Es gibt ja keineswegs nur den Fluch der *bösen* Tat, sondern durchaus auch so etwas wie den Fluch der *guten* Tat, die dann »fortzeugend Böses muß gebären«. Und nun gehört es nach biblischer Auffassung gerade zu den schlimmsten Fehlleistungen des Menschen, daß er sich durch seine guten Taten, durch sein – sei es nur legalistisch, sei es sogar moralisch – gerechtes Handeln selber verwirklichen will. Die heute so uneingeschränkt positiv verwendete Kategorie der Selbstverwirklichung ist also nach biblischem Verständnis eher der Inbegriff von Sünde. Denn *dazu* wird der Mensch durch das Gesetz Gottes gerade nicht gefordert: sich selbst zu verwirklichen. Sich selbst zu verwirklichen heißt: sich Anerkennung verschaffen. Paulus nennt das: seine eigene Gerechtigkeit aufrichten wollen. Man rühmt sich dann seiner gerechten Taten und versteht sich selber als deren Produkt. Wer Gutes tut, *ist* gut, ist eine gute Person. Und umgekehrt: wer Böses tut, *ist* böse, ist eine böse Person. Das Gesetz spricht denn ja auch dementsprechend den gerecht Handelnden gerecht, den Untäter hingegen schuldig. Der Mensch ist nun aufgrund seiner Taten eine anerkannte oder verurteilte Person.

5. Genau an dieser Stelle aber widerspricht das *Evangelium* dem Gesetz, genauer: der Alleinzuständigkeit des Gesetzes. Das Evangelium beschränkt die Funktion des Gesetzes darauf, den Menschen zu for-

dern und sein Handeln (aber eben *nur* sein Handeln, nicht hingegen sein Sein) an den Forderungen des Gesetzes zu messen. Über die *Person*, und das heißt über das Sein des Menschen steht dem Gesetz kein Urteil zu. Denn über unser Sein können unsere Taten nicht entscheiden, weder im Guten noch im Bösen. Über unser Sein entscheidet allein der, der über Sein und Nichtsein entscheidet. Das Evangelium widerspricht deshalb dem Schluß zum Beispiel von den *unmenschlichen* Taten auf das Subjekt solcher Taten als einer *unmenschlichen Person*. Die Kategorie des Unmenschen ist selber eine unmenschliche Kategorie, jedenfalls im Horizont einer vom Evangelium geleiteten Urteilskraft. Denn das Evangelium ist als Vergebung der Sünden die Vollmacht, den Menschen so anzusprechen, daß seine Person von seinen Taten gerade *unterscheidbar* wird. Das Evangelium ist die allen menschlichen Selbstverwirklichungsversuchen zuvorkommende Verheißung, daß der Mensch eine bereits definitiv anerkannte, nämlich von Gott anerkannte Person ist. Alle Versuche, durch Identifikation des Menschen mit seinen Leistungen oder Fehlleistungen darüber zu befinden, wer oder was wir wirklich sind, führen zu einem Mißbrauch des Gesetzes, einem – wenn man so will – *gesetzlichen* Umgang mit dem Gesetz, dem der christliche Glaube einen *evangelischen* Umgang mit dem Gesetz entgegensetzt. Der gesetzliche Umgang mit dem Gesetz macht aus den *Forderungen* des Gesetzes eine ungeheuerliche *Überforderung*. Es *überfordert* den Menschen, wenn er durch seine Taten über sich selbst definitiv entscheiden soll. Das Evangelium widerspricht nicht der Forderung, wohl aber der Überforderung durch das Gesetz, indem es die Rechtfertigung des Sünders und damit die Unterscheidung von Person und Werk proklamiert.

6. Der christliche Glaube steht und fällt also damit, daß er es wagt, trotz des unbestreitbaren Zusammenhanges von Person und Tat in der Person mehr zu sehen als nur einen Täter: nämlich ein menschliches Ich, das von der Anerkennung Gottes lebt. *Das* heißt Rechtfertigung des Sünders. Sie verbietet es, die *beste Tat* ebenso wie die *schlimmste Untat* mit dem Ich zu identifizieren, das sie tat. Wie es vor Gott eben deshalb keinen *Ruhm* gibt, weil Gott sich weigert, den Menschen mit seinen *gelungenen* Leistungen gleichzusetzen, so verwehrt es Gott auch im negativen Fall, die *mißlungene* oder gar *unmenschliche* Tat kategorial so auszuweiten, daß ihr Subjekt mit ihr identifiziert wird. Das Evangelium verbietet das selbst dann, wenn die betroffene Person selber sich mit ihrem Tun so identifiziert, daß sie darin aufzuge-

hen wünscht – was ja bekanntlich bei allen Formen der Selbstgerechtigkeit, aber merkwürdigerweise auch bei nicht wenigen Verbrechern der Fall ist. Das Evangelium spricht den Täter auch dann als eine von ihren Taten unterscheidbare Person an, wenn diese sich selber dafür unansprechbar macht. Denn es hat dem Menschen etwas *Gutes* mitzuteilen, das nicht erst dadurch entsteht, daß man es tut: eben Anerkennung durch Gott. Sie macht die menschliche Person ihren Taten und Leistungen gegenüber zu einem unbedingten »Selbstwert«.

7. Das Gesagte hat Konsequenzen bis in die Dimension des sogenannten Lebensstils hinein. Denn als Person bin ich vor allen eigenen Tätigkeiten zunächst ein Empfangender, und zwar ein Ich, das nicht nur etwas, sondern vor allem sich selbst empfängt. Schon in den elementaren Lebensakten bin ich darauf angewiesen, zu empfangen, *bevor* ich geben und wirken kann. Kein Mensch kann von sich aus sprechen. Er muß zuvor hören und also, bevor er sendet, selber empfangen. Kein Mensch kann von sich aus lieben. Er muß zuvor geliebt werden und also Liebe empfangen. Kein Mensch kann von sich aus vertrauen. Er muß zuvor Vertrauen finden, um dann und daraufhin auch unverkrampft aus sich herauszugehen, sich verlassen, um sich auf jemanden zu verlassen. Und so wird der Mensch denn auch nicht von sich aus – und schon gar nicht durch sein eigenes Tun – menschlich. Der menschliche Mensch ist vielmehr der Mensch, der sich selbst hinzunehmen, der sein Dasein stets neu als eine Gabe zu empfangen vermag. Der menschliche Mensch ist der – nicht mit irgendwelchen Vorzügen, sondern der – mit sich selber begabte Mensch.

Um sich als ein solcher, als ein mit sich selbst begabter Mensch kennenzulernen, muß das unentwegt tätige und wirkende Ich, muß der Leistungsmensch sich allerdings in seinem Tätigsein *elementar unterbrechen* lassen. Und so wie das *einzelne Ich* wird sich auch die menschliche Leistungs*gesellschaft* elementare Unterbrechungen gefallen lassen, durch die wir aus unseren *Aktivitäten* in eine höchst lebendige, höchst intensive, ja höchst *kreative Passivität* versetzt werden. Die Arbeitswoche lebt in einem sehr tiefen Sinn von der Sabbatruhe, von der schöpferischen Ruhe, in der wir aus Habenden und Tätigen schlicht wieder *Seiende* werden: *Seiende*, die sich der unerhörten und immer wieder ins Staunen versetzenden Urtatsache freuen: daß wir überhaupt da und nicht vielmehr nicht sind. Der menschliche Mensch weiß, daß er sich nicht sich selbst verdankt. Eben deshalb wird der menschliche Mensch eine *dankbare* Person sein.

Der Gott *widersprechende* Mensch ist der *undankbare* Mensch, der sich nichts geben lassen, der nichts nehmen will. Er will sich selbst verwirklichen. Deshalb lebt er unter der Diktatur von Imperativen, die er sich teils von anderen geben läßt, teils selber gibt. Doch ihm fehlt die Oase des Indikativs, in der er nichts weiter ist als er selbst – eine menschliche Person, aber eben so eine Gott entsprechende Person. Der Mensch *entspricht* Gott nur dann, wenn er, der unentwegt Wirkende, sich von Gott elementar unterbrechen läßt, um, statt sich selbst zu verwirklichen, sich selbst neu zu empfangen. Das entkrampft. Das macht – nicht nur geistlich! – frei. Der freie Mensch aber ist der Gott entsprechende Mensch. Der Gott entsprechende Mensch kennt Gott als den *Gebenden* und sich selbst als den, der zu *nehmen* vermag: nicht nur etwas, sondern vor allem sich selbst. Geben ist zwar seliger als Nehmen. Aber Nehmen können ist seliger als Geben können. Wer nehmen kann, wer sich selbst ungeniert empfangen kann, der ist, indem er dies »tut«, ein Wesen des Dankes und eben darin menschlich. Das wird sich dann auch und gerade in seinem Tun, in seinen Aktionen und Werken auswirken und ausweisen müssen.

Die als Dankbarkeit begriffene Menschlichkeit des Menschen wird sich aber *ausweisen* müssen am Umgang mit den Mitmenschen und vor allem mit denjenigen Mitmenschen, die weniger oder gar nicht mehr leistungsfähig sind. Daß schon das *bloße Dasein* den *menschlichen* Menschen ausmacht, das wird sich in unserer Leistungsgesellschaft nicht zuletzt an unserem Verhältnis zu den Kindern und vor allem zu den Alten bewähren müssen. Sie repräsentieren ja auf natürliche Weise den unbedingten Vorrang der Person vor ihren Leistungen. Das Kind und der alte Mensch sind ja primär *Nehmende*. Nur wenn wir sie gerade als solche, die für ihr Dasein *noch nichts* oder *nichts mehr tun* können, als eine *Wohltat* empfinden – nur wenn sie uns auch dadurch, daß sie primär Nehmende sind, etwas zu geben vermögen, hat unsere Leistungsgesellschaft das Recht, eine *menschliche* Gesellschaft genannt zu werden.

Im Umgang mit der noch keiner Leistung fähigen oder keiner Leistung mehr fähigen Person haben wir ein *Kriterium* für die Menschlichkeit unserer Gesellschaft. Denn nur wenn eine Gesellschaft die Würde der keiner Leistung fähigen Person anerkennt und also in der von ihren Werken unterschiedenen Person den menschlichen Menschen erkennt, fällt von seiner derart respektierten Menschlichkeit ein Licht auf unser Verhalten, unser Tun und die es regulierenden Institutionen – ein Licht, das es erlaubt, nun auch von einem *menschlichen*

Handeln, von *menschlichen Werken* und sogar von *menschlichen Institutionen* zu reden. Deren Humanität ist aber immer nur eine der absoluten Würde der Person relativ entsprechende und also grundsätzlich steigerungsfähige Menschlichkeit. Summa: *Der menschliche Mensch* – er ist die von Gott definitiv anerkannte und insofern durch nichts und niemanden – auch nicht durch sich selbst – diskreditierbare Person, die aber eben durch diese ihre unwiderrufliche Anerkennung freigesetzt ist zu einem immer noch menschlicheren Tun. Wobei die Steigerung der Humanität unseres Tuns sich in der Regel umgekehrt proportional zu dem bewegen wird, was publizistische Aufmerksamkeit erregt. Am menschlichsten dürfte sich wohl noch immer derjenige verhalten, der tut, was sich eigentlich von selbst versteht oder doch von selbst verstehen sollte – und sei es noch so unscheinbar. Wie denn auch der ewige und allmächtige Gott nach einer Vorlesungsäußerung Luthers »Wohlgefallen hat an einem freundlichen Gesicht und an einem reizenden Lächeln, mit dem man einen Angefochtenen trösten kann, und zuweilen sogar an einem – die Mitmenschen ergötzenden und ihre Anfechtung zum Teufel jagenden – gelungenen Witz«[37].

Leitfragen

1. Was versteht Jüngel unter dem Begriff »menschlicher Mensch« und wogegen richtet sich der Begriff?
2. In der Studie »Das Evangelium von der Rechtfertigung des Gottlosen als Zentrum des christlichen Glaubens« formuliert Jüngel in einer Überschrift prägnant »Gott ist gerecht, indem er gerecht macht«. Beziehen Sie diese Aussage auf die Einsichten des Beitrags »Der menschliche Mensch«! Inwiefern muss das damit verbundene Gerechtigkeitsverständnis spezifisch theologisch sein?
3. Was folgt aus dem Menschenbild von Jüngels Deutung der Rechtfertigungslehre für das gegenwärtige praktische Verhalten des Menschen in der Welt?

---

[37] *M. Luther*, Operationes in Psalmos. 1519–1521, WA 5, 399,20–23: »… certe credere et oportet, deo etiam placere, si fratrem hilariore vultu alloquaris, blandiusculo risu invitaris, nonnunquam et facetulo aut arguto dicterio delecteris«.

Literatur

- Ch. Herbst, Freiheit aus Glauben. Studien zum Verständnis eines soteriologischen Leitmotivs bei Wilhelm Herrmann, Rudolf Bultmann und Eberhard Jüngel, Berlin 2012, 311–322. 394–426.
- Ch. Schubert, Mere passive!? Zur Rechtfertigungslehre, in: D. Evers/ M. D. Krüger (Hg.), Die Theologie Eberhard Jüngels. Kontexte, Themen, Perspektiven, Tübingen 2020, 205–216.
- G. Pfleiderer, »Wertlose Wahrheit«? Zur Ethik, in: D. Evers/M. D. Krüger (Hg.), Die Theologie Eberhard Jüngels. Kontexte, Themen, Perspektiven, Tübingen 2020, 241–249.

6.3 Die Kirche als Sakrament?

Der vorliegende Beitrag zum Kirchenverständnis ist 1983 in der »Zeitschrift für Theologie und Kirche« erschienen – dem Jubiläumsjahr zu Martin Luthers 500. Geburtstag, das sowohl in der BRD wie in der DDR – und teilweise sogar zusammen – begangen wurde. Wie die Theologien seiner Lehrer Karl Barth und Ernst Fuchs ist auch Jüngels Theologie eminent kirchliche Theologie. Deswegen sind der evangelische Glaube und seine theologische Reflexion ursprünglich und bleibend, intim und differenziert mit den Lebensvollzügen der Kirche verflochten. Hierbei ist Jüngel – auch angeregt und herausgefordert durch die ökumenischen Entwicklungen in der zweiten Hälfte des 20. Jahrhunderts – insbesondere am Gespräch mit der römisch-katholischen Theologie und Kirche interessiert. Dabei weiß Jüngel durchaus unterschiedliche Akzente der Nähe und Ferne, Zustimmung und Kritik zu setzen. Grundlegend greifbar ist in Jüngels Theologie ein ökumenisch waches Probleminteresse, dessen Horizont fest im Blick ist.

In seinem Beitrag sucht Jüngel konstruktiv wie kritisch die Verständigung mit der römisch-katholischen Theologie in einem seit der Reformation notorisch strittigen Punkt. Ihn könnte man in einem ersten zuspitzenden Zugriff folgendermaßen beschreiben: Hat sich die römisch-katholische Kirche an die Stelle Jesu Christi gesetzt und mit ihrer Messopfertheologie eine dem evangelischen Zeugnis strikt zuwiderlaufende Werkgerechtigkeit aufgerichtet? Jüngel verhandelt diese und damit zusammenhängende Fragen an der relativ neuen, sich freilich auf alte Einsichten berufenden Programmformel der römisch-katholischen Theologie, wonach die Kirche ein Sakrament ist. Jüngel formuliert daher die Überschrift zu seinem Beitrag mit einem Fragezeichen: »Die Kirche als Sakrament?« Doch dass Jüngel sich überhaupt auf diese Frage einlässt, die der großen Distanz des insbesondere reformierten Protestantismus zum Begriff des Sakraments widerspricht, ist bemerkenswert. Noch bemerkenswerter ist, was Jüngel inhaltlich unter dieser Überschrift ausführt. So plädiert er dafür, in gewisser Hinsicht auch evangelisch den Begriff des Sakraments für die Kirche zu erwägen, wenn es in der Kirche zur Selbstdarstellung und Selbstdarbietung Jesu Christi kommt. Freilich ist es hierbei wichtig, dass die Kirche dasjenige ist, was Jesus Christus entspricht, dessen Leben, Tod und Auferstehung für Jüngel das Mysterium bzw. Sakrament Gottes ausmacht. Insofern bleibt die Kirche auch nach Jüngel von Jesus Christus gerade in ihrer Verbundenheit mit ihm zugleich von ihm unterschieden.

Die Kirche als Sakrament?

I

1. Die unverkennbare Stagnation im Prozeß der ökumenischen Verständigung zwischen der römisch-katholischen Kirche und den reformatorischen Kirchen hat ihren Grund in einer bisher nicht überwundenen und nach Meinung nicht weniger Auguren zur Zeit auch nicht überwindbaren Differenz im Kirchenverständnis selbst. Die viel beachtete und weitgehend bejahte Auffassung, beide Kirchentümer seien einig in der Rechtfertigungslehre (die doch zumindest nach lutherischem Urteil der articulus stantis et cadentis ecclesiae ist[1] und also, wenn *sie* nicht kirchentrennend sein soll, auch *ekklesiologisches* Einverständnis zur Folge haben müßte), scheint ein Strohfeuer gewesen zu sein, das mit dem feinen, aber permanenten Strahl kirchlichen Weihwassers zum Verlöschen gebracht wird. Doch auch die reinen Quellen reformatorischer Lehre müssen löschen helfen, was dogmatischer Enthusiasmus hüben und drüben an Flammen im kontroverstheologischen Bollwerk angefacht hat – bis hinein ins Arsenal der bis-

---

[1] Vgl. in den Bekenntnisschriften der lutherischen Kirche: ApolCA IV, BSLK 159,1 f.: »… praecipuus locus doctrinae christianae …« Schmalkaldische Artikel, BSLK 415,21–416,6: »Von diesem Artikel kann man nichts weichen oder nachgeben, es falle Himmel und Erden oder was nicht bleiben will; … Und auf diesem Artikel stehet alles, das wir wider den Bapst, Teufel und Welt lehren und leben. Darum mussen wir des gar gewiß sein und nicht zweifeln. Sonst ist's alles verlorn, und behält Bapst und Teufel und alles wider uns den Sieg und Recht.« Vgl. Formula Concordiae (SD) III, 6, BLSK 916,21–34. Für *M. Luther* vgl. außerdem: Vorlesung über die Stufenpsalmen. 1532–33, WA 40/III, 352,3: »… isto articulo stante stat Ecclesia, ruente ruit Ecclesia.« AaO. 335,7–9: »… ille unicus locus conservat Ecclesiam Christi; hoc amisso amittitur Christus et Ecclesia nec relinquitur ulla cognitio doctrinarum et spiritus.« Promotionsdisputation von Palladius und Tilemann. 1537, WA 39/I, 205,2–5: »Articulus iustificationis est magister et princeps, dominus, rector et iudex super omnia genera doctrinarum, qui conservat et gubernat omnem doctrinam ecclesiasticam et erigit conscientiam nostram coram Deo. Sine hoc articulo mundus est plane mors et tenebrae.« Zur Geschichte der Formel: *F. Loofs*, Der articulus stantis et cadentis ecclesiae, in: ThStKr 90, 1917, 323–420. Zur Sache: *E. Wolf*, Die Rechtfertigungslehre als Mitte und Grenze reformatorischer Theologie, in: *ders.*, Peregrinatio II. Studien zur reformatorischen Theologie, zum Kirchenrecht und zur Sozialethik, 1965, 11–21.

6.3 Die Kirche als Sakrament? 243

lang als unfehlbar geltenden Waffen. Auf evangelischer Seite werden ebenfalls die kritischen Stimmen lauter, die gerade wegen des katholischen Kirchen- und Sakramentsverständnisses »rebus sic stantibus eine Kirchengemeinschaft mit der römischen Kirche« rundweg für »nicht möglich« erklären[2]. Nach Gottfried Maron[3] ist es nicht zuletzt das auf dem Zweiten Vatikanischen Konzil rezipierte Selbstverständnis der römisch-katholischen Kirche *als Sakrament*[4], durch das der garstige breite Graben zwischen evangelischer Rechtfertigungslehre und römischkatholischer Ekklesiologie erneut unübersehbar geworden und damit unüberschreitbar geblieben ist.

Freilich, es gibt auch andere Stimmen. Otto Hermann Pesch behauptete auch 1982 noch, daß die Rechtfertigungslehre keineswegs kirchentrennend sein müsse und deshalb auch nicht kirchentrennend sein dürfe[5]. Die Frage nach der Kircheneinheit will er strategisch davon abgetrennt wissen, »weil das Faktum kirchlicher Lebensformen, die – übrigens beiderseits! – mit dem Glauben an die Rechtfertigung aus Glauben allein nur schwer oder gar nicht in Einklang zu bringen sind, den Konsens in der Rechtfertigungslehre nicht aufhebt, sondern ›nur‹ anzeigt, daß die Kirchen in einem noch nicht aufgeho-

---

[2] *G. Ebeling*, Dogmatik des christlichen Glaubens III, 1983², 315.
[3] *G. Maron*, Kirche und Rechtfertigung. Eine kontroverstheologische Untersuchung, ausgehend von den Texten des Zweiten Vatikanischen Konzils (KuK 15), 1969. Vgl. *J. Dantine*, Sakrament als Gabe und Feier, in: ThZ 38, 1982, 3–27, 20.
[4] Vgl. Concilium Vaticanum II, Constitutio de sacra Liturgia, »Sacrosanctum Concilium«, a. 5 (LThK.E I, 18): »Nam de latere Christi in cruce dormientis ortum est totius Ecclesiae mirabile sacramentum.« a. 26 (aaO. 34): »Actiones liturgicae ... sunt ... celebrationes Ecclesiae, quae est ›unitatis sacramentum‹ ... « Constitutio dogmatica de Ecclesia, »Lumen gentium«, a. 1 (aaO. 156): »... in Christo veluti sacramentum seu signum et instrumentum intimae cum Deo unionis totiusque generis humani unitatis ...« a. 9 (aaO. 180): »Deus congregationem eorum qui in Iesum, salutis auctorem et unitatis pacisque principium, credentes aspiciunt, convocavit et constituit Ecclesiam, ut sit universis et singulis sacramentum visibile huius salutiferae unitatis.« a. 48 (aaO. 314): »Christus ... Spiritum suum vivificantem in discipulos immisit et per eum Corpus suum quod est Ecclesia ut universale salutis sacramentum constituit ...« a. 59 (aaO. 334): »... humanae salutis sacramentum ...« Vgl. außerdem die Constitutio pastoralis de Ecclesia in mundo huius temporis, »Gaudium et spes«, a. 42 (LThK.E III, 410), a. 45 (aaO. 420) und das Decretum de activitate missionali Ecclesiae, »Ad Gentes«, a. 1 (aaO. 22) und a. 5 (aaO. 30): »Dominus ... Ecclesiam suam ut sacramentum salutis fundavit ...«
[5] *O. H. Pesch*, Gerechtfertigt aus Glauben. Luthers Frage an die Kirche (QD 97), 1982, 53–55.

benen Widerspruch zur Mitte ihrer eigenen Verkündigung leben«[6]. Heinrich Fries und Karl Rahner haben im Luther-Jubiläumsjahr die Einigung der Kirchen zu einer »realen Möglichkeit« erklärt[7]. Und eine Reihe von katholischen und evangelischen Theologen[8] meint sogar in der Lehre vom Meßopfer die Dinge in Ordnung bringen zu können, so daß Luthers berühmt-berüchtigte Aufstellung in den Schmalkaldischen Artikeln endgültig obsolet geworden zu sein scheint: »So werde ich mich ... mit Gottes Hulfe ehe lassen zu Aschen machen, ehe ich einen Messeknecht mit seinem Werk lasse meinem Heilande Jesu Christo gleich oder hoher sein. Also sind und bleiben wir ewiglich gescheiden und widernander. Sie fuhlen's wohl: wo die Messe fället, so liegt das Bapsttum. Ehe sie das lassen geschehen, so toten sie uns alle.«[9]

2. Ich möchte im folgenden auf meine Weise die Probe aufs Exempel machen. Das mir gestellte Thema »Die Kirche als Sakrament« mit einem kräftigen Fragezeichen versehend, will ich im Anschluß an einige reformatorische Grundeinsichten, jedoch in der einem lutherischen Theologen hoffentlich selbstverständlichen, auf jeden Fall aber gebotenen Freiheit auch und gerade gegenüber Luther einige Überlegungen zur rechten Bestimmung des Verhältnisses von Sakrament und Kirche vortragen. Dabei geht es mir darum, im Rückgriff auf genuin evangelische Lehre Wege nach vorn zu bahnen – dem sacramentum unitatis entgegen, das allerdings nicht die Kirche, sondern Jesus Christus selber ist. Überflüssig anzumerken, daß auch für einen solchen Versuch gilt, was Otto Hermann Pesch im Blick auf meine früheren Erörterungen des Sakramentsbegriffs bemerkt hatte: »Jüngel ist nicht repräsentativ«[10]. Es reicht in diesem Fall, als Pfahl im Flei-

---

[6] AaO. 42. So gesehen ist der »Fall Küng« dann kein Gegenargument gegen die »Selbstrelativierung der bestehenden Kirche unter dem Richterspruch des Rechtfertigungsartikels« (aaO. 46), sondern nur eben »ein Unfall und Rückfall, nicht weniger, aber auch nicht mehr« (aaO. 50). Quod Papa bene vertat!

[7] *H. Fries/K. Rahner*, Einigung der Kirchen – reale Möglichkeit (QD 100), 1983. Vgl. *E. Jüngel*, Einheit der Kirche – konkret, in: *Ders.*, Wertlose Wahrheit. Zur Identität und Relevanz des christlichen Glaubens, 2003, 335–345.

[8] Vgl. *K. Lehmann/E. Schlink* (Hg.), Das Opfer Jesu Christi und seine Gegenwart in der Kirche. Klärungen zum Opfercharakter des Herrenmahles (Dialog der Kirchen Bd. 3), 1983. Vorbereitet wurde diese Verständigung u. a. durch die Aufdeckung einer Reihe gegenseitiger Mißverständnisse in der Sakramentenlehre. Vgl. *W. Schwab*, Entwicklung und Gestalt der Sakramententheologie bei Martin Luther (EHS XXIII, 79), 1977, 170–226. 365–389.

[9] *M. Luther*, Schmalkaldische Artikel, BSLK 419,12–17.

[10] *O. H. Pesch*, Das katholische Sakramentsverständnis im Urteil gegenwär-

sche evangelischer Theologie empfunden zu werden. Dies aber wird schon deshalb der Fall sein, weil ich mich mit der Vernachlässigung der Frage nach dem rechten Sakramentsbegriff in der neueren evangelischen Theologie nicht zufrieden geben kann. Die diesem Begriff gebührende Aufmerksamkeit hat allerdings auszugehen von der Tatsache, daß sacramentum im Neuen Testament nichts anderes als das eschatologische Mysterium des Heilsratschlusses Gottes zugunsten des sündigen Menschen ist, das in der Geschichte Jesu Christi ins Werk gesetzt worden ist. Ich setze diese Grundbedeutung des Begriffs Sakrament im folgenden als Sachkriterium, an dem sich die Frage nach der sakramentalen Eigenart des kirchlichen Seins und Handelns zu orientieren hat, voraus.

II

1. Die Rede von der Kirche als Sakrament wirft sogleich eine Reihe *terminologischer* Probleme auf, die es geraten erscheinen lassen, die thematische Formulierung mit einem Fragezeichen zu versehen. Zwar wird an der Terminologie allein eine ökumenische Verständigung über das Wesen der Kirche kaum scheitern müssen. Es sollte, wenn der konfessionelle Dissens allein terminologischer Natur wäre, wohl möglich und deshalb bei einer so ponderablen Sache auch geboten sein, dasselbe in anderen Worten zu sagen – wohl wissend, daß eine solche Übersetzung derselben Position einen neuen Horizont zu geben vermag, innerhalb dessen sich die alten Konfrontationen tatsächlich als obsolet erweisen könnten. Aber gerade wenn es dazu kommen können soll, muß das mit der überlieferten Terminologie verbundene Problembewußtsein einigermaßen eingeholt sein. Seine Aporien könnten sonst in Gestalt unliebsamer Gespenster immer wiederkehren.

2. Die Rede von der Kirche als Sakrament scheint erst in der neueren katholischen Theologie einiges Gewicht bekommen zu haben. Für die lehramtliche Ekklesiologie gilt sie als ein durch das *Zweite Vatikanum* eingeführtes Novum[11], für das man sich allerdings auf Cyprian beruft[12]. In der katholischen Theologie wird sie (nachdem Matthias Josef

---

tiger evangelischer Theologie, in: Verifikationen. Festschrift für G. Ebeling zum 70. Geburtstag, hg. von E. Jüngel u. a., 1982, 317–340, 332.

[11] Vgl. *H. Mühlen*, Una Mystica Persona. Die Kirche als das Mysterium der Identität des Hl. Geistes in Christus und den Christen: Eine Person in vielen Personen, 1967², 363; *G. Maron*, Kirche und Rechtfertigung, 18.

[12] *Cyprian*, Epist. 69, 6, PL 3, 1142: »inseparabile [est] unitatis sacramentum«.

Scheebens These von der Kirche als »einem großen Sakrament« und Johann Heinrich Oswalds Behauptung, die Kirche sei »nicht so sehr *ein* Sakrament als vielmehr *das* christliche Sakrament zu nennen«, zunächst folgenlos geblieben waren) seit ca. 1940 zuerst im romanischen Sprachraum, dann auch in der deutsch sprechenden katholischen Welt heimisch[13]. Otto Semmelroth bezeichnete im Titel seines entsprechenden Buches die Kirche als Ursakrament[14] und verfaßte sub voce »Ursakrament« einen Artikel im »Lexikon für Theologie und Kirche«[15]. Karl Rahner hatte ebenfalls zunächst von der Kirche als »Ursakrament« gesprochen, in dem die Gnade Gottes – statt »vom Gott einer absoluten Welttranszendenz ungeschichtlich und bloß fallhaft« sozusagen »steil von oben« herabzukommen – »dauernd in der Welt« ist. »Die Kirche ist das Anwesendbleiben jenes sakramentalen Urwortes endgültiger Gnade, das Christus in der Welt ist, das Gesagte bewirkend, indem es im Zeichen gesagt wird. Als solches Bleiben Christi in der Welt ist die Kirche wirklich das Ursakrament, der Ursprungspunkt der Sakramente im eigentlichen Sinn des Wortes. Von Christus her hat die Kirche schon in sich eine sakramentale Struktur ...«[16] Hat die Kirche aber ihren sakramentalen Charakter *von Christus her*, weil dieser selbst das »sakramentale Urwort« ist, mit dem Gott sich dem Menschen zugesagt hat, und weil Christus selbst das die Anwesenheit des Gnadenwillens Gottes definitiv bezeichnende und bewirkende Realsymbol ist, dann müßte eigentlich Jesus Christus selber als das »Ursakrament« verstanden werden. Die Rede von der Kirche als Ursakrament erscheint dann als eine verwegene Usurpation – eine scheinbar typisch katholische Identifikation der Kirche mit ihrem Herrn. Otto Hermann Pesch glossiert den Vorgang allerdings eher locker: »... es entbehrt nicht der Ironie, daß es auf katholischer Seite eine Zeitlang gebraucht hat, bis man bemerkte, daß man ja gleichzeitig auch Christus als das Ursakrament bezeichnete – und nun sich doch veranlaßt sah, zwischen dem Ursakrament Christus und dem *Grund*sakrament Kirche terminologisch zu unterscheiden.«[17] Mit dieser terminologi-

---

[13] Vgl. *G. Maron*, Kirche und Rechtfertigung, 19.

[14] *O. Semmelroth*, Die Kirche als Ursakrament, 1963³.

[15] LThK² X, 568 f.

[16] *K. Rahner*, Kirche und Sakramente (QD 10), 1960, 17.

[17] *O. H. Pesch*, Das katholische Sakramentsverständnis, 334 f. Vgl. *K. Rahner*, Was ist ein Sakrament?, in: *E. Jüngel/K. Rahner*, Was ist ein Sakrament? Vorstöße zur Verständigung, 1971, 65–85, 75 f.; *K. Rahner*, Grundkurs des Glaubens, 1976, 396–398.

schen Differenzierung ist der »Gedanke ... inzwischen fest in der katholischen Ekklesiologie verankert«[18].

3. In der *evangelischen* Ekklesiologie wird man die Rede von der Kirche als (Grund-)Sakrament allerdings gar nicht erst suchen wollen. Dies um so weniger, als Vorbehalte gegen den Ausdruck sacramentum mit dem Protestantismus von vornherein verbunden sind. Luther hatte bekanntlich in seiner großen Streitschrift De captivitate Babylonica (1520) erwogen, den Begriff des Sakramentes dem Sprachgebrauch der Schrift gemäß für Christus allein zu reservieren, die sakramentalen Handlungen der Kirche hingegen als signa sacramentalia zu bezeichnen[19]. Melanchthon war in der prima aetas seiner Loci communes (1521) entsprechend verfahren, hat diese Sprachregelung allerdings später wieder aufgegeben[20]. Zwingli hat es 1523 sogar als allzugroße Nachgiebigkeit gegenüber dem Papsttum gerügt, daß man in Wittenberg am Ausdruck »Sakrament« überhaupt festgehalten hatte[21]. Karlstadt forderte 1524 eine theologische Verzichtserklärung für den Ausdruck »Sakrament«, dessen Gebrauch der Ansbacher Ratschlag rundweg unter Strafe gestellt sehen wollte[22]. Das grundsätzliche Mißtrauen gegen den Terminus »Sakrament« ist der evangelischen Theologie über Jahrhunderte hinweg nicht verlorengegangen. Zwar setzte sich zunächst Luthers entschiedenes Votum durch, aus Gründen der

---

[18] *O. H. Pesch*, Das katholische Sakramentsverständnis, 334 Anm. 66.
[19] Vgl. *M. Luther*, De captivitate Babylonica ecclesiae praeludium. 1520, WA 6, 501,37 f. = BoA I, 431,38 f. Vgl. *ders.*, Disputatio de fide infusa et acquisita. 1520, WA 6, 86,7 f.: »Unum solum habent sacrae literae sacramentum, quod est ipse Christus Dominus.«
[20] Vgl. *Ph. Melanchthon*, Loci communes rerum theologicarum seu Hypotyposes theologicae. 1521, Melanchthons Werke in Auswahl (Studienausgabe) II/1, hg. von R. Stupperich, 1978², 143,29 f.
[21] Vgl. *H. Zwingli*, Auslegen und Gründe der Schlußreden. 1523, SW II, CR LXXXIX, 1908, 125,22–25; 149,1–7. Vgl. *ders.*, De vera et falsa religione commentarius. 1525, SW III, CR XC, 1914, 737.
[22] Vgl. *A. Karlstadt*, Dialogus oder ein gesprechbüchlin Von dem grewlichen unnd abgöttischen mißbrauch des hochwirdigsten sacraments Jesu Christi. 1524. Vgl. *M. Luther*, Wider die himmlischen Propheten, von den Bildern und Sakrament. 1525, WA 18, 139 f. – Ansbacher Ratschlag. 1524, 4. Hauptartikel Nr. 42, in: Die fränkischen Bekenntnisse. Eine Vorstufe der Augsburgischen Konfession, hg. vom Landeskirchenrat der Evangelisch-Lutherischen Kirche in Bayern r. d. Rhs., bearbeitet von W. F. Schmidt/K. Schornbaum, 1930, 232.

248   6. Der glaubende Mensch

auch in der Wortwahl zu respektierenden christlichen Freiheit einem Verbot der Sakramentsterminologie zu widerstehen[23]. Aber bei Schleiermacher sind alle Vorbehalte gegen den ungeliebten Ausdruck wieder da. Und nun wird die Konsequenz gezogen, ohne Rückbezug auf diesen Ausdruck, der als Oberbegriff sachlich nichtssagend und verwirrend sei, die Lehre von der Taufe und vom Abendmahl abzuhandeln. Schleiermachers Wirkung ist in dieser Hinsicht auch bei denjenigen Theologen des 20. Jahrhunderts zu konstatieren, die ihm sonst ausgesprochen kritisch gegenüberstehen[24]. Eine in dieser Tradition sich vollziehende Rückkehr zum 1520 von Luther erwogenen exklusiv christologischen Gebrauch des Ausdrucks »Sakrament« findet sich beim späten Karl Barth – hier verbunden mit einer Polemik gegen einen angeblich »›sakramentalen‹ Charakter der Kirche und ihres Tuns überhaupt«[25]. Der katholischen Auffassung von der Kirche als Grundsakrament kommt auf protestantischer Seite die ihr scheinbar am schärfsten entgegengesetzte, allerdings singuläre These Richard Rothes am nächsten, es sei der Staat »*der Komplex aller* universellen Mittel zur Vollziehung der Gemeinschaft zwischen der Menschheit und Gott, mithin *das* Sakrament κατ' ἐξοχήν«[26].

4. Vergleicht man die verschiedenen – hier nur in Auswahl vorgetragenen – kritischen Äußerungen evangelischer Theologie zur Verwendung der Sakramentsterminologie mit Luthers reformatorischen Äußerungen zur Sache, so duldet es m. E. keinen Zweifel, daß die exklusiv christologische Besetzung des Ausdrucks »Sakrament« der Auffassung des Reformators am nächsten kommt. Ist doch der Wunsch, den Sakramentsbegriff exklusiv christologisch zu gebrauchen, mit einer sachlichen Hochschätzung dessen, was »Sakrament« genannt

---

[23] Vgl. *M. Luther*, Wider die himmlischen Propheten, WA 18, 139,28–142,33.

[24] Vgl. *F. Schleiermacher*, Der christliche Glaube, nach den Grundsätzen der evangelischen Kirche im Zusammenhange dargestellt (1830), Bd. II, hg. von M. Redeker, 1960⁷, 364 f. (§ 143). Zur Wirkung vgl. z. B. die getrennte Verhandlung der Lehre vom Abendmahl und von der Taufe bei *W. Elert*, Der christliche Glaube. Grundlinien der lutherischen Dogmatik, (1940) 1988⁶. Außerdem: *H. Diem*, Die Kirche und ihre Praxis. Theologie als kirchliche Wissenschaft. Handreichung zur Einübung ihrer Probleme III, 1963, 131; *E. Sommerlath/W. Kreck*, Art. Sakramente II. Dogmatisch, RGG³ V, 1327 f.; *E. Käsemann*, Zur ekklesiologischen Verwendung der Stichworte »Sakrament« und »Zeichen«, in: Wandernde Horizonte …, hg. von R. Groscurth, 1974, 119–136.

[25] *K. Barth*, KD IV/2, (1955) 1985⁴, 59.

[26] *R. Rothe*, Theologische Ethik II, 1867², 459.

6.3 Die Kirche als Sakrament? 249

zu werden verdient, verbunden. Und zugunsten einer solchen Hochschätzung des Sakramentes hat der reformatorische Luther sich je länger, je mehr verstanden. In einem Brief an die Christen zu Straßburg von 1524 bekennt der Reformator, daß er es noch vor fünf Jahren für eine große Wohltat gehalten hätte, wenn man ihn davon überzeugt hätte, daß »ym Sacrament nichts denn brod und weyn were ... Ich hab wol so hartte anfechtunge da erlitten und mich gerungen und gewunden, das ich gerne eraus gewesen were, weyl ich wol sahe, das ich damit dem Bapsttum hette den grössisten puff kund geben.«[27] Doch offensichtlich ist es die in der schöpferischen Kraft seines Verheißungswortes vollzogene, Glauben provozierende und Glauben stärkende *Selbstvergegenwärtigung Jesu Christi* in Brot und Wein, die Luther im Sakrament so hoch schätzte, daß er den »Puff« gegen das Papsttum anders als durch eine Herabsetzung des Sakramentes zu einem bloßen Zeichen anzubringen für nötig erachtete. Entscheidend ist für den Reformator, daß im Sakrament der *gnädige Gott selbst die handelnde Person* ist. Deshalb ist auch und gerade für das Sakrament (sei es im Sinne des »frühen« Luther als ein durch göttliche Anordnung gesetztes, mit einem die Gnade Gottes zusprechenden Verheißungswort verbundenes Zeichen[28], sei es im Sinne des »späteren« Luther als ein durch die Stiftung Jesu Christi ins Wort gefäßtes Element[29] verstanden) die Relation solo verbo – sola fide konstitutiv[30]. Das Zeichen oder Element unterstreicht zwar recht verstanden die geistliche und leibliche Externität des göttlichen Wortes. Ohne dieses Wort oder unter Vernachlässigung seiner konstitutiven Funktion droht das signum aber *als menschliche Handlung*, die es ja zweifellos auch ist, das

---

[27] *M. Luther*, Ein Brief an die Christen zu Straßburg wider den Schwärmergeist. 1524, WA 15, 394,12–17.

[28] Vgl. *M. Luther*, De captivitate Babylonica. 1520, WA 6, 572,10–15 = BoA I, 510, 30–35: »Proprie tamen ea sacramenta vocari visum est, quae annexis signis promissa sunt ... Quo fit, ut, si rigide loqui volumus, tantum duo sunt in Ecclesia dei sacramenta, Baptismus et panis, cum in his solis et institutum divinitus signum et promissionem remissionis peccatorum videamus.«

[29] Vgl. *M. Luther*, Predigt vom 18. Januar 1534, WA 37, 262,18f., wo die Taufe definiert wird: »Est aqua cum verbo dei mit seim befehl geordnet.« Vgl. *ders.*, Vom Abendmahl Christi. Bekenntnis. 1528, WA 26, 479,3f. = BoA III, 490,23f.: »So fassen die wort ... das brod und den becher zum sacrament ...« Vgl. *ders.*, Predigt vom 29. Mai 1528, WA 30/I, 24,11f.; *ders.*, Predigt vom 19. Dezember 1528, 122,11f.

[30] Vgl. *G. Ebeling*, Erwägungen zum evangelischen Sakramentsverständnis, in: *ders.*, Wort Gottes und Tradition, 1964, 217–226, 218. 224f.

6. Der glaubende Mensch

sakramentale Geschehen zu dominieren. Deshalb hatte Luther schon 1520 gegen Vertreter einer Sakramentsauffassung protestiert, die nach seinem Urteil »tantum in signo et usu signi herentes ... ex fide in opus, ex verbo in signum nos rapientes«[31]. Die Relation solo verbo – sola fide wahrt den Charakter des Sakramentes als einer göttlichen Handlung und bewahrt es vor seinem Mißverständnis und Mißbrauch als einem menschlichen Werk. Die These »sacramenta non implentur, dum fiunt, sed dum creduntur«[32] und die damit verbundene – und nur in dieser Verbindung überhaupt sinnvolle – Polemik gegen die scholastische Behauptung, die Sakramente wirkten ex opere operato[33], hat bei Luther keine andere Bedeutung als sicherzustellen, daß das Sakrament als *Gottes Handeln am Menschen* verstanden und gefeiert wird und nicht zu einer *Behandlung Gottes durch den Menschen* in Gestalt eines frommen Werkes pervertiert wird[34]. Die Dominanz des Wortes Gottes innerhalb der engst möglichen Einheit von Wort und Element (Zeichen) sichert das rechte Verständnis des weltlichen Elementes (Zeichen) als eines die irdische, leibliche und externe Anwesenheit des handelnden Gottes bezeugenden Stückes Welt. Die der Dominanz des Wortes Gottes entsprechende Bindung der Wirkung des Sakramentes an den Glauben des Sakramentsempfängers stellt nicht etwa die objektive Geltung und Gewißheit der Wirkung des Sakramentes subjektivistisch in Frage. Luther kann an der *recht verstandenen* Behauptung, das Sakrament wirke ex opere operato, schlechterdings keinen Anstoß nehmen. »Die Gültigkeit und Unfehlbarkeit des ... Sakraments ex opere operato hält Luther in der Fassung: ex verbo dicto energischer fest, als es je vor ihm geschehen ist ...«[35] Das auch im Sakrament dem solo verbo korrespondierende sola fide hat

---

[31] *M. Luther*, De captivitate Babylonica. 1520, WA 6, 533,26 f. = BoA I, 467,28 f.
[32] AaO. 533,12 f. = BoA I, 467,11 f.
[33] Vgl. aaO. 520,13–29 = BoA I, 452,14–35.
[34] Vgl. *E. Grötzinger*, Luther und Zwingli. Die Kritik an der mittelalterlichen Lehre von der Messe – als Grund des Abendmahlsstreites (Ökumenische Theologie 5), 1980.
[35] *O. Bayer*, Promissio. Geschichte der reformatorischen Wende in Luthers Theologie (FKDG 24), 1971, 186. Daß Luthers Polemik gegen die These von der Wirksamkeit der Sakramente ex opere operato und dem Verständnis des Sakraments als opus bonum mit der scholastischen Auffassung der Messe als (vornehmstes) Suffragienwerk aufs engste zusammenhängt und von daher problematisch orientiert oder gar fehlorientiert ist, hat neuerlich *W. Schwab*, Entwicklung und Gestalt der Sakramententheologie bei Martin Luther, 196–205, betont.

6.3 Die Kirche als Sakrament? 251

ausschließlich die Funktion, den Charakter des Sakramentes als einer Handlung Gottes am Menschen – eben der Handlung der Selbstmitteilung des gnädigen Gottes – auf seiten des Menschen zu bestätigen. Denn der Glaube ist als Vertrauen auf Gottes Verheißung das genaue Gegenteil menschlicher Aktivität. Der Glaube ist selbst dann, wenn man ihn als die vornehmste menschliche Tat zu verstehen hat, gerade nichts anderes als die ganz und gar passive Tat, in der der Mensch sich als schlechthin abhängig von Gottes Gnade erfährt. Der Glaubende ist gemäß Röm 4,5 ein μὴ ἐργαζόμενος.

Versteht man die Relation solo verbo – sola fide in diesem Sinne als auch und gerade für das Sakrament konstitutiv, dann leuchtet ein, warum Luther trotz des unbestreitbaren Charakters des Sakramentes als einer *menschlichen* (kirchlichen) *Handlung*, dessen Wirkung allein von der Korrespondenz zwischen Gottes Wort und unserem Glauben erwartet. »Gehets doch auch jnn den Creaturn also zu, Das unser thun odder werck nichts schaffet sondern allein Gottes befelh und ordnung ... Also gehets hie mit den Sacramenten auch: Wir thun wasser und wort zu samen, wie er uns gebeut, Aber solch unser thun machts nicht zur Tauffe Sondern Christus befelh und ordnung. Wir thun nach seinem gebott, brod und wein zum wort Christi, Aber solch unser thun wandlets nicht, Sondern Christus wort und ordnung.«[36] Besonders eindrücklich hat Luther den Zusammenhang von Wort und Glaube im Sakrament in folgenden Sätzen formuliert: »Die wortt leren dich achten unnd trachten, warumb Christus da sey, und werden dich machen, das du deyner werck vergissest unnd nur auff seyne warttest. Denn sacrament ist eyn glawbengeschefft, da eyttel gottis werck ynnen sollen gehen und geschehen durch seyn wort ... Brott und weyn odder der leyb und blutt Christi on die wortt angesehen werden dich leren achten und trachten auff deyne werck und werden dich treyben von gottis werck und warumb er da sey, das du fast sorgest, wie du yhm viel thust und dyr nichts thun lassest, und wirt alßo auß dem sacrament eyn lautter werckgeschefft.«[37]

---

[36] *M. Luther*, Von der Winkelmesse und Pfaffenweihe. 1533, WA 38, 242,4f. 21–26 = BoA IV, 281,11f. 29–34.
[37] *M. Luther*, Von Anbeten des Sakraments des heiligen Leichnams Christi. 1523, WA 11, 448,27–449,7. Zur Stelle vgl. *H. Hilgenfeld*, Mittelalterlich-traditionelle Elemente in Luthers Abendmahlsschriften, 1971, 312 u. *W. Schwab*, Entwicklung ..., 191.

6. Der glaubende Mensch

5. Auf diesem Hintergrund mutet die Rede von der Kirche als (Grund-)Sakrament problematisch an. Die Terminologie hat eine Affinität zum Mißverständnis der Kirche als einer sowohl den Menschen als auch Gott behandelnden Institution. Begreift man das Sein und Handeln der Kirche als (Grund-)Sakrament, so entsteht zwangsläufig der Verdacht, daß aus dem als »glawbengeschefft« zu verstehenden Sakrament »eyn lautter werckgeschefft« wird. Kann man diesem Verdacht wehren?

Ich will im folgenden versuchen, die Bedingungen zu klären, unter denen dieser Verdacht abgewehrt werden und daraufhin eine ökumenische Verständigung mit der erzkatholischen Rede von der Kirche als (Grund-)Sakrament verantwortet werden könnte. Am besten verfährt man bei einem solchen Versuch wohl so, daß man sich sozusagen in die Höhle des Löwen begibt, um zu prüfen, ob die Zeit des ökumenischen Friedens angebrochen ist, in der das protestantische Lamm und der katholische Löwe friedlich beieinander und miteinander, wenn nicht gar füreinander existieren. Als diese Höhle des Löwen gilt der evangelischen Theologie das katholische Verständnis der Sakramentalität im Sinne *realsymbolischer Repräsentation*. Als repraesentatio Christi vollzieht die katholische Kirche ihr eigenes Sein – wie es sich in äußerster Konzentration im Meßopfer darstellt. Hat doch nach dem Urteil der Väter von Trient Christus selbst, damit sein eigenes Priestertum durch seinen Tod nicht ausgelöscht würde, der Kirche in Gestalt des Meßopfers ein sichtbares Opfer hinterlassen, in dem das blutige Opfer seines Kreuzestodes repräsentiert werden soll (repraesentaretur)[38]. Man muß diese Formulierung im Ohr haben, wenn man aus der Feder eines katholischen Theologen unserer Tage zu lesen bekommt: »Sakramentalität heißt: realsymbolische *Repräsentation* ... Die katholische Kirche ... will nach ihrem eigenen Selbstverständnis Gottes Heil in dieser Welt geschichtlich repräsentieren.«[39] Genau gegen diesen Repräsentationswillen der Kirche haben sich von seiten evangelischer Theologie aber immer wieder allerschärfste Bedenken erhoben. Ich verweise nur auf Karl Barths These, daß die Kirche der Welt zwar die Wirklichkeit Jesu Christi als des einen und einzigen Sakramentes »in ihrer Verkündigung und so auch in Taufe und Abendmahl zu bezeugen«, daß sie »dessen Wirklichkeit ... aber weder in Taufe und Abendmahl, noch

---

[38] Vgl. Concilium Tridentinum, Decretum de Missa, c. 1 (DS 1740).
[39] O. H. Pesch, Das katholische Sakramentsverständnis, 334.

in ihrer Predigt, noch sonstwie zu repräsentieren, zu wiederholen, in ihrem Tun selbst ins Werk zu setzen hat«[40].

Nun kann man den Begriff der realsymbolischen Repräsentation allerdings auch anders verstehen als so, daß die Jesus Christus *repräsentierende* Kirche dessen Wirklichkeit *wiederholt* oder *ins Werk setzt*. Karl Barth kann selber von der Kirche als (vorläufiger) *Darstellung* der in Jesus Christus geschehenen Heiligung der ganzen Menschenwelt sprechen. Und der große Schleiermacher hat das gottesdienstliche Handeln der Kirche im Unterschied zum bewirkenden Handeln des alltäglichen Lebens ausdrücklich als *darstellendes Handeln* gekennzeichnet, durch das das übrige Leben zu seinem eigenen Besten *unterbrochen* wird[41]. *Darstellung* ist aber eine mögliche Übersetzung von *repraesentatio*. Es *muß* also nicht so sein, daß das Selbstverständnis der katholischen Kirche als eines die definitive Verwirklichung des göttlichen Heilswillens in Jesus Christus repräsentierenden Seins und damit die Bezeichnung der Kirche als eines sakramentalen Geschehens a limine als unevangelisch zu verwerfen wäre. Wenn *Bezeugung* und *Darstellung* der Wirklichkeit Jesu Christi keine Alternative sind, dann müssen *Bezeugung* und *Repräsentation* es auch nicht sein. Da man aber andererseits die protestantischen Vorbehalte gegen eine ekklesiologische Usurpation des hohenpriesterlichen Amtes Jesu Christi mit Hilfe des Gedankens der realsymbolischen Repräsentation ernst zu nehmen, nämlich als in das Zentrum der evangelisch-katholischen Kontroverse weisende Vorbehalte ernst zu nehmen hat, empfiehlt sich gerade im Blick auf diesen Gedanken eine ökumenische Prüfung. Verträgt er sich mit der Lehre von der allein aus Gnade, allein in Jesus Christus vollbrachten Rechtfertigung des Sünders, der allein durch das Wort und allein aus Glauben dieser seiner Rechtfertigung teilhaftig wird? Läßt sich hier Verständigung erzielen, so kann man sich auch über vieles andere – fast hätte ich gesagt: über alles andere (aber das Corpus Iuris Canonici!) – verständigen. Gibt es hier letzte unüberbrückbare Differenzen, so dürften sich viele – wenn nicht alle – bisher erzielten ökumenischen Brückenschläge eines Tages als brüchig erweisen.

---

[40] *K. Barth*, KD IV/2, (1955) 1985⁴, 59.
[41] Vgl. aaO. 695. *F. Schleiermacher*, Die praktische Theologie, nach den Grundsätzen der evangelischen Kirche im Zusammenhange dargestellt, Sämmtliche Werke, 1. Abt., Bd. 13, hg. von J. Frerichs, 1850, 69 f.

III

1. Aus dem zuletzt Ausgeführten läßt sich bereits entnehmen, daß für ein ökumenisch akzeptables Verständnis der Kirche als realsymbolischer Repräsentation Jesu Christi die Klärung des *Handlungscharakters* der repraesentatio entscheidend ist. *Daß* Repräsentation in diesem Zusammenhang Handlung heißt, ist unumstritten. Doch wer ist das *Subjekt* dieser Handlung? Und wie kann in ihr Gottes Werk und menschliches Werk angemessen unterschieden werden? Wie kann das Handeln der liturgischen συνεργοὶ θεοῦ (vgl. 1 Kor 3,9) vor einem »synergistischen« Mißverständnis bewahrt werden?

Geht man von dem aus, was man sieht, so scheint es sich bei der realsymbolischen Repräsentation Jesu Christi durch die Kirche um *opera der Kirche* zu handeln. Auch evangelische Theologie kann nicht gut bestreiten, daß das Sein der Kirche sich in bestimmten Handlungen ereignet und manifestiert. Die Kirche ist sowohl als ecclesia docens wie auch als ecclesia audiens, sie ist als predigende, hörende, betende, bekennende, singende, feiernde Kirche im Handeln begriffen. Ich unterstreiche: auch als *hörende* Kirche! Die unbestreitbare Passivität des Höraktes als eines rezeptiven Aktes darf nicht darüber hinwegtäuschen, daß auch das recipere ein Handeln ist – was der Entschluß *wegzuhören* in besonderer Weise zur Erfahrung bringt. Um so wichtiger ist es, den Charakter des Handelns zu klären, der als kirchliches Handeln zugleich Gottes Handeln »repräsentieren« soll.

2. Geht man, um Klarheit zu gewinnen, von den verbindlichen Texten der katholischen Kirche aus, so fällt eine merkwürdige Ambivalenz auf. Ich beschränke mich auf Äußerungen zum *gottesdienstlichen* Handeln und setze hier jetzt einfach voraus, daß sich im *Gottesdienst* das *Wesen der Kirche* ereignet.

Das Tridentinum hatte die Lehre, »in der Messe werde Gott kein wirkliches und eigentliches Opfer dargebracht«[42] und »das Meßopfer sei nur ein Akt des Lob- oder Dankopfers, ... nicht aber ein Sühnopfer«[43], ausdrücklich verworfen. Man hat das so zu verstehen, daß die vom Priester vollzogene Handlung das blutige Opfer der Lebenshingabe Christi am Kreuz auf unblutige Weise so vergegenwärtigt, daß Jesus Christus selber der in der Messe Handelnde ist: »Denn

---

[42] Concilium Tridentinum, Decretum de Missa, can. 1: »Si quis dixerit, in Missa non offerri Deo verum et proprium sacrificium ...: an. s.« (DS 1751).

[43] AaO. can. 3: »Si quis dixerit, Missae sacrificium tantum esse laudis et gratiarum actionis, ... non autem propitiatorium ...: an. s.« (DS 1753).

6.3 Die Kirche als Sakrament? 255

es ist ein und dieselbe Opfergabe und es ist derselbe, der jetzt durch den Dienst des Priesters opfert und der sich selbst damals am Kreuz geopfert hat; nur die Art des Opferns ist verschieden.«[44] Die Repräsentation Jesu Christi durch die priesterliche Opfer-Handlung ist offensichtlich als eine *Handlungsidentität* verstanden: Jesus Christus als das *primäre Handlungs-Subjekt* identifiziert sich mit der priesterlichen Handlung. Doch dabei wird nun der Priester seinerseits zum – wenn auch *sekundären* – Handlungs-Subjekt, das durch andere – am Priestertum *aller* Gläubigen partizipierende – Christen nicht ausgetauscht werden kann. Nur der durch das Sakrament des Ordo ausgezeichnete Priester kommt für diese Handlungsidentität als sekundäres Handlungs-Subjekt in Betracht. Der Priester ist, wie es das Zweite Vatikanum im Anschluß an Pius XII. ausdrückt, »dem Wesen und nicht bloß dem Grade nach« (»essentia, et non gradu tantum«) von den übrigen Christen unterschieden[45]. Pius XII. hat den Priester denn auch als »superiorem ... populo« bezeichnet[46]. Und das heißt nun doch, daß Jesus Christus als das primäre Handlungs-Subjekt in seiner Souveränität eingeschränkt ist auf den beim Meßopfer als sekundäres Handlungs-Subjekt allein in Betracht kommenden Priester. Damit wird aber dem Handeln des Priesters sehr viel mehr als nur *bezeugende* Funktion zugeschrieben. Er hat wie die Apostel das »verkündigte Heilswerk zu vollziehen durch Opfer und Sakrament«[47].

Dementsprechend gilt auch das gottesdienstliche Handeln der ganzen Gemeinde als ein perficere des opus Christi. Es ist zwar Christus selbst, der im Gottesdienst sein Werk vollendet. Aber sein Heils-

---

[44] AaO. c. 2: »Una enim eademque est hostia, idem nunc offerens sacerdotum ministerio, qui se ipsum tunc in cruce obtulit, sola offerendi ratione diversa.« (DS 1743).

[45] Concilium Vaticanum II, Constitutio dogmatica de Ecclesia, »Lumen gentium«, a. 10 (LThK.E I, 182). Man beachte freilich, daß das Zweite Vatikanum von einem concurrere der Gläubigen bei der eucharistischen Darbietung reden kann (ebd.).

[46] *Pius XII.*, Mediator Dei, DS 3850.

[47] Concilium Vaticanum II, Constitutio de sacra Liturgia, »Sacrosanctum Concilium«, a. 6 (LThK.E I, 20): »... ut, quod annuntiabant, opus salutis per Sacrificium et Sacramenta ... exercerent.« Daß Papst *Johannes Paul II.* in seinem Gründonnerstagsbrief 1980 (Nr. 9) sogar behaupten konnte, das Opfer Christi werde »in sakramentaler Weise auf dem Altar erneuert (renovatur)«, hat man auf katholischer Seite »als ausgesprochene terminologische ›Panne‹« bezeichnet. Vgl. *Th. Schneider*, Eucharistie – Kirche – Theologie. Der Gründonnerstagsbrief des Papstes und die gegenwärtige Eucharistietheologie, in: HerKorr 34, 1980, 304–311, 309.

6. Der glaubende Mensch

werk ist eben ein »opus perficiendum«[48]. Die gottesdienstliche Handlung ist gleichermaßen »Werk Christi, des Priesters, und seines Leibes, der die Kirche ist«[49]. Sie ist es offensichtlich deshalb, weil auch für das Handeln der Kirche das Axiom der klassischen Lehre von den Sakramenten gilt: efficiunt quod significant et significant quod efficiunt. Weil sie *bewirken*, was sie repräsentieren, deshalb müssen die gottesdienstlichen Handlungen der Kirche nach katholischem Verständnis »utpote opus Christi« Handlung, Werk sein.

Um so überraschender erscheint angesichts dieser Betonung des operativen Seins der Kirche die schöne Erklärung im Prolog der Liturgiekonstitution des Zweiten Vatikanums, daß die Kirche »voll Eifer der Tätigkeit hingegeben und doch frei für die Kontemplation ist«, ja daß »die Tätigkeit auf die Kontemplation hingeordnet und ihr untergeordnet ist«[50]. Von diesem einleitenden Satz her erscheinen die lehramtlichen Äußerungen über das Handeln der Kirche in einer merkwürdigen Ambivalenz, der zu entgehen das Ziel einer evangelischen Bestimmung des kirchlichen Handelns ist oder doch sein sollte.

3. Luther hat denn auch vor allem dagegen protestiert, daß das unbestreitbare gottesdienstliche *Handeln* der Kirche etwas anderes sein könnte als ein *Nehmen*, nämlich als ein Empfangen göttlicher Wohltaten. Der Begriff des Handelns muß einer *soteriologischen Unterscheidung* unterworfen werden, insofern angesichts des Gegenübers von Schöpfung und Geschöpf und angesichts der dieses Gegenüber definierenden Heilstat Gottes das menschliche Handeln grundlegend *empfangendes*, durch kreative *Passivität* charakterisiertes Handeln, mithin *Glauben* ist und gerade nicht ein der Wohltat Gottes unmittelbar entsprechendes *gutes Werk*, durch das der Mensch Gott etwas Gutes tun will. Gute Werke tut der Christ *aufgrund* seines Glaubens, und zwar tut er sie zugunsten seiner Mitmenschen, nicht aber zugunsten Gottes. In seinem sittlichen Handeln kann und soll der Christ

---

[48] Concilium Vaticanum II, Constitutio de sacra Liturgia, »Sacrosanctum Concilium«, a. 7 (LThK.E I, 20): »Ad tantum vero opus perficiendum, Christus Ecclesiae suae semper adest ...«

[49] AaO. a. 7 (aaO. 22): »... omnis liturgica celebratio, utpote opus Christi sacerdotis, eiusque Corporis, quod est Ecclesia ...«

[50] AaO. a. 2 (aaO. 14): »... [Ecclesiam naturam] actione ferventem et contemplationi vacantem ...; et ita quidem ut in ea quod humanum est ordinetur ad divinum eique subordinetur, ... quod actionis ad contemplationem ...«

6.3 Die Kirche als Sakrament? 257

dem Mitmenschen nach Luther sogar ein Christus werden[51], während nach katholischer Auffassung es den gottesdienstlich handelnden Priester auszeichnet, ein »alter Christus« zu sein: »Sacerdos ... alter Christus vocatur et est communicatione potestatis.«[52]

Für Luther ist das gottesdienstliche Handeln von Gottes eigenem Handeln zunächst schon insofern unterschieden, als das *meritorische Werk Jesu Christi* in seinem Leiden und Sterben definitiv *vollbracht* ist. Es ist nicht opus perficiendum, sondern – wenn man so will – opus operatum. Durch es ist ein für allemal die Vergebung der Sünden *erworben* worden. Passionsgeschichte und Kreuz sind das Opfergeschehen, in dem Christus die Gottverlassenheit des Sünders erlitten und eben so für den Sünder das Heil erworben *hat*: extra nos, illic et tunc.

Davon ist zu unterscheiden die *Zusage und Zueignung* des extra nos vollendeten Heilswerkes Gottes, wie sie im Raum der Kirche geschieht. In dieser Zusage und Zueignung handelt Jesus Christus in der Kraft des Heiligen Geistes noch einmal: nicht um sein meritorisches Werk oder Opfer zu vollenden, sondern um die *distributio meriti* zu besorgen. Man muß zum rechten Verständnis der Sache sorgfältig beachten, daß »meritum Christi und distributio meriti zwey ding sind ... Christus hat ein mal der sunden vergebung am creutz verdienet und uns erworben, Aber die selbigen teylet er aus, wo er ist, alle stunde und an allen örten ...«[53] Dies geschieht dadurch, daß das Werk Christi durch das Wort Christi dargestellt und dargeboten wird. »Denn wo das werck on wort würde furgelegt, were es niemand kein nütze.«[54] Das Wort aber wirkt Glauben: »Ubi enim est verbum promittentis dei, ibi necessaria est fides acceptantis hominis ...«[55] Und eben deshalb

---

[51] Vgl. *M. Luther*, De libertate christiana. 1520, WA 7, 66, 3–6. 34–36: »Dabo itaque me quendam Christum proximo meo, quemadmodum Christus sese praebuit mihi, nihil facturus in hac vita, nisi quod videro proximo meo neccessarium, comodum et salutare fore, quandoquidem per fidem omnium bonorum in Christo abundans sum ... dum credimus in eum, et invicem mutuoque sumus alter alterius Christus facientes proximis, sicut Christus nobis facit.«

[52] *Pius X.*, Exhortatio ad Clerum catholicum. 1908, »Haerent animo«, AAS 41, 1908, 569 – zitiert nach *Y. Congar* O. P., Ein Mittler, in: Das Geistliche Amt in der Kirche, hg. von der Gemeinsamen römisch-katholischen/evangelisch-lutherischen Kommission, 1982³, 127–134, 129; dort weitere Belege.

[53] *M. Luther*, Vom Abendmahl Christi. Bekenntnis. 1528, WA 26, 294,23–27 = BoA III, 376,28–32.

[54] *M. Luther*, Daß diese Wort Christi »Das ist mein leib« noch fest stehen. 1527, WA 23, 189,25 f.

[55] *M. Luther*, De captivitate Babylonica. 1520, WA 6, 514,13 f. = BoA I, 445,23 f.

6. Der glaubende Mensch

ist alles kirchliche Handeln nach Luther grundlegend durch die Rezeptivität des Glaubens charakterisiert: »Der glawb ist der recht gottis dienst ...«[56] Denn »niemant dienet ... got, denn wer yhn lessit sein got sein und seine werck in yhm wircken«[57].

Gottes Werk wirken zu lassen – das und nur das ist die Funktion kirchlichen Handelns. Weil wie »in allen ... sacramenten, auch in der prediget« kein Mensch »gott ettwas gibt odder wol thut, sondern nympt ettwas«, deshalb ist das gottesdienstliche Handeln »nit ein werck ..., sondern ein ubung des glaubens allein«[58]. Die für den Menschen *als Weltwesen* lebensnotwendige *Leistung* und das heißt: das *wirkende* und *bewirkende* Handeln, das selber etwas *herstellen* will, muß und soll, deshalb aber immer in der Gefahr steht, zur menschlichen *Selbstverwirklichung* zu entarten, wird im kirchlichen Handeln durch Gott selbst elementar *unterbrochen*. Das gottesdienstliche Handeln der Kirche ist also das genaue Gegenteil von religiöser Selbstverwirklichung.

4. Damit Gott selbst im gottesdienstlichen Handeln der Kirche als das eigentliche Handlungs-Subjekt erfahrbar wird, mit dem sich weder der handelnde Priester noch die handelnde Gemeinde gleichzuschalten hat, haben die Reformatoren dem Verständnis des kirchlichen Handelns als eines opus und der Messe als eines sacrificium, das bei Gott selbst etwas *bewirkt*, pointiert die Interpretation des gottesdienstlichen Handelns der Kirche als eines *Wortgeschehens* entgegengesetzt: »praecipuus cultus Dei est docere evangelium«[59]. Das gilt auch für die Sakramente, die »dem gottlichen Wort gemäß gereicht werden«[60] und so allererst Sakramente *sind*. So kann Luther die Messe geradezu als »summa et compendium Euangelii« bezeichnen[61]. Im gottesdienstli-

---

Vgl. *ders.*, Resolutio disputationis de fide infusa et acquisita. 1520, WA 6, 88,31 f.; *ders.*, Predigt am 8.4.1520, WA 9, 446,7 f.

[56] *M. Luther*, Von der Beicht, ob die der Bapst macht habe zu gepieten. 1521, WA 8, 172,3.

[57] *M. Luther*, Das Magnificat verdeutschet und ausgelegt. 1521, WA 7, 595,34 f. = BoA II, 180,10 f.

[58] *M. Luther*, Ein Sermon von dem neuen Testament, das ist von der heiligen Messe. 1520, WA 6, 364,27–31 = BoA I, 310,2–7. Nur von dieser soteriologischen *Passivität* her können die agendarischen opera dann auch nach Luthers Urteil »dadurch, daß sie dem Werk Christi entsprechen, *zu Recht* als gute Werke gelten« (*E. Grötzinger*, Luther und Zwingli, 37; vgl. WA 6, 364 f. = BoA I, 309 f.).

[59] ApolCA XV, BSLK 305,9 f.

[60] CA VII, BSLK 61,11 f.

[61] *M. Luther*, De captivitate Babylonica. 1520, WA 6, 525,36 = BoA I, 458,32 f.

chen Handeln der Kirche soll also »nichts anders ... geschehe[n], denn das unser lieber Herr selbs mit uns rede durch sein heiliges Wort, und wir widerumb mit jm reden durch Gebet und Lobgesang«[62].

Die konstitutive Bedeutung des Wortes für das kirchliche Handeln bringt auf verschiedene Weise zur Geltung, daß es im Gottesdienst und also im sakramentalen Dasein der Kirche allein um Gottes Wirken geht. Zunächst gilt dies insofern, als das Evangelium das im Tode Christi bereits vollbrachte und in seiner Auferstehung offenbar gewordene Heilswerk als opus operatum et perfectum zur Sprache bringt, also die Rede vom opus perficiendum ausschließt. »Es ist vollbracht« (Joh 19,30). Insofern kann die kirchliche Handlung sich dem göttlichen Werk, das sie zur Darstellung bringt, nicht als menschliches Werk gleichschalten. Der fundamentale Unterschied zwischen Gottes Handeln und dem Handeln der Kirche wird eben dadurch gewahrt, daß das Wort von einem bereits abgeschlossenen und keiner Ergänzung bedürftigen Werk Gottes sozusagen Gebrauch macht. Auch die sakramentale Handlung, in der zum verbum ein signum hinzutritt bzw. das Element ins Wort gefaßt wird, ist keine solche Ergänzung, sondern die anschauliche und leibhafte Gestalt der bereits im Evangelium hic et nunc zur Sprache kommenden Darstellung und Darbietung des illic et tunc vollbrachten Opfers Christi.

Das Wort bringt aber nicht nur zur Sprache, was schon geschehen ist. Es *stellt* nicht nur dar, sondern es *bietet* das Dargestellte zugleich so dar, daß es im Glauben empfangen werden kann. Vergebung der Sünden, Leben und Seligkeit – »das alles reichen und geben uns die wort des abendmals, und wir fassens mit dem glauben«[63]. Das Wort des Evangeliums ist im strengen Sinne signum efficax gratiae. Es ist als *Darstellung* des Wirkens Christi zugleich dessen *Darbietung* und als solche eine Manifestation der Gegenwart Christi in der Kraft des Heiligen Geistes. Es spricht den an der gottesdienstlichen Handlung Beteiligten nicht nur als melius informandus an, sondern es versetzt ihn, indem es ihn zum bene informatus macht, zugleich in den Zustand des dankbaren Empfängers der Wohltat Gottes. Evangelium efficit quod significat. Das kirchliche Handeln erzeugt durch die Sprachhandlung der Evangeliumsverkündigung auf seiten des Menschen jene kreative

---

[62] M. Luther, Predigt am 17. Sonntag nach Trinitatis. 1544, WA 49, 588,16–18.
[63] M. Luther, Vom Abendmahl Christi. Bekenntnis. 1528, WA 26, 479,7f. = BoA III, 490,27f.

6. Der glaubende Mensch

Rezeptivität und Passivität, die Gott allein den Wohl-Täter sein und sein Werk in uns wirken läßt.

5. Das Sprachgeschehen der Verkündigung des Evangeliums wirft nun aber seinerseits noch einmal die Frage nach dem Verhältnis zwischen Gottes Handeln und kirchlichem Handeln auf. Denn in diesem Akt menschlicher Rede will ja Gott selbst zur Sprache kommen. Er ist selber der Redende, so daß es auf der Ebene des Wortes nun doch zu einer Gleichschaltung, wenn nicht gar Identität zwischen göttlichem und menschlichem Handeln zu kommen scheint. »Haec dixit Dominus« soll der Prediger im Blick auf seine Verkündigung sagen, für die er denn auch nicht um Sündenvergebung zu bitten hat[64].

Dennoch erlaubt die Interpretation des kirchlichen Handelns als eines Sprachgeschehens gegenüber seiner Auffassung als eines opus eine angemessenere Unterscheidung zwischen göttlichem und menschlichem Handlungs-Subjekt. Denn der ratio essendi nach ist Kirche in ursprünglicher Weise *hörende* und *nur als hörende* auch *redende* Kirche. Als ecclesia audiens wahrt sie aber die Stellung Gottes als des primären Handlungs-Subjektes. Als ecclesia audiens ermöglicht sie es, Gottes Wort auch im Munde der ecclesia docens secundum dicentem deum zu begreifen[65]. Und insofern kommt es gerade dadurch, daß die Kirche hörend ins Dasein tritt und immer wieder hörend wird, was sie ist, zur angemessenen Repräsentation des Werkes und des Wortes Gottes. In ihrer – äußerst lebendigen! – Passivität repräsentiert sie auf ursprünglichste Weise die Aktivität Gottes. Sie

---

[64] *M. Luther*, Wider Hans Worst. 1541, WA 51, 517,22–34 = BoA IV, 347,13–25: »Denn ein Prediger mus nicht das Vater unser beten, noch Vergebung der sünden süchen, wen er gepredigt hat (wo er ein rechter Prediger ist), Sondern mus mit Jeremia sagen und rhümen: HERR, du weissest, das, was aus meinem munde gangen ist, das ist recht und dir gefellig. Ja mit S. Paulo, allen Aposteln und Propheten trötzlich sagen: Haec dixit Dominus, Das hat Gott selbs gesagt. Et iterum: Ich bin ein Apostel und Prophet Jhesu Christi gewest in dieser predigt. Hie ist nicht not, ja nicht gut, Vergebung der Sünde zu bitten, als were es unrecht geleret, Denn es ist Gottes und nicht mein wort, das mir Gott nicht vergeben sol noch kan, Sondern bestetigen, loben, krönen und sagen: Du hast recht geleret, Denn ich hab durch dich geredt, und das wort ist mein. Wer solchs nicht rhümen kan von seiner predigt, der lasse das predigen anstehen, Denn er leugt gewislich und lestert Gott.«

[65] Gegen die »Schwärmer« hat Luther einmal bei Tische bemerkt (WA.TR 3, Nr. 3868, 670,18f.): »Definiunt verbum non secundum dicentem Deum, sed secundum recipientem hominem.«

bewahrt dadurch ihr aus diesem Hören kommendes Reden und ihre sakramentalen Feiern vor dem Mißverständnis, als ob es das Handeln der Kirche sei, das unser Heil in irgendeiner Weise *bewirkt*. Die redende und sakramental feiernde Kirche stellt vielmehr Gott selbst und Gott allein als den unser Heil *Wirkenden* dar. Sie tut es, weil sie auch redend und feiernd nicht aufhört, *hörende* Kirche und Versammlung der Gottes Gnade *empfangenden* Glaubenden zu sein.

In Gestalt der hörenden Kirche und in Gestalt der Versammlung der Gottes Gnade empfangenden Glaubenden geschieht repraesentatio Christi auf ursprünglichste Weise. Die Kirche stellt Christus dar, indem sie auf jede Selbstdarstellung verzichtet. Man wird deshalb nicht gut sagen können, daß das göttliche Heilsmysterium »in der Kirche fortgesetzt wird«, wie es das Zweite Vatikanum zu behaupten für richtig gehalten hat[66]. Indem die Kirche von Jesus Christus als dem einen und eigentlich einzigen Sakrament zehrt, feiert sie die Sakramentalität *seines* Seins. Und nur insofern sie seine Sakramentalität, mithin die Gottes gnädige Gegenwart anzeigende und mitteilende Geschichte Jesu Christi feiert, kann man dann auch das ganze Sein der Kirche zwar nicht gerade ein *(Grund-)Sakrament*, wohl aber das große, Jesus Christus darstellende *sakramentale Zeichen* nennen. Sie ist es als *analogatum*, das auf Jesus Christus als *analogans* verweist. Als analogatum gibt sie zu erkennen, daß es Jesus Christus ist, der sich Menschen als Kirche zur Entsprechung *bringt*. So daß man – mit Schleiermacher – geradezu von einer *Selbstdarstellung Jesu Christi* sprechen kann, die sich im kirchlichen Handeln vollzieht.

IV

1. Es empfiehlt sich, am Schluß noch nach einem *Kriterium* zu fragen, an dem sich die Beziehung der Jesus Christus darstellenden Kirche zu dem von ihr dargestellten Herrn bewähren muß. Als ein solches Kriterium kommt m. E. die fünfte Vater-Unser-Bitte in Betracht. In welchem Sinne kann und muß die Kirche um Vergebung der Sünden bitten?

Gegen die Auffassung, daß die Kirche jene Bitte *im eigenen Namen* zu sprechen hat, scheint die Vorstellung von der *mater ecclesia* zu sprechen. Wird man schon seine leibliche Mutter nicht gern als Sünderin bezeichnet sehen, so scheint das der geistlichen Mutter gegenüber

---

[66] Concilium Vaticanum II, Constitutio dogmatica de Ecclesia, »Lumen gentium«, a. 52 (LThK.E I, 326).

vollends unangebracht zu sein. Pius XII. hat denn auch in seiner Enzyklika »Mystici corporis« (1943) unmißverständlich erklärt: »Wenn man aber in der Kirche einiges wahrnimmt, was die Schwäche unserer menschlichen Natur verrät, so fällt das nicht ihrer rechtlichen Verfassung« – ergänze: schon gar nicht ihrem mystischen Wesen – »zur Last, sondern vielmehr der beklagenswerten Neigung der Einzelnen zum Bösen (der lamentabilis singulorum ad malum proclivitas)«. Die Kirche selbst also wird von solcher Schwäche nicht eigentlich betroffen. Vielmehr: »Ohne Fehl (absque ulla labe) erstrahlt unsere verehrungswürdige Mutter in ihren Sakramenten, durch die sie ihre Kinder gebiert und nährt, im Glauben, den sie jederzeit unversehrt bewahrt, in ihren heiligen Gesetzen, durch die sie alle bindet, und in den evangelischen Räten, zu denen sie ermuntert, endlich in den himmlischen Gaben und Charismen, durch die sie in unerschöpflicher Fruchtbarkeit unabsehbare Scharen von Märtyrern, Jungfrauen und Bekennern hervorbringt. Ihr kann man es nicht zum Vorwurf machen, wenn einige ihrer Glieder krank oder wund sind. Sie fleht ja in deren Namen selber täglich zu Gott: ›Vergib uns unsere Schulden!‹ und widmet sich ihrer geistlichen Pflege mit mütterlich starkem Herzen unablässig.«[67] Roma locuta, haec autem causa non finita. Man sollte sich schon im Blick auf die Rede von der mater ecclesia fragen, ob die Theologen der alten Kirche gut beraten waren, als sie der biblischen Bezeichnung Gottes als Vater die Bezeichnung der Kirche als Mutter zur Seite stellten und gar behaupteten: »Habere non potest Deum patrem, qui ecclesiam non habet matrem.«[68] Doch die Vorstellung von der Mutter Kirche sitzt tief. Kann man sie nicht tilgen, so muß man sie zumindest vor Mißverständnissen bewahren. Ich will das im Rückgang auf Luther versuchen.

2. Auch die Reformatoren haben die Rede von der mater ecclesia aus der Tradition positiv rezipiert. Calvin schreibt z. B. im Brief an Kardinal Sadolet: »Die Kirche pflegt und bewahrt die Einheit des Glaubens und brüderliche Eintracht ... Wir verehren sie wie eine Mutter und wünschen nur, an ihrer Brust dauernd zu bleiben.«[69] Aber auch Luther kann die Kirche als unser aller Mutter bezeichnen. In Auslegung von Gal 4,26 ff. nennt er die mit Sara identische Kirche »mater nostra

---

[67] *Pius XII.*, Litterae encyclicae, »Mystici Corporis«, AAS 35, 1943, 225.
[68] *Cyprian*, De catholicae ecclesiae unitate 6, EnchP, 202.
[69] *J. Calvin*, Responsio ad Sadoleti epistolam. 1539, Opera selecta I, hg. von P. Barth, 1926, 466.

6.3 Die Kirche als Sakrament? 263

libera«[70]. Und daß er die Rede von der Mutter Kirche ernst nimmt, zeigt die Näherbestimmung der Kirche als »Christi sponsa, ex qua generamur omnes«[71]. Auch sonst kann Luther von der Mutter Kirche reden, »so ein yglichen Christen zeugt und tregt«[72]. Im Anschluß daran legt es sich nahe, die Kirche ihrem Bräutigam auch hinsichtlich dessen sakramentaler Eigenart möglichst anzunähern, so daß sich die Rede von der Kirche als Sakrament oder Grundsakrament geradezu aufzudrängen scheint.

Doch genau hier setzen die reformatorischen Gegenargumente ein. Schon die Tatsache, daß die Mutter Kirche nach Luther nur »durch das wort Gottes« einen jeglichen Christen zeugt und trägt[73], stellt eine kritische Instanz dar. Auch bei der Auslegung von Gal 4,26 ff. heißt es von der mater nostra libera: »Generat autem ipsa liberos sine intermissione usque ad finem mundi, dum exercet ministerium verbi, hoc est, dum docet et propagat Evangelium, hoc enim generare est.«[74] Es ist also das ministerium verbi, durch das Christen generiert werden. Und genauerhin ist es auch nicht das *ministerium* verbi, sondern das verbum dei selbst, durch das Christen erzeugt und zur Welt gebracht werden. Die Mutter Kirche steht also den einzelnen Christen *nicht gegenüber*; sondern die Mutter Kirche – das *sind* die Christen in ihrer durch Gottes Wort konstituierten Zusammengehörigkeit und in ihrer Herkünftigkeit aus dem Wort Gottes. In demselben Zusammenhang, in dem Luther von der mater ecclesia redet, erklärt er unmißverständlich: »Sic omnes invicem sumus patres et filii, generamur enim alii ex aliis. Ego ex aliis per Evangelium genitus iam alios gigno, qui deinceps alios gignent, Et sic ista generatio durabit usque ad finem mundi.«[75] Sofern also *Menschen* Christen generieren, tun sie es, indem sie *das Evangelium* verkündigen, das die eigentliche generative Potenz ist. Auch die Kirche hat nur deshalb und insofern generative Kraft, weil und soweit sie das Evangelium verkündigt. Sie ist als »unsere liebe Mutter«, in deren Schoß Christus »durch die Tauffe und wortt gottes« den zum Christen werdenden Menschen legt[76], nichts anderes als die

---

[70] *M. Luther*, Großer Galaterkommentar. 1531, WA 40/I, 664,18.
[71] AaO. 664,19.
[72] *M. Luther*, Der Große Katechismus. 1529, WA 30/I, 188,24 f. = BSLK 655,4 f.
[73] Ebd.
[74] *M. Luther*, Großer Galaterkommentar. 1531, WA 40/I, 664,19–21.
[75] AaO. 664,28–31.
[76] *M. Luther*, Auslegung des dritten und vierten Kapitels Johannis in Predigten. 1538–40, WA 47, 20,20 f.

gegenüber dem einzelnen Christen immer schon frühere Versammlung der Gläubigen, in der das Evangelium recht gepredigt und die Sakramente dem Evangelium gemäß gereicht werden (CA VII). Will man in diesem Zusammenhang ein *Gegenüber* zur Geltung bringen, dann besteht es nicht zwischen der Mutter Kirche und den Christen, sondern zwischen dem Wort Gottes und der Kirche. Dem Wort Gottes gegenüber ist auch die Kirche *filia* und gerade nicht *mater*. Luther sagt es scharf, wenn er von der Kirche behauptet, sie sei »filia, nata ex verbo, non ... mater verbi«[77]. Auch die Kirche wird »allein durch das Evangelium empfangen, geformt, genährt, erzeugt, erzogen«[78]. In seiner großen Streitschrift De captivitate Babylonica hat Luther die Differenz sogar noch schärfer gefaßt, als er die Kirche – statt als *filia* verbi – als »tanquam *creatura*« verbi bezeichnete[79].

Die Rede von der *Mutter Kirche* kann also, wenn sie in ihrer *reformatorischen* Verwendung und Bedeutung genommen wird, das Verständnis der Kirche als eines (Grund-)Sakramentes nicht stützen. Daß ein solches Verständnis nach Luthers Auffassung vielmehr auszuschließen ist, wird vollends klar, wenn wir auf die mit der Rede von der Mutter Kirche unmittelbar verbundene Vorstellung von der Kirche als der *Braut Christi* noch etwas genauer achten.

3. Daß die Kirche die *Braut Christi* ist, hat Luther im Anschluß an biblische Überlieferungen gern gesagt. Das Bild scheint unmittelbar in die Ansicht überzugehen, die Kirche sei die fruchtbare Mutter, die aufgrund ihrer Verbindung mit Christus die einzelnen Gläubigen zur Welt bringt. Auch Luther hat, wie wir sahen, dahingehende Äußerungen von sich gegeben. Dennoch liegt die *Pointe* der Rede von der Kirche als Braut Christi für ihn ganz woanders. Das wird schon deutlich, wenn man berücksichtigt, daß Luther dasselbe Gleichnis von Bräutigam und Braut auch für das Verhältnis von Christus und der Seele des Sünders bemüht. Bekannt ist die Darstellung dieses Verhältnisses im Traktat »Von der Freiheit eines Christenmenschen«. Es heißt da: »Auß wilcher ehe folgt ... das Christus und die seel eyn leyb wer-

---

[77] *M. Luther*, Vorlesungen über 1. Mose. 1535–45, WA 42, 334,12.
[78] *M. Luther*, Ad librum eximii Magistri Nostri Magistri Ambrosii Catharini ... responsio. 1521, WA 7, 721,10f.: »cum per solum Euangelium concipiatur, formetur, alatur, generetur, educetur ...« Vgl. aaO. 721,12f.: »... tota vita et substantia Ecclesiae est in verbo dei ...«
[79] *M. Luther*, De captivitate Babylonica. 1520, WA 6, 561,1 = BoA I, 498,3 (Hervorhebung von E. J.).

den, ßo werden auch beyder gutter fall, unfall und alle ding gemeyn, das was Christus hatt, das ist eygen der glaubigen seele, was die seele hatt, wirt eygen Christi. So hatt Christus alle gütter und seligkeit, die seyn der seelen eygen. So hatt die seel alle untugent und sund auff yhr, die werden Christi eygen. Hie hebt sich nu der frölich wechßel und streytt ... Ist nu das nit ein fröliche wirtschafft, da der reyche, edle, frummer breüdgam Christus das arm vorachte bößes hürlein zur ehe nympt, und sie entledigt von allem übell, zieret mit allen gütern?«[80]

Man muß diese Sätze im Ohr haben, um die reformatorische Rede von der Kirche als Braut Christi richtig zu deuten. Für Luther ist die Kirche geradezu dadurch ausgezeichnet, daß sie Sünderin ist: »Non est tam magna peccatrix ut Christiana ecclesia.«[81] Man kann für das Verständnis der Kirche als peccatrix eine beachtliche theologische Tradition geltend machen. Hans Urs von Balthasar hat an sie erinnert mit seinem schönen Aufsatz »Casta Meretrix«[82]. Die neuere katholische Theologie und das Zweite Vatikanische Konzil haben an diese Tradition angeknüpft. Doch schon auf dem Konzil haben sich Vorbehalte geltend gemacht. Man war zwar bereit, von der Kirche der Sünder, nicht aber von der sündigen Kirche zu reden. Nur »in membris suis« sei die Kirche der Sünde verhaftet – heißt es in dem durch päpstliche Einfügung bestimmten Text des Ökumenismusdekretes, während in der Kirchenkonstitution der bemerkenswerte Satz steht: »Ecclesia in proprio sinu peccatores complectens, sancta simul et semper purificanda ...«[83]

Die Unterscheidung zwischen der unbefleckten Heiligkeit der Mutter Kirche und der Sünde ihrer fehlbaren Glieder verfehlt nun allerdings völlig, was Luther mit der Behauptung zur Geltung brachte, daß es keine größere Sünderin gibt als die christliche Kirche. Das

---

[80] *M. Luther*, Von der Freiheit eines Christenmenschen. 1520, WA 7, 25,28–26,7 = BoA II, 15,31–16,8.

[81] *M. Luther*, Predigt am Ostersonntag, 9. April 1531, WA 34/I, 276,7 f.

[82] *H. U. von Balthasar*, Casta Meretrix, in: *ders.*, Sponsa Verbi. Skizzen zur Theologie II, 1961, 203–305.

[83] Concilium Vaticanum II, Decretum de Oecumenismo, »Unitatis redintegratio«, a. 3 (LThK.E II, 58). Constitutio dogmatica de Ecclesia, »Lumen gentium«, a. 8 (LThK.E I, 174). Vgl. a. 40 (aaO. 292), wo es unter Berufung auf Jak 3,2 heißt, daß wir *alle* in vielem fehlen und deshalb täglich bitten müssen: »Et dimitte nobis debita nostra«. Zur Auslegung vgl. *K. Rahner*, Sündige Kirche nach den Dekreten des Zweiten Vatikanischen Konzils, in: *ders.*, Schriften zur Theologie VI, 1965, 321–347.

6. Der glaubende Mensch

Zweite Vatikanum mußte wohl einen Ausgleich mit den Aufstellungen Pius' XII. herstellen. Die Heiligkeit der mater ecclesia scheint sich mit Sünde nicht zu vertragen. Luther hatte jedoch gerade in der Selbsterkenntnis der Kirche als Sünderin einen Erweis für ihre wahre Heiligkeit gesehen.

In der am 9. April 1531 gehaltenen Predigt über Mt 28 hieß es: »Non est tam magna peccatrix ut Christiana ecclesia.« Und diese ihre Existenz als peccatrix maxima wird von Luther nicht etwa als Widerspruch zu ihrer Existenz als una *sancta* catholica et apostolica ecclesia begriffen, sondern wohlgemerkt als Erweis ihrer Heiligkeit. Es ist nämlich genauerhin die um ihre Existenz als peccatrix maxima *wissende*, die sich als Sünderin *erkennende* Kirche gemeint, wie die Fortsetzung des zitierten Satzes deutlich macht: »Quomodo haec est Sancta et peccatrix?« Antwort: »Credit remissionem peccatorum et dicit: ›debita dimitte.‹ Hoc nemo dicit, nisi qui sit sanctus ... Ideo Christianus et Christiana ecclesia sind die rechten sunder, quia vere agnoscunt peccata. Papa, Cardinales et alii non habent peccatum omnino, non torquentur in conscientiis.«[84] Die Heiligkeit der Kirche kann sich nach dieser Auffassung gar nicht darin äußern, daß sie sich als »absque ulla labe« erstrahlende Mutter versteht, die nicht im eigenen Namen, sondern nur im Namen ihrer fehlbaren einzelnen Glieder um Vergebung der Sünden bittet. Luther hat die altkirchliche Rede von der casta meretrix also nicht einfach rezipiert. Denn für sie soll doch gelten, daß die Kirche zwar »aus Sündern« besteht, deren »Gebet ... Sündergebet« ist: »›Vergib uns unsere Schulden ...‹ Wie das Unkraut im Feld immer neu und hartnäckig überhandnimmt, so die Sünde in ihr.« Insofern aber die Kirche »als fortlebender Christus« zu gelten hat, ist sie »Quell der Heiligkeit und insofern fehllos«[85]. Nach reformatorischer Einsicht führt demgegenüber die – nach Analogie der Vermählung der Seele mit Christus zu denkende – Verbindung der Kirche mit ihrem Herrn und die daraus hervorgehende Heiligkeit zum Selbstverständnis der Kirche als peccatrix maxima und insofern – mit einer

---

[84] *M. Luther*, Predigt am Ostersonntag, 9. April 1531, WA 34/I, 276,8–13. Vgl. die Thesen gegen die Antinomer, Disputatio tertia. 1538, WA 39/I, 351,17–20: »Hanc autem orationem [Dominicam] oportet ab Ecclesia tota orari usque in finem mundi et a quolibet sancto usque ad mortem. Quia tota Ecclesia sancta est et agnoscit sese peccatum habere et perpetuo poenitentiam agendam esse.«

[85] So das Zitat aus *E. Mersch*, Théologie du Corps Mystique I, 1944, 364 ff., mit dem von Balthasar (aaO. 304) seine Untersuchung über die casta meretrix schließt.

6.3 Die Kirche als Sakrament? 267

Formulierung über die Summe und Absicht des Römerbriefes ausgedrückt[86] – zum magnificare peccatum. Gerade das Selbstverständnis der Kirche als peccatrix maxima bringt die intimste Bezogenheit derselben auf Jesus Christus zur Geltung. Und gerade so nimmt sie diesen ernst als den Gottessohn, in dem »kein blutströpfflein, sundlein, sed mera sanctitas«[87] ist, und der in seiner Heiligkeit »non ... gerit personam suam« sondern »gerit personam omnium latronum«, so daß er kraft seiner Heiligkeit zum »peccator peccatorum« geworden ist[88]. Aber eben: Seine Heiligkeit macht ihn, weil sie eine sich des Sünders erbarmende Heiligkeit ist, *stellvertretend* zum peccator peccatorum, während die Heiligkeit der Kirche diese zur Erkenntnis ihrer selbst als peccatrix maxima führt. Und ist denn Christus als peccator peccatorum der die Sünde *tilgende* Heilige, während die heilige Kirche als peccatrix maxima darauf angewiesen bleibt, daß ihre Sünden *getilgt werden*. Er ist das Sakrament, das sie empfängt und das sie nur als empfangende zu bezeugen und weiterzugeben vermag. Eben deshalb ist die im eigenen Namen gesprochene Bitte um Vergebung der Sünden das *Kriterium* dafür, ob die mater ecclesia sich im Zusammenhang der Darstellung und Darbietung des sakramentalen Geschehens secundum dicentem deum versteht oder aber als Selbstdarstellung mißversteht.

4. Wir erinnern uns: sacramentum ist die lateinische Übersetzung für μυστήριον. Und mit μυστήριον ist das Geheimnis der gnädigen Urentscheidung Gottes zugunsten des sündigen Menschen gemeint, das in Leben, Tod und Auferstehung Jesu Christi ins Werk gesetzt (opus operatum), geoffenbart (significant) worden und in diesem seinem Offenbarwerden zugleich effizient (signum efficax) geworden ist. Die Kirche erkennt sich als peccatrix maxima, indem sie aufgrund der Offenbarung und Effizienz des in der Person Jesu Christi verwirklichten und wirkenden Geheimnisses der gnädigen Urentscheidung Gottes zugunsten des Sünders ins Dasein tritt. Und sie feiert Jesus Christus in der Kraft des Heiligen Geistes als das eine und einzige Sakrament, indem sie in der Gewißheit, erhört zu werden, bittet: dimitte debita nostra. Gerade so vertraut sie sich der Gnade Gottes an und bekennt, daß Jesu Christi Leben, Tod und Auferstehung den Sieg der Liebe Gottes verbürgt.

---

[86] Vgl. *M. Luther*, Römerbriefvorlesung. 1515–16, WA 56, 3,6–9.
[87] *M. Luther*, Predigt vom Ostersonntag, 9. April 1531, WA 34/I, 276,17.
[88] *M. Luther*, Großer Galaterkommentar. 1531, WA 40/I, 433,3–435,4.

6. Der glaubende Mensch

THESEN

1. Als Sakrament hat nach neutestamentlichem Sprachgebrauch zu gelten: das in Leben, Tod und Auferstehung Jesu Christi geschichtlich ins Werk gesetzte, offenbar und mit seiner Offenbarung wirksam gewordene und in der Kraft seines Heiligen Geistes stets neu wirksam werdende Mysterium der gnädigen Urentscheidung Gottes zugunsten des sündigen Menschen.
2. Als das Sakrament Gottes wirkt Jesus Christus in der Kraft seines Heiligen Geistes, indem er, sein Heilswerk als definitiv vollbracht offenbarend, sich selbst in menschlichen Worten und Handlungen (Predigt, Taufe und Abendmahl) darstellt und darbietet und so das Glauben erweckende und stärkende Wort Gottes ist.
3. Indem Jesus Christus sich in menschlichen Worten und in den Feiern der Taufe und des Abendmahles selbst darstellt und darbietet, vereinigt er Menschen zu seinem Leib, der als Versammlung der Glaubenden die Selbstdarstellung und Selbstdarbietung Jesu Christi bezeugt und insofern das dem sakramentalen Sein Jesu Christi entsprechende sakramentale Zeichen genannt werden kann: una sancta catholica et apostolica ecclesia.
4. Die Kirche bezeugt das sakramentale Sein Jesu Christi, indem sie auf Jesus Christus als Gottes den Sünder rechtfertigendes Wort hört (ecclesia audiens) und Jesus Christus als Gottes den Sünder rechtfertigendes Wort in menschlichen Worten und Handlungen zur Sprache bringt und feiert (ecclesia docens et celebrans).
5. Indem sie Jesu Christi Selbstdarstellung und Selbstdarbietung bezeugt und so diesen ihrerseits zur Darstellung bringt, versteht die Kirche Jesus Christus als analogans, sich selbst als analogatum.
6. Die Kirche bleibt von dem in Leben, Tod und Auferstehung Jesu Christi vollbrachten Heilswerk Gottes fundamental unterschieden. Als sakramentales Zeichen verweist sie auf Jesus Christus als das opus operatum dei, indem sie dieses bezeugt, feiert und von ihm zehrt, ohne sich selber als dessen Fortsetzung darzustellen und so diesem gleichzuschalten.
7. Die Kirche bezeugt und feiert Jesus Christus als das eine und einzige Sakrament am eindeutigsten dadurch, daß sie ihre Sünde und Jesus Christus als den Heiligen Gottes bekennt, der sich zum »peccator peccatorum« und die Sünder zu Heiligen macht.
8. Die Kirche bezeugt und feiert Jesus Christus als Sakrament in der Taufe, indem sie bekennt, daß der gekreuzigte und auferstande-

ne Christus die Sünde der Welt und so auch jedes einzelnen Menschen zum Vergehen verurteilt und ihre Macht ein für allemal gebrochen hat, auf daß der Mensch frei werde.
9. Die Kirche bezeugt und feiert Jesus Christus als Sakrament im Abendmahl, indem sie bekennt, daß Jesus Christus für uns gestorben ist, durch seinen Tod Sünder zur Gemeinschaft mit Gott und untereinander geheiligt hat und diese Gemeinschaft durch seine eigene Gegenwart erneuert, bis daß er kommt, um den in ihm schon jetzt verbürgten Sieg der Liebe Gottes vor aller Welt irresistibel zu offenbaren.

Leitfragen

1. Für welches Verständnis des Begriffs »Sakrament« plädiert Jüngel und wovon grenzt er sich ab?
2. Welche theologiegeschichtlichen und systematisch-theologischen Chancen und Probleme bringt der Sakramentsbegriff mit sich?
3. Ist Jüngels Vorschlag am Ende eher ein Beitrag zu einer konsensuell oder differenzhermeneutisch orientierten Ökumene zwischen Katholizismus und Protestantismus?

Literatur

- M. HAUDEL, Die Selbstschließung des dreieinigen Gottes. Grundlage eines ökumenischen Offenbarungs-, Gottes- und Kirchenverständnisses, Göttingen 2006, 264–280.
- R. NELSON, Theologie der Sakramente, in: D. EVERS/M. D. KRÜGER (Hg.), Die Theologie Eberhard Jüngels. Kontexte, Themen, Perspektiven, Tübingen 2020, 217–224.
- J. RAHNER, Zwischen Sakralität und Sakramentalität. Warum die Katholische Ekklesiologie der bleibenden ökumenischen Herausforderung bedarf, in: D. EVERS/M. D. KRÜGER (Hg.), Die Theologie Eberhard Jüngels. Kontexte, Themen, Perspektiven, Tübingen 2020, 271–279.

7. Themenvorschläge für mündliche Prüfungen und Arbeiten

„Offenbarung und Verborgenheit Gottes bei Eberhard Jüngel"

Textgrundlage: E. Jüngel, Gott als Geheimnis der Welt, § 11, § 16.2 und § 25; ders., Quae Supra nos, nihil ad nos (Entsprechungen, 202–251); Ders., Die Offenbarung der Verborgenheit Gottes (Wertlose Wahrheit, 163–182).

„Theodizee bei Eberhard Jüngel"

Textgrundlage: E. Jüngel, Gottes ursprüngliches Anfangen als schöpferische Selbstbegrenzung (Wertlose Wahrheit, 151–162); Ders. Die Offenbarung der Verborgenheit Gottes (Wertlose Wahrheit, 163–182), Ders. Gott als Geheimnis der Welt, § 6 und 13.II; Dazu eine Vielzahl von Jüngels Predigten.

„Der Tod des Menschen und der Tod Gottes in der Theologie Eberhard Jüngels"

Textgrundlage: E. Jüngel, Vom Tod des lebendigen Gottes (Unterwegs zur Sache, 105–125); Ders., Tod; Ders., Gott als Geheimnis der Welt, § 4–7.

„Glauben und Verstehen bei Eberhard Jüngel"

Textgrundlage: E. Jüngel, Das Dilemma der natürlichen Theologie (Entsprechungen, 158–177); Ders., Glauben und Verstehen (Wertlose Wahrheit, 16–77); Ders. Gott als Geheimnis der Welt, § 11 f.

„Wie können wir heute von Gott reden? Jüngels Verständnis von Analogie"

Textgrundlage: E. Jüngel, Gott als Geheimnis der Welt, § 14–18.

„*Dogmatik als konsequente Exegese*? Jüngels Programmformel und ihre Chancen und Probleme"

Textgrundlage: E. Jüngel, Paulus und Jesus; Ders., Gott als Geheimnis der Welt, § 11 und § 19.

7. Themenvorschläge für mündliche Prüfungen und Arbeiten

„Die Rechtfertigungslehre bei Eberhard Jüngel"

Textgrundlage: E. Jüngel, Die Welt als Möglichkeit und Wirklichkeit (Unterwegs zur Sache, 206–233); Ders., Rechtfertigung.

„Der Liebesbegriff bei Eberhard Jüngel"

Textgrundlage: E. Jüngel, Gott als Geheimnis der Welt, § 20–25.

„Die Trinitätslehre Eberhard Jüngels"

Textgrundlage: E. Jüngel, Das Verhältnis von ökonomischer und immanenter Trinität (Entsprechungen, 265–275); Ders., Gottes Sein ist im Werden; Ders., Gott als Geheimnis der Welt, § 23–25.

„Die Bedeutung von Karl Barth in der Theologie Eberhard Jüngels"

Textgrundlage: E. Jüngel, Gottes Sein ist im Werden; Ders., Barth-Studien.

„Jüngels Hegel-Rezeption"

Textgrundlage: E. Jüngel, Gott als Geheimnis der Welt, §7.2.